中國國家圖書館編

國家圖書館藏敦煌遺書

第一百十一冊　北敦二三三六〇號——北敦二二九四四號

北京圖書館出版社

圖書在版編目(CIP)數據

國家圖書館藏敦煌遺書·第一百十一冊/中國國家圖書館編;任繼愈主編. —北京:北京圖書館出版社,2009.5

ISBN 978 - 7 - 5013 - 3673 - 9

Ⅰ.國…　Ⅱ.①中…②任…　Ⅲ.敦煌學—文獻　Ⅳ.K870.6

中國版本圖書館 CIP 數據核字(2009)第 023379 號

ISBN 978-7-5013-3673-9

9 787501 336739 >

書　　名	國家圖書館藏敦煌遺書·第一百十一冊	
著　　者	中國國家圖書館編　任繼愈主編	
責任編輯	徐　蜀　孫　彥	
封面設計	李　璀	

出　　版　北京圖書館出版社　　(100034　北京西城區文津街 7 號)

發　　行　010 - 66139745　66151313　66175620　66126153
　　　　　　66174391(傳真)　66126156(門市部)

E-mail　btsfxb@ nlc. gov. cn(郵購)

Website　www. nlcpress. com → 投稿中心

經　　銷　新華書店

印　　刷　北京文津閣印務有限責任公司

開　　本　八開

印　　張　63.5

版　　次　2011 年 10 月第 1 版第 1 次印刷

印　　數　1 - 250 冊(套)

書　　號　ISBN 978 - 7 - 5013 - 3673 - 9/K · 1636

定　　價　990.00 圓

目錄

3

8

17

34

（1-1）

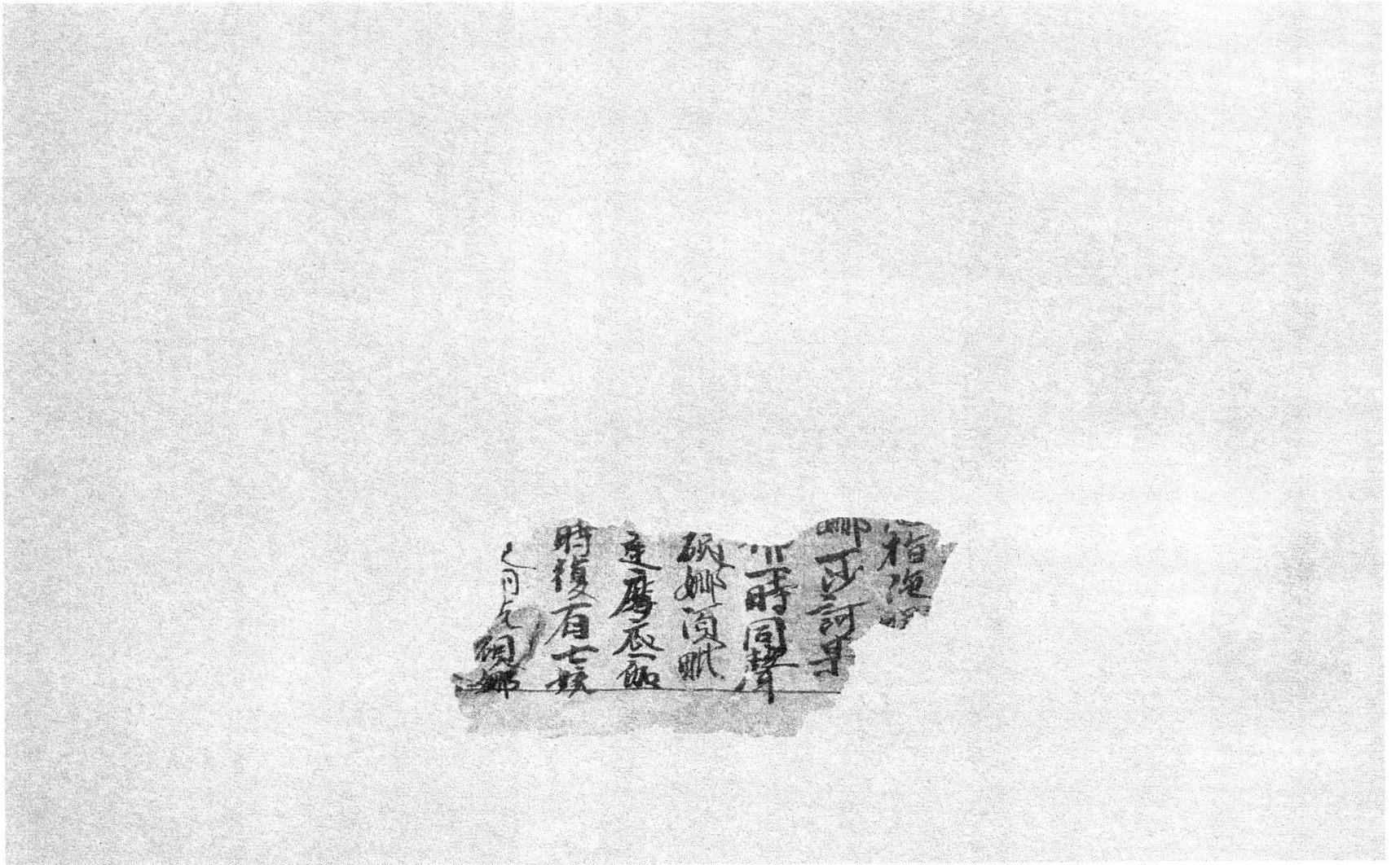

BD12260號　無量壽宗要經

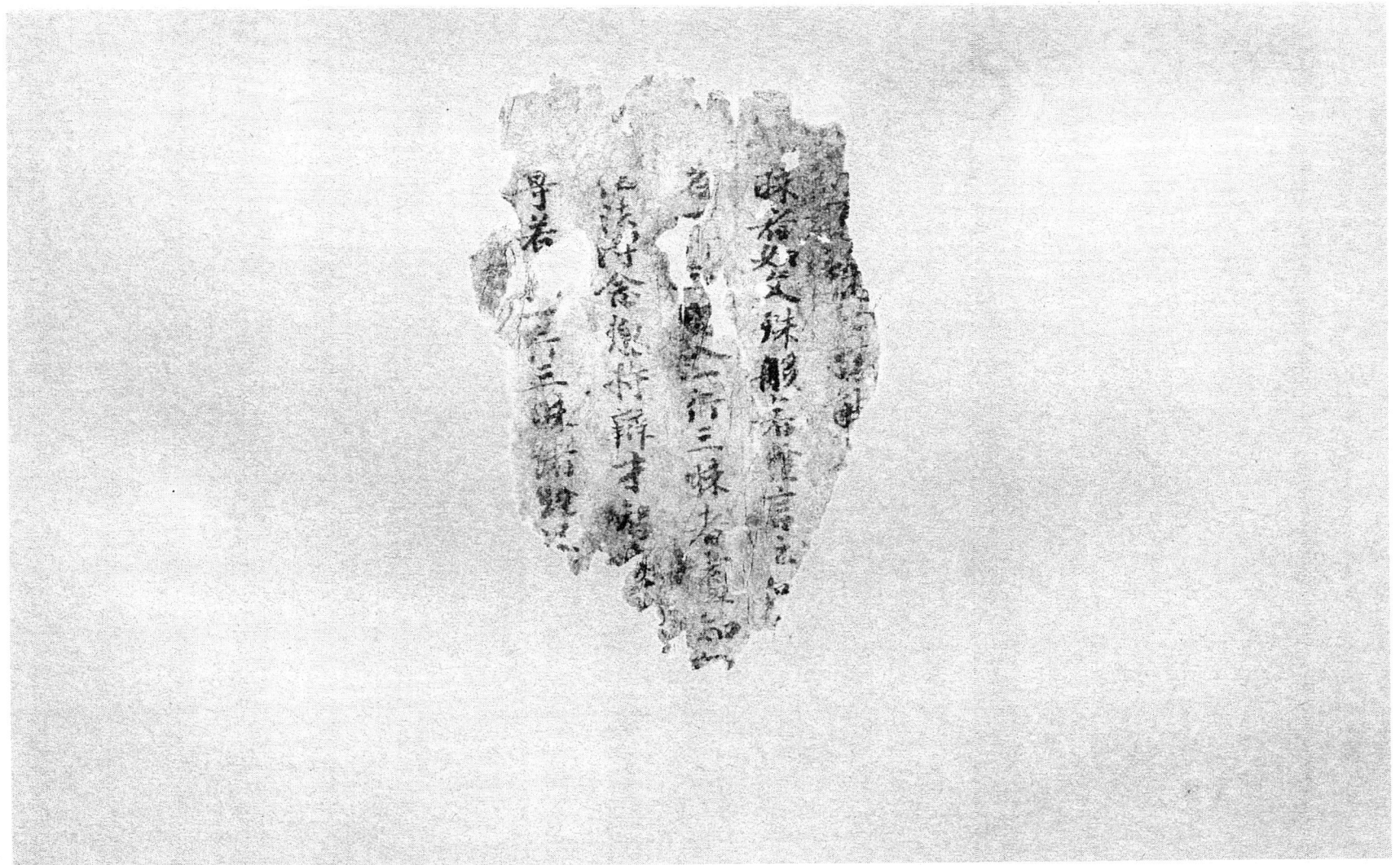

BD12261號　起信論疏卷下

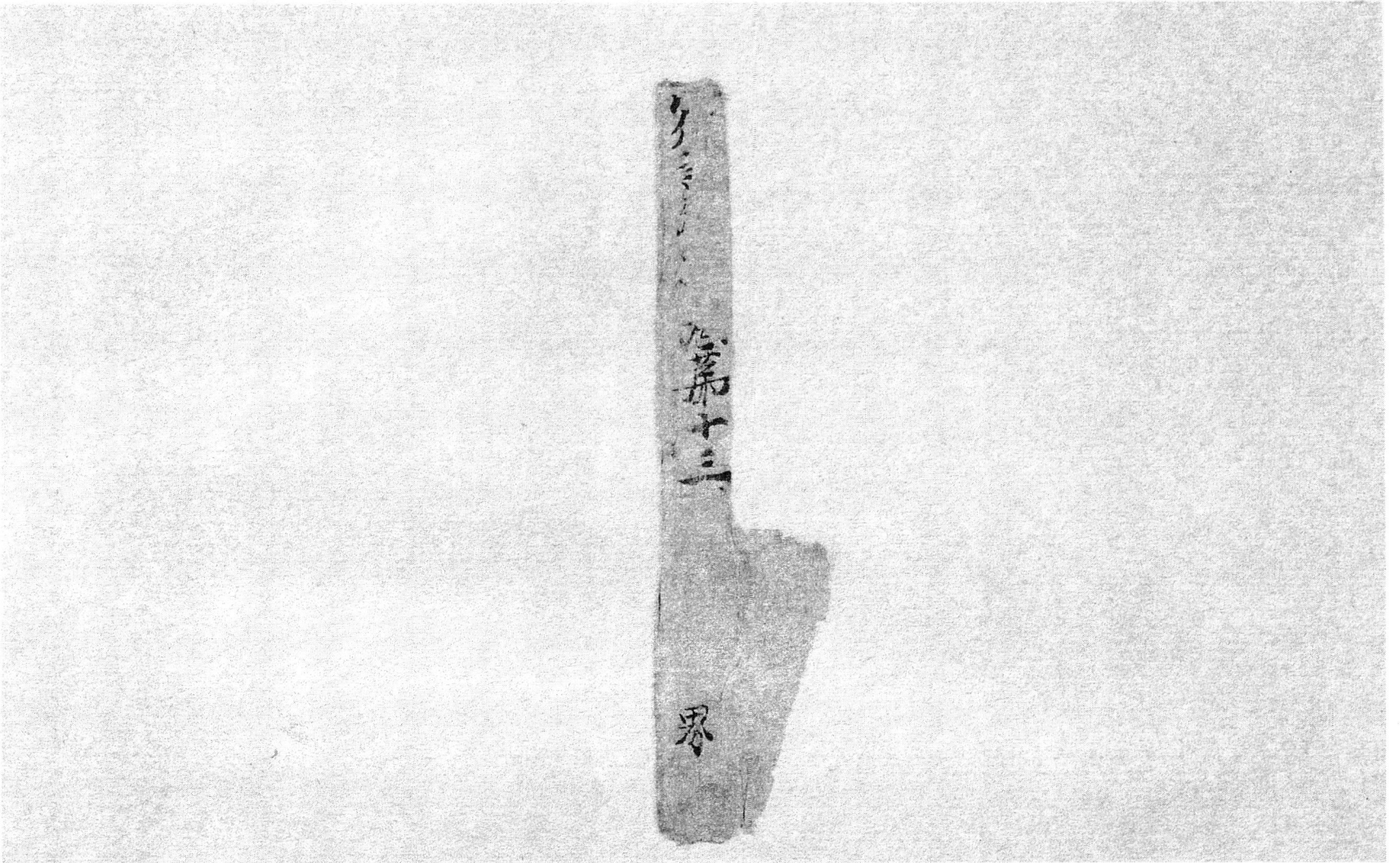

BD12262 號　護首（經名不詳）　　　　　　　　　　　　　　　（1–1）

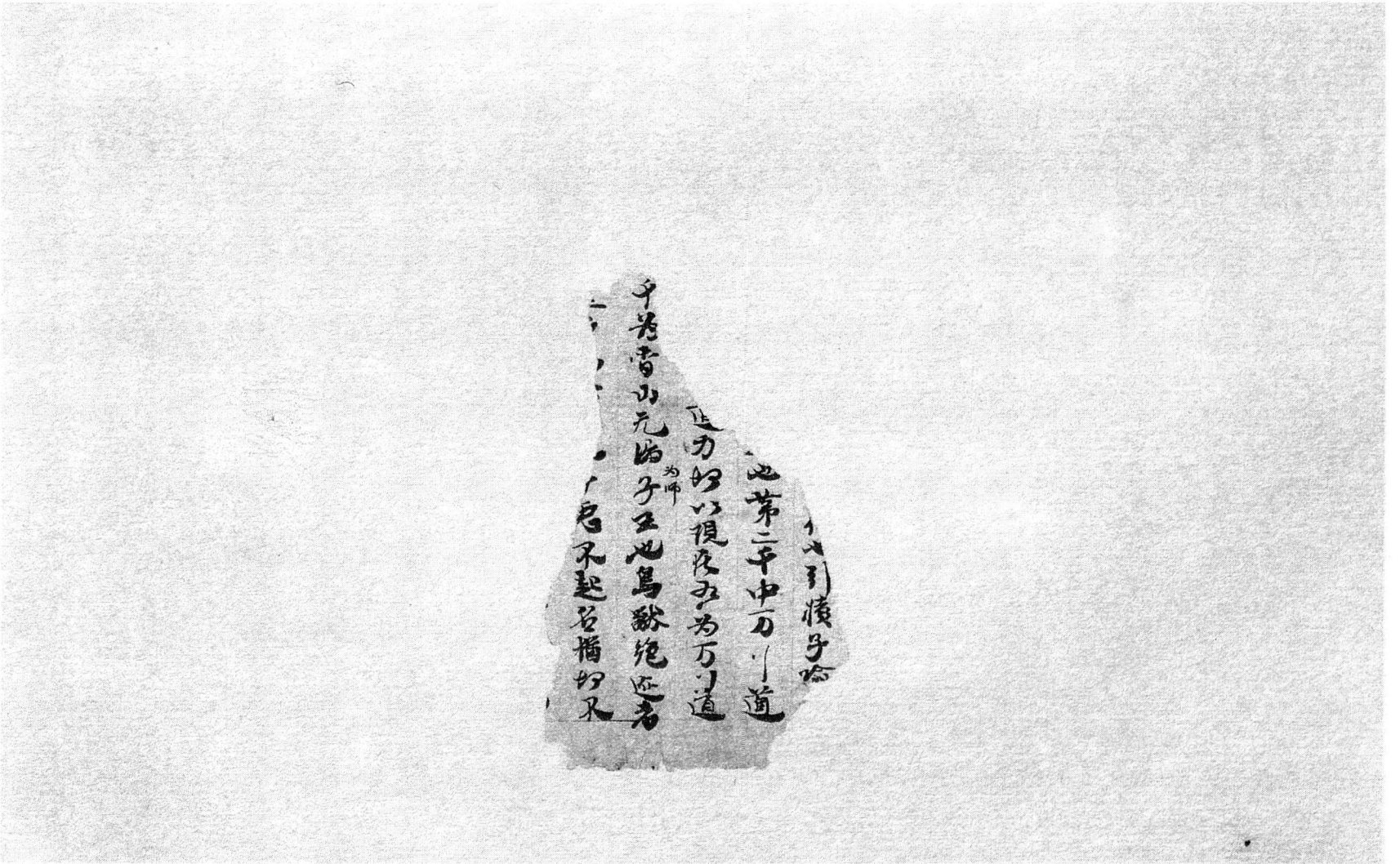

BD12263 號　華嚴經疏（擬）　　　　　　　　　　　　　　　（1–1）

未復有无量
九量億劫說不能
王若有所說皆不虚
員說之其所說法皆悉
所辝趣

BD12264號　妙法蓮華經卷三　　　　　　　　　　　　　　　　　　　　　　　　（1-1）

此経

BD12265號　佛經殘片（擬）　　　　　　　　　　　　　　　　　　　　　　　　（1-1）

3

智空菩薩空不二

BD12266 號　摩訶般若波羅蜜經卷七　　　　　　　　　　　　　　　　　　　　（1-1）

二智經
常定弘檀大悲心
故得涅槃安為家
一心方便智
故号用

BD12267 號　無常經　　　　　　　　　　　　　　　　　　　　　　　　　　（1-1）

BD12268 號　大般涅槃經（北本）卷三〇　　　　　　　　　　　　　　（1-1）

BD12269 號　護首（大般若波羅蜜多經）　　　　　　　　　　　　　（1-1）

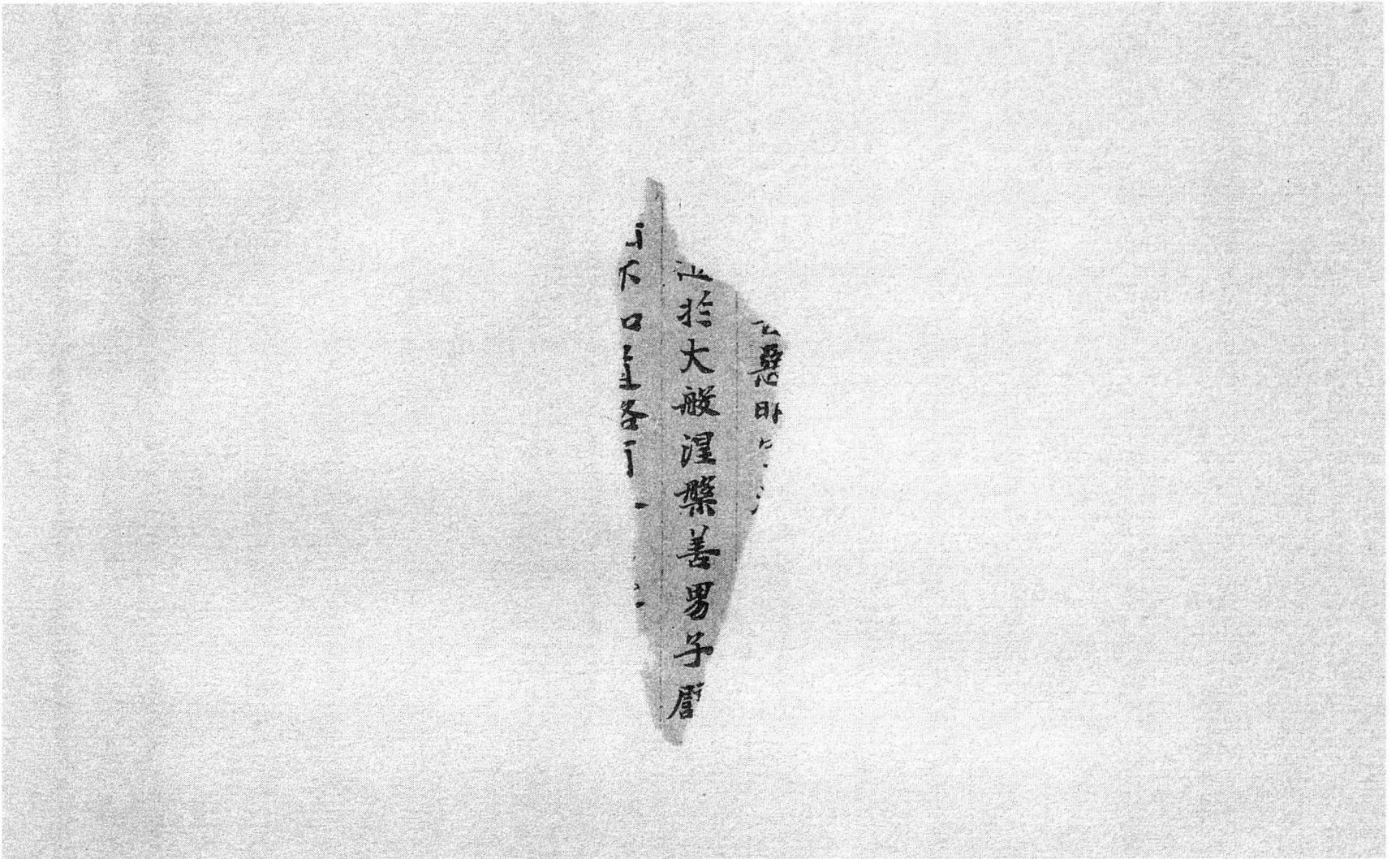

BD12270 號　大般涅槃經（北本）卷二五　　　　　　　　　　　　　　　　（1-1）

BD12271 號　金光明經卷二　　　　　　　　　　　　　　　　　　　　　（1-1）

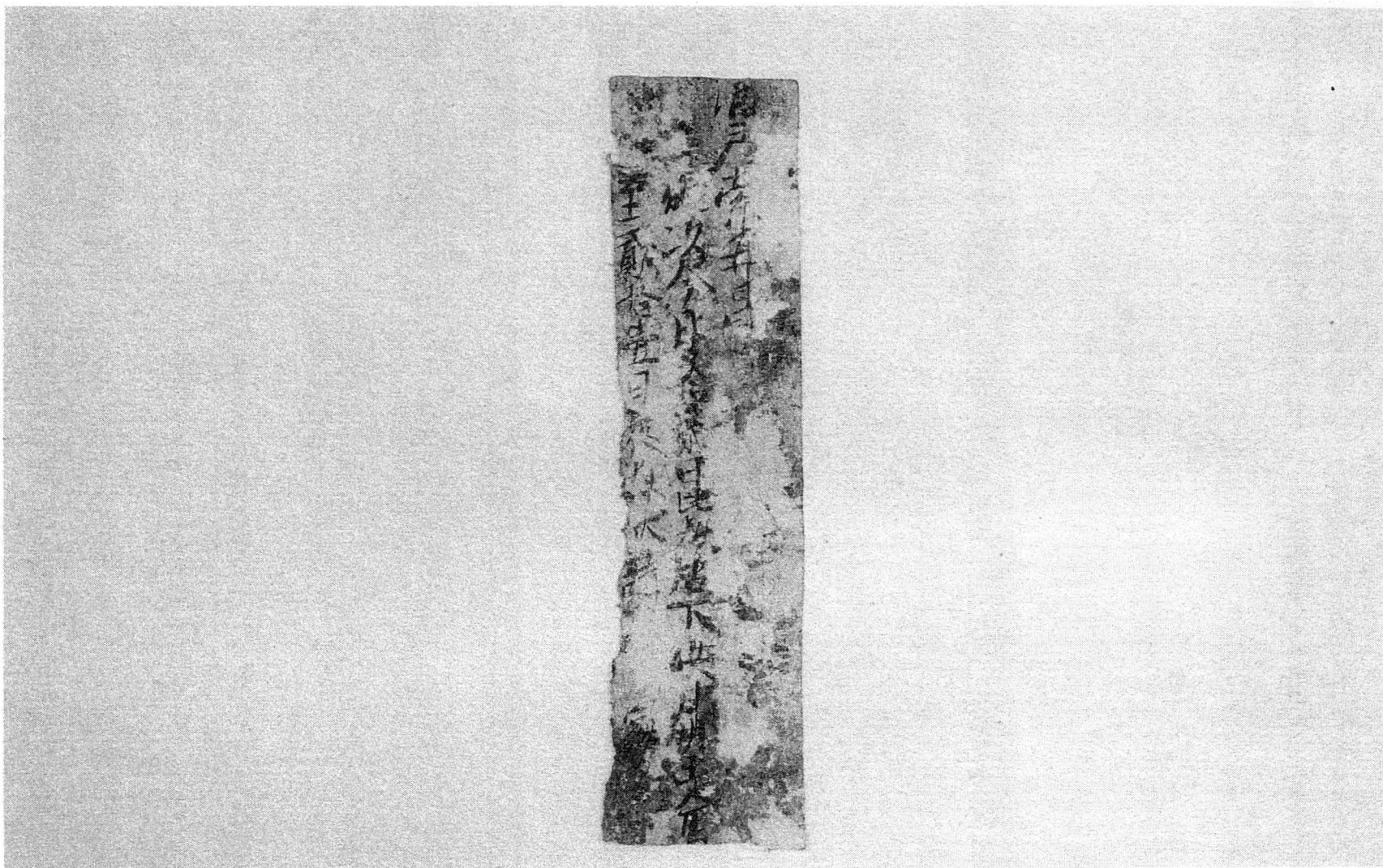

BD12272號　酒戶索再昌狀（擬）　　　　　　　　　　　　　　　　　　（1-1）

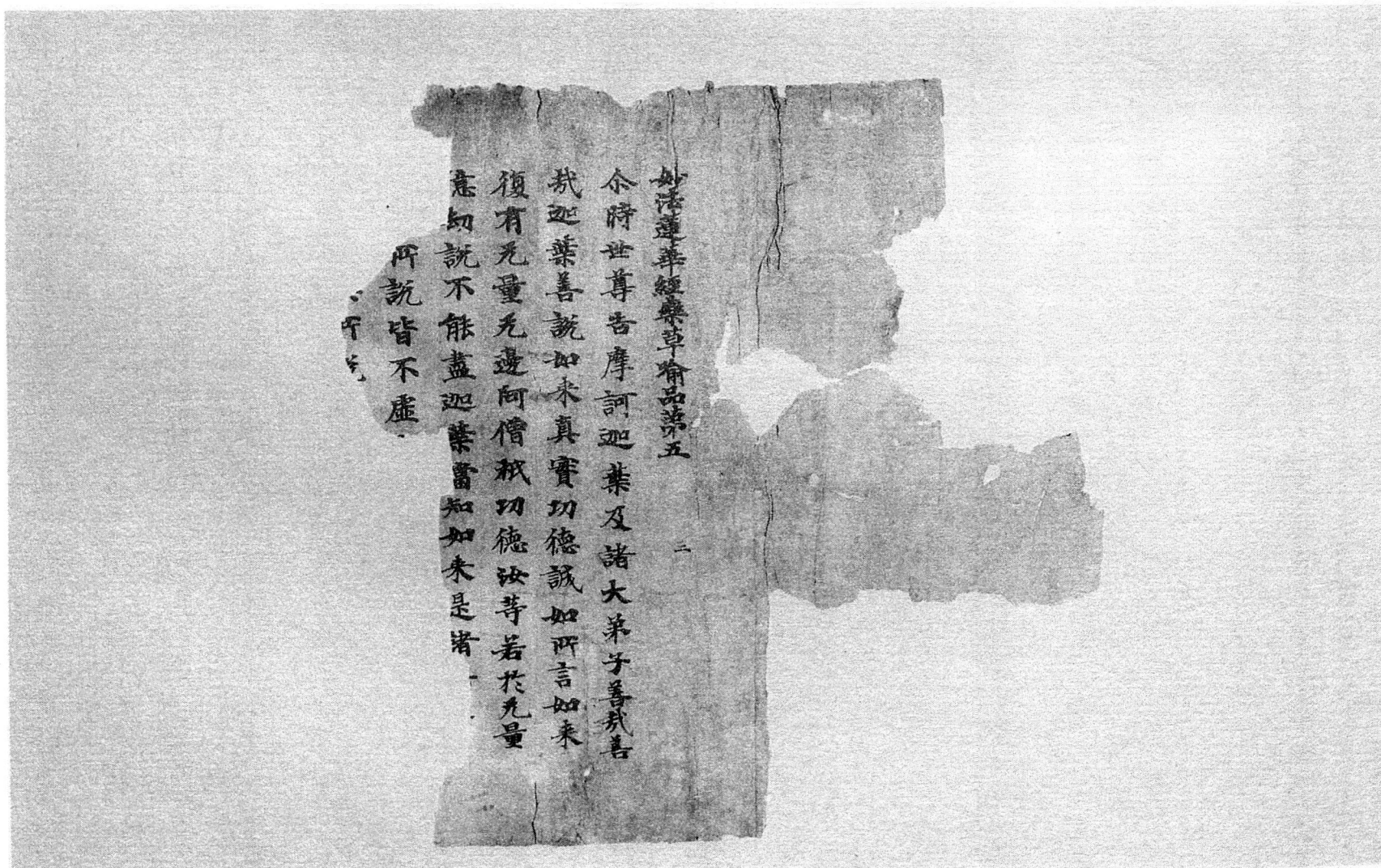

BD12273號　妙法蓮華經卷三　　　　　　　　　　　　　　　　　　　　（1-1）

7

BD12274 號　無量大慈教經　　　　　　　　　　　　　　　　　　　（1-1）

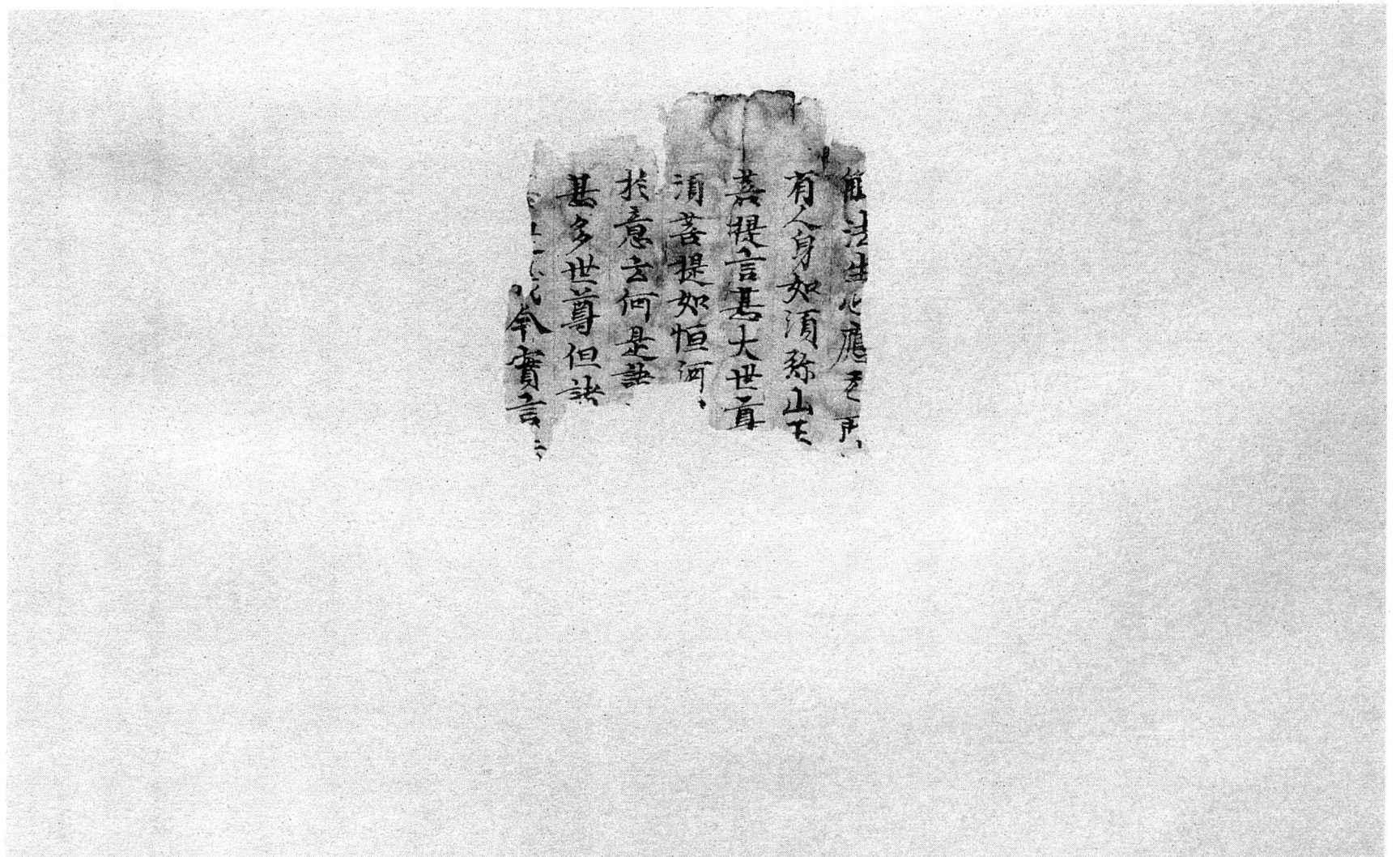

BD12275 號　金剛般若波羅蜜經　　　　　　　　　　　　　　　　　（1-1）

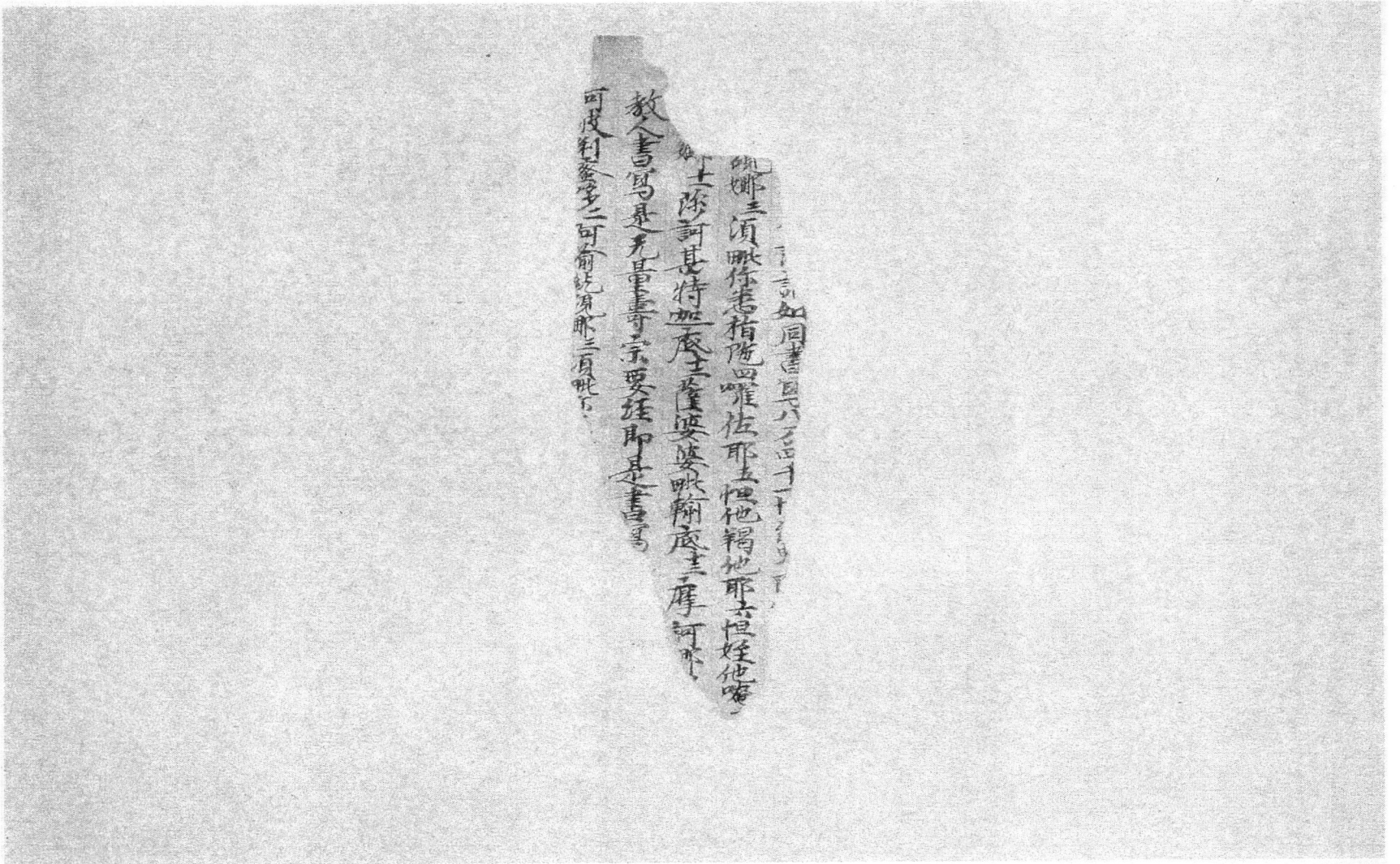

BD12276號　無量壽宗要經　　　　　　　　　　　　　　　　　　　　（1-1）

BD12277號　患文（擬）　　　　　　　　　　　　　　　　　　　　　（1-1）

9

BD12278 號　急就篇　　　　　　　　　　　　　　　　　　　　　　　（1-1）

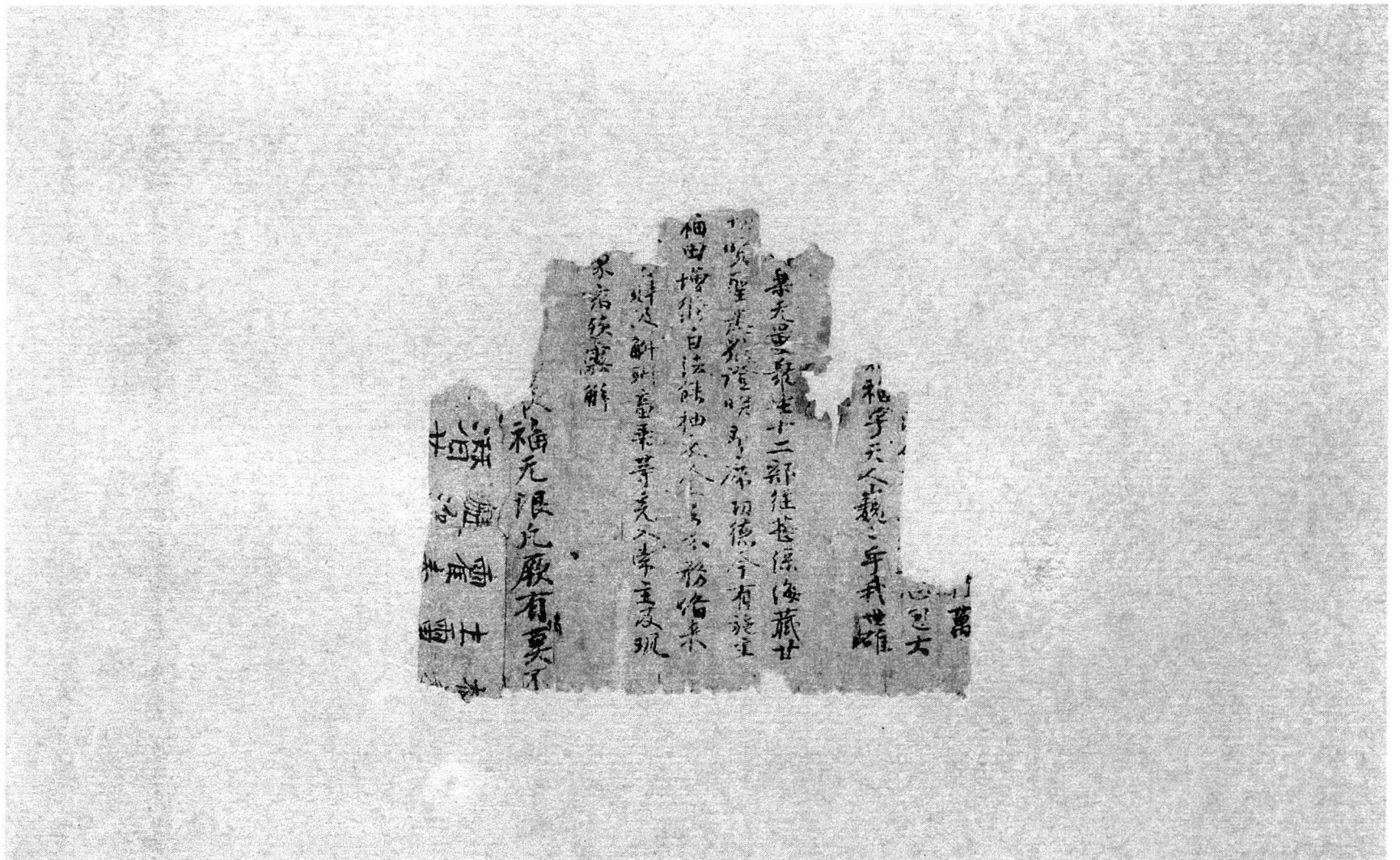

BD12278 號背　齋意文（擬）　　　　　　　　　　　　　　　　　　　（1-1）

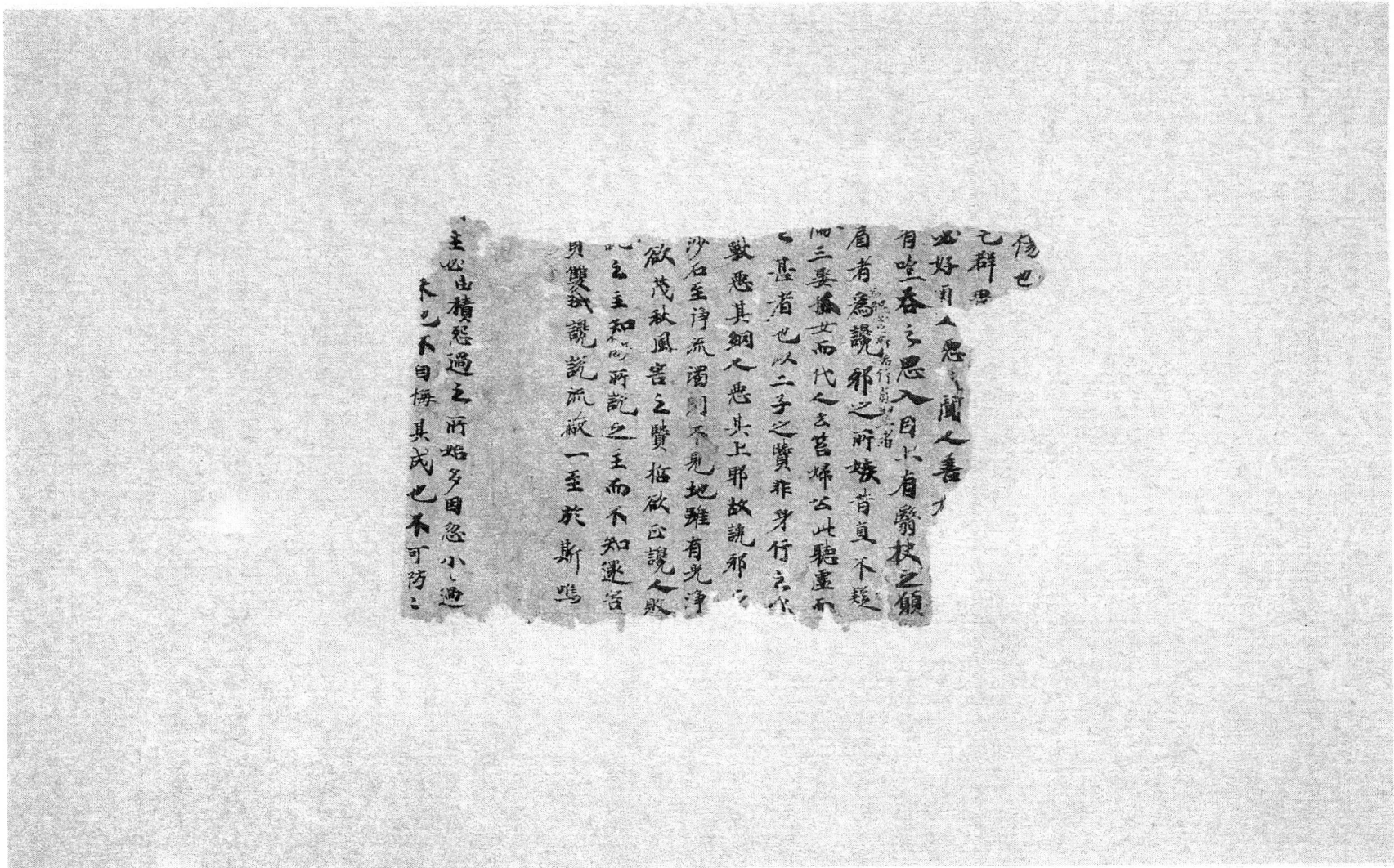

BD12279號　劉子

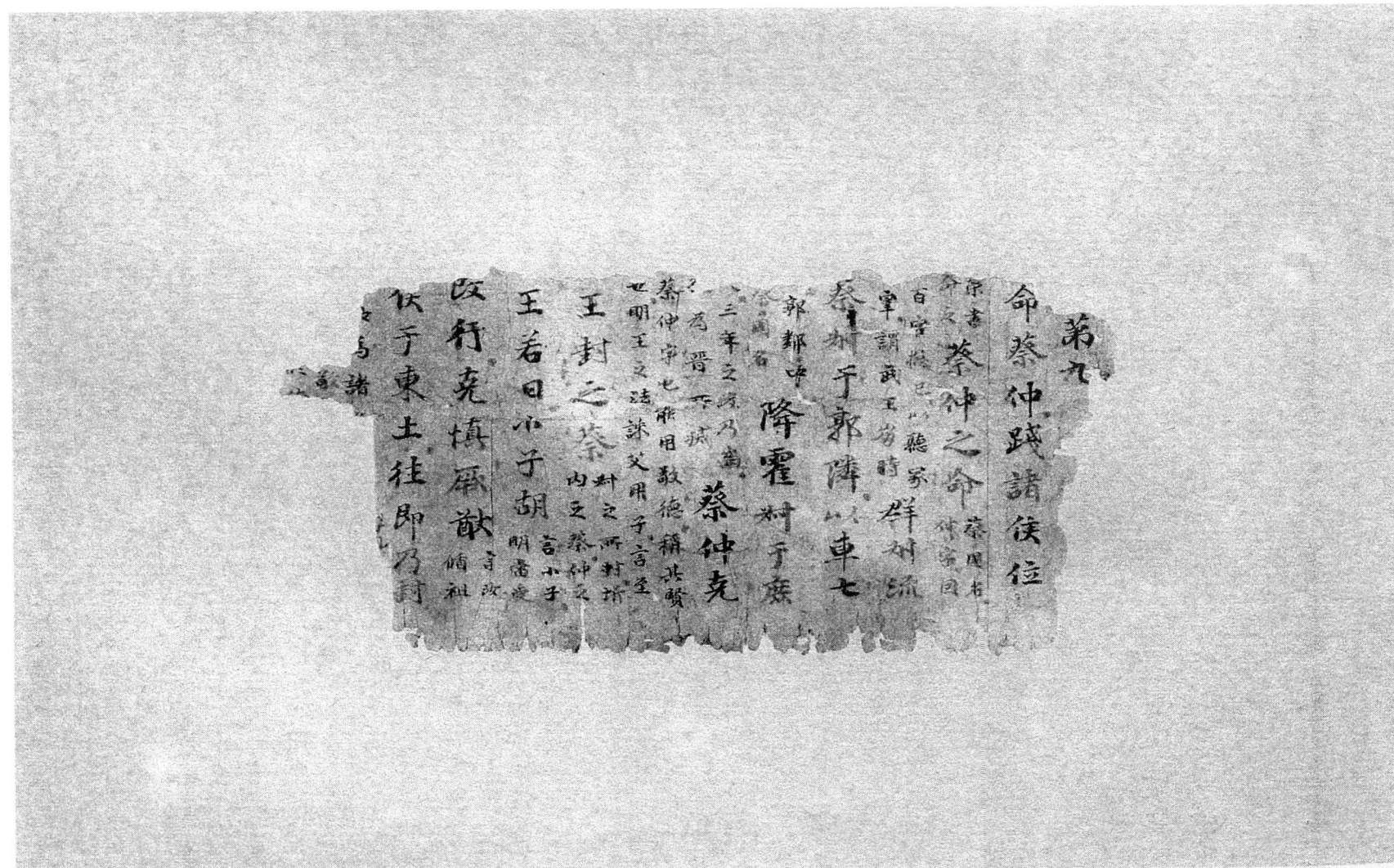

BD12280號　古文尚書傳·蔡仲之命

（1-1）

BD12280 號背　齋意文（擬）　　　　　　　　　　　　　　　　　　　　　（1-1）

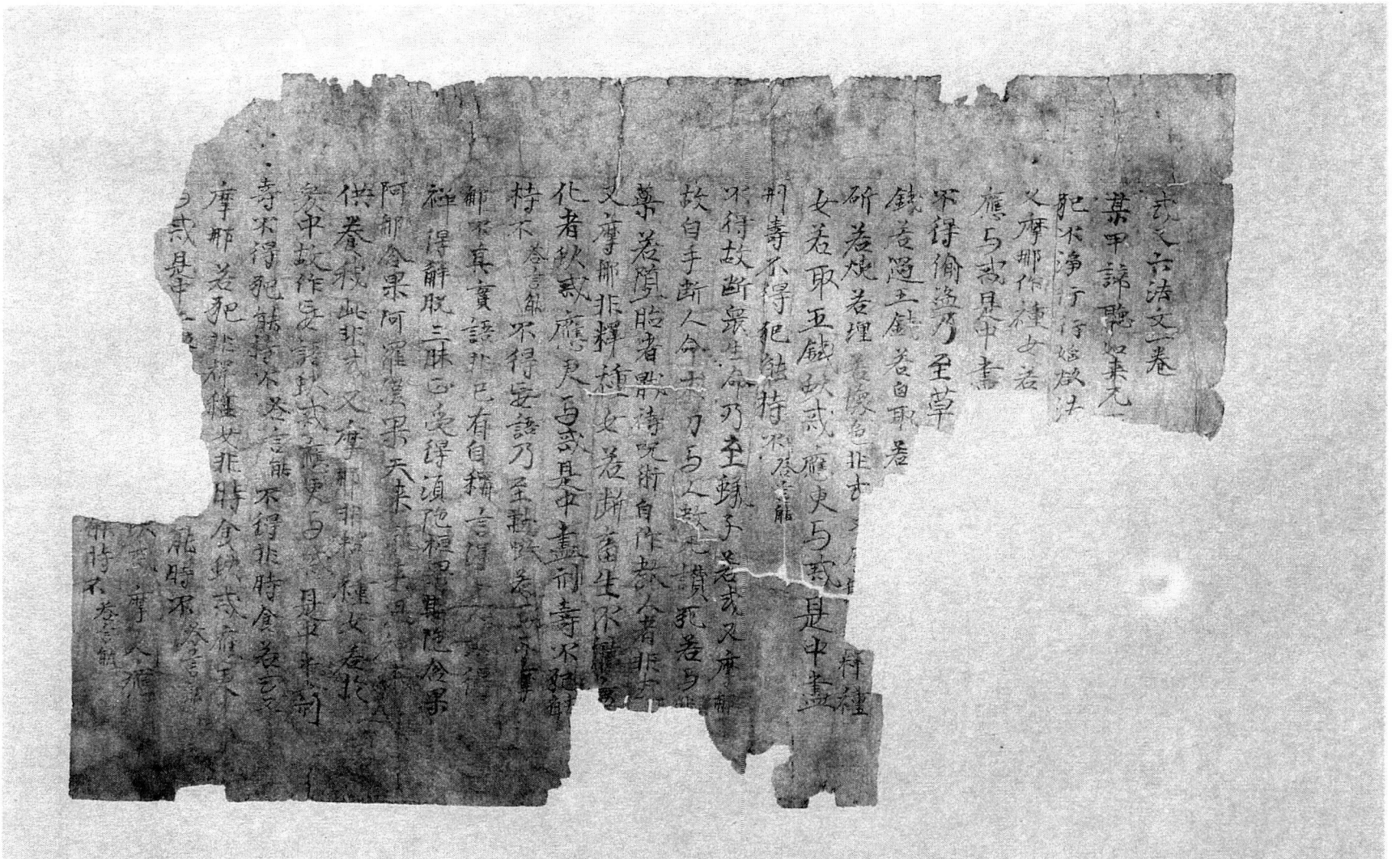

BD12281 號　式叉摩那六法文　　　　　　　　　　　　　　　　　　　　　（1-1）

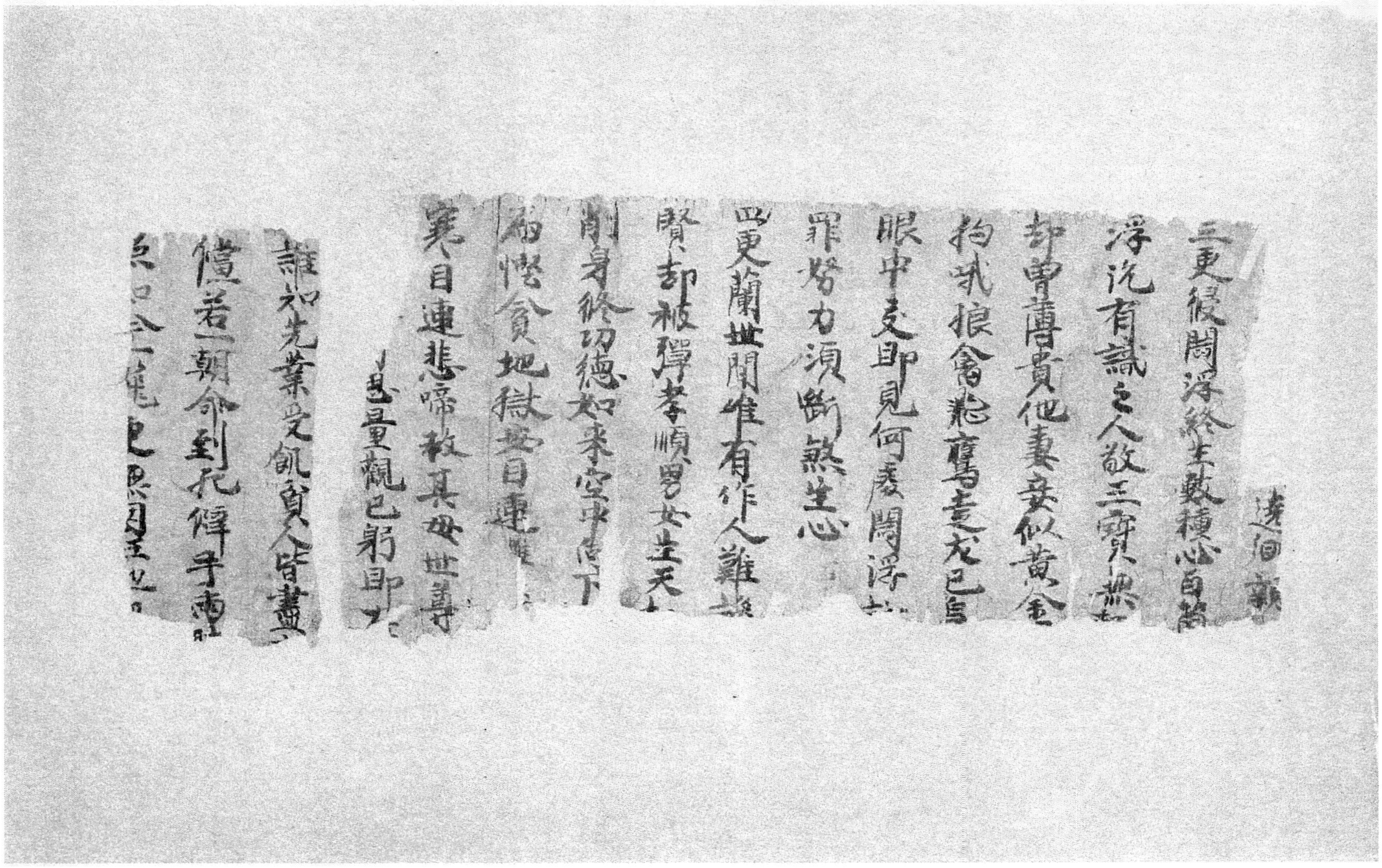

BD12282 號　五更調（擬）　（1–1）

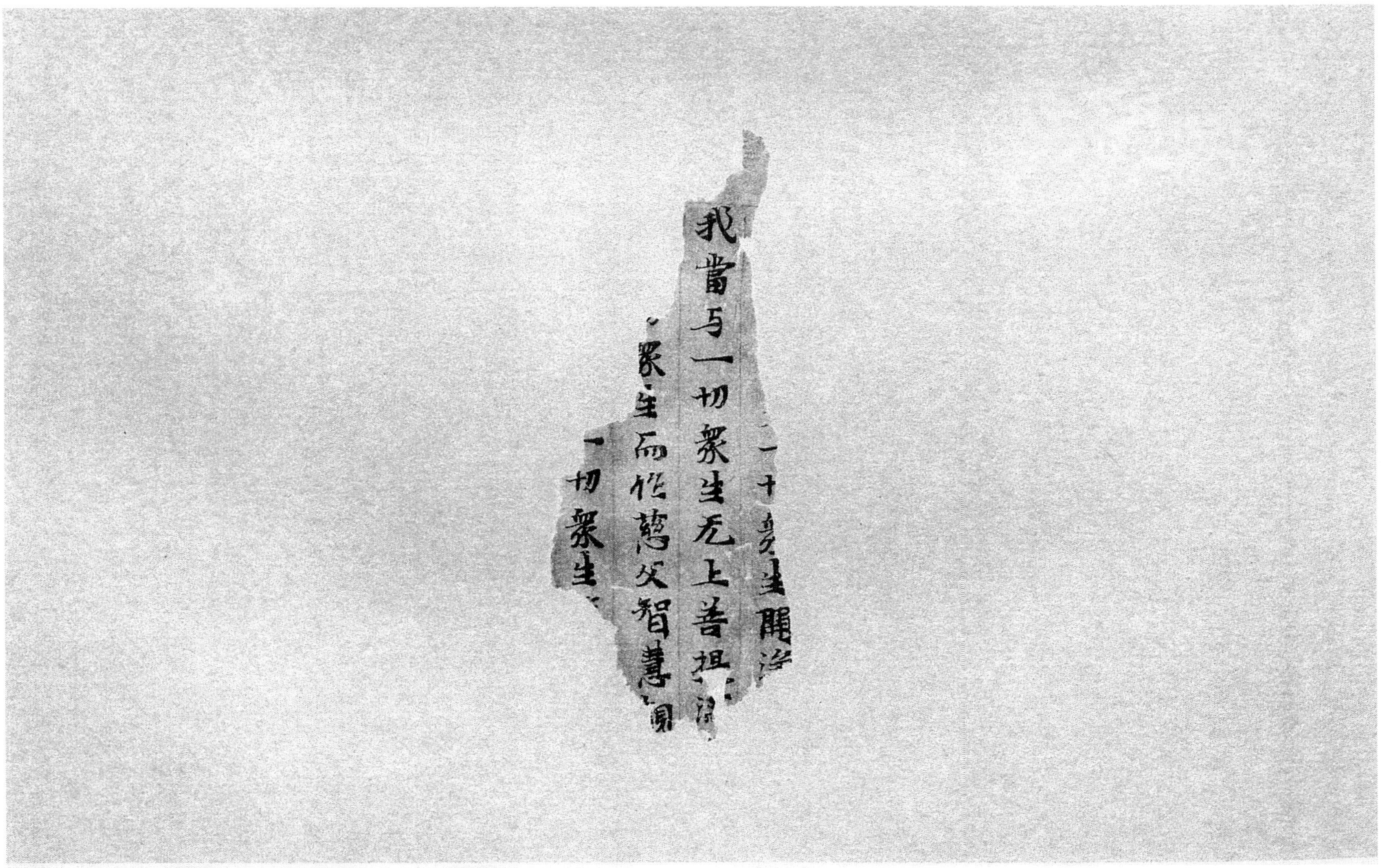

BD12283 號　大方廣佛華嚴經（晉譯五十卷本）卷一六　（1–1）

大般涅槃經師子吼菩
師子吼言世事、
因□□

BD12284 號　大般涅槃經（北本）卷二九　　　　　　　　　　　　　　　　　　　（1-1）

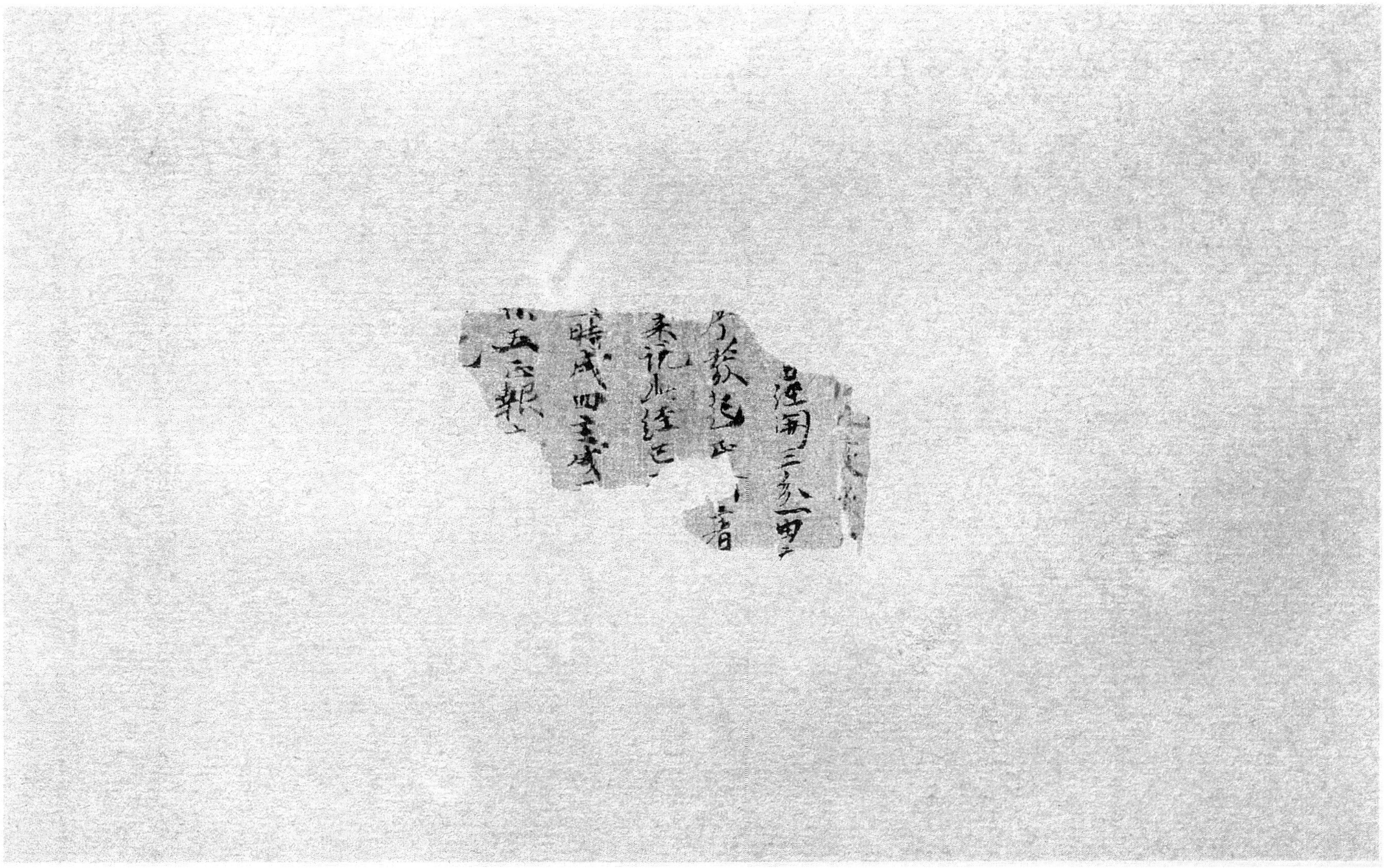

涅槃三分之一四

今敬造此
奉訖此經已
時咸四主戌
五八報

BD12285 號　阿彌陀經義述（擬）　　　　　　　　　　　　　　　　　　　　　（1-1）

14

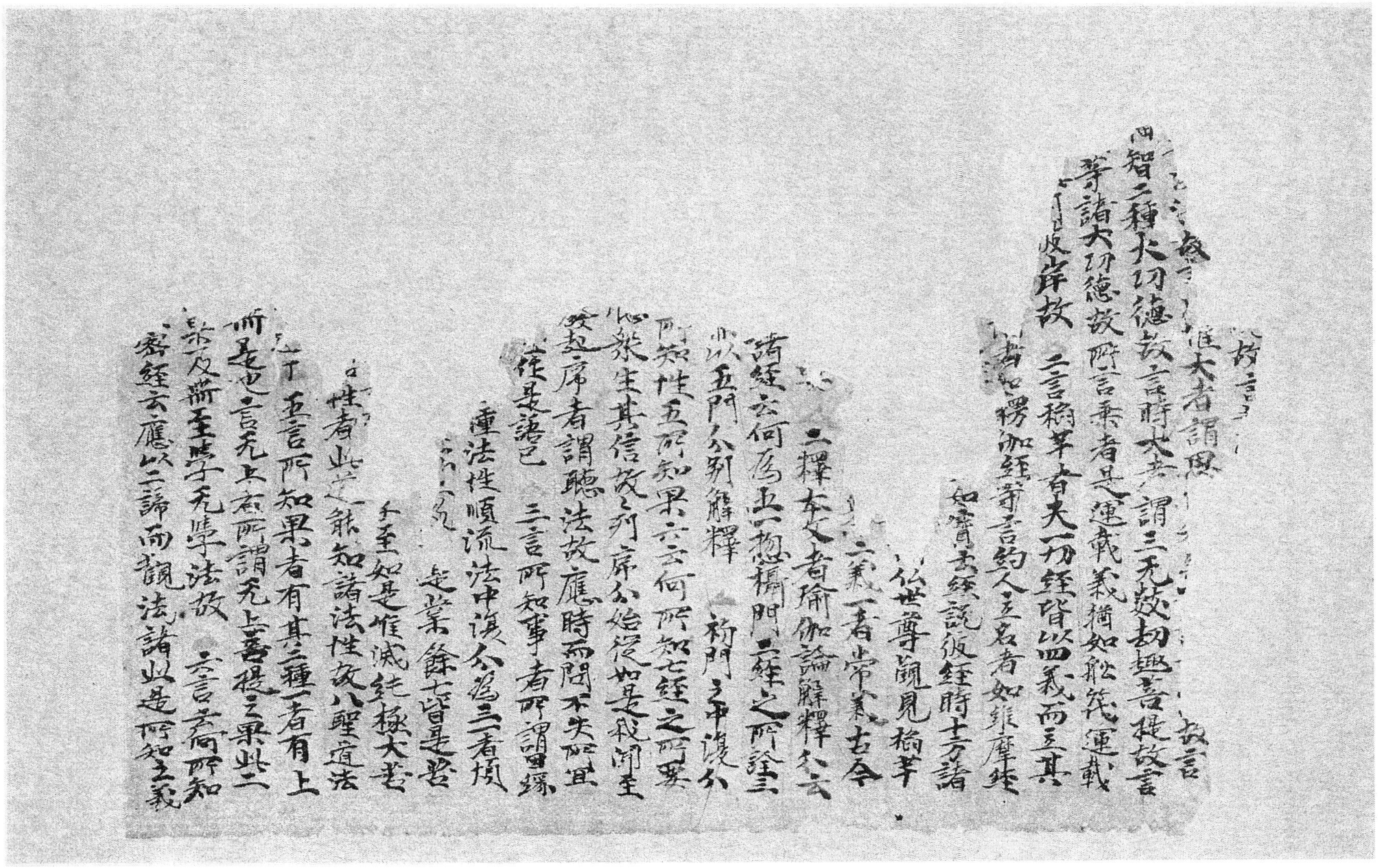

BD12286號　大乘稻芊經隨聽疏　　（1–1）

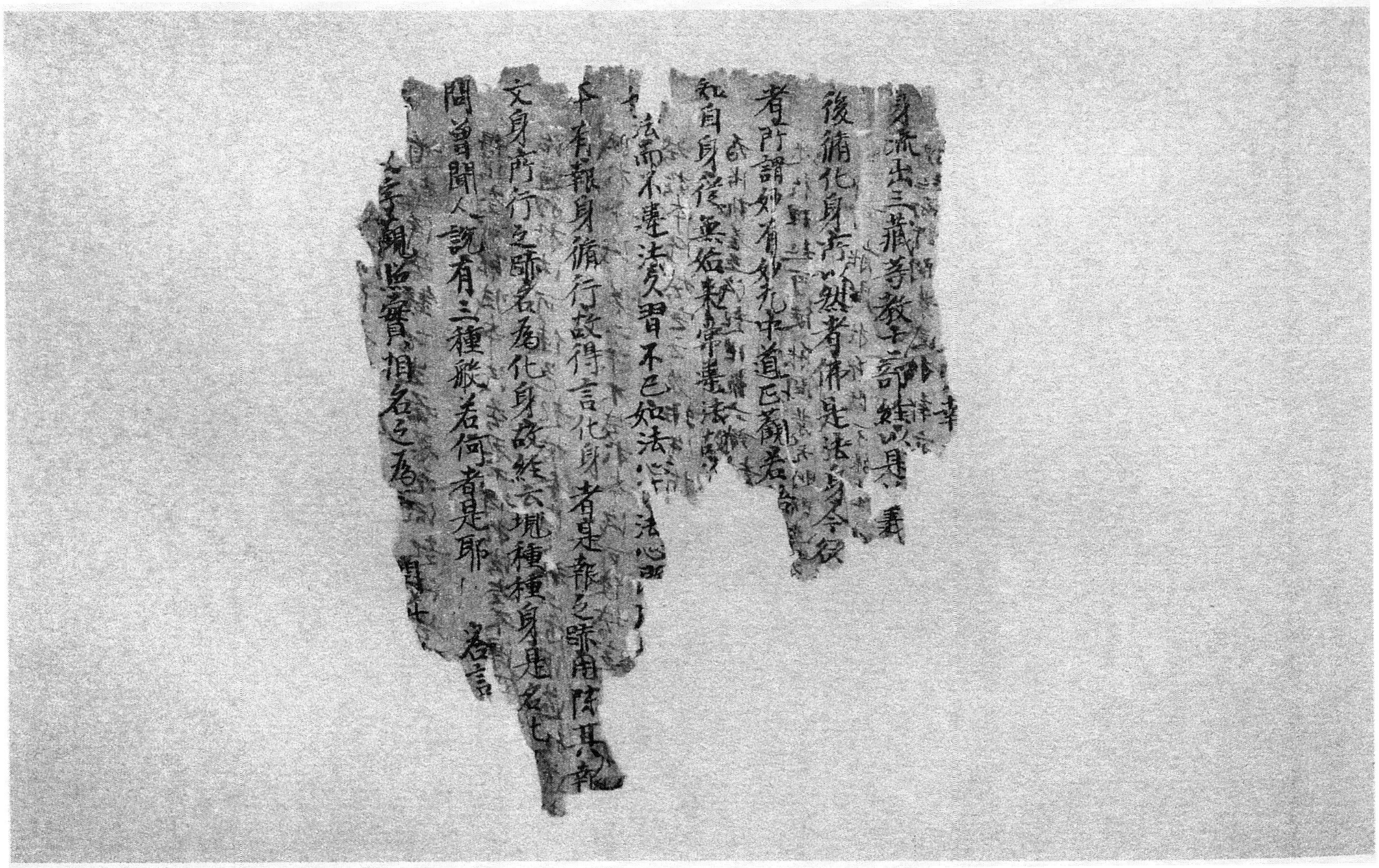

BD12287號　論三身三種般若（擬）　　（1–1）

BD12287號背　佛教文獻殘片（擬）　　　　　　　　　　　　　　　　　　（1-1）

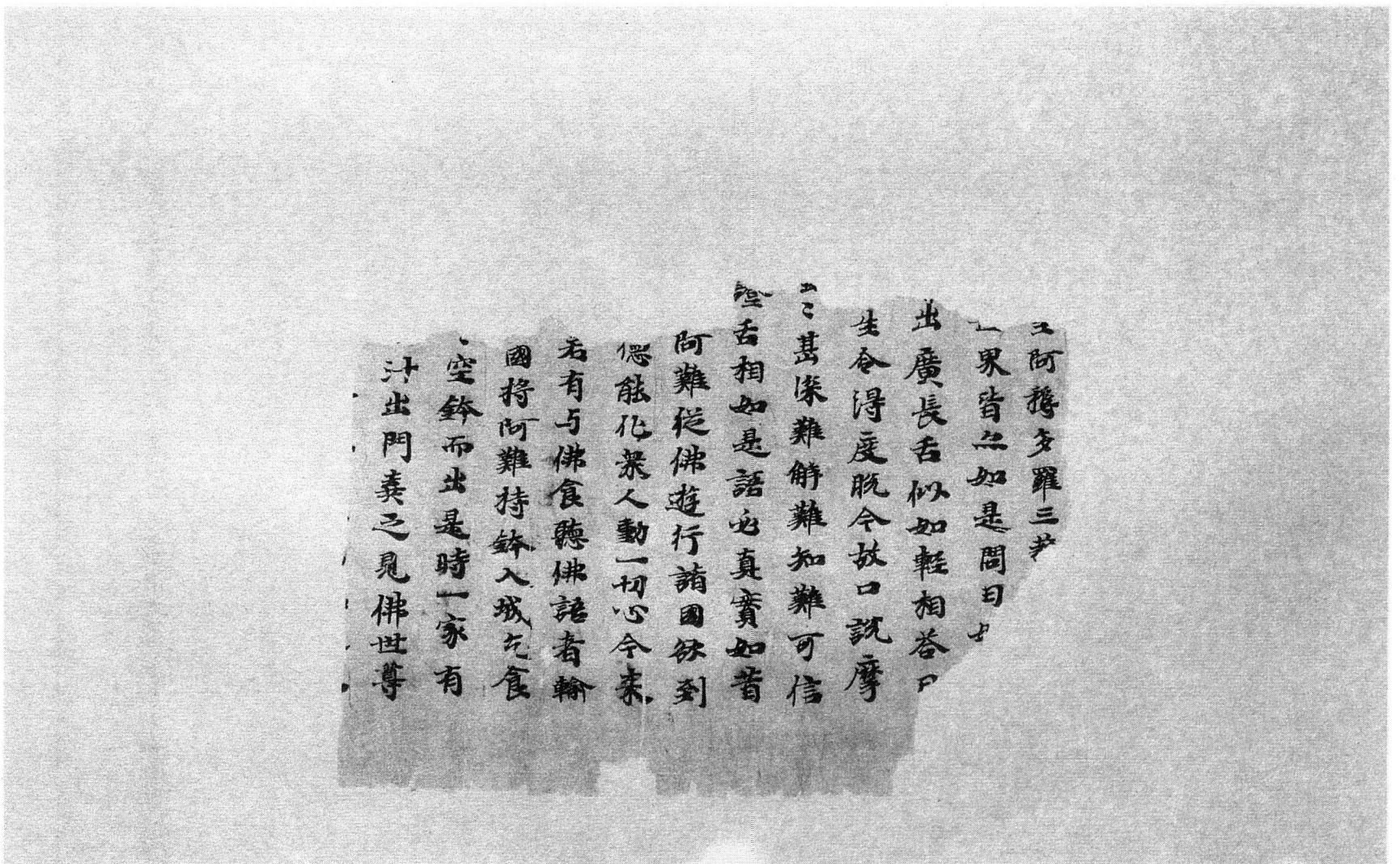

BD12288號　大智度論卷八　　　　　　　　　　　　　　　　　　　　　　（1-1）

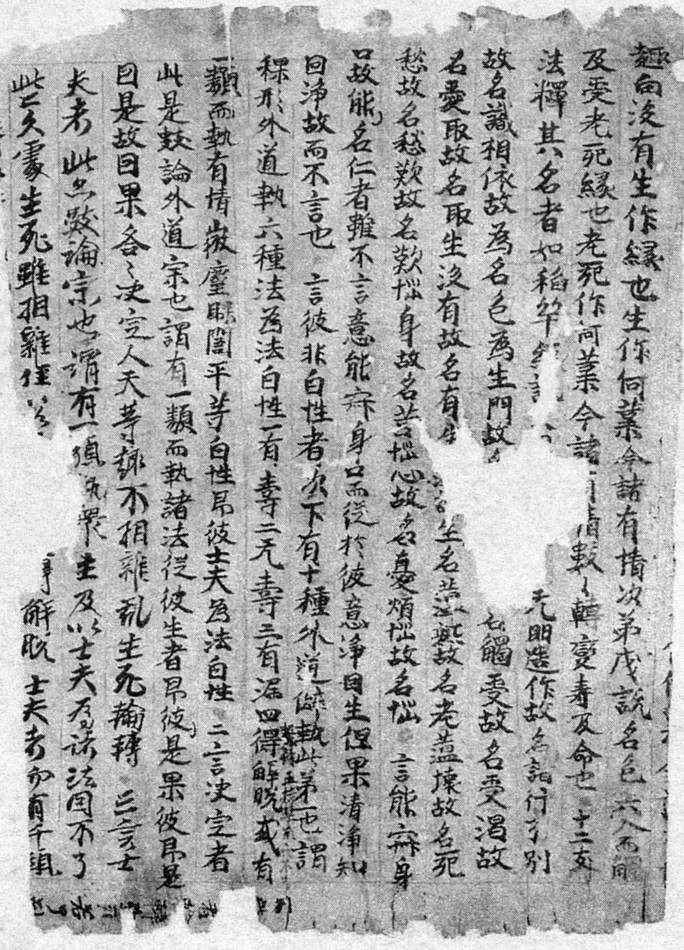

BD12289號　因緣心論釋開決記　　　　　　　　　　　　　　（1-1）

BD12289號背　雜寫　　　　　　　　　　　　　　（1-1）

復次梵輔怖畏是眾生三種　信常七日至損時火災洞然起
悟廣量無數　界中風漸生　梵王界後　不時約告壞
厚十六萬叉　天人約欲戍　金剛不能壞　次復大風起
光音金藏雲　布雨三千界　如軸和蒲山　此風過不隃於
蘇十一洛叉　准俱舍第十一億二方
風鼓成水結　始
廣十億三⋯⋯
三方　供舍立下入洛叉永麻
疑結成銀

BD12290號　淨名經關中釋抄卷下　　　　　　　　　　　　　　　　　（1-1）

利濟弘遠何莫由
斯
湏菩提所
法元自性證則彌同因教悟空者
由教立悟不滯空言論元法可非豈
湏菩提於意云何湏陀洹能作是
陀洹果　他以習无漏證无漏果悟无所得名湏陀洹居　湏菩
提言不也世尊　是人不起得果之念何以故湏陀洹名為
陀洹　湏陀洹名為入流而无所入不入色聲香味觸法是名湏
入流而无所入不入色聲香味觸法
陀洹　習无漏果別有入道流不取果相故元流可入豈
以惑相而无道流可入湏於有我而入聲色六塵耶
湏菩提於意云何斯陀含能作是念我
得斯陀含果不　不斷欲是俱得人我空湏菩
提言不也世尊　是人不起何以故斯陀
舍名一往來而實无往來是名斯
陀含　臺天人趣往來去一斯往來則明行得果是
生我場則非　湏菩提於意云何阿那含
斯陀含也　我更不景來
斯陀含七

BD12291號　御註金剛般若經　　　　　　　　　　　　　　　　　　（1-1）

18

BD12292 號　大般涅槃經（北本）鈔（擬）　　　　　　　　　　　　　　　（1-1）

BD12293 號　瑜伽師地論隨聽疏　　　　　　　　　　　　　　　　　　　（1-1）

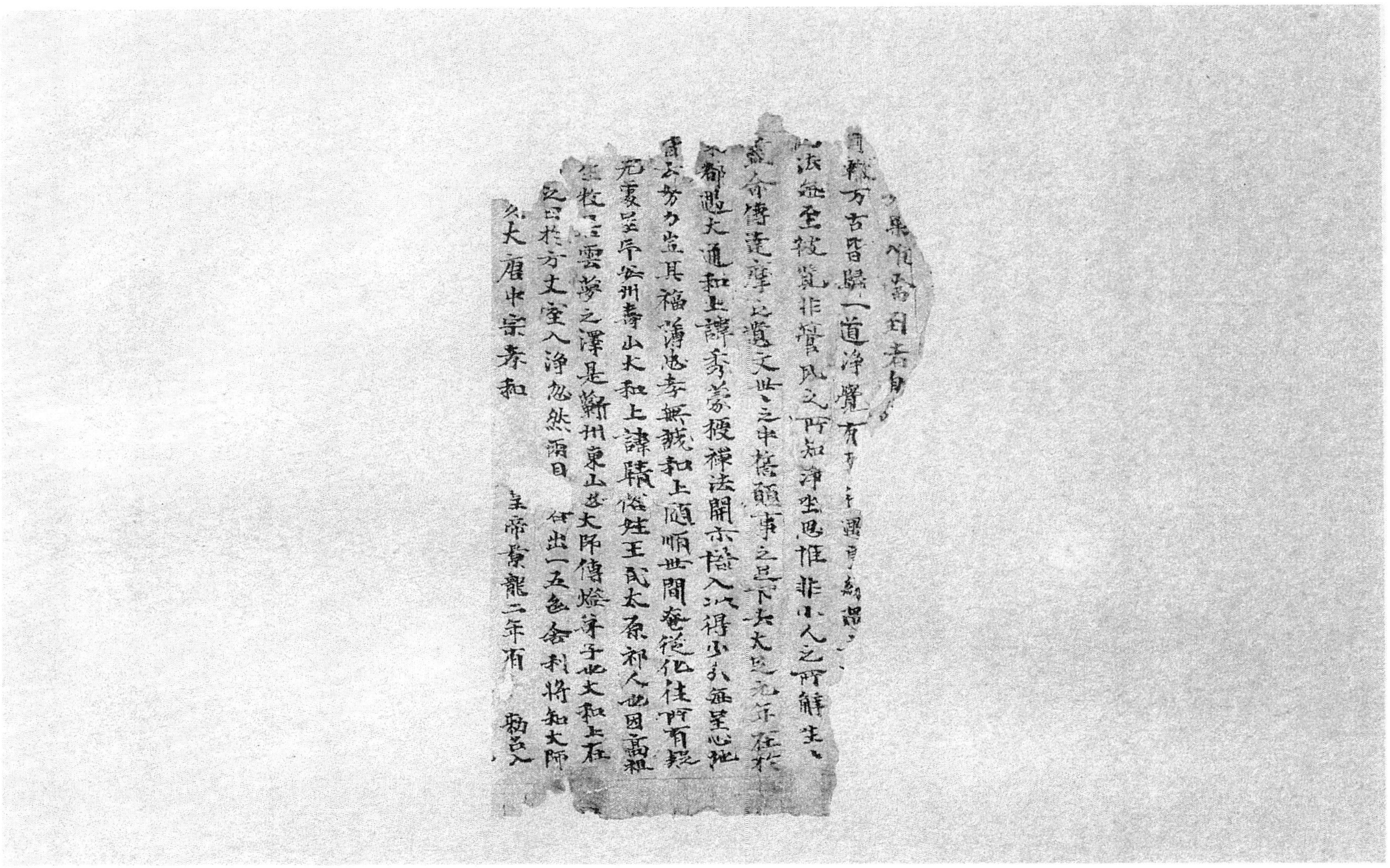

BD12294 號　楞伽師資記序　（1–1）

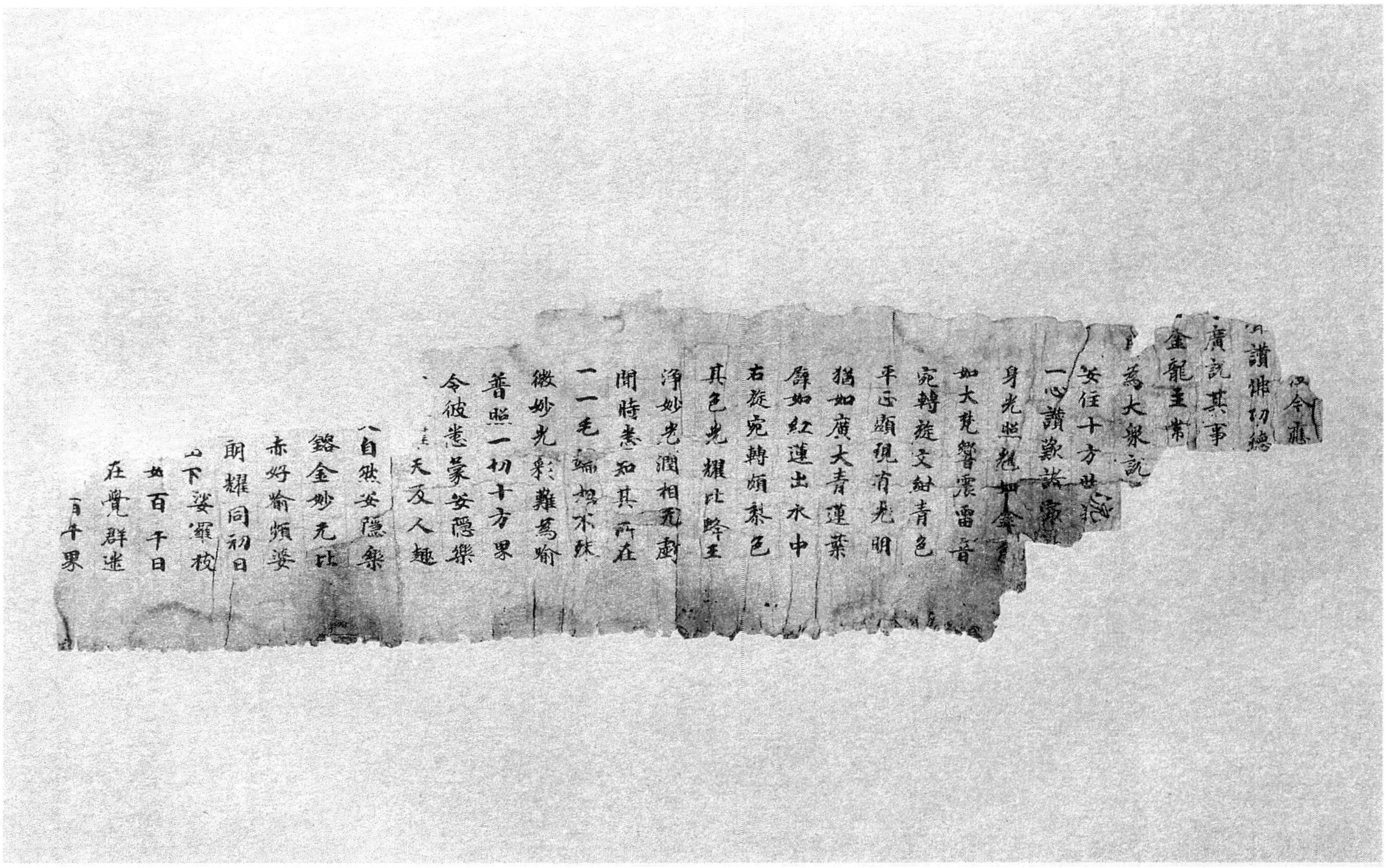

BD12295 號　金光明最勝王經卷五　（1–1）

BD12295 號背　雜寫　　　　　　　　　　　　　　　　　　（1-1）

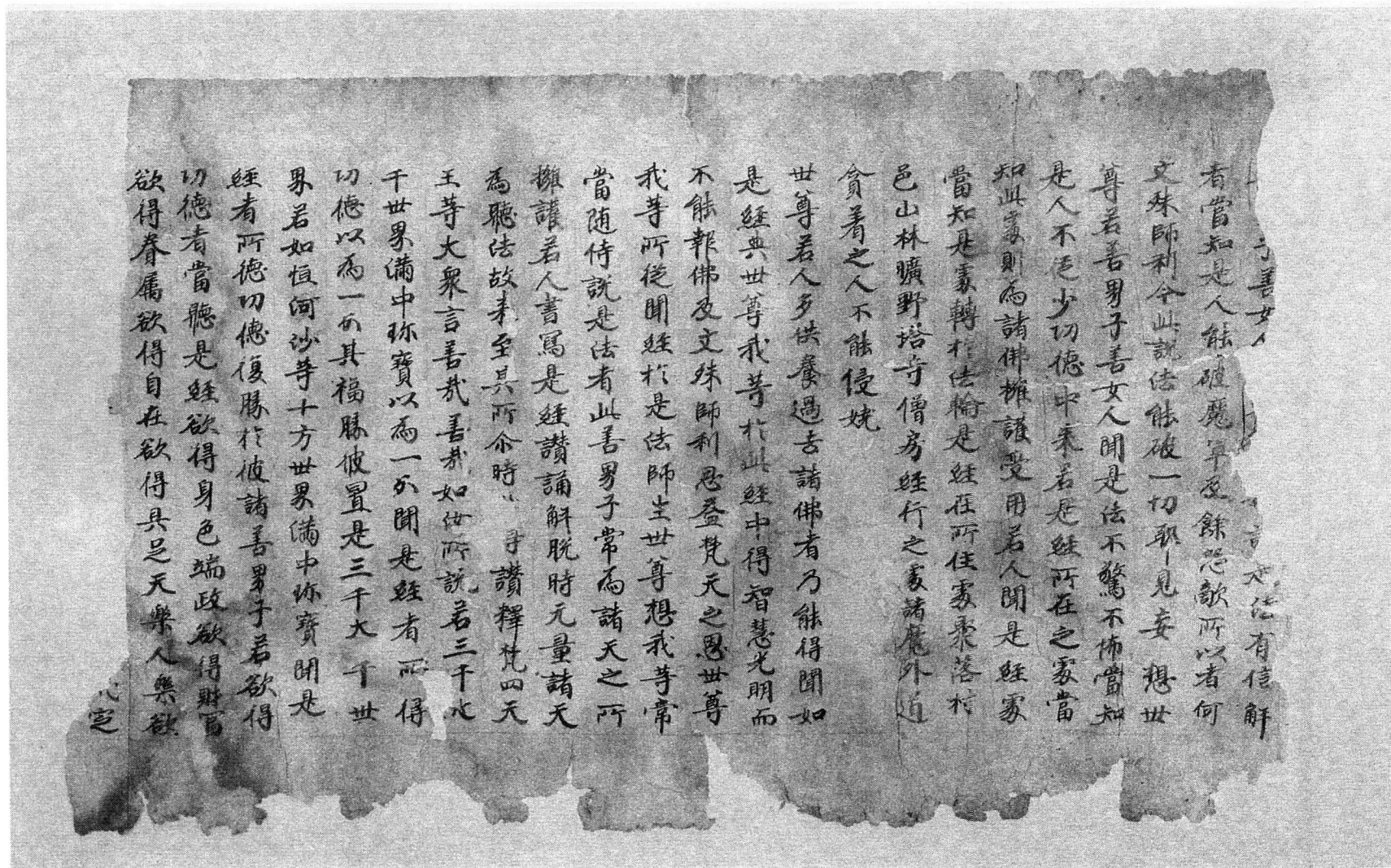

者當知是人能破魔軍及餘怨欲所以者何
文殊師利令此說法能破一切邪見妄想世
尊若善男子善女人聞是法不驚不怖當知
是人不從少功德中來若是經所在之處當
知此眾則為諸佛塔擁護受用若人聞是經
邑山林曠野塔寺僧坊經行之處諸庵外道
貪著之人不能侵嬈
世尊若人多供養過去諸佛者乃能得聞如
是經典世尊我等於此經中得智慧光明而
不能報佛及文殊師利恩益梵天之恩世尊
我等所從聞是法者於山善男子常為想我等
當隨侍說是法者於此善男子常為諸天之所
擁護若人書寫是經讀誦解脫時元量諸天
為聽法故來至其所爾時手讚釋梵四天
王等大眾言善哉善哉如世所說若三千大
千世界滿中珍寶以為一分聞是經者所得
功德以為一分復勝於彼諸善男子若欲得
經者所德當聽是經欲得身色端政欲得財
功德者當聽是經欲得勝彼諸善男子若欲
欲得眷屬欲得自在欲得其是天樂人樂等

BD12296 號　思益梵天所問經卷四　　　　　　　　　　　（1-1）

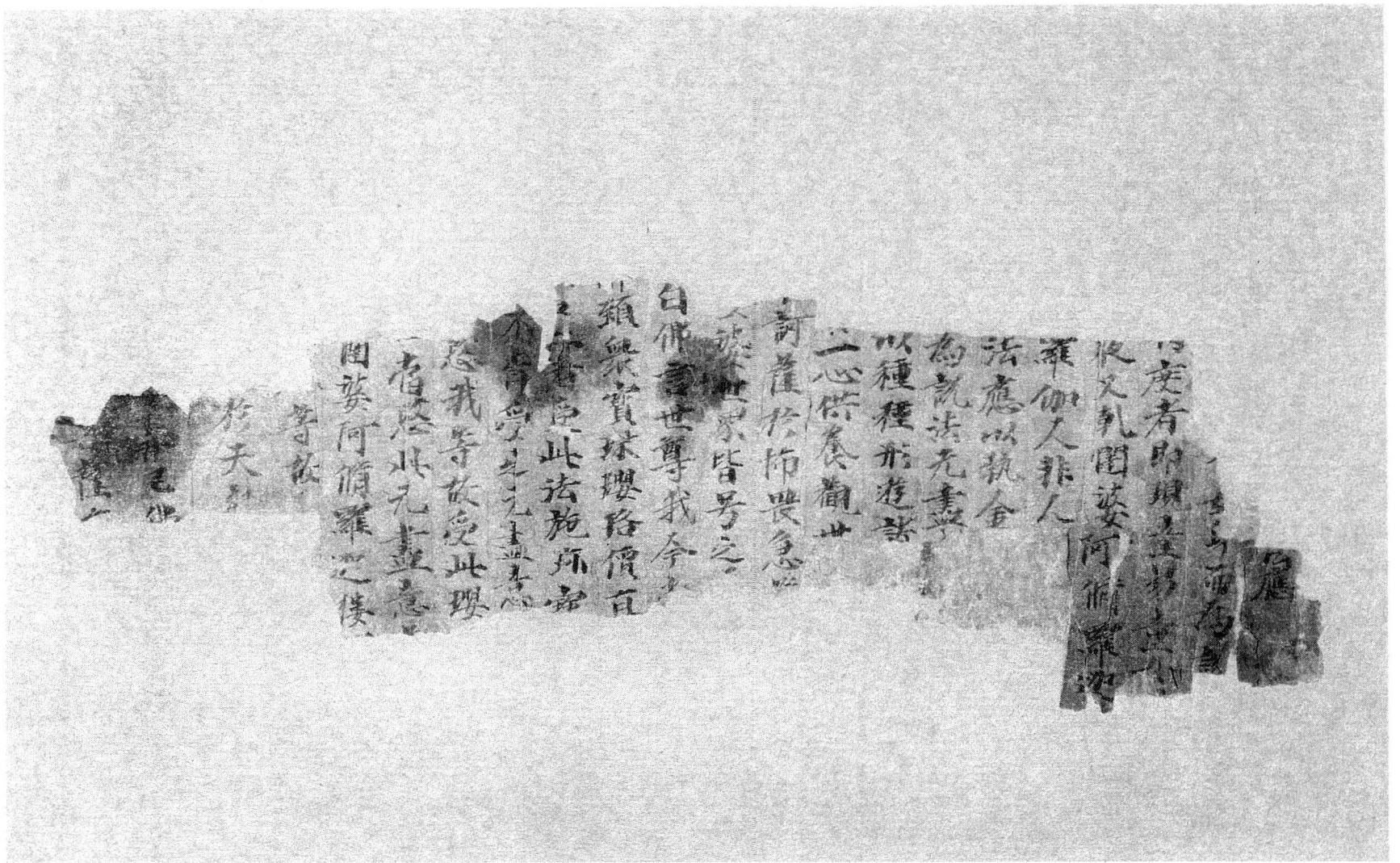

BD12297號　妙法蓮華經卷七 （1-1）

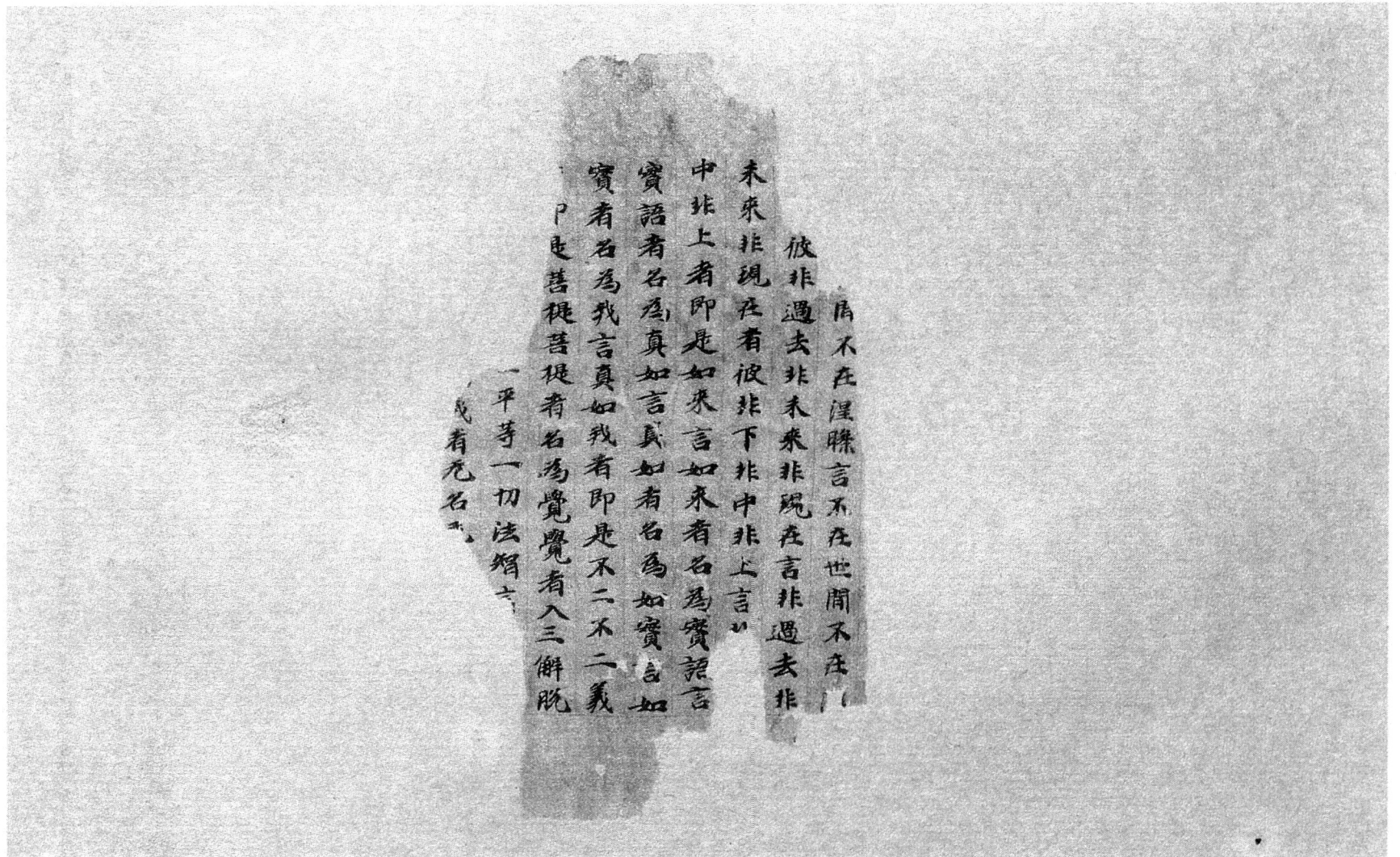

BD12298號　如來莊嚴智慧光明入一切佛境界經卷下 （1-1）

BD12299號　唱導文（擬）

（1-1）

BD12300號　齋意文（擬）

（1-1）

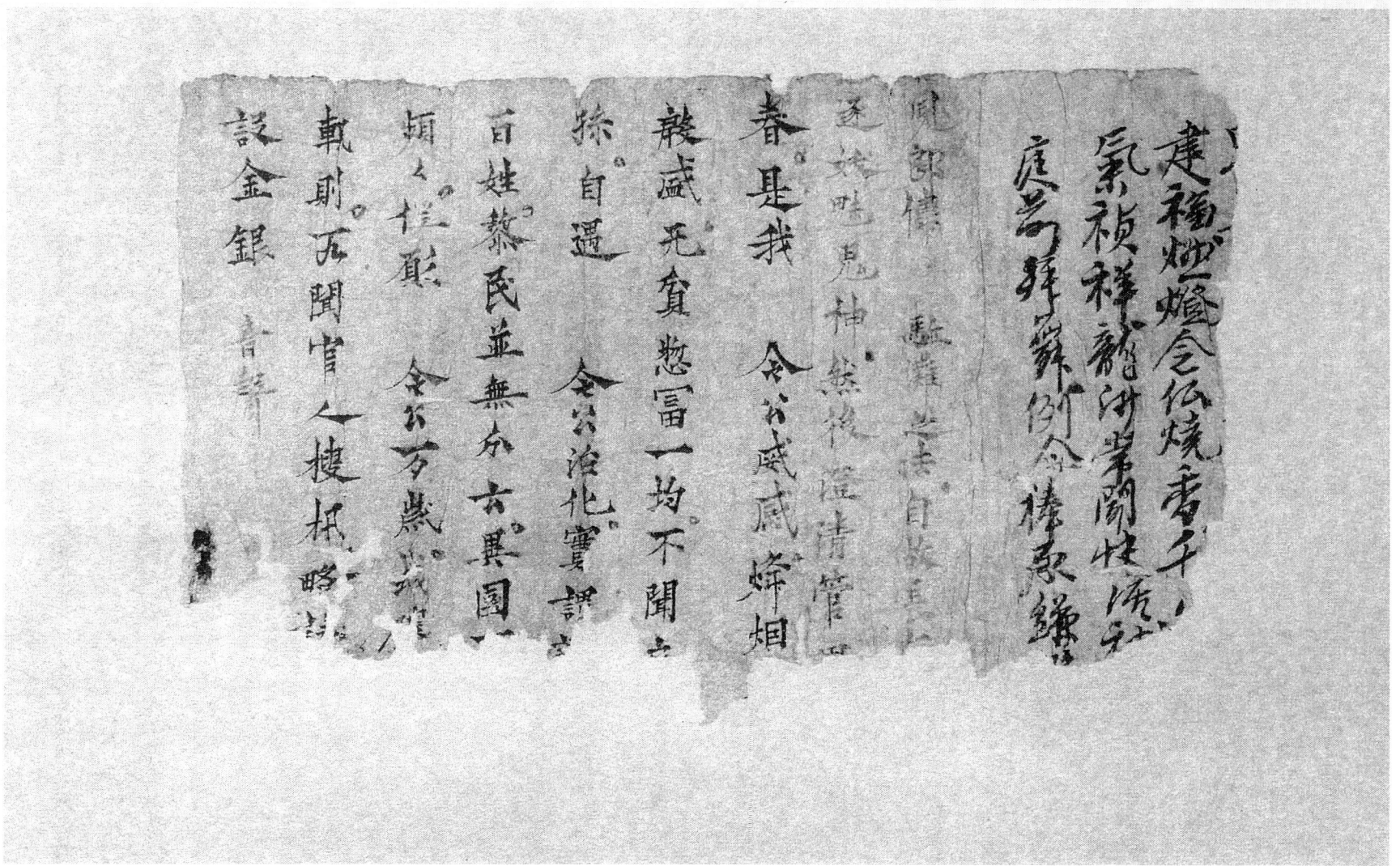

BD12301 號 1　燃燈文（擬）　　　　　　　　　　　　　　　　　　　　　　（1-1）
BD12301 號 2　兒郎偉

BD12301 號背　雜寫　　　　　　　　　　　　　　　　　　　　　　　　　　（1-1）

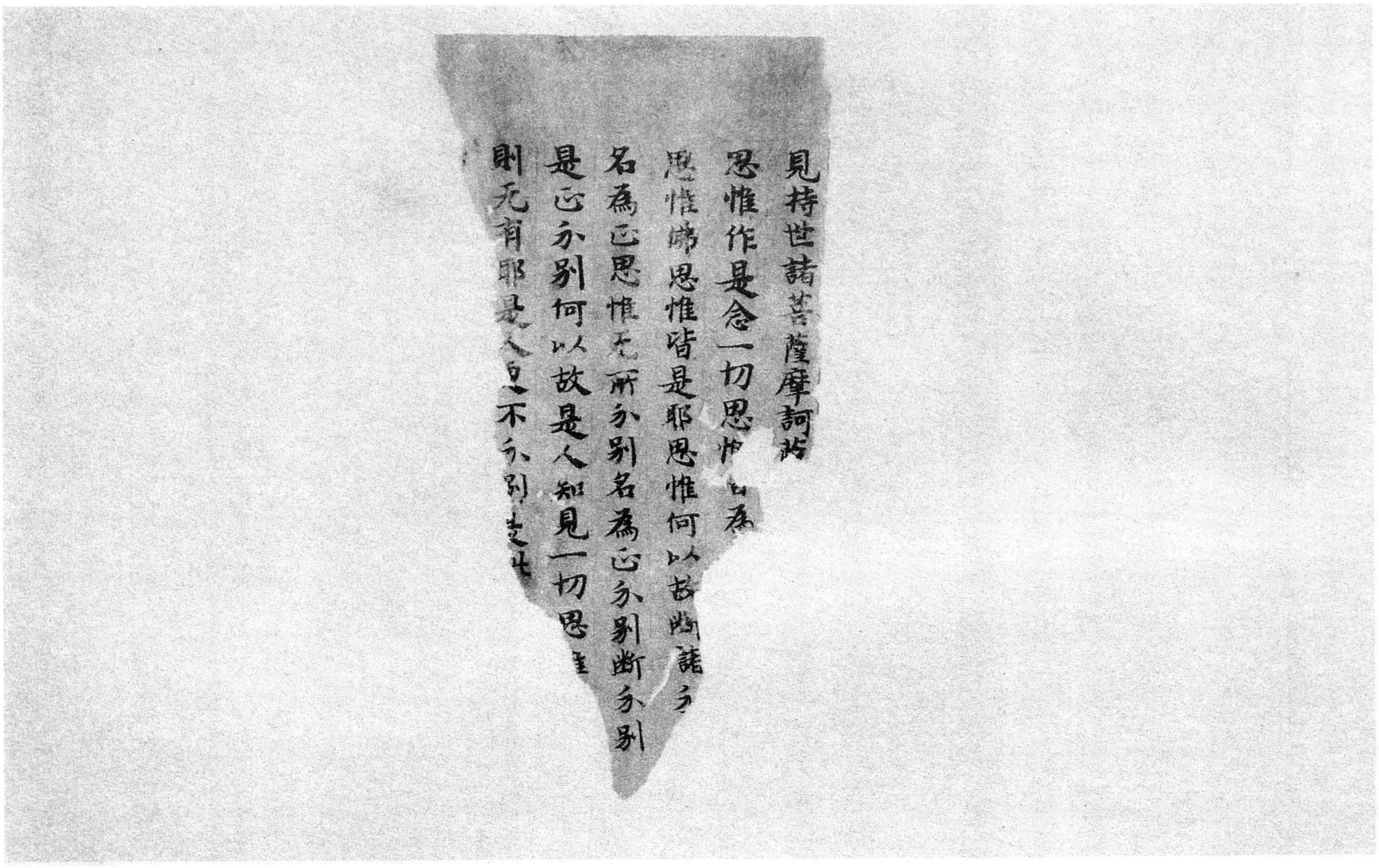

見持世諸菩薩摩訶薩
恩惟作是念一切思惟……
思惟佛思惟皆是耶思惟何以故……諸……
名為正思惟无所分別名為正分別斷分別
是正分別何以故是人知見一切思生
則无有耶是人豆不分別……

BD12302 號　持世經卷四　　　　　　　　　　　　　（1-1）

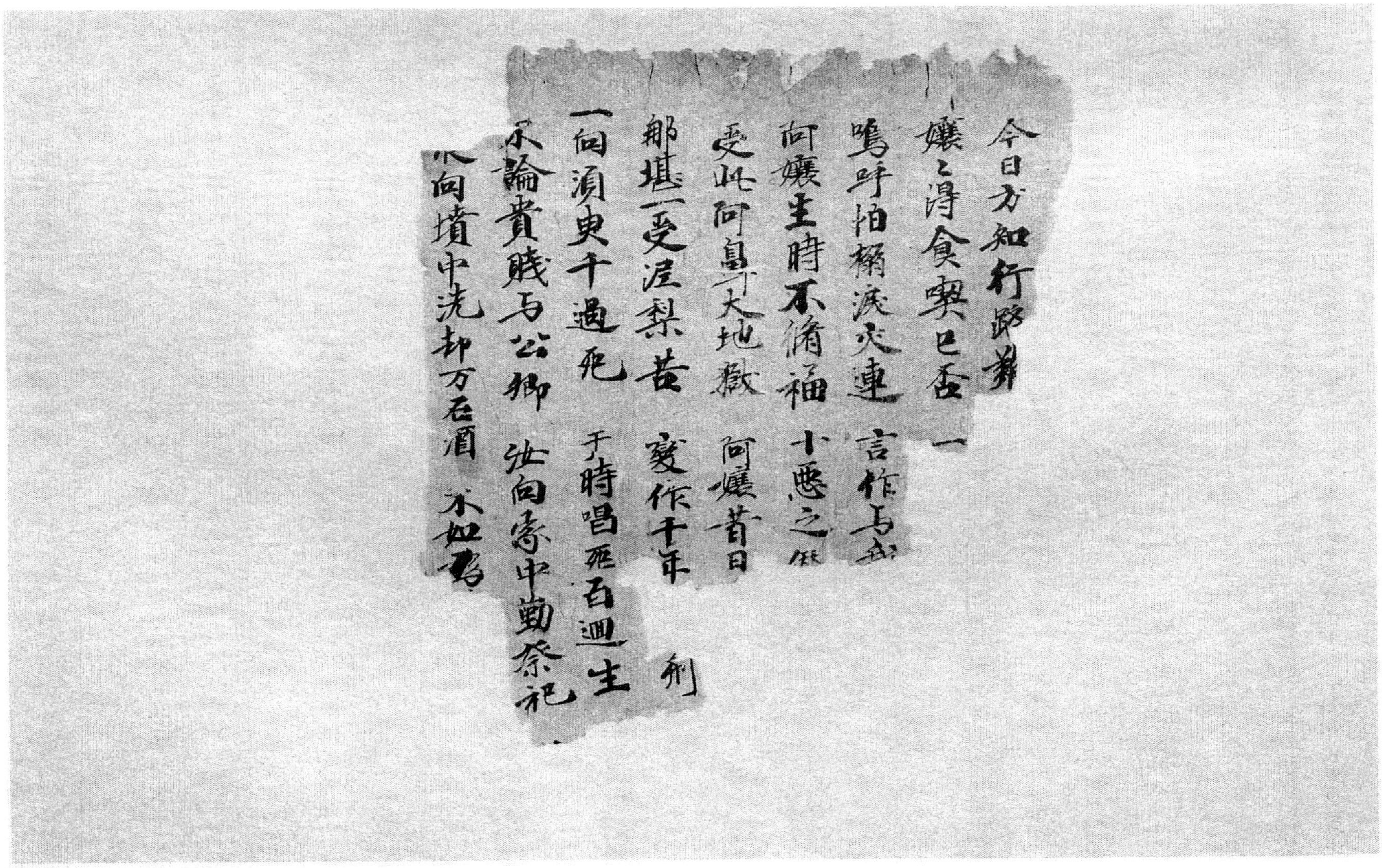

今日方知行路難
孃之得食喫巳盃一
鳴呼伯榔淚灾連　言作与武
阿孃生時不脩福　十惡之……
受此阿鼻大地獄　阿孃昔日
那堪一受涅梨苦　變作千年
一向湏更千過死　于時唱死百迴生
不論貴賤与公卿　从向寄中勸祭祀
不向壙中洗却万石酒　不如……

BD12303 號　　大目乾連冥間救母變文　　　　　　　（1-1）

25

BD12304 號　丁卯年四月二日鄧南山母亡轉帖（擬）　　　　　　　　　　　　　（1-1）

BD12305 號　集諸經禮懺儀卷上　　　　　　　　　　　　　　　　　　　　　（1-1）

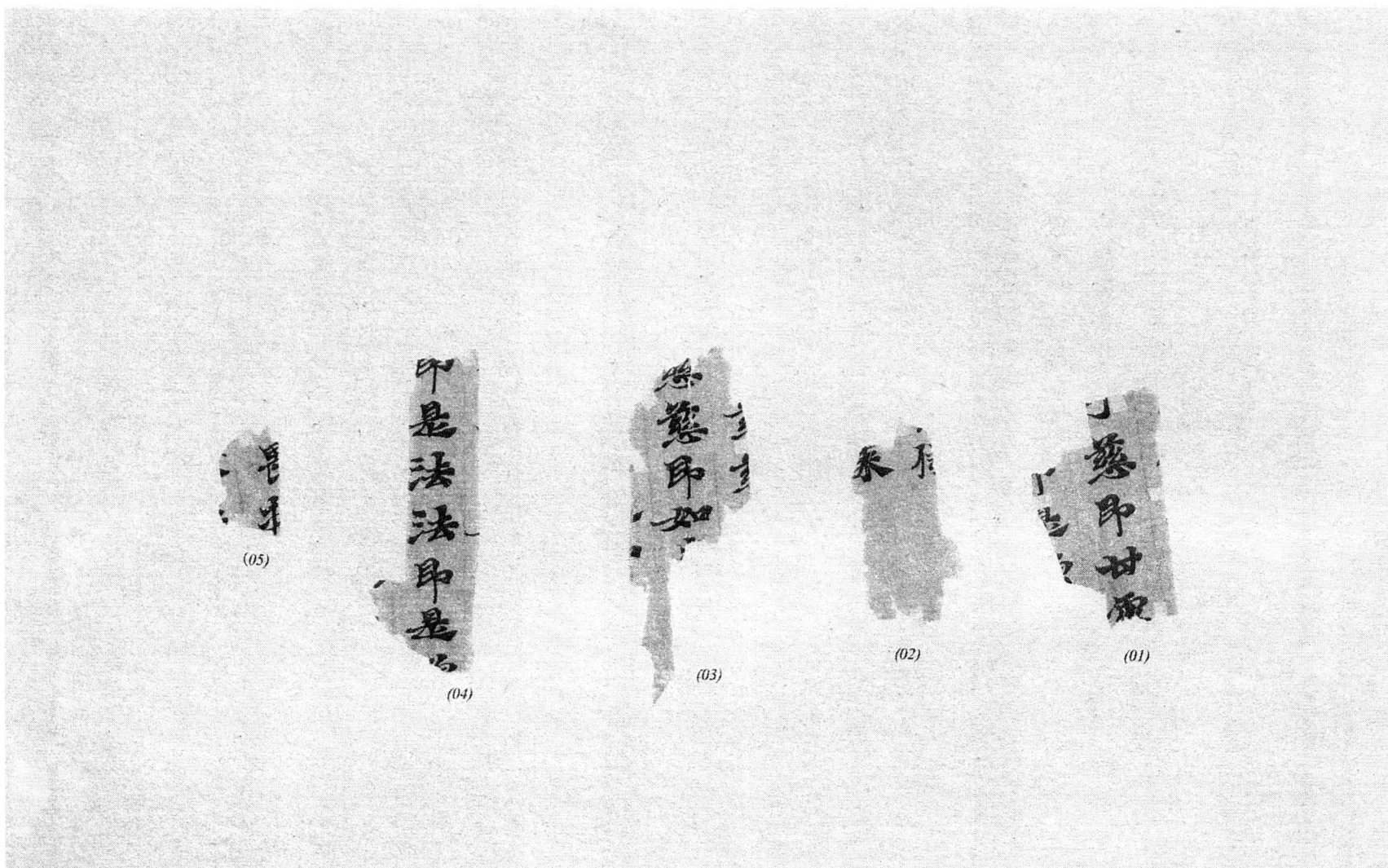

BD12306號　大般涅槃經（北本）卷一五　　　　　　　　　　　　　　　　（1-1）

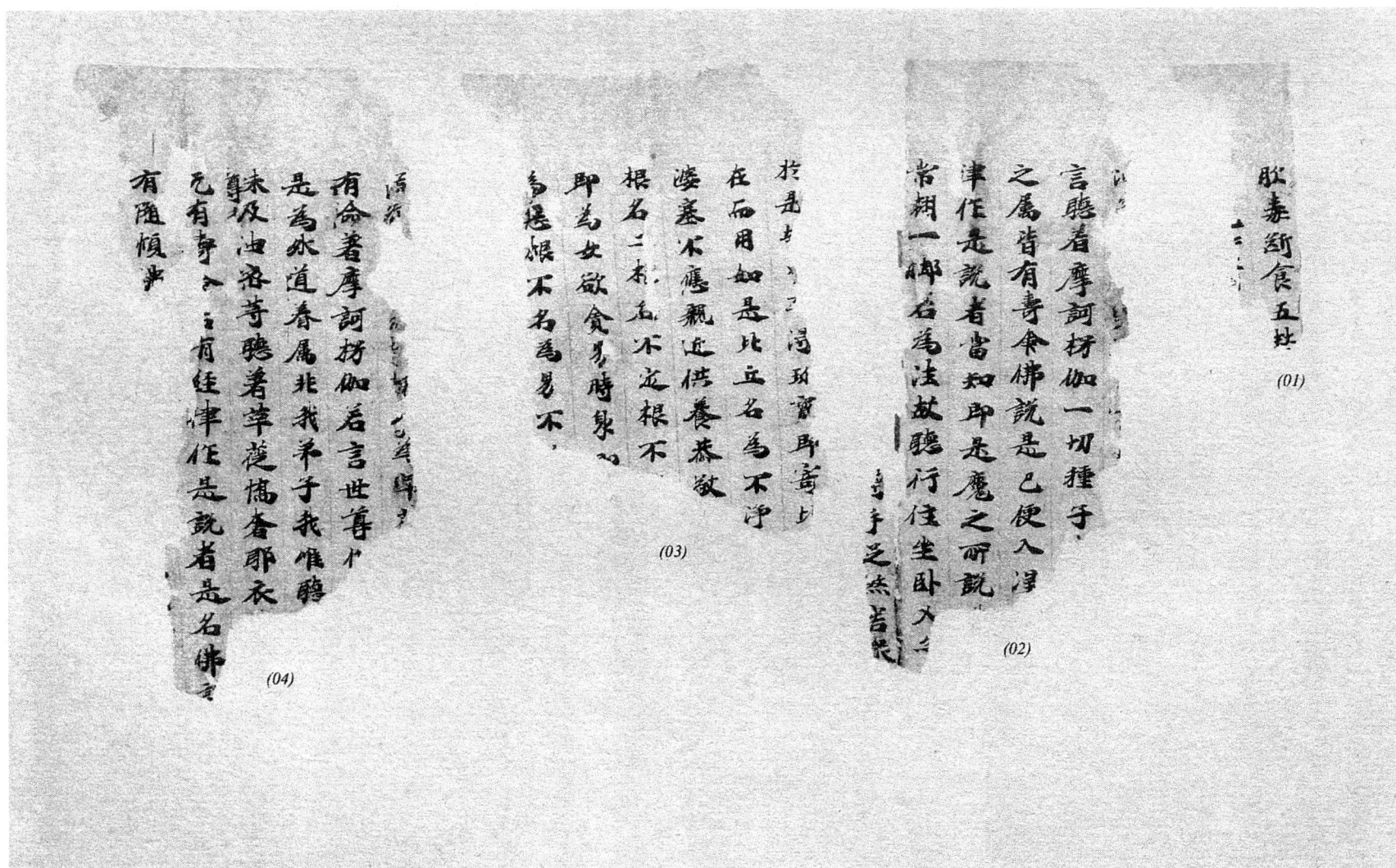

BD12307號　大般涅槃經（北本）卷七　　　　　　　　　　　　　　　　（4-1）

（05）
欲是亦爾　不佛言不也應於如
乃至欲怖應生怖北立遠離女人
夢行欲怖應生怖北立乞食受世
飢世食子天想若生姪欲應將坭
門當知是娜所説經律台身直
注意眷屬卷張隨帳

（06）
在家出家如此近不恋親近供
中沙門法者應生慈心濩育棄
應施无畏是沙門法遠離飲酒
沙門法不浄坐結乃至夢中不
門法不生欲心乃至夢中不
此迎葉菩薩白佛言

（07）
（深）

（08）
有説言常翔一脚芽喂不言
高崖不避餘難飲柰卧广
之然善衆生方道呪術桶池羅種光根二利
及不还根根不具如是等事如來悉聽出
家為道是名應説佛先澥俣五種牛味之人

BD12307 號　大般涅槃經（北本）卷七　（4-2）

（09）
如正辧眈若有深智不坻
法无有常住患是滅法以
等生死受諸苦惱菩薩知

（10）
若愛此心一念目縁於
俱集如來祕藏无我
在生死中流轉受业
上有煩惱痍減除何以知如来

（11）
不名聖人何以故若言是
牛羊驢馬及地獄畜生應有聖
漠有人不知如來基深境界常住
身謂異食異非是法身不知如来

（12）
別之相合今治知應説佛説善别之相
者當知是人是大菩薩善男子
別之相合令治知應説佛説善别之相
以今治知應説佛説善男子也
迦葉菩薩善三戴善男子

BD12307 號　大般涅槃經（北本）卷七　（4-3）

28

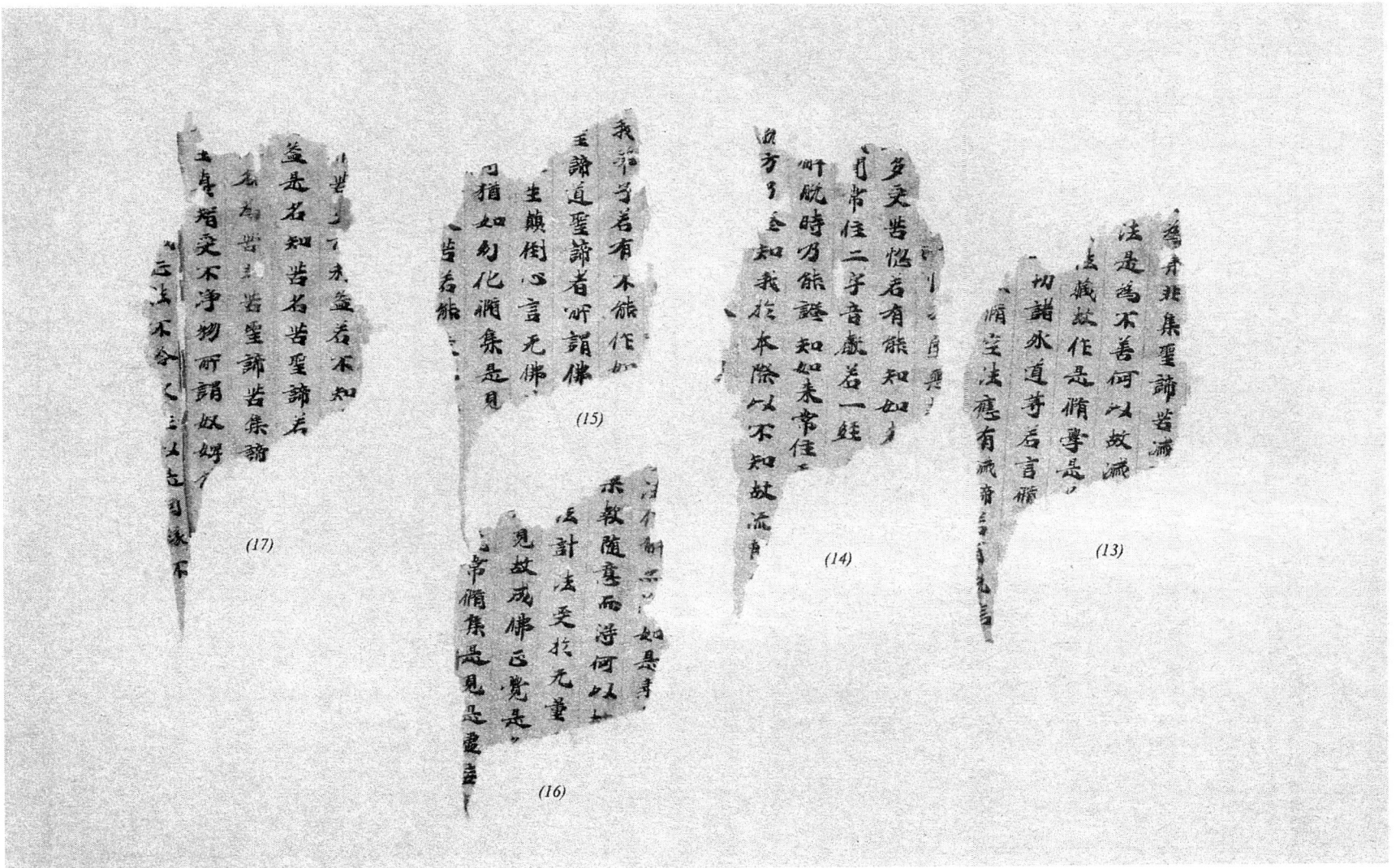

BD12307 號　大般涅槃經（北本）卷七　（4-4）

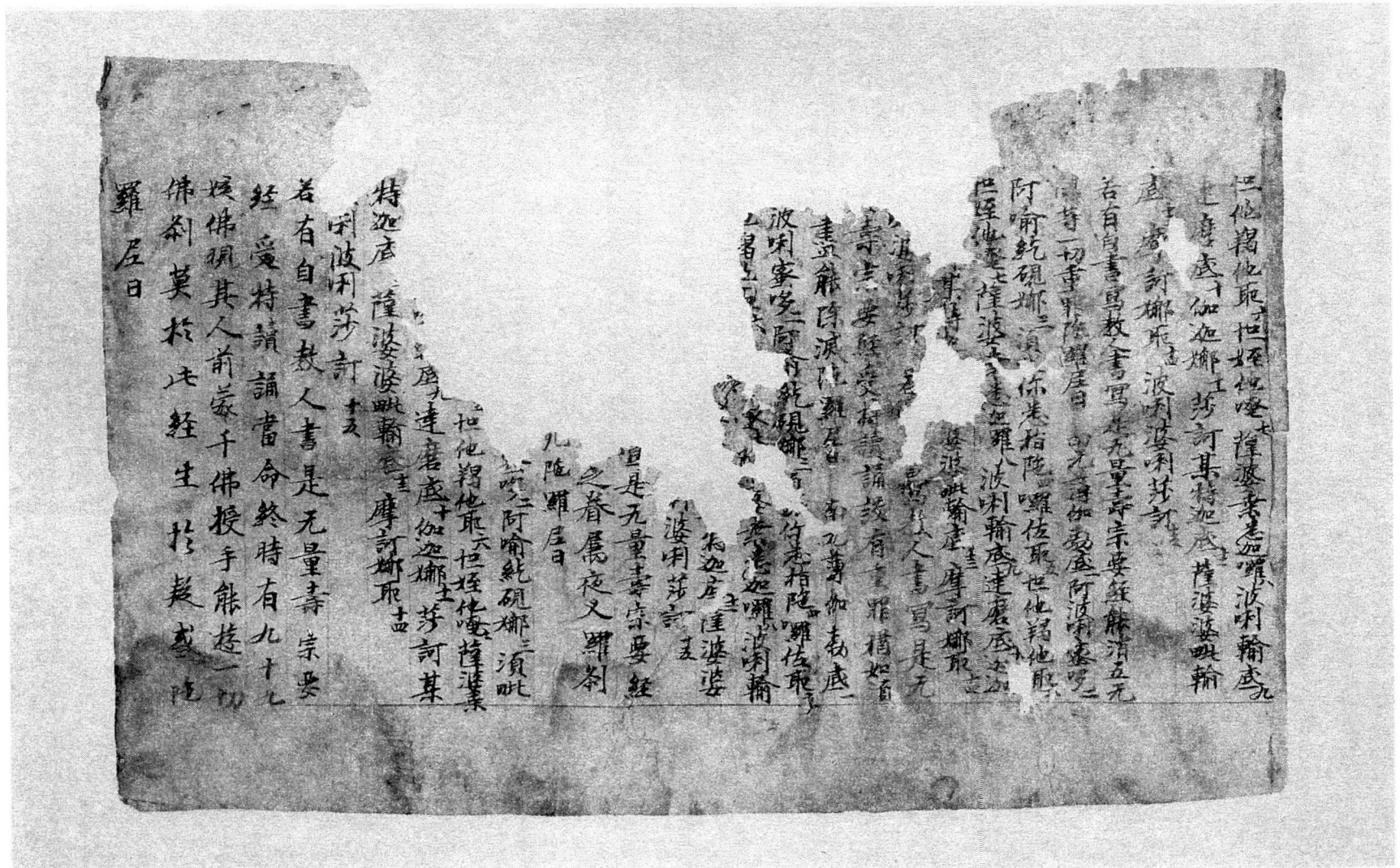

BD12308 號　無量壽宗要經　（1-1）

乘菩薩乘故以是為
菩薩來求此乘故
薩如彼諸子
求牛車出於火宅
舍利弗如彼長者見諸子
等安隱得出火宅到無畏處自惟財富無量
等以大車而賜諸子如來亦復如是為一切眾
生之父見無量生
以佛教門出
三界苦怖畏險道
是念我有無量無邊智慧力無畏等諸佛法
藏是諸眾生甘是我子等與大乘不令有人
獨得滅度甘以如來滅度而滅度之是諸眾
生脫三界者悲與諸佛禪定解脫等娛樂之
具皆是一種一相聖所稱美能生淨妙第一
之樂舍利弗如彼長者初以三車誘引諸子

脫一切是名大

BD12309 號　妙法蓮華經卷二　　　　　　　　　　　　　（1-1）

菩薩已於過去先盡百千萬
德本亦於諸佛法中持律
居佛法中持律葉一余時
巴耶從坐起整面氣大橋薩
波離前傍仰而立合掌白巴余此
難陀而說偈言
難陀飛實知沒不復實窈亦不失福貴出家法
難陀用佛來教剃書種種說法心生歡喜即
正衣服頭面礼憂波離是應時大地六種震
動身心業軟遠得巴剎時作巴耶佛善真
離海速師竽帆於三寶四諦在家出家七眾
臺別所謂三歸五戒乃至一切戒利益眾生
我淨煩惱義調御戒儀戒禪戒先備戒隆
三寶時憂波離白佛言世尊如來以威神力

BD12310 號　大方便佛報恩經卷六　　　　　　　　　　（1-1）

BD12310 號背　勘記

（1-1）

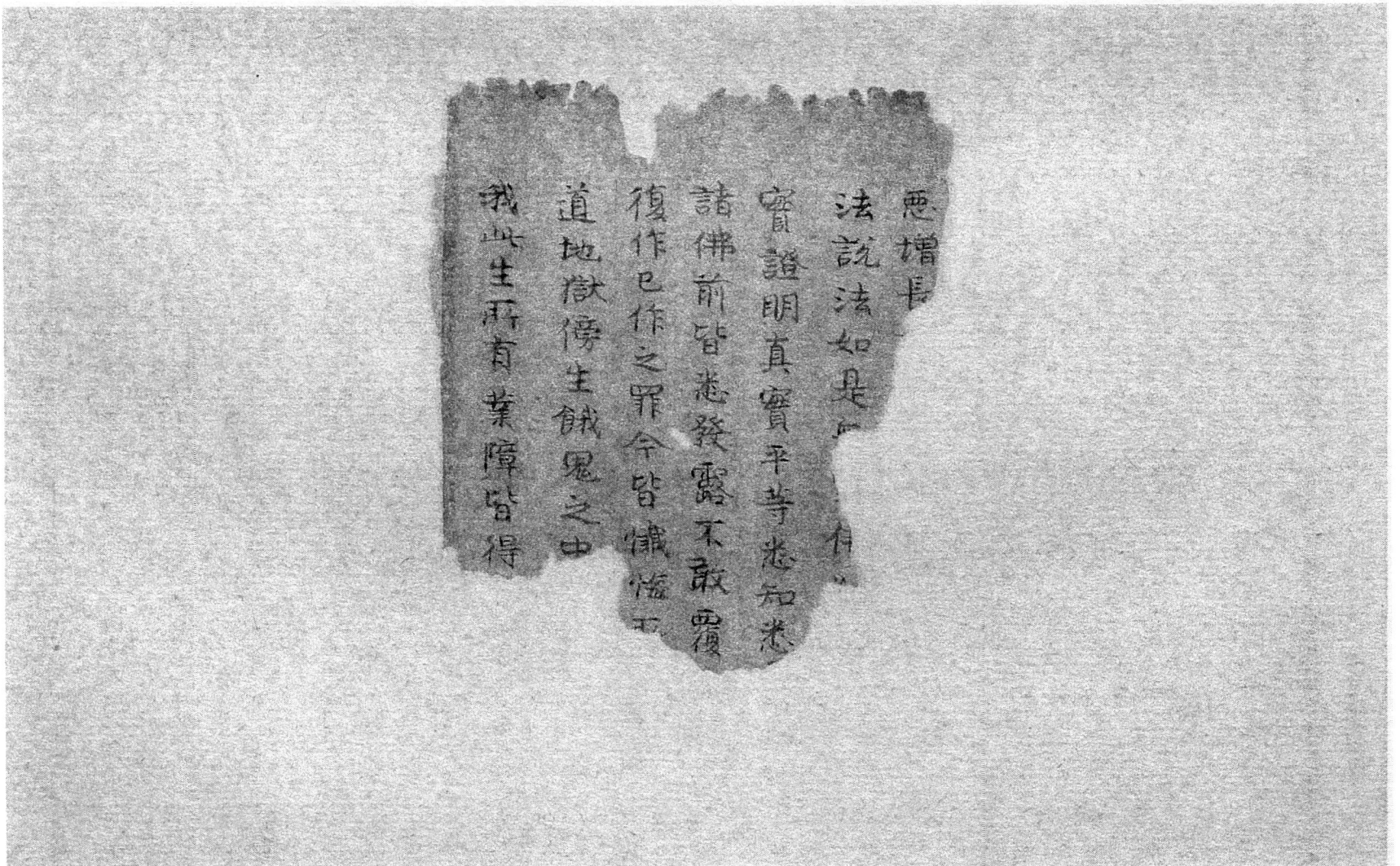

BD12311 號　金光明最勝王經卷三

（1-1）

31

竟不生受想行識果竟不

作法受想行識非作法何以故作

復次舍利弗眼界乃至意觸因緣生受不可淨

受意二如是眼界乃至意觸因緣生受如

故令利弗作一切諸法皆非作非作何以

生受想行識果竟不生如舍利弗即言何回

緣果竟不生是不名為色果竟不生是不名

為受想行識涅槃菩提言色性空是空无

无住无住異以无回緣故舍利弗即果竟不

无滅无住異眼乃至一切有為法性空是

不苦言何回緣故受法言教无受想行識

佛即言何回緣故果竟不生即般若

波羅蜜即酒菩提言果竟不生即是般若

乙波乙羅乙蜜乙即是乘果竟不生故舍利弗即

无眾菜竟不生是无二无別以无回緣故舍利

可緣故舍離果竟不生无菩薩行何

回緣故舍離果竟不生无菩薩行何
提潤者

BD12312號　摩訶般若波羅蜜經卷七　　　　　　　　　　　　　　　　　　　　　（1-1）

念恭敬供

來若皆除一蜜刊若有

正見者歡喜利根聰明不事餘乙

若膳愛心稱

一青氣

BD12313號　藥師琉璃光如來本願功德經　　　　　　　　　　　　　　　　　　　（1-1）

32

BD12314 號 1　阿彌陀經疏　　　　　　　　　　　　　　　（1-1）
BD12314 號 2　失名文獻殘片（擬）

BD12315 號　金光明最勝王經卷二　　　　　　　　　　　（1-1）

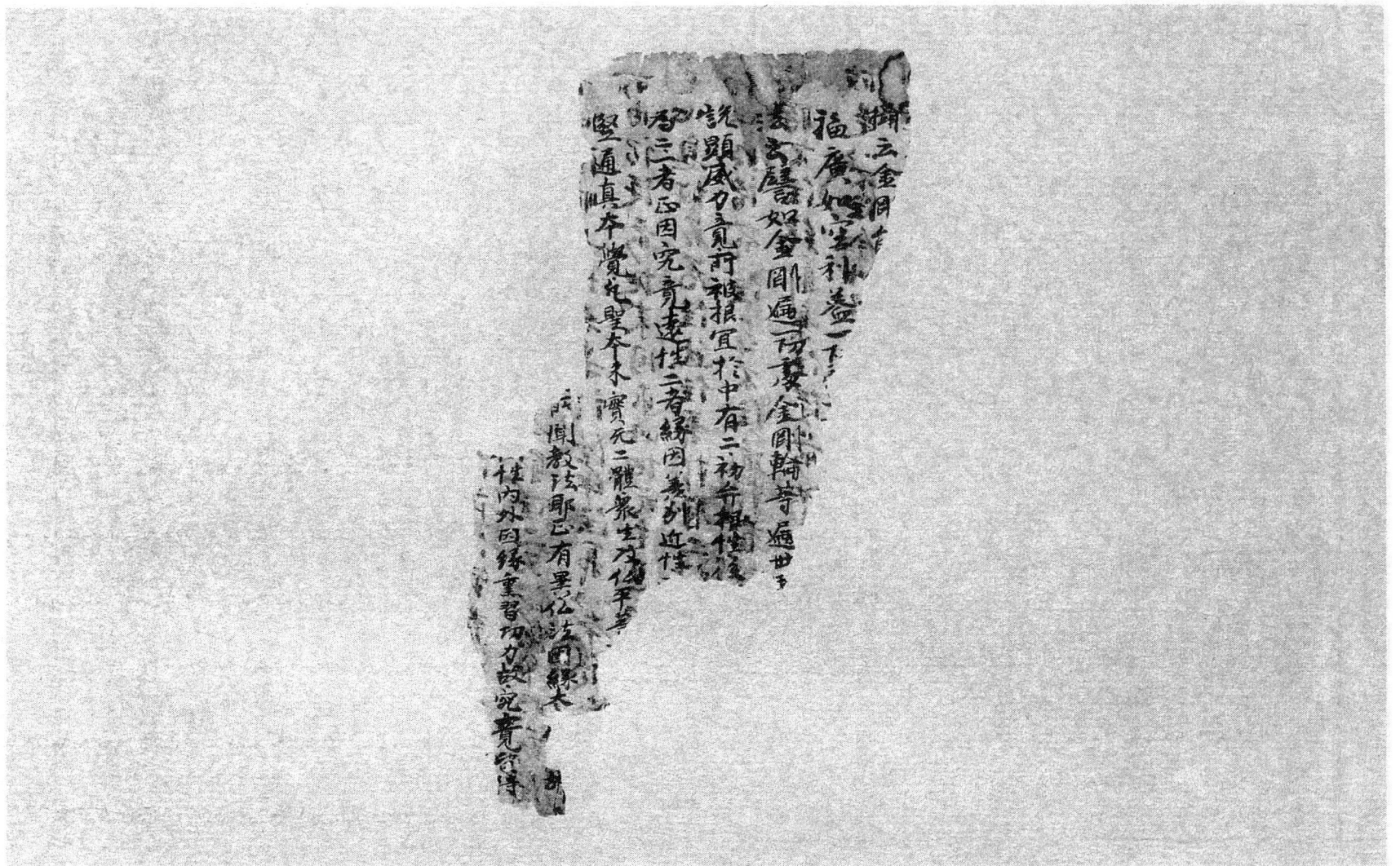

BD12316 號　金剛般若經旨讚卷上 （1-1）

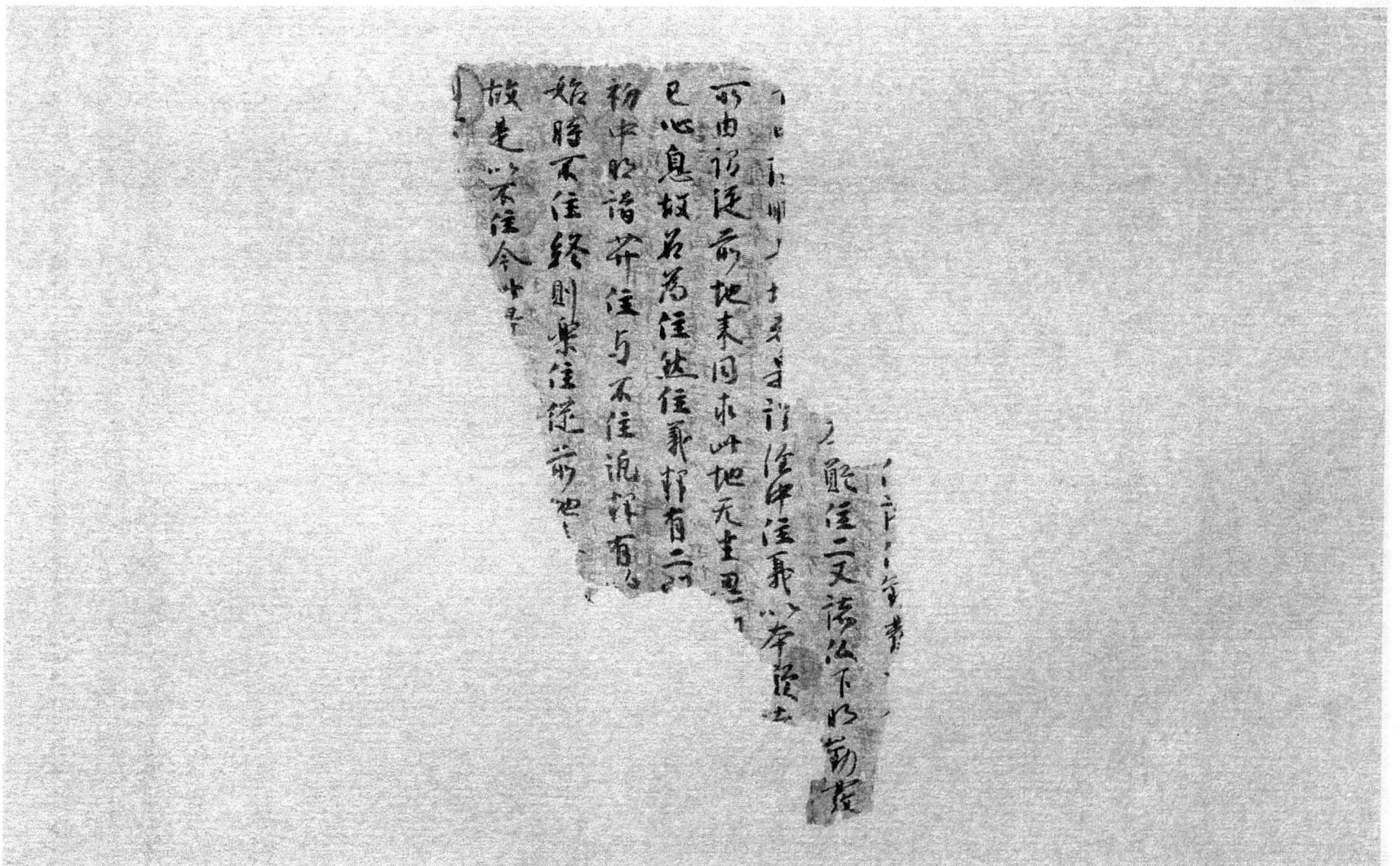

BD12316 號背　華嚴經探玄記卷一四 （1-1）

BD12317號　齋意文（擬）　　　　　　　　　　　　　　　　　　（1-1）

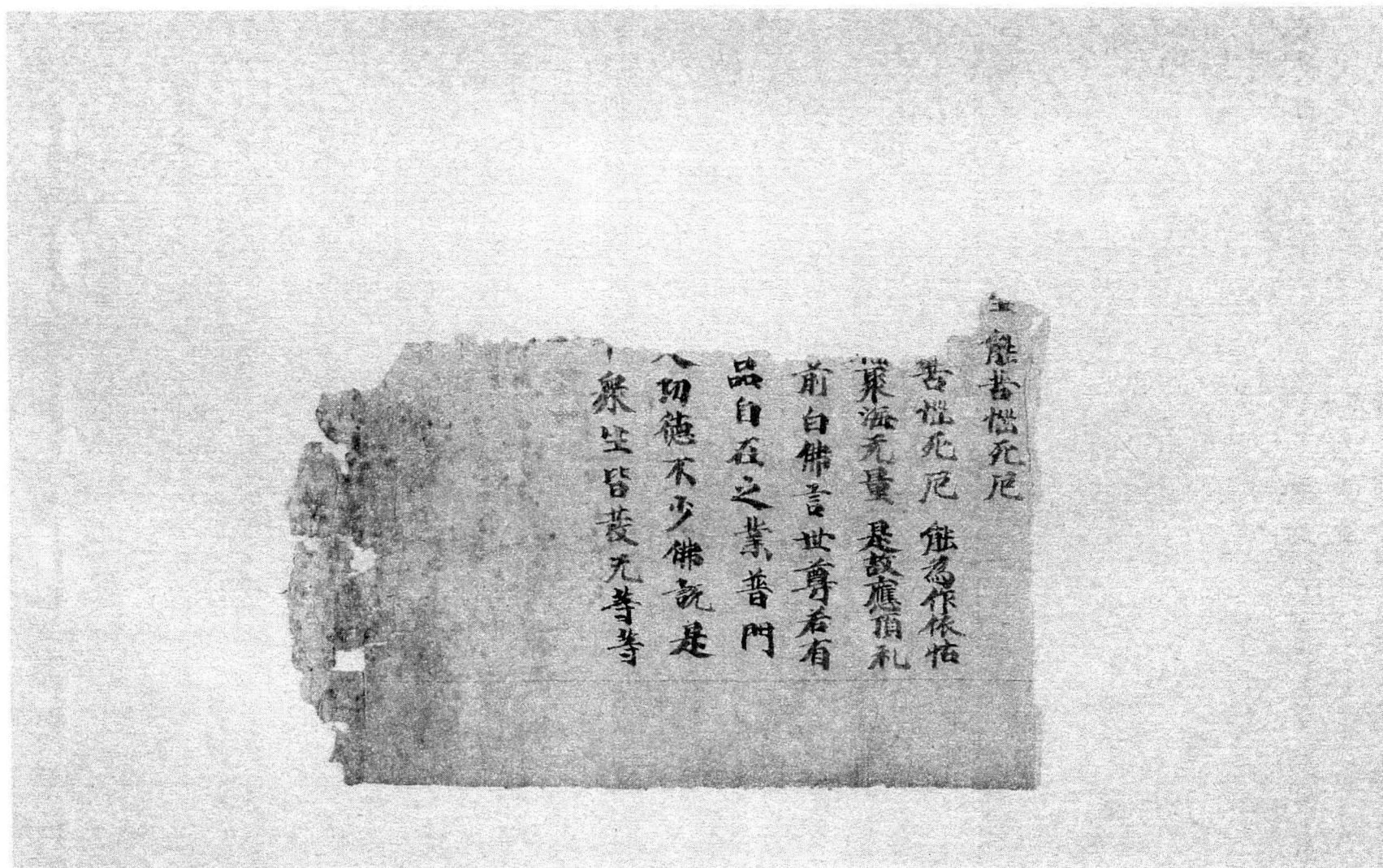

BD12318號　妙法蓮華經卷七　　　　　　　　　　　　　　　　　（1-1）

BD12319 號　藥師琉璃光如來本願功德經　　　　　　　　　　　　　　　（1-1）

BD12320 號　藥師琉璃光七佛本願功德經卷下　　　　　　　　　　　　　（1-1）

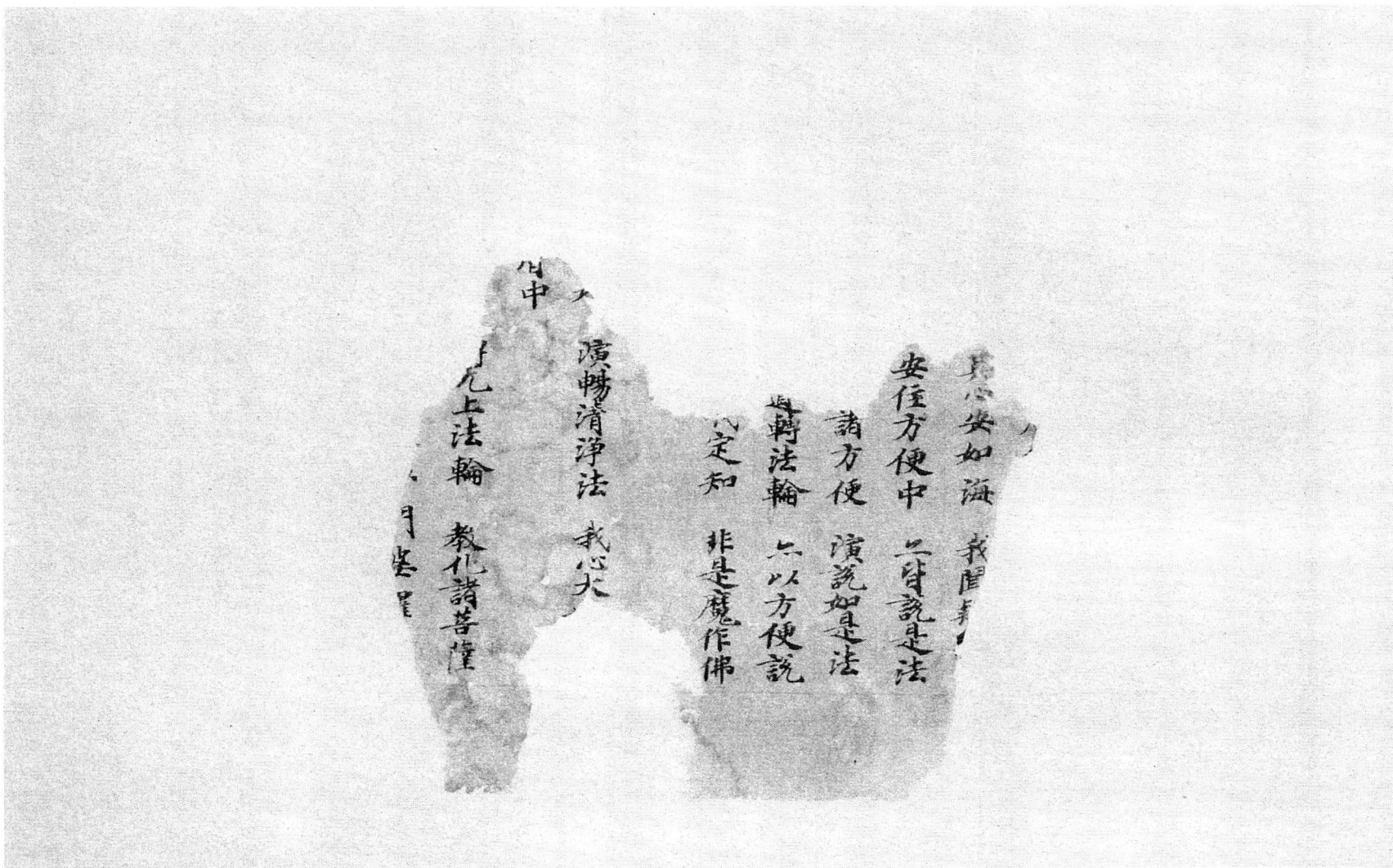

其心安如海　我聞...
安住方便中　而為說是法
諸方便　演說如是法
轉法輪　以方便說
心定知　非是魔作佛
演暢清淨法　我心大...
無上法輪　教化諸菩薩

BD12321 號　妙法蓮華經卷二　　　　　　　　　　　　　　　　　　（1-1）

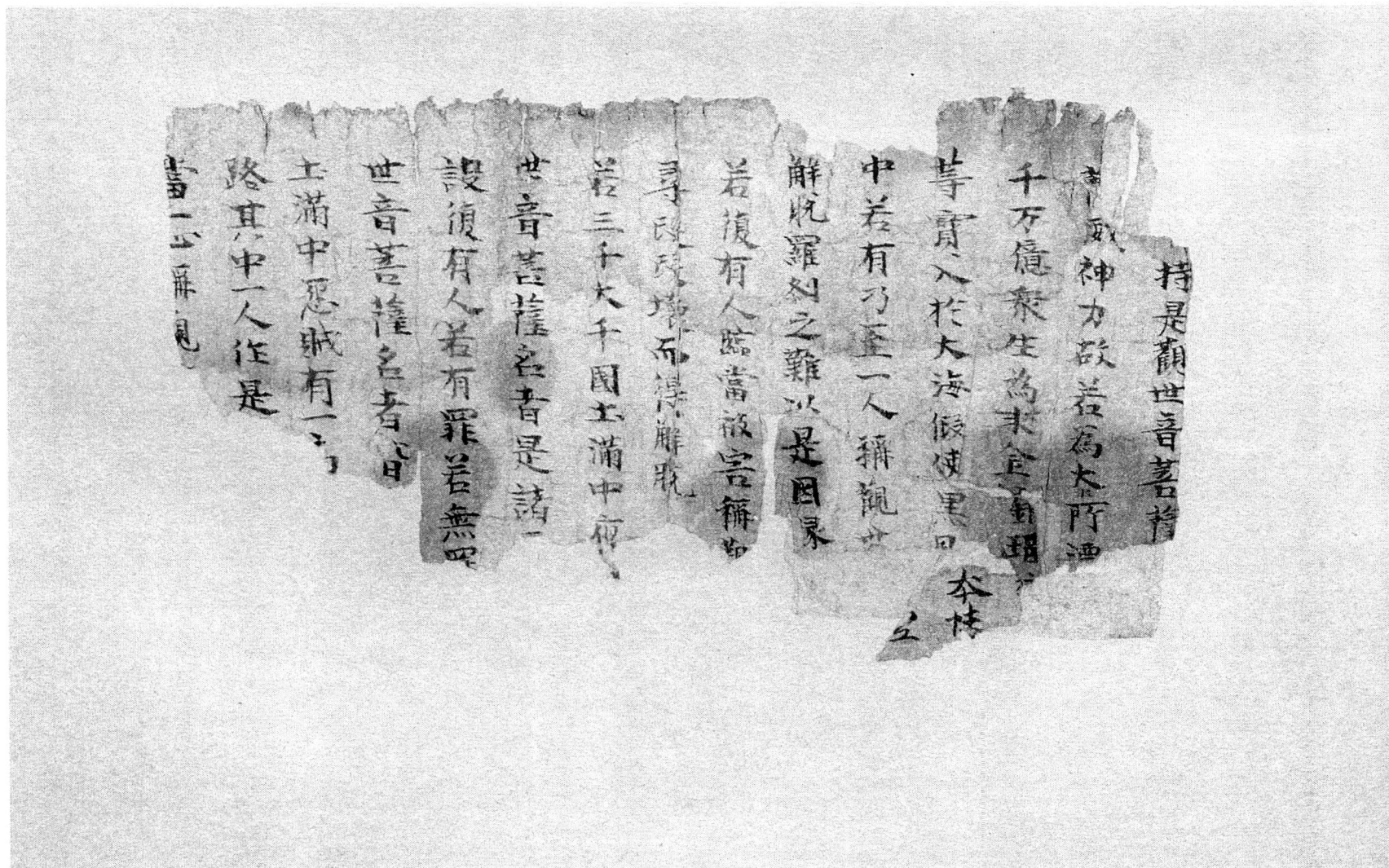

持是觀世音菩薩...
神力故若為大水所漂
千萬億眾生為求金銀...
等寶入於大海假使黑風
中若有乃至一人稱觀世...
解脫羅剎之難以是因緣
若復有人臨當被害稱...
尋段段壞而得解脫
若三千大千國土滿中夜...
世音菩薩名者是諸...
設復有人若有罪若無罪...
世音菩薩名者皆...
土滿中怨賊有一...
路其中一人作是...
當...得解脫

BD12322 號　妙法蓮華經卷七　　　　　　　　　　　　　　　　　　（1-1）

BD12323號　大般若波羅蜜多經卷三〇九　　　　　　　　　　　　　　　（1-1）

BD12323號背　勘記　　　　　　　　　　　　　　　　　　　　　　　（1-1）

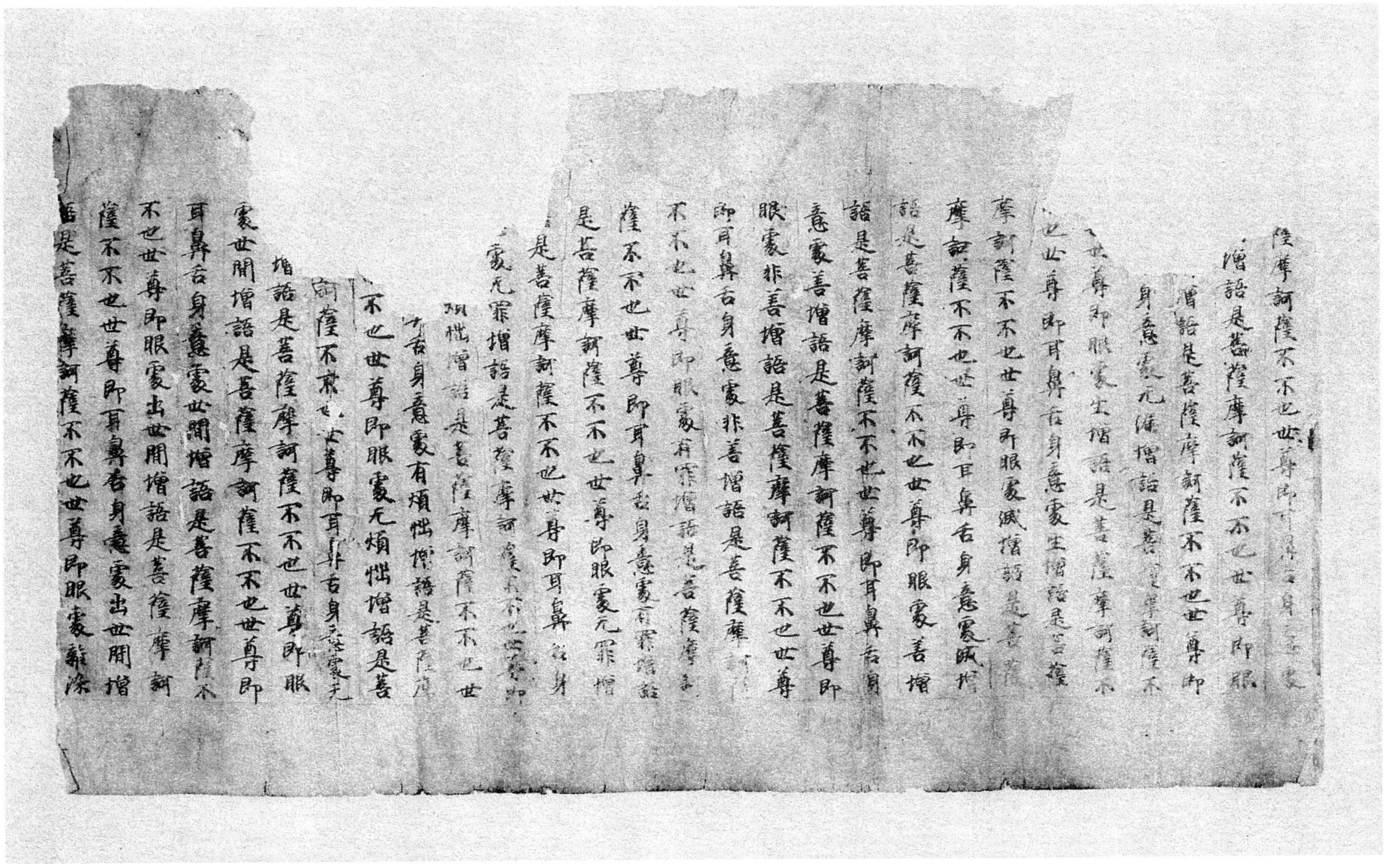

BD12324 號　大般若波羅蜜多經卷一七

BD12325 號　金剛般若波羅蜜經（菩提留支本）

BD12326號　曇無德律部雜羯磨　　　　　　　　　　　　　　　　　　　　（1-1）

BD12327號　大般若波羅蜜多經卷九三　　　　　　　　　　　　　　　　（1-1）

懺名以名取諸法是故□□□
但有名相凡夫愚人於中生著
行□□□□□□□□□

BD12328號　摩訶般若波羅蜜經卷二四　　　　　　　　　　　　　　　（1-1）

此義而說偈言
舍利弗來世　成佛普智尊
供養無數佛　具足菩薩行
過無量劫已　劫名大寶嚴
以琉璃為地　金繩界其道
彼國諸菩薩　志念常堅
於無數佛所
法住世亦三十二小劫
號名曰華光　當
十力等功德
世界名離垢　清淨無瑕
七寶雜色樹　常有華實
軸通波羅蜜　皆已悉具足
如是等天王　華光佛所化
　　後身　出家成佛道
　　　　壽命八小劫
　　　　　　廣度諸眾生
　　　　　八眾

BD12329號　妙法蓮華經卷二　　　　　　　　　　　　　　　　　　（1-1）

観世音菩薩名者是諸惡鬼尚不能以惡眼視之
況復加害設復有人若有罪若無罪杻械枷鎖撿
繫其身稱觀世音菩薩名者皆悉斷壞即得解脫
若三千大千國土滿中怨賊有一商主將諸商人賷
持重寶經過險路其中一人作是唱言諸善男子勿得
恐怖汝等應當一心稱觀世音菩薩名號是菩薩能
以無畏施於眾生汝等若稱名者於此怨賊當得
解脫眾商人聞俱發聲言南無觀世音菩薩稱其名
故即得解脫無盡意觀世音菩薩摩訶薩威神之
力巍巍如是若有眾生多於婬欲常念恭敬觀世音
菩薩便得離欲

BD12330號　妙法蓮華經卷七　　　　　　　　　　　　　　　　　　　　（1-1）

出胎
胎住時少
而未得階稱住子
男子阿耨多羅三藐
志北善男子心必不可
記菩薩摩訶薩無有所難是
於阿耨多羅三藐三菩提得為
後常為眾生而演說之是故復名不可壞
善男子菩薩摩訶薩有身遠離身遠離雜口有口
雖非身有非身非口而亦遠離雜身遠離雜者謂雜
然滅姓是名身雜　　　　　　　　　　遠離等雖護受受宿命

BD12331號　大般涅槃經（北本）卷一八　　　　　　　　　　　　　　（1-1）

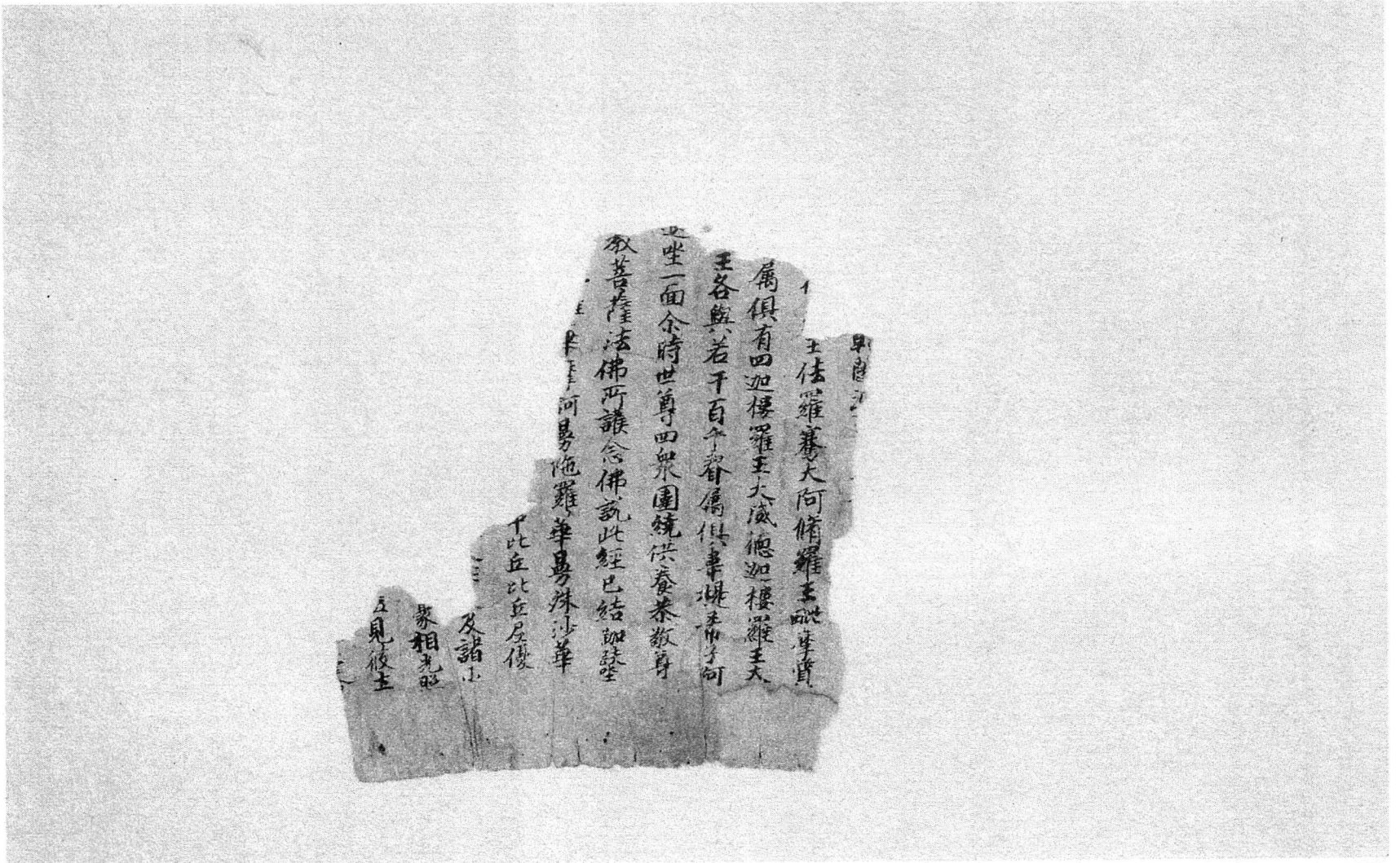

BD12332 號　妙法蓮華經卷一 　　　　　　　　　　　　　　（1-1）

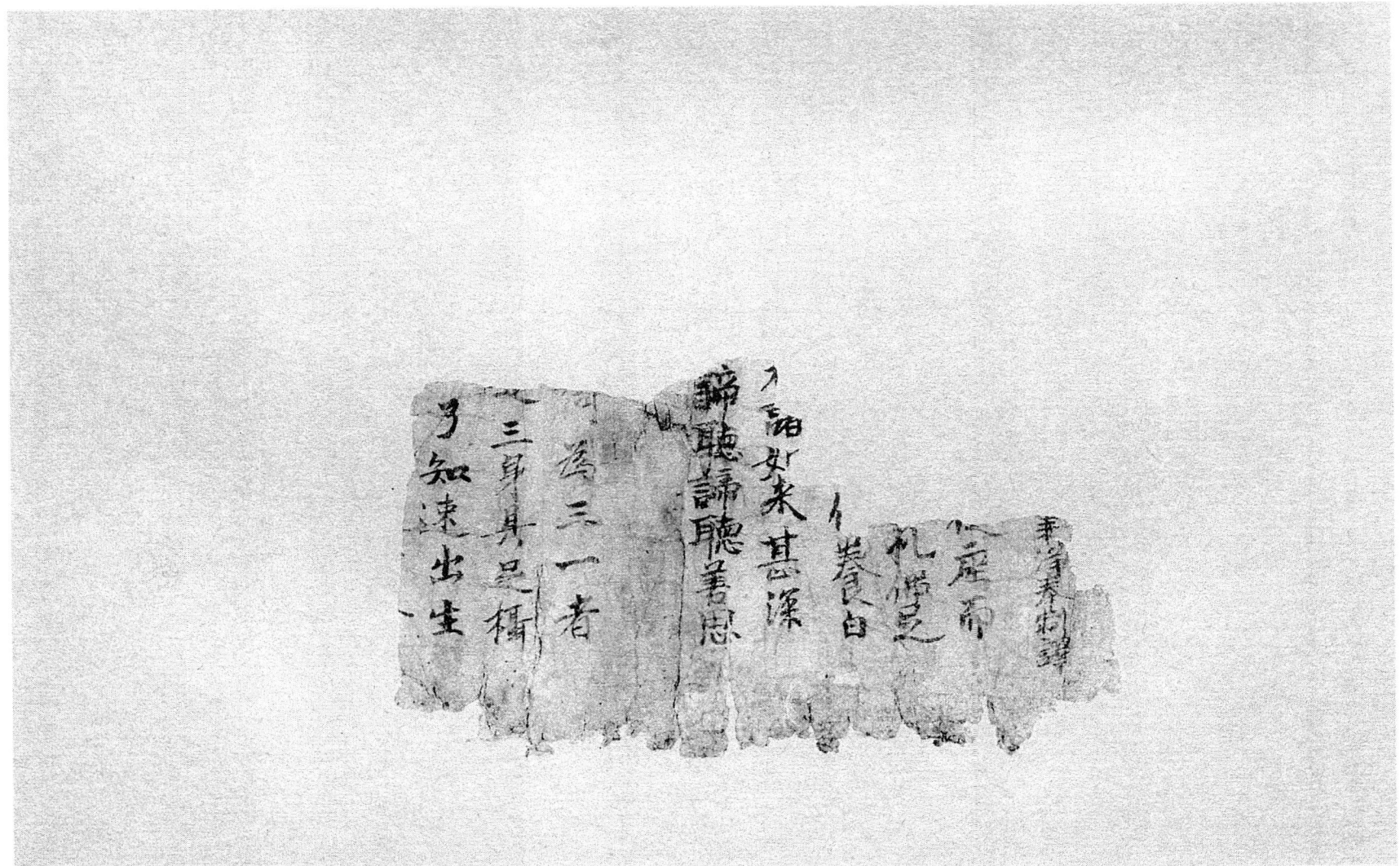

BD12333 號　金光明最勝王經卷二 　　　　　　　　　　　　　（1-1）

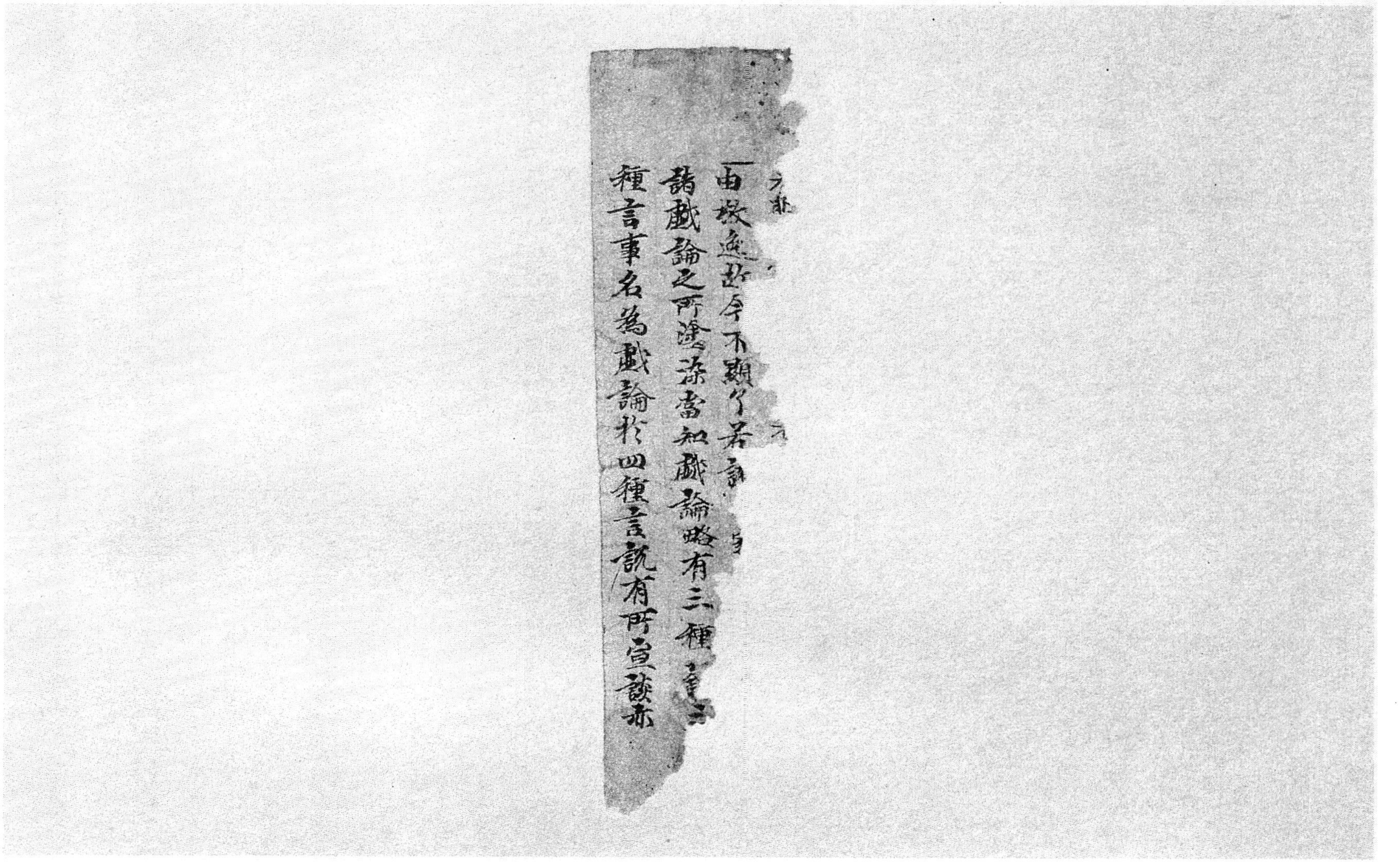

BD12334 號　瑜伽師地論卷一九　（1–1）

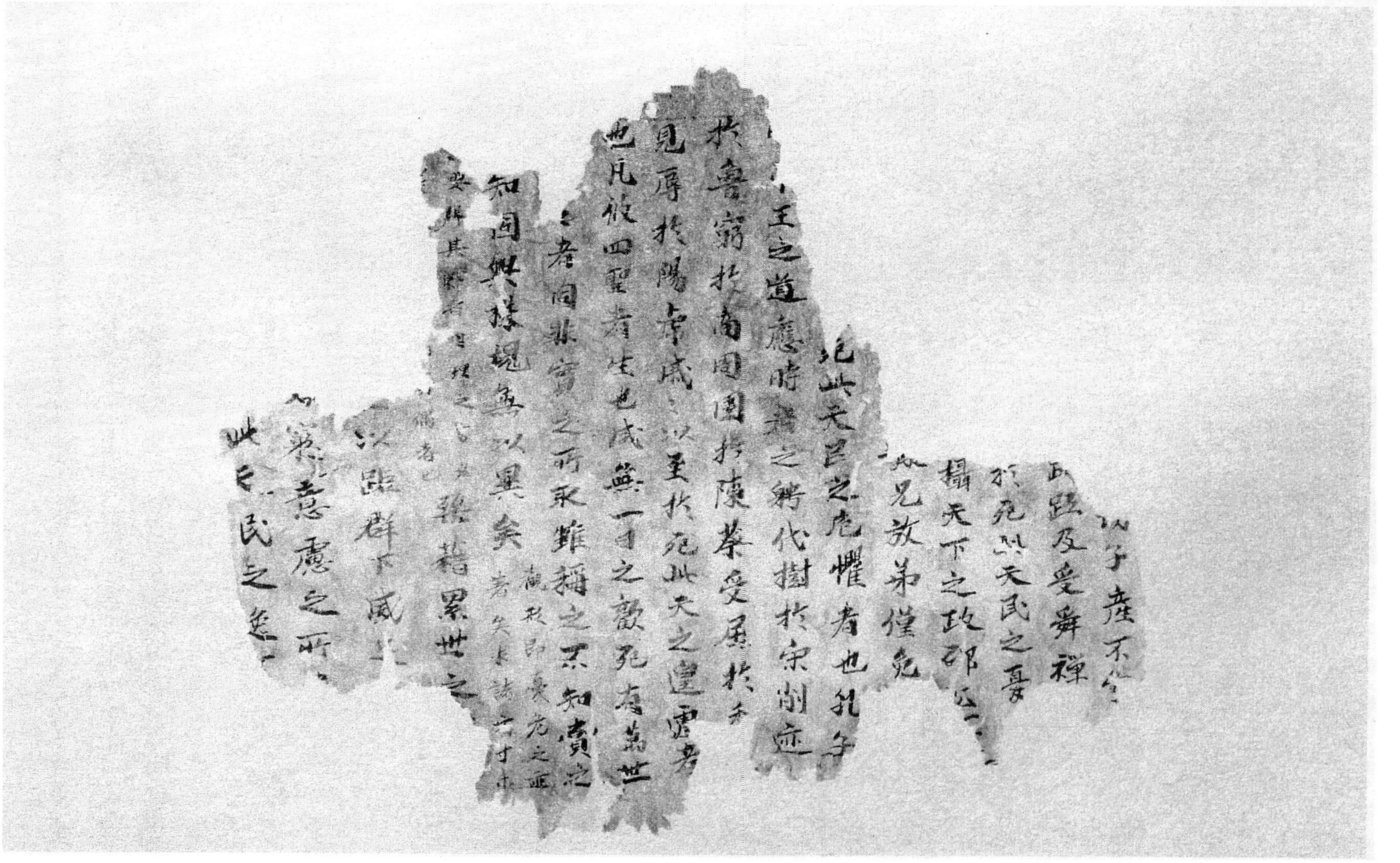

BD12335 號　列子張湛注（楊朱篇）　（1–1）

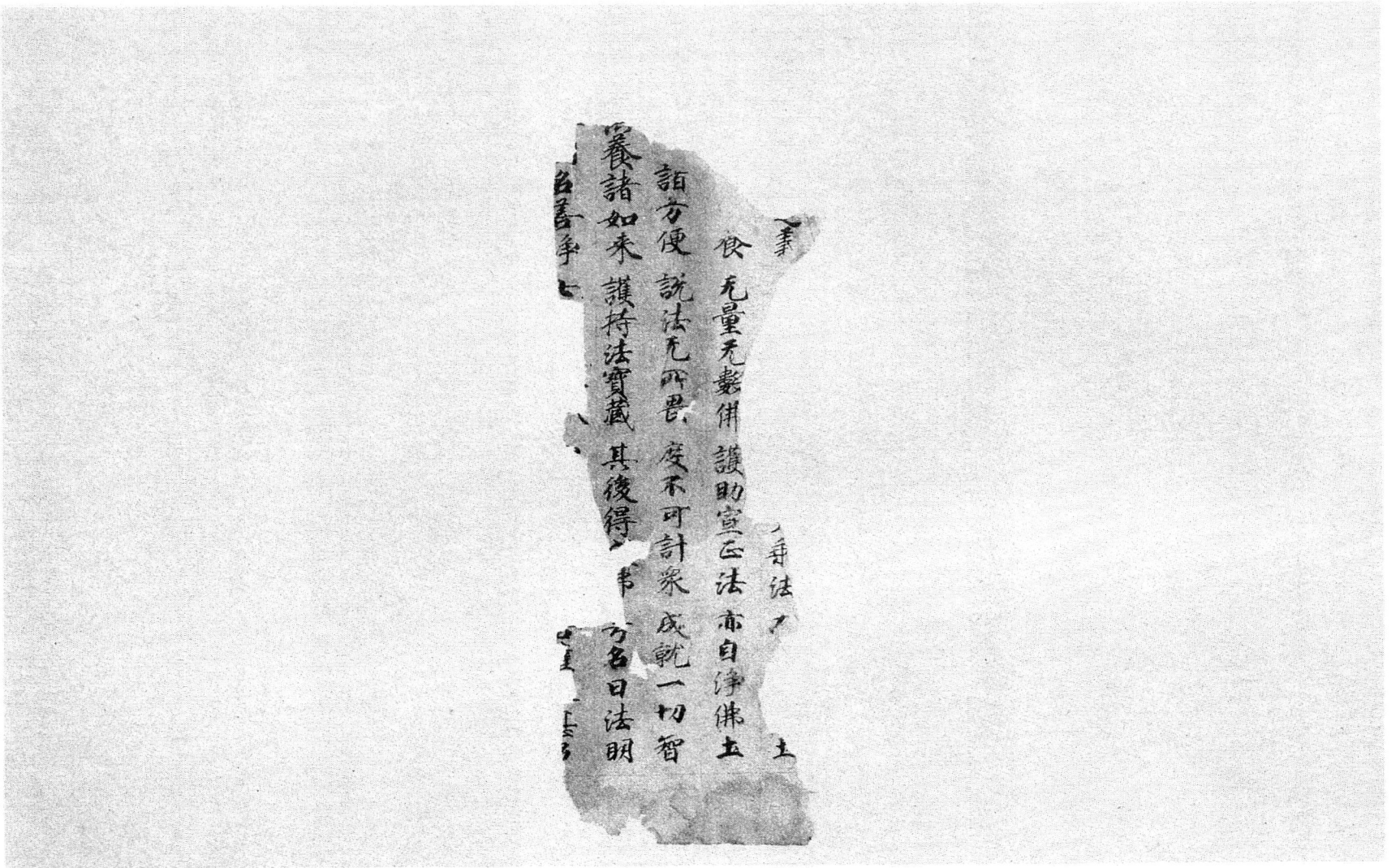

食 无量无數佛 護助宣正法 而自淨佛土
詣方便 說法无四畏 度不可計象 成就一切智
養諸如來 讚持法寶藏 其後得□ □ 方名曰法明

BD12336號　妙法蓮華經卷四　　　　　　　　　　　　　　　　　　　　　　（1-1）

是為宴坐不□□
道法而現凡夫事是為宴坐
外是為宴坐於諸見不

BD12337號　維摩詰所說經卷上　　　　　　　　　　　　　　　　　　　　（1-1）

BD12338 號　妙法蓮華經卷四　　　　　　　　　　　　　　　　　　　　（1-1）

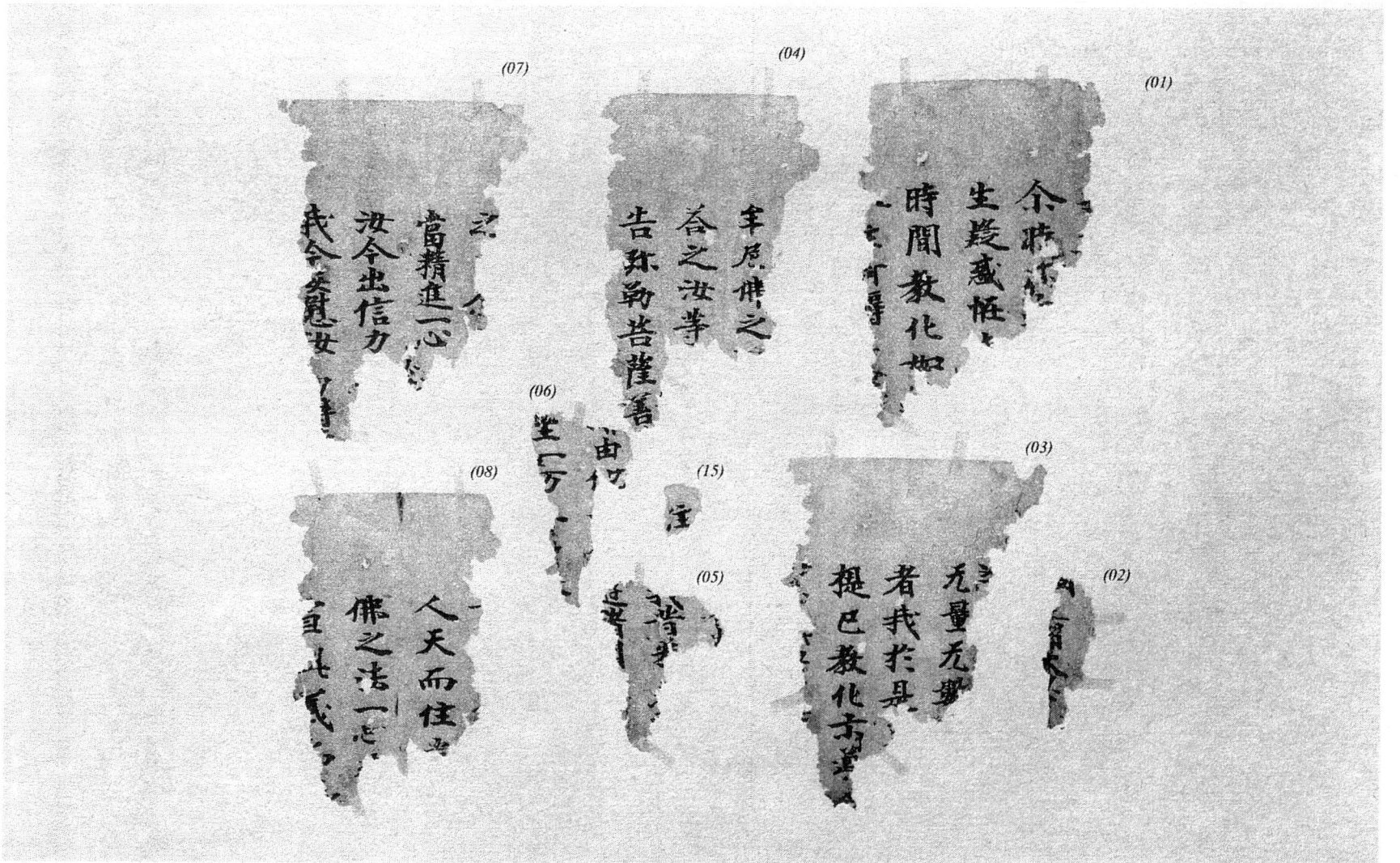

BD12339 號　妙法蓮華經卷五　　　　　　　　　　　　　　　　　　　　（2-1）

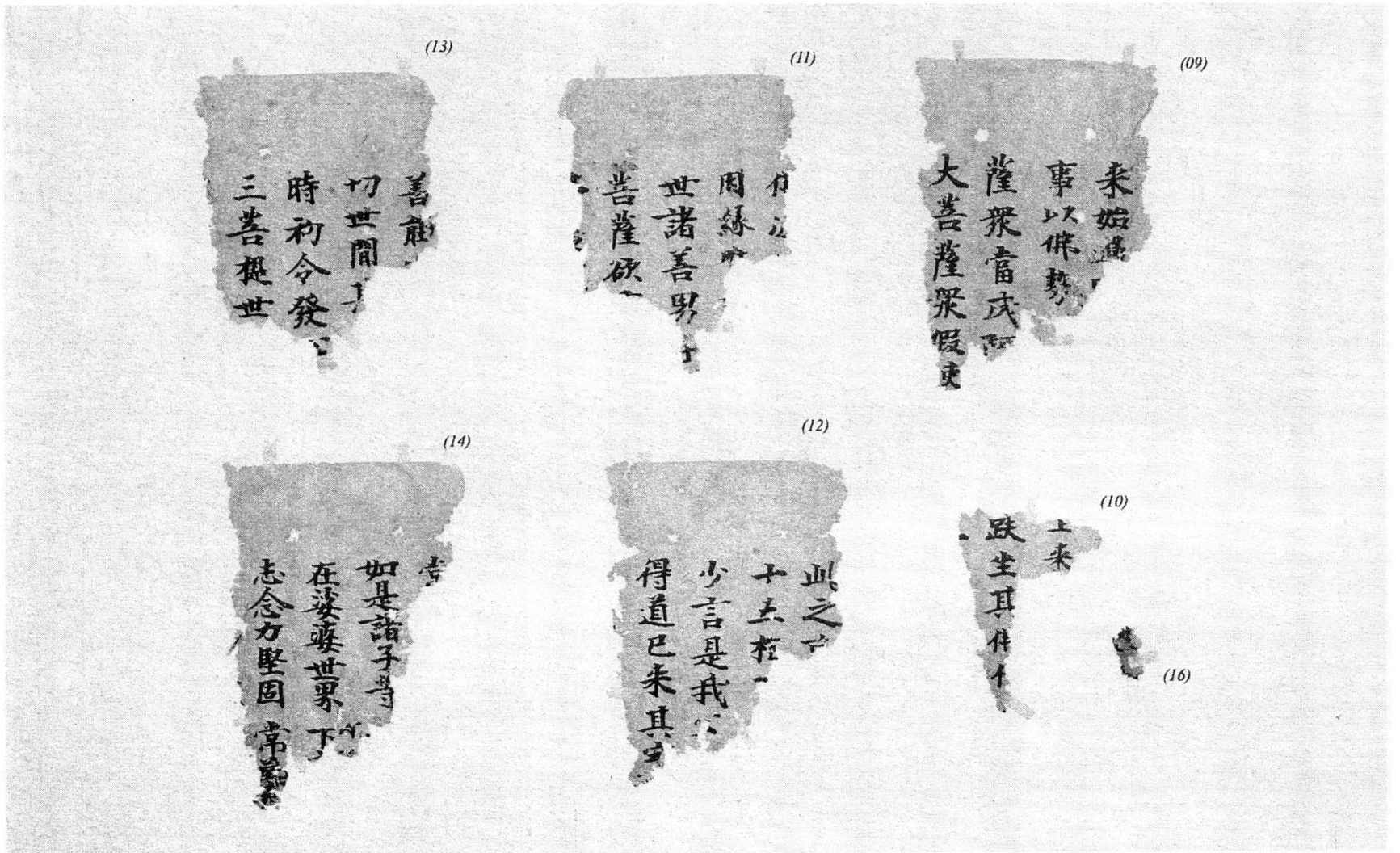

BD12339號　妙法蓮華經卷五　　　　　　　　　　　　（2-2）

BD12340號　大般若波羅蜜多經卷二〇八　　　　　　（1-1）

48

但於諸佛生清淨心
佛如來功德平等
不□阿難如見諸龍

BD12343 號　維摩詰所說經卷下　　　　　　　　　　　　　　（1-1）

民者身
居士身
宰官身
一二□

BD12344 號　妙法蓮華經卷七　　　　　　　　　　　　　　（1-1）

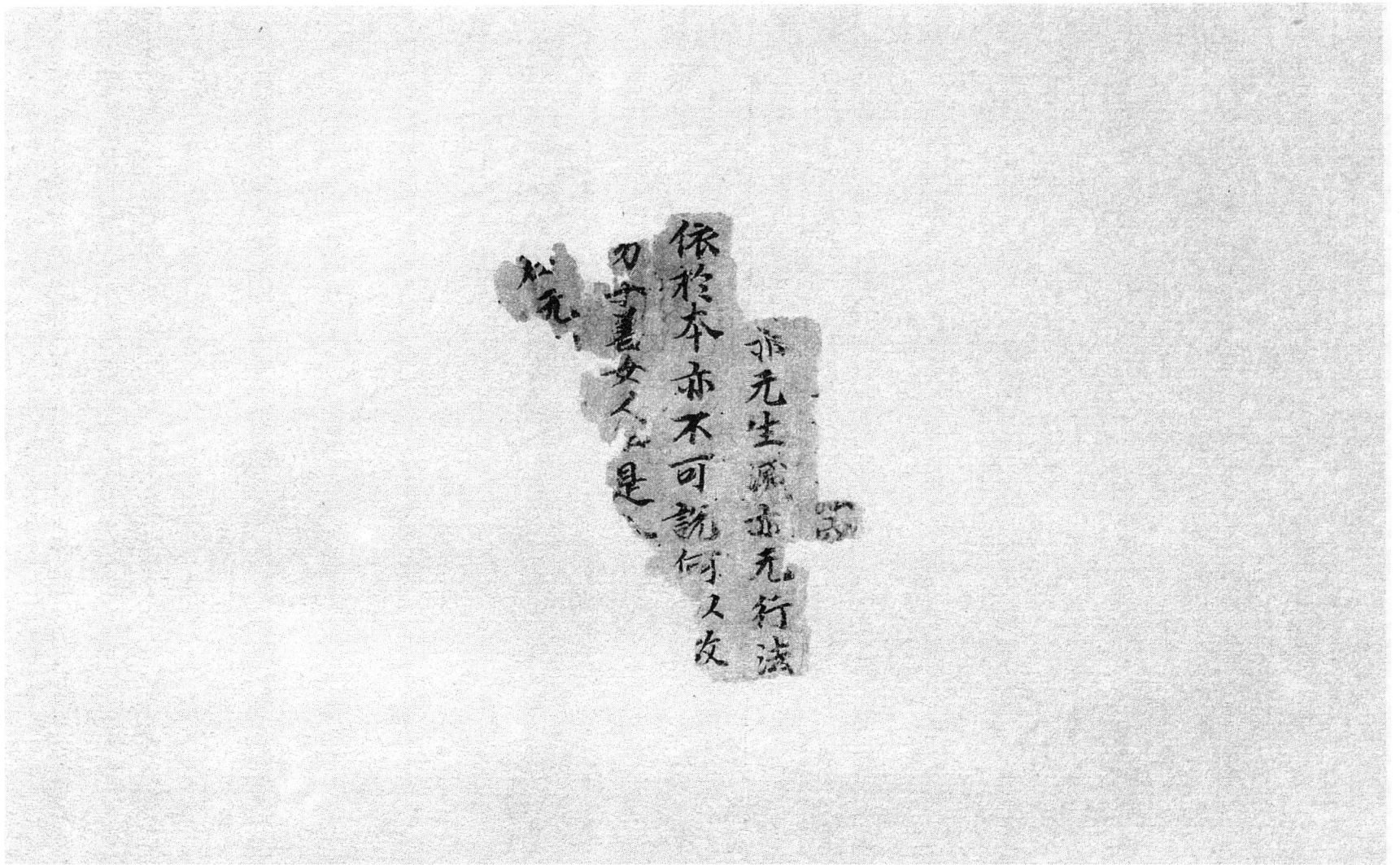

BD12345 號　合部金光明經卷二　　　　　　　　　　　　　　　　　　　　　　（1-1）

BD12346 號　大般涅槃經（北本）卷三〇　　　　　　　　　　　　　　　　　　　（1-1）

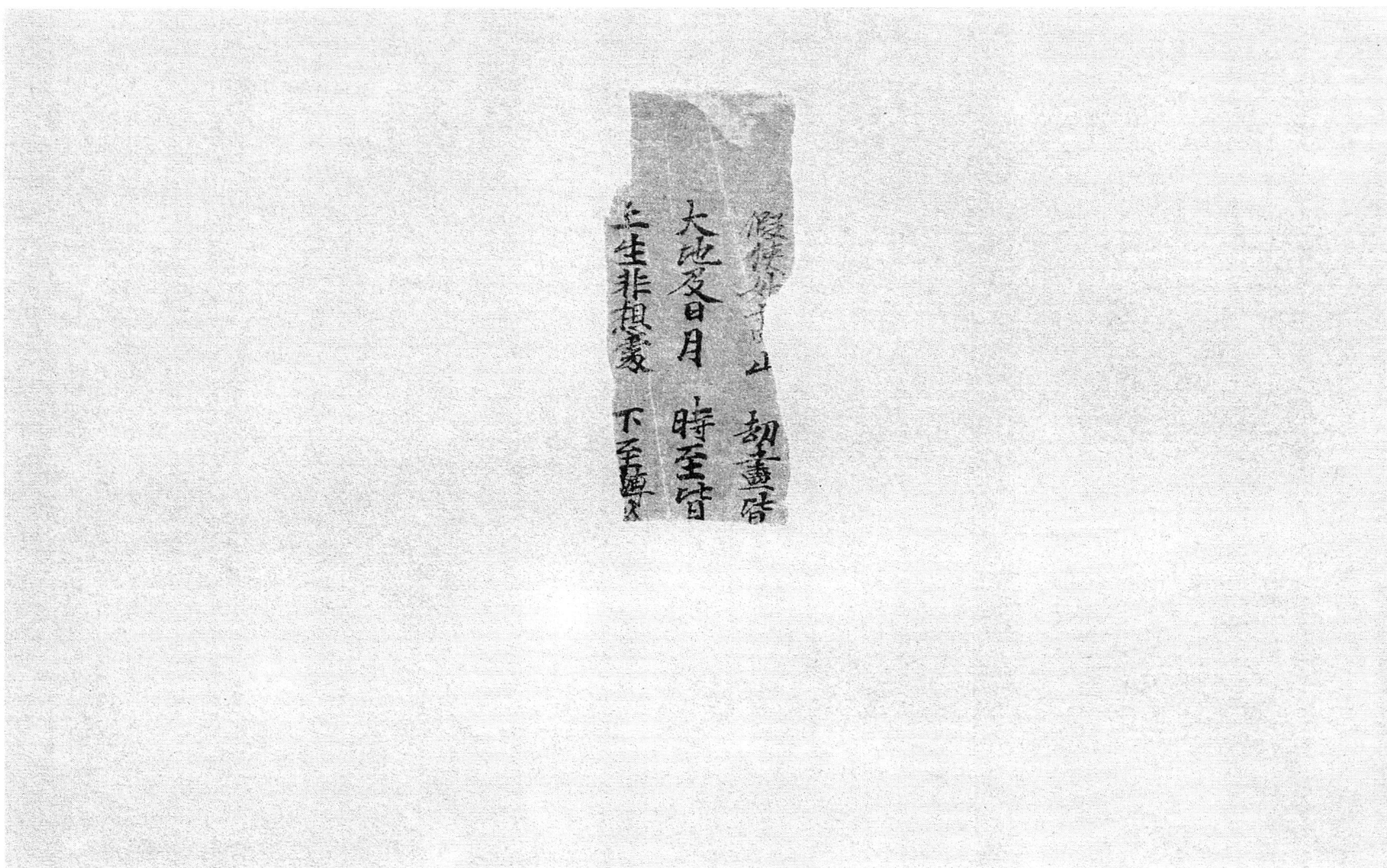

BD12347 號　無常經 (1-1)

BD12348 號　維摩詰所說經卷中 (1-1)

BD12349 號　木刻大聖文殊師利菩薩像（擬）　　　　　　　　　　　　　　　　　（1-1）

BD12350 號　大般若波羅蜜多經卷三〇　　　　　　　　　　　　　　　　　　　（1-1）

BD12350 號背　勘記　　　　　　　　　　　　　　　　　　　　　　　　　　（1-1）

BD12351 號　金剛般若波羅蜜經　　　　　　　　　　　　　　　　　　　　（1-1）

BD12352 號　妙法蓮華經卷一

（1-1）

BD12353 號　妙法蓮華經卷四

（1-1）

BD12354 號　回鶻文殘片（擬）

（1–1）

BD12355 號　諸雜字（擬）

（1–1）

BD12355 號背　雜寫　　　　　　　　　　　　　　　　　　　　　　　　　　　　　　（1-1）

何是微塵衆寧為多不甚
微塵衆寶有者
何佛処发

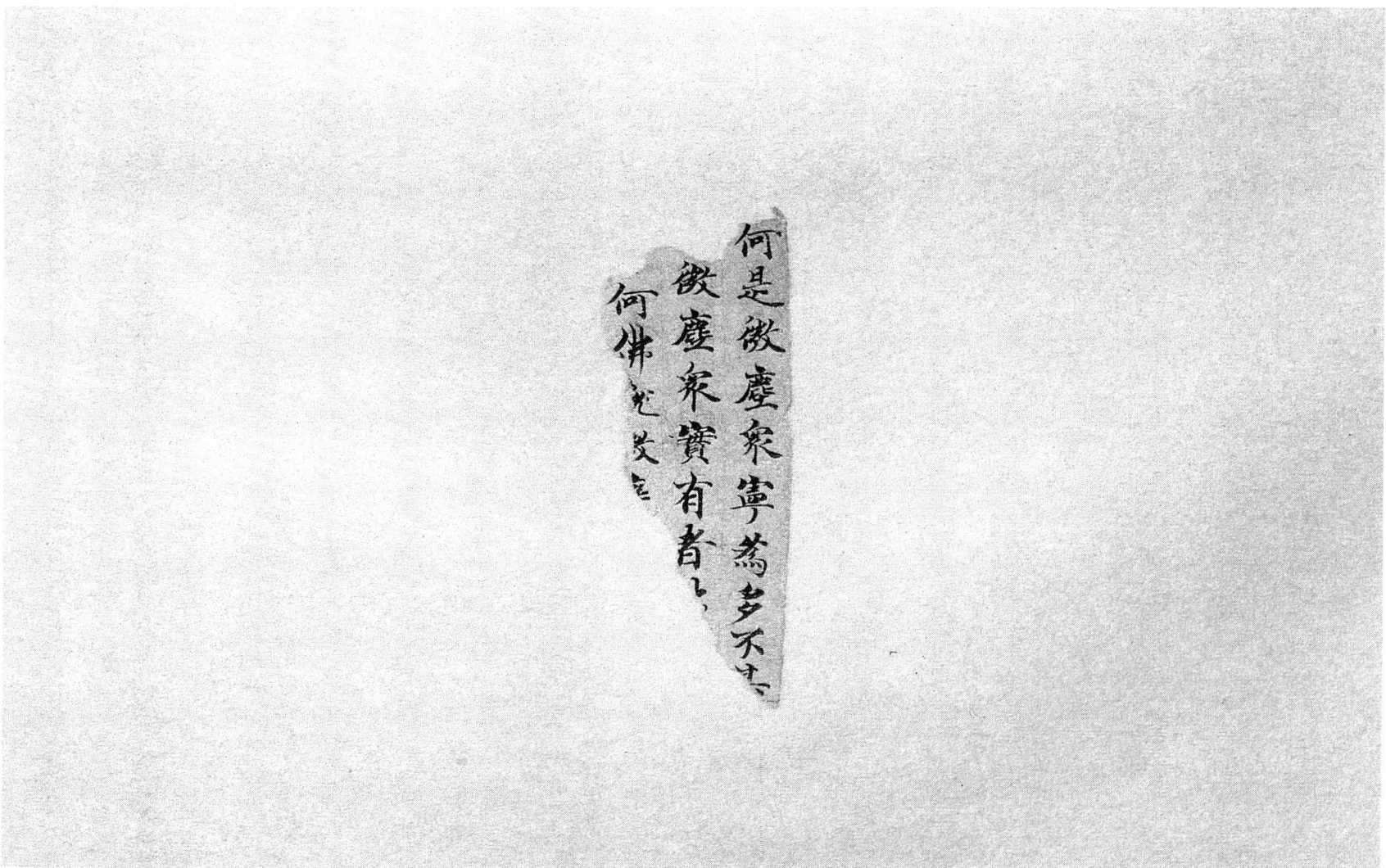

BD12356 號　金剛般若波羅蜜經　　　　　　　　　　　　　　　　　　　　　　　（1-1）

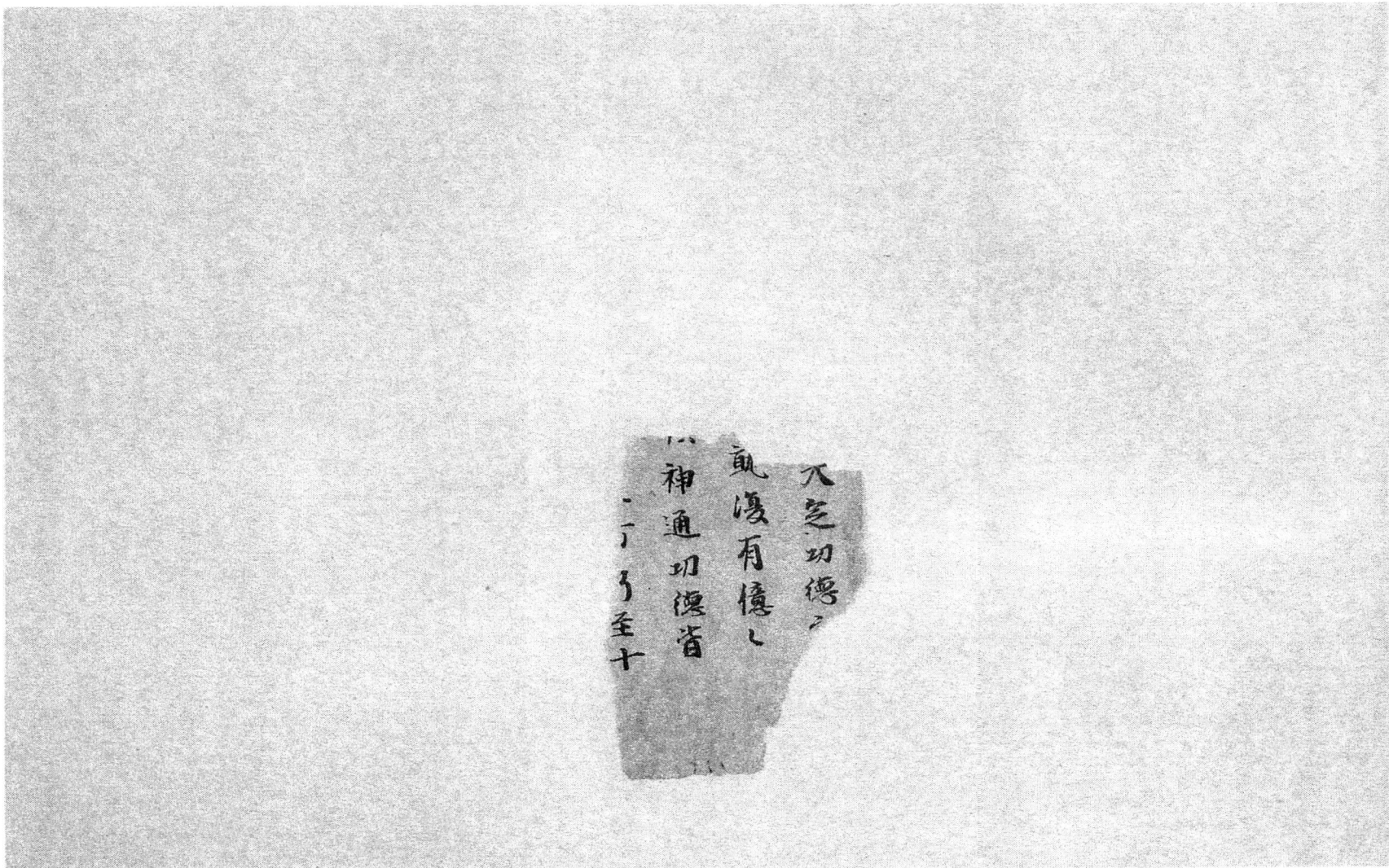

BD12357 號　仁王般若波羅蜜經卷上　　　　　　　　　　　　　　　　　　　（1-1）

BD12358 號　佛名經（十六卷本）卷一〇　　　　　　　　　　　　　　　　　　（1-1）

佛壽命多重阿僧祇劫法
起七寶塔遍滿其國尒時

BD12359 號　妙法蓮華經卷四　　　　　　　　　　　　　　　　　　　　　（1-1）

七識
不善
道
惚皆是
不

BD12360 號　維摩詰所說經卷中　　　　　　　　　　　　　　　　　　　　（1-1）

BD12361號　佛經殘片（擬）

(1-1)

BD12362號　妙法蓮華經卷七

(1-1)

BD12363號　賢劫十方千五百佛名經　　　　　　　　　　　　　　　　　　　　　　　　　　　（1-1）

BD12364號　列子張湛注（楊朱篇）　　　　　　　　　　　　　　　　　　　　　　　　　　　（1-1）

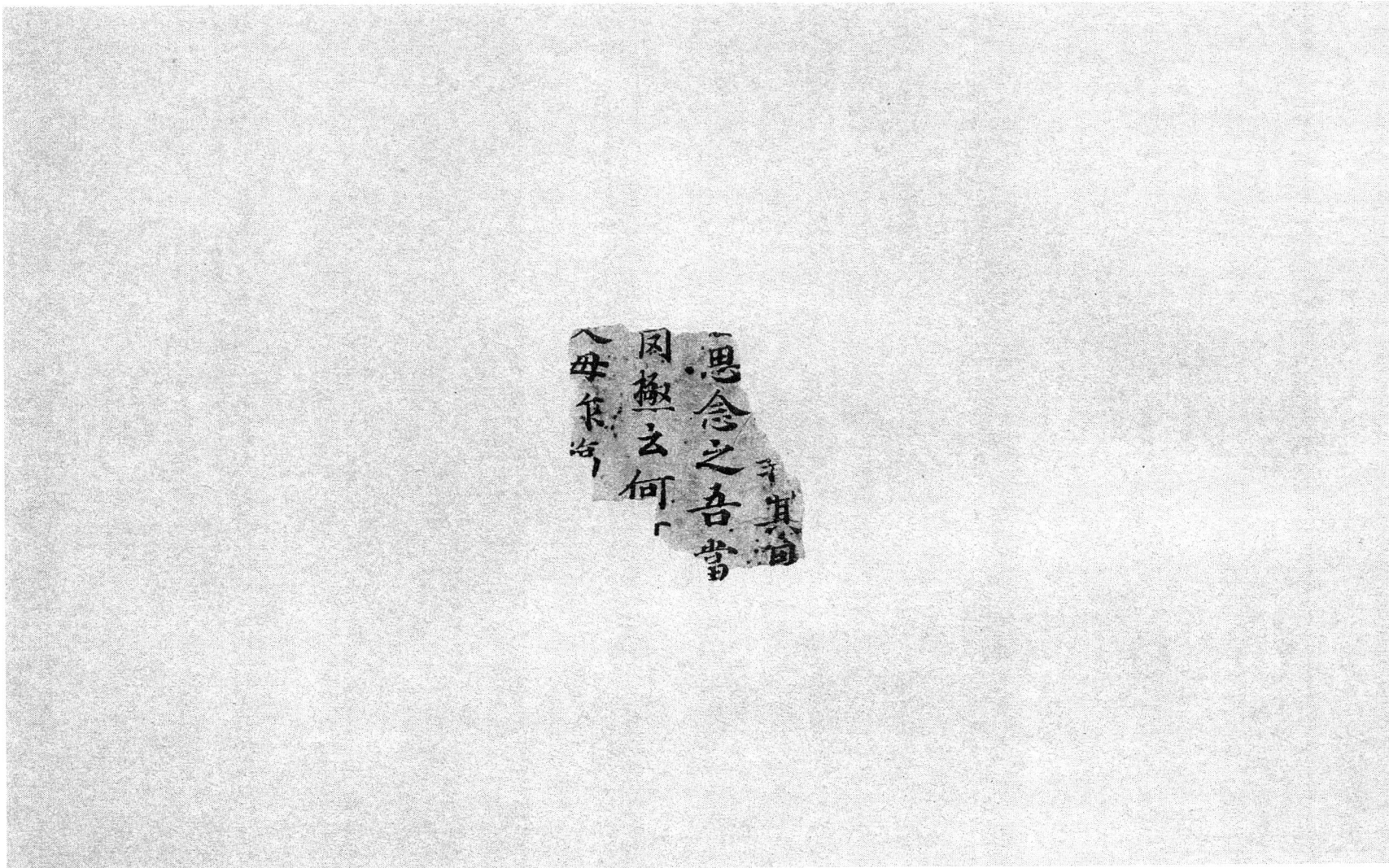

BD12365號　父母恩重經

（1-1）

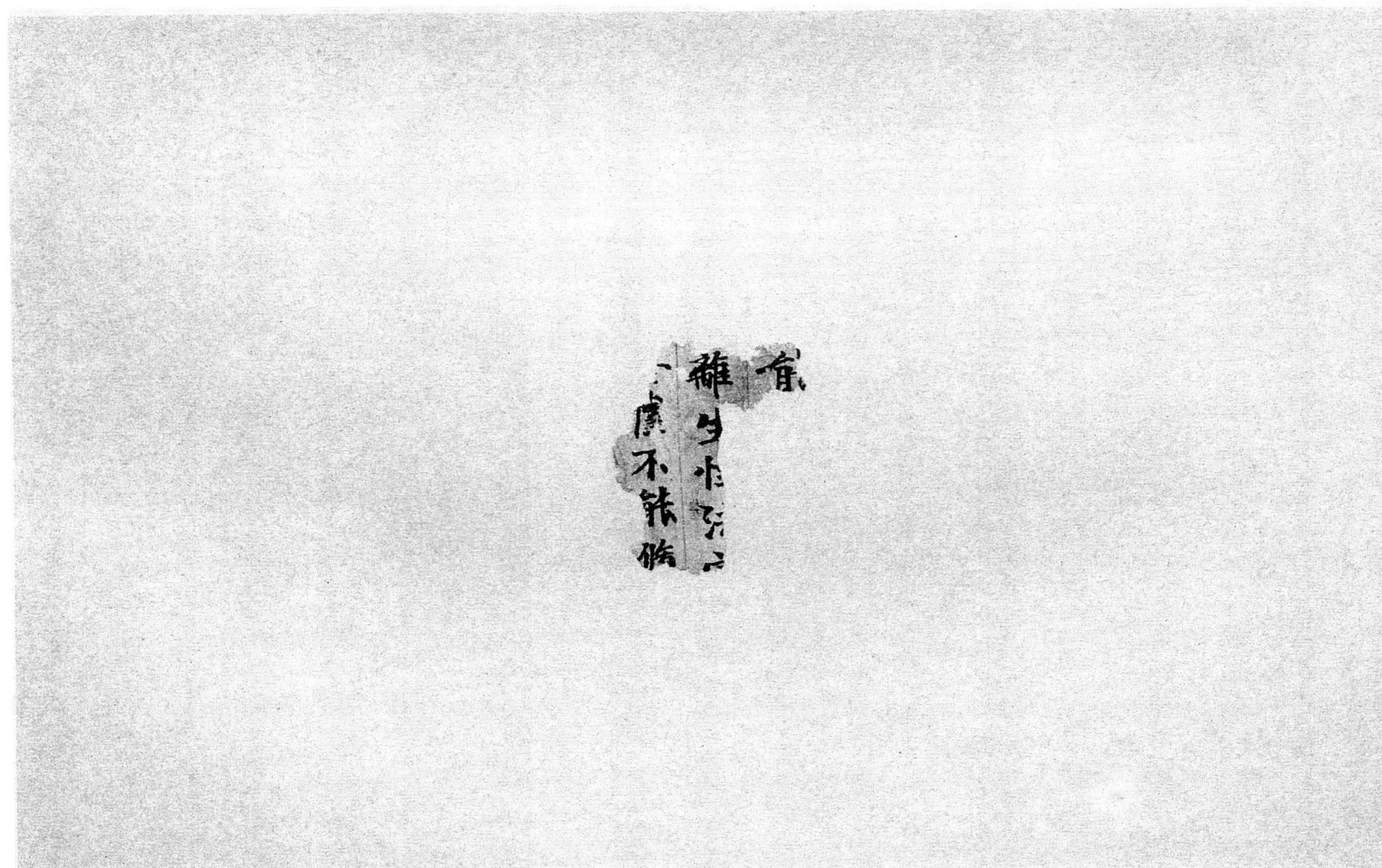

BD12366號　大般若波羅蜜多經卷三二〇

（1-1）

BD12367 號　十王經　　　　　　　　　　　　　　　　　　　　（1-1）

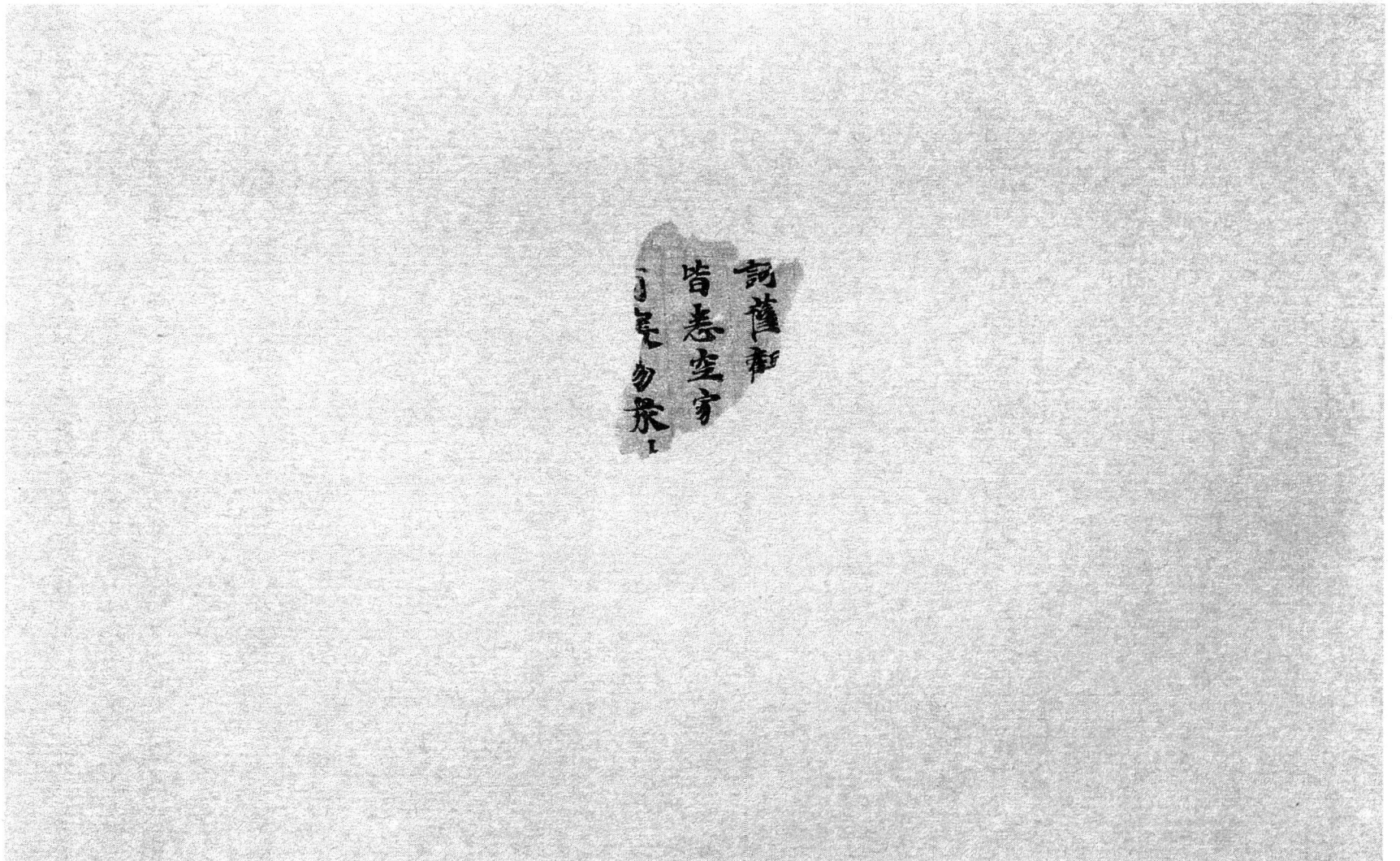

BD12368 號　大般涅槃經（北本）卷一六　　　　　　　　　　　（1-1）

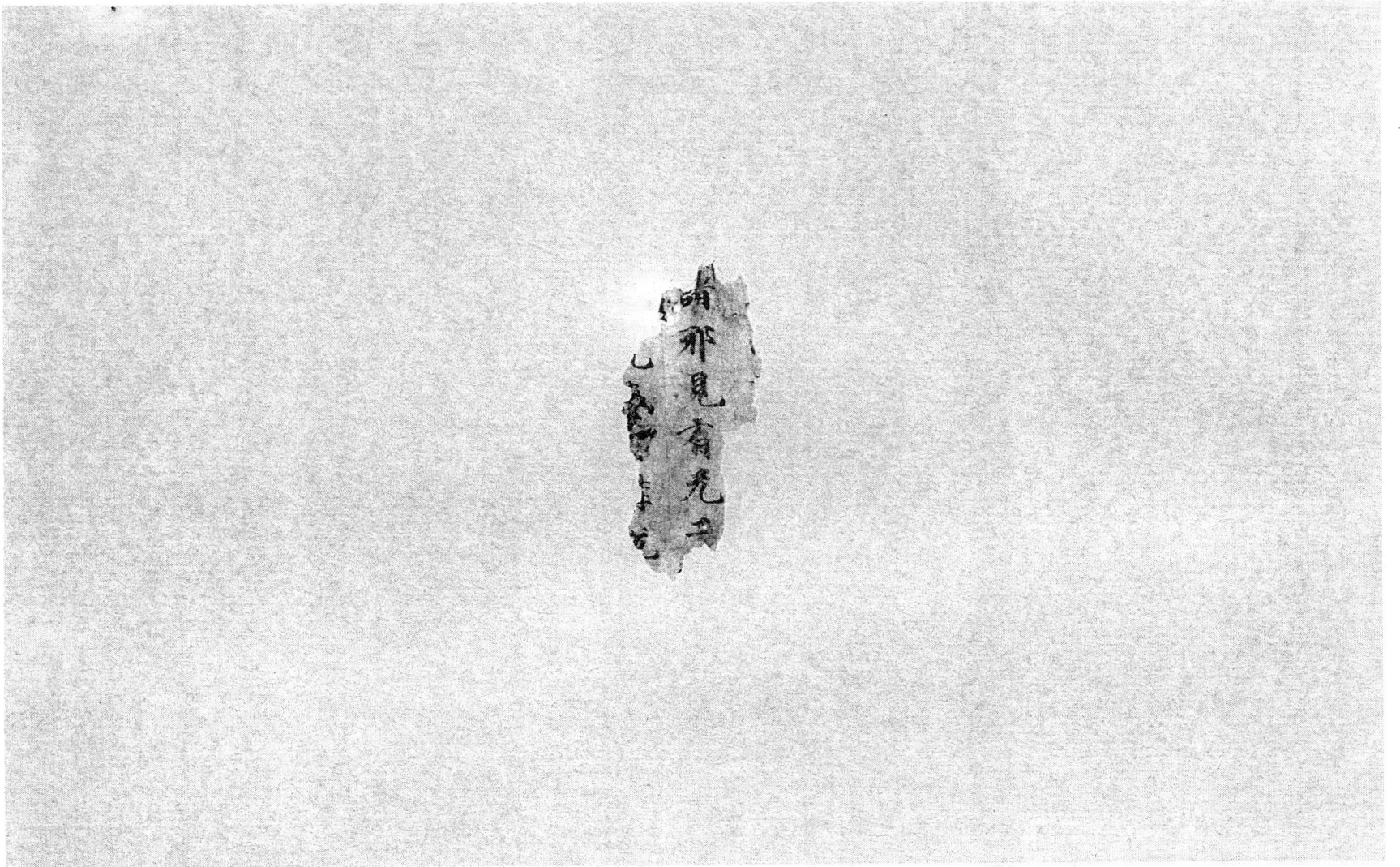

BD12369號　維摩詰所說經卷上

（1-1）

BD12370號　四分比丘尼戒本

（1-1）

BD12371 號　某僧逸真讚殘片（擬）　　　　　　　　　　　　　　　　（1-1）

BD12372 號　摩訶般若波羅蜜經卷一〇　　　　　　　　　　　　　　（1-1）

BD12373 號　淨土五會念佛誦經觀行儀卷中　　　　　（1-1）

BD12374 號　佛名經（十二卷本）卷八　　　　　（1-1）

BD12375 號　失名文獻殘片（擬）　　　　　　　　　　　　　　　　（1-1）

BD12376 號　大方廣佛華嚴經（晉譯五十卷本）卷三　　　　　　　　（1-1）

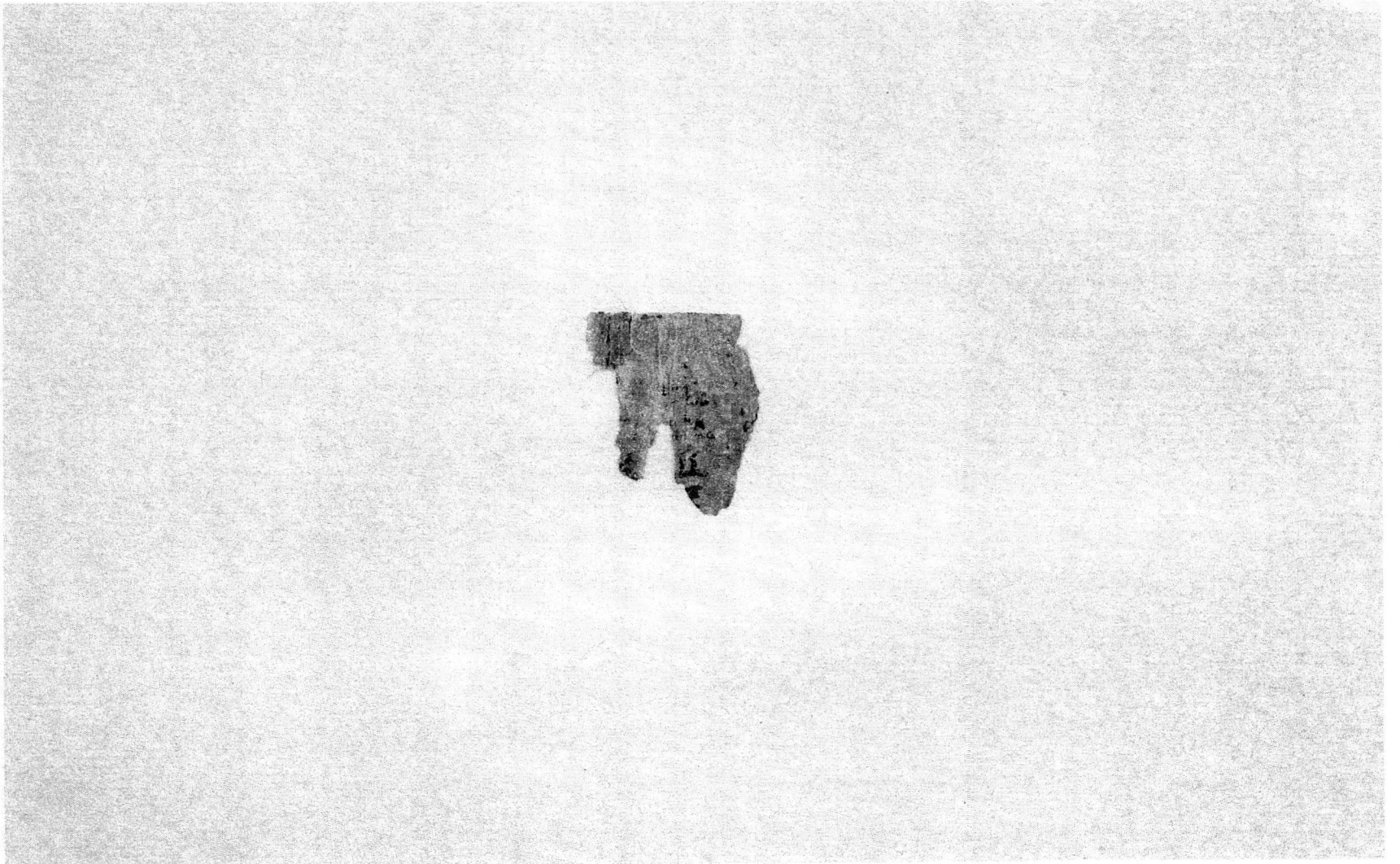

BD12377 號　佛經殘片（擬）　　　　　　　　　　　　　　　　　　　　　　　（1-1）

BD12378 號　妙法蓮華經卷七　　　　　　　　　　　　　　　　　　　　　　　（1-1）

BD12379 號　佛頂尊勝陀羅尼經序 （1-1）

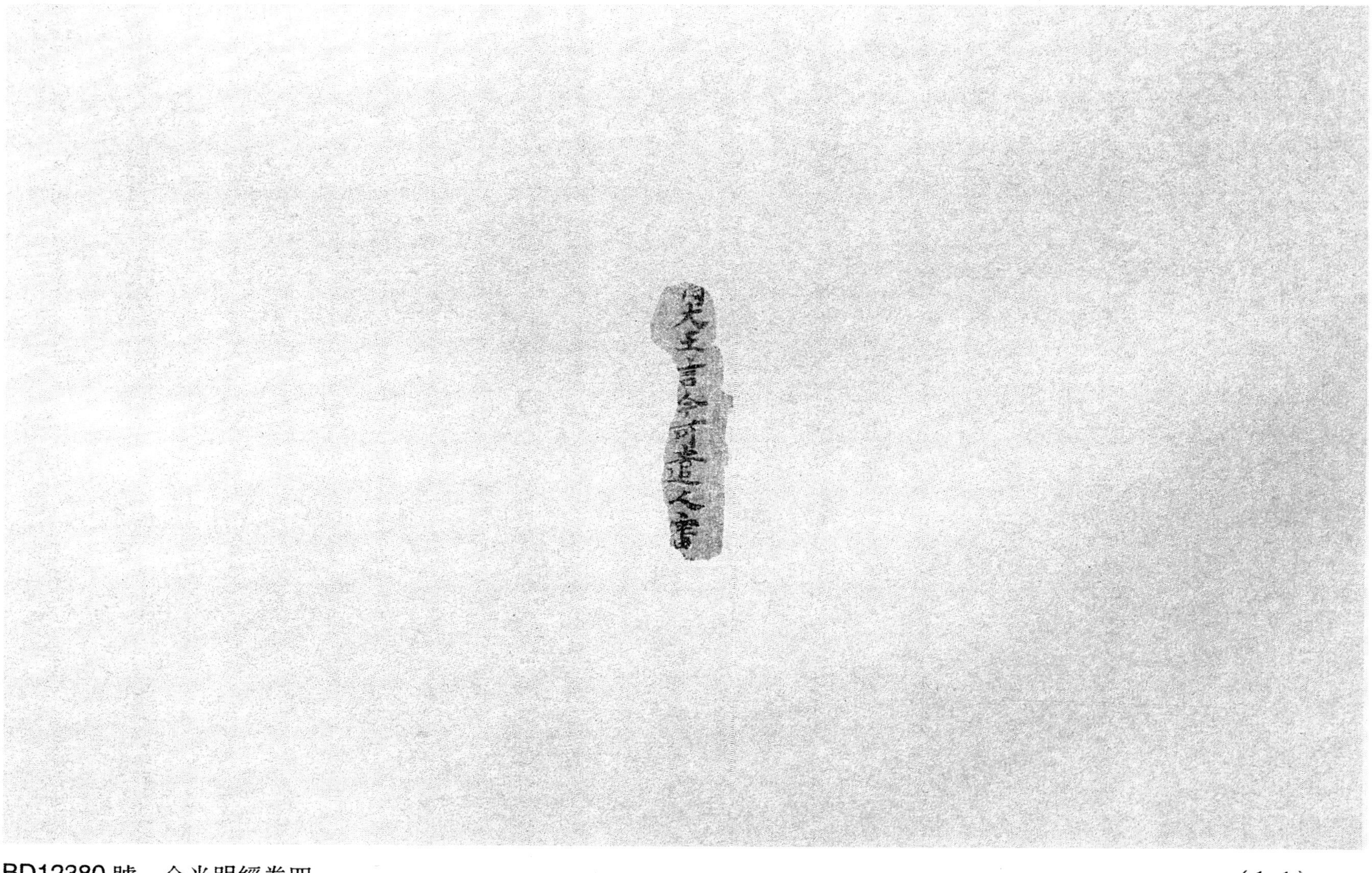

BD12380 號　金光明經卷四 （1-1）

BD12381號　金光明最勝王經卷五

（1-1）

BD12382號　淨名經集解關中疏卷上

（1-1）

BD12383 號　佛經殘片（擬）　　　　　　　　　　　　　　　　　　　　　（1-1）

BD12384 號　某年給祝二郎等冬衣狀（擬）　　　　　　　　　　　　　　（1-1）

BD12385 號　佛經殘片（擬）　　　　　　　　　　　　　　　　　　（1-1）

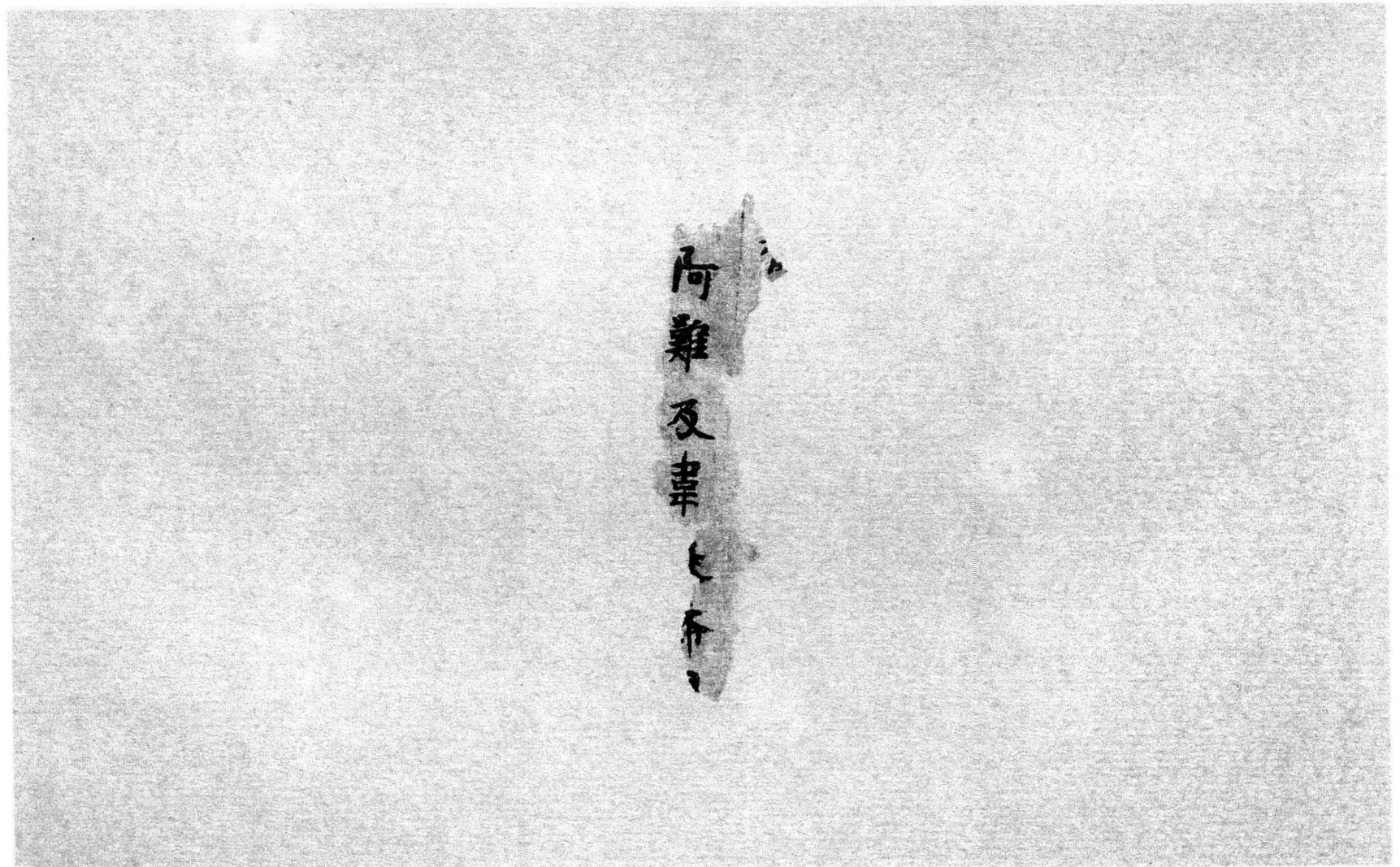

BD12386 號　觀無量壽佛經　　　　　　　　　　　　　　　　　　　（1-1）

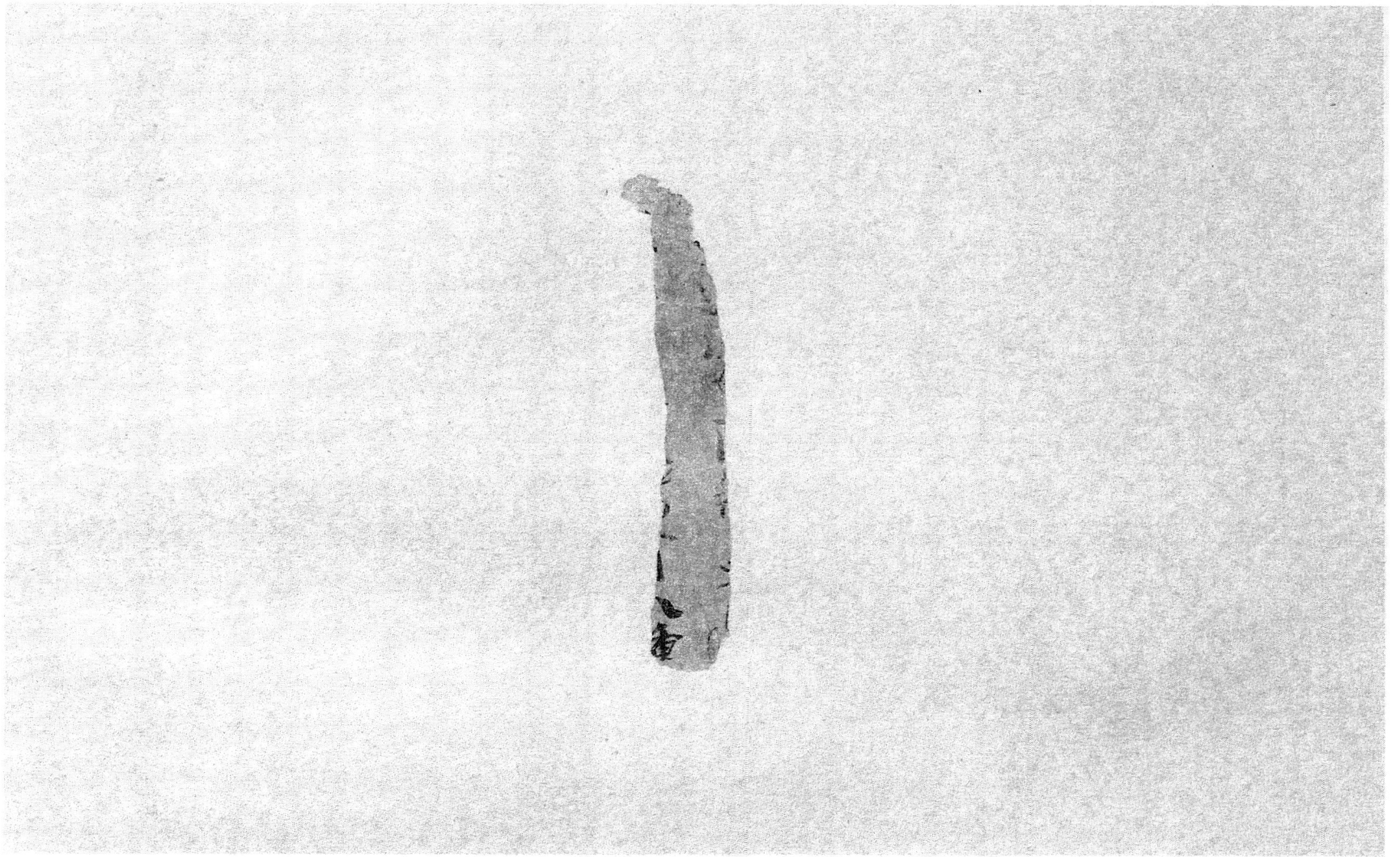

BD12387 號　佛典殘片（擬）

（1-1）

BD12388 號　金光明最勝王經卷一

（1-1）

BD12389 號　護首殘片（擬）　　　　　　　　　　　　　　　　　（1-1）

BD12390 號　護首（大般若波羅蜜多經）　　　　　　　　　　　（1-1）

BD12391 號　妙法蓮華經卷二　　　　　　　　　　　　　　（1-1）

BD12392 號　佛典殘片（擬）　　　　　　　　　　　　　　（1-1）

BD12393 號　藥師琉璃光如來本願功德經　　　　　　　　　　　　　　（1-1）

BD12394 號　佛經殘片（擬）　　　　　　　　　　　　　　（1-1）

BD12395 號　護首（大寶積經）　　　　　　　　　　　　　　　　　　　　（1–1）

BD12396 號　護首（大般若波羅蜜多經）　　　　　　　　　　　　　　　　（1–1）

BD12397 號　護首（大般若波羅蜜多經）　　　　　　　　　　　　　　（1-1）

BD12398 號　護首（大般若波羅蜜多經）　　　　　　　　　　　　　　（1-1）

BD12399號　護首（大寶積經）　　　　　　　　　　　　　　　　　　　　　　　　（1-1）

BD12400號　護首（大般涅槃經）　　　　　　　　　　　　　　　　　　　　　　　（1-1）

BD12401 號　護首（大般涅槃經）

BD12402 號　護首（大般若波羅蜜多經）

BD12403 號　護首（大寶積經）　　　　　　　　　　　　　　　　　　　　　（1–1）

BD12404 號　護首（大寶積經）　　　　　　　　　　　　　　　　　　　　　（1–1）

BD12405 號　護首（大寶積經）

(1-1)

BD12406 號　護首（大方廣佛華嚴經）

(1-1)

BD12407 號　護首（大般若波羅蜜多經）　　　　　　　　　　　　　　　　　　　　　（1-1）

BD12408 號　護首（大般若波羅蜜多經）　　　　　　　　　　　　　　　　　　　　　（1-1）

BD12409 號　護首（大般若波羅蜜多經）　　　　　　　　　　　　　　　　（1-1）

BD12410 號　護首（佛頂尊勝陀羅尼經）　　　　　　　　　　　　　　　　（1-1）

BD12410 號背　印章　　　　　　　　　　　　　　　　　　　　（1-1）

BD12411 號　護首（大般若波羅蜜多經）　　　　　　　　　　　（1-1）

BD12412 號　護首（大般若波羅蜜多經）

（1–1）

BD12413 號　護首（大般若波羅蜜多經）

（1–1）

BD12414 號　護首（延壽命經）　　　　　　　　　　　　　　　　　　　　　　（1-1）

BD12414 號背　護首（延壽命經）　　　　　　　　　　　　　　　　　　　　　（1-1）

BD12415 號　護首（金剛般若波羅蜜經）

BD12416 號　護首（大般若波羅蜜多經）

（1-1）

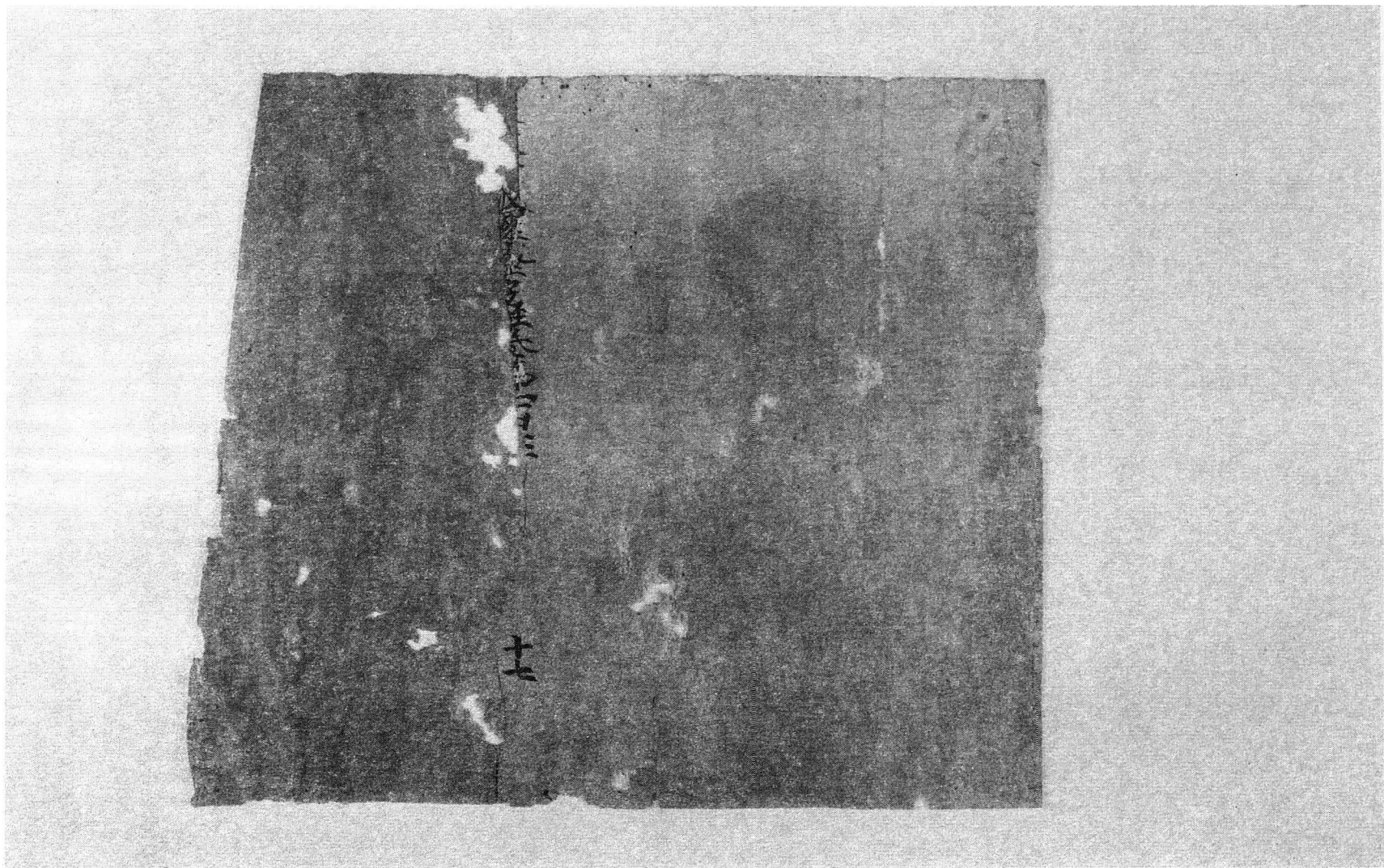

BD12417 號　護首（大般若波羅蜜多經）　　　　　　　　　　　　　　　　　　　　　　　　（1-1）

BD12418 號　護首（大般若波羅蜜多經）　　　　　　　　　　　　　　　　　　　　　　　　（1-1）

BD12419號　護首（經名不詳）　　　　　　　　　　　　　　　（1-1）

BD12420號　護首（大般若波羅蜜多經）　　　　　　　　　　　（1-1）

BD12421 號　護首（大般若波羅蜜多經）　　　　　　　　　　　　　　　　　　（1-1）

BD12421 號背　雜寫　　　　　　　　　　　　　　　　　　　　　　　　　　（1-1）

BD12422 號　護首（妙法蓮華經）　　　　　　　　　　　　　　　（1-1）

BD12423 號　護首（大般若波羅蜜多經）　　　　　　　　　　　　（1-1）

BD12424 號　經袱（大般涅槃經）　　　　　　　　　　　　　　　　　　　　　　　　（1-1）

BD12425 號　佛經卷次勘記（擬）　　　　　　　　　　　　　　　　　　　　　　　　（1-1）

BD12426 號　護首（大智度論）　　　　　　　　　　　　　　　　　　（1-1）

BD12427 號　護首（經名不詳）　　　　　　　　　　　　　　　　　　（1-1）

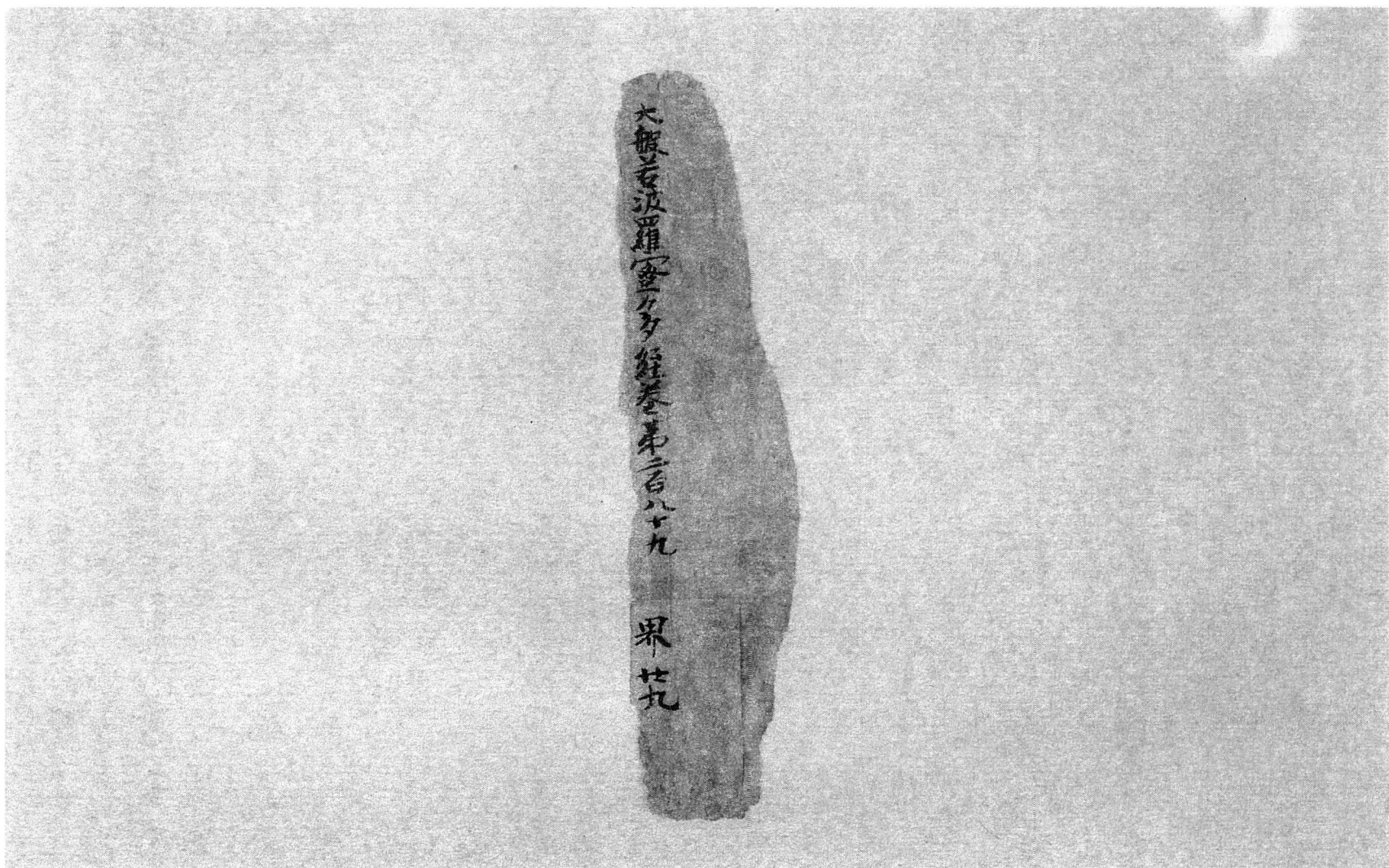

BD12428 號　護首（大般若波羅蜜多經）　　　　　　　　　　　　　　　　（1-1）

BD12429 號　殘片（擬）　　　　　　　　　　　　　　　　　　　　　　（1-1）

BD12430 號　護首（四分律）

（1-1）

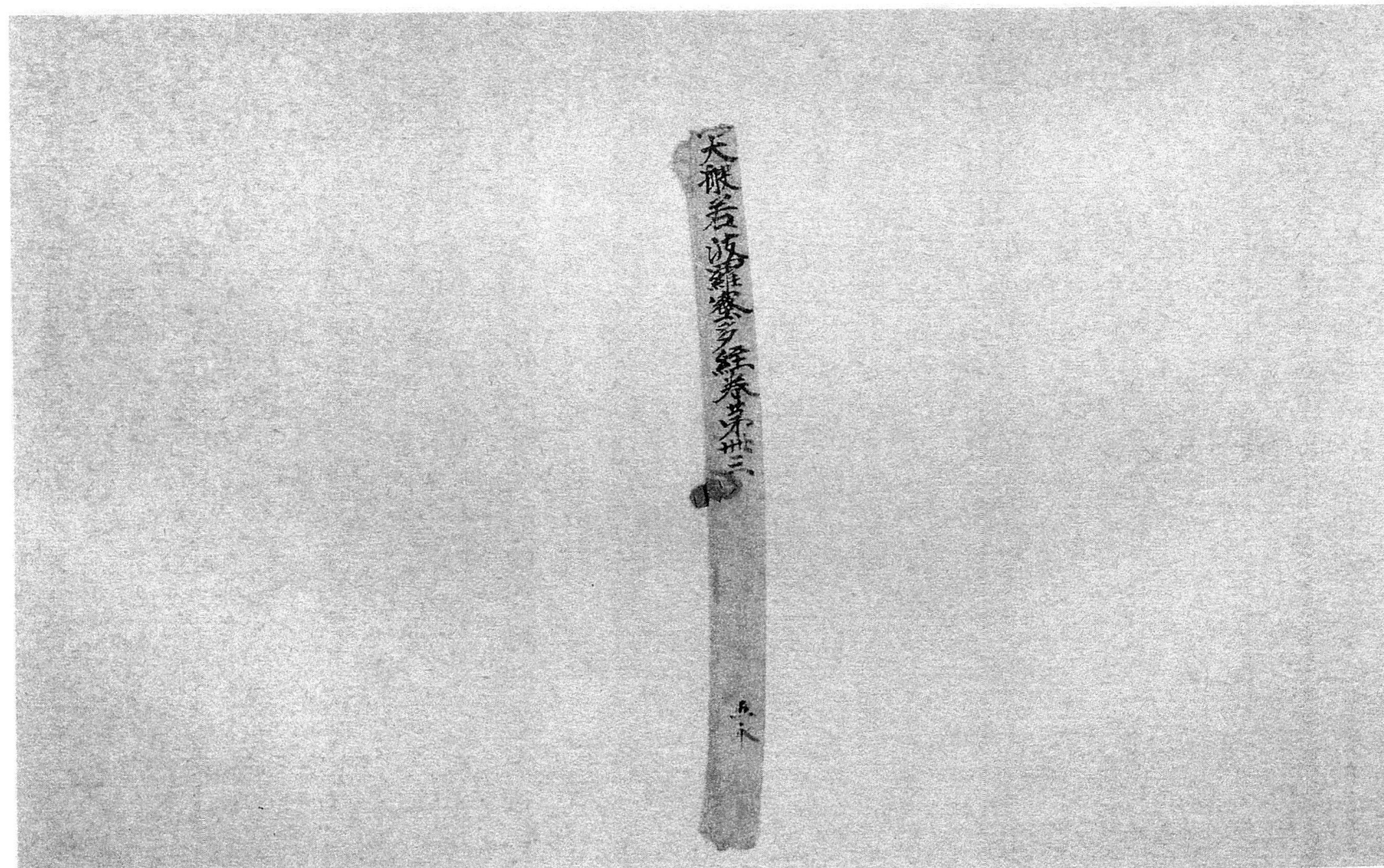

BD12431 號　護首（大般若波羅蜜多經）

（1-1）

BD12432 號　護首（大般若波羅蜜多經）　　　　　　　　　　　　　　　　　　　　　　　（1-1）

BD12433 號　護首（大般若波羅蜜多經）　　　　　　　　　　　　　　　　　　　　　　　（1-1）

BD12434 號　護首（普門品經）

BD12435 號　護首（大般涅槃經）

（1-1）

BD12436 號　護首（大般若波羅蜜多經）　　　　　　　　　　　　　　　　　（1-1）

BD12437 號　護首（大般若波羅蜜多經）　　　　　　　　　　　　　　　　　（1-1）

BD12438 號　護首（大般涅槃經）　　　　　　　　　　　　　　　　（1-1）

BD12439 號　護首（大般若波羅蜜多經）　　　　　　　　　　　　　（1-1）

99

BD12440 號　護首（大般若波羅蜜多經）　　　　　　　　　　　　　　　　　（1-1）

BD12441 號　護首（大般若波羅蜜多經）　　　　　　　　　　　　　　　　　（1-1）

BD12442 號　護首（大般若波羅蜜多經）

BD12443 號　護首（四分律）

BD12444 號　護首（大般涅槃經）　　　　　　　　　　　　　　　　　（1-1）

BD12445 號　護首（大般若波羅蜜多經）　　　　　　　　　　　　　（1-1）

BD12446 號　護首（大般若波羅蜜多經）　　　　　　　　　　　　　　　　（1-1）

BD12447 號　護首（大寶積經）　　　　　　　　　　　　　　　　　　　　（1-1）

BD12448 號　護首（大般涅槃經） （1-1）

BD12449 號　護首（大般若波羅蜜多經） （1-1）

BD12450 號　護首（大般若波羅蜜多經） （1-1）

BD12451 號　護首（經名不詳） （1-1）

BD12452 號　護首（大寶積經）　　　　　　　　　　　　　　　　（1–1）

BD12453 號　勘記（擬）　　　　　　　　　　　　　　　　　　　（1–1）

BD12454號　護首（四分律）　　　　　　　　　　　　　　（1-1）

BD12455號　護首（大般若波羅蜜多經）　　　　　　　　（1-1）

BD12456 號　護首（大般若波羅蜜多經）　　　　　　　　　　　　　　　　　　　（1-1）

BD12457 號　經袟（擬）　　　　　　　　　　　　　　　　　　　　　　　　　　（1-1）

BD12457 號背　勘記

（1-1）

BD12458 號　護首（大般若波羅蜜多經）

（1-1）

BD12459 號　護首（大般涅槃經）　　　　　　　　　　　　　　　　（1-1）

BD12459 號背　勘記　　　　　　　　　　　　　　　　　　　　　　（1-1）

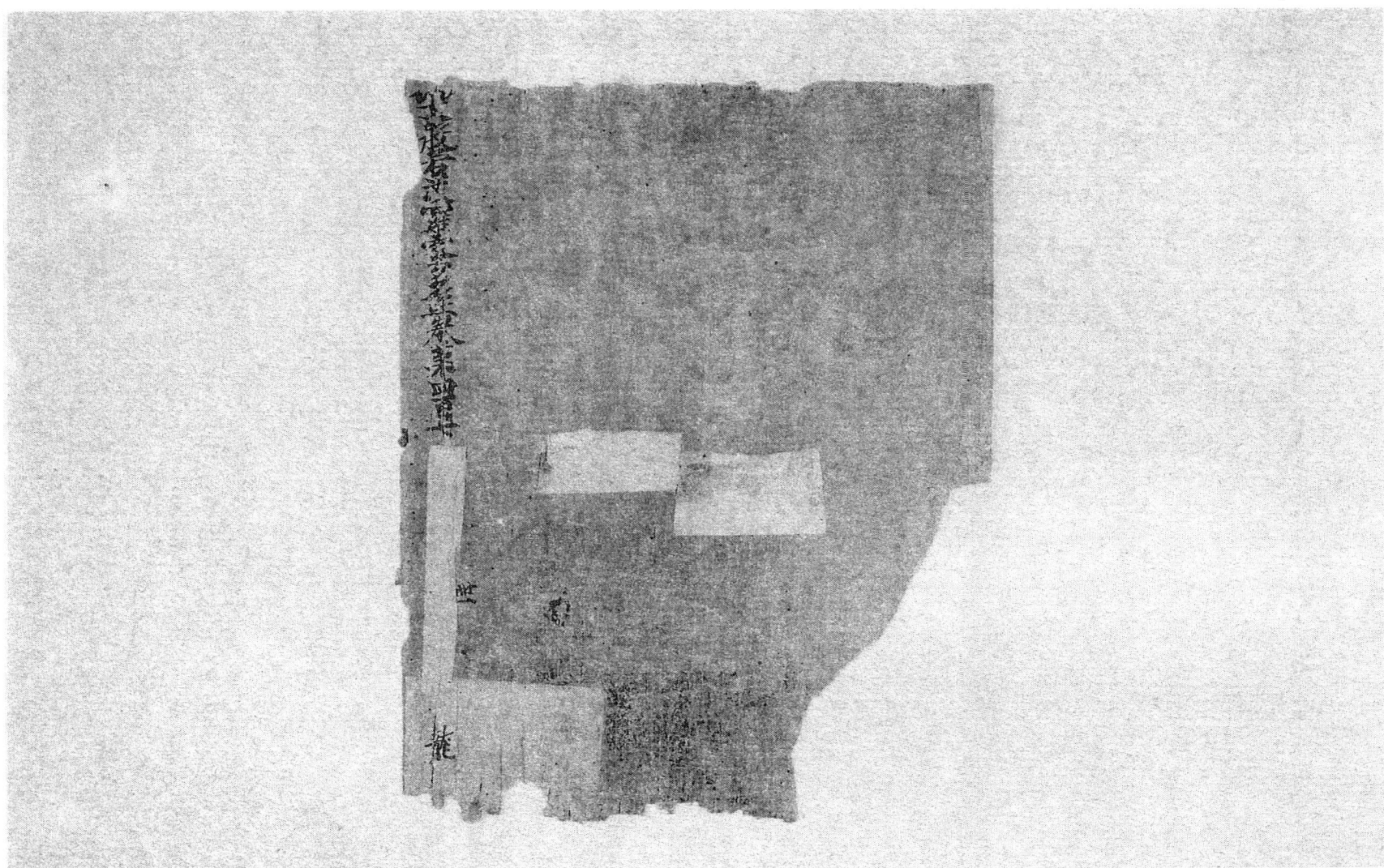

BD12460 號　護首（大般若波羅蜜多經）　　　　　　　　　　　　　　（1-1）

BD12461 號　護首（大般若波羅蜜多經）　　　　　　　　　　　　　　（1-1）

BD12462 號　護首（經名不詳）　　　　　　　　　　　　　　　　　　　　　（1-1）

BD12463 號　護首（大般若波羅蜜多經）　　　　　　　　　　　　　　　　　（1-1）

BD12464 號　護首（大般若波羅蜜多經）　　　　　　　　　　　　　　（1-1）

BD12465 號　護首（大般若波羅蜜多經）　　　　　　　　　　　　　　（1-1）

BD12466號　護首（大般若波羅蜜多經）　　　　　　　　　　　　　　　　（1–1）

BD12467號　護首（無垢淨光大陀羅尼經）　　　　　　　　　　　　　　　（1–1）

BD12468 號　護首（大般若波羅蜜多經）

（1-1）

BD12469 號　護首（經名不詳）

（1-1）

BD12470 號　護首（大般若波羅蜜多經）　　　　　　　　　　　　　　　　　　（1-1）

BD12471 號　護首（經名不詳）　　　　　　　　　　　　　　　　　　　　　　（1-1）

BD12472號　護首（大般若波羅蜜多經）　　　　　　　　　　　　　　　　　　（1–1）

BD12473號　護首（金光明最勝王經）　　　　　　　　　　　　　　　　　　　（1–1）

BD12474 號　護首（大般若波羅蜜多經）　　　　　　　　　　　　　　　　　　　　　　　（1-1）

BD12475 號　護首（經名不詳）　　　　　　　　　　　　　　　　　　　　　　　　　　（1-1）

BD12476 號　護首（大般若波羅蜜多經）　　　　　　　　　　　　　（1-1）

BD12477 號　護首（大般若波羅蜜多經）　　　　　　　　　　　　　（1-1）

BD12478 號　護首（大般若波羅蜜多經）　　　　　　　　　　　　　　　　　　　　　　　（1-1）

BD12479 號　護首（經名不詳）　　　　　　　　　　　　　　　　　　　　　　　　　　（1-1）

BD12480 號　護首（四分律）　　　　　　　　　　　　　　　　　　（1–1）

BD12481 號　護首（大般若波羅蜜多經）　　　　　　　　　　　　　（1–1）

BD12482 號　護首（大寶積經）　　　　　　　　　　　　　　　　　　　　（1-1）

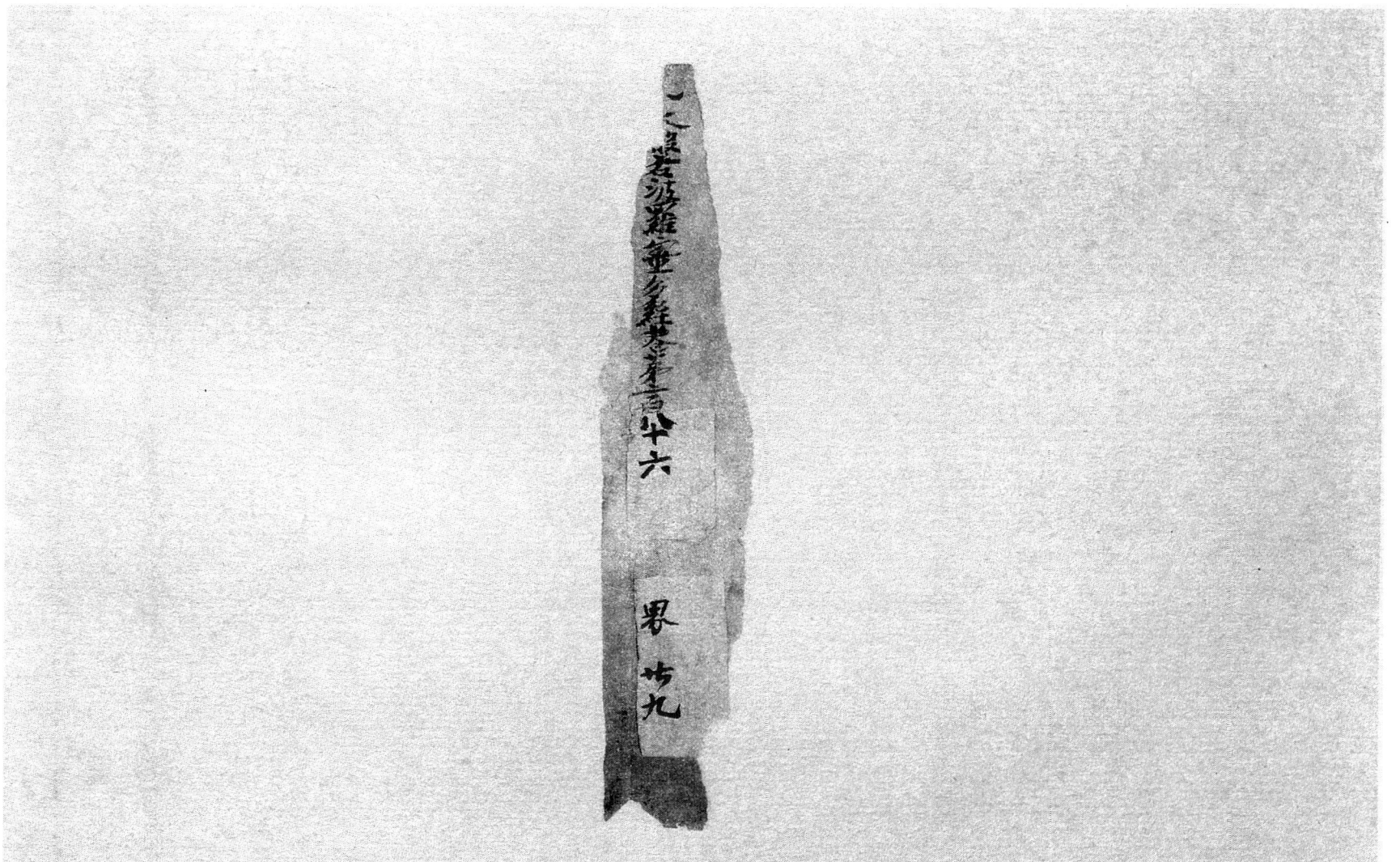

BD12483 號　護首（大般若波羅蜜多經）　　　　　　　　　　　　　　　（1-1）

BD12484 號　護首（大般涅槃經）　　　　　　　　　　　　　　　（1-1）

BD12485 號　護首（大般若波羅蜜多經）　　　　　　　　　　　　（1-1）

BD12486 號　護首（大般涅槃經）　　　　　　　　　　　　　　　　　　　　　　（1-1）

BD12487 號　護首（大般若波羅蜜多經）　　　　　　　　　　　　　　　　　　　（1-1）

BD12488號　護首（大般若波羅蜜多經）

（1-1）

BD12489號背　護首
BD12489號　菩薩奉施詣塔作願念經

（1-1）

BD12490 號　護首（大般若波羅蜜多經）　　　　　　　　　　　　　　　　（1-1）

BD12491 號　護首（大般若波羅蜜多經）　　　　　　　　　　　　　　　　（1-1）

BD12492 號　護首（大般若波羅蜜多經）

（1-1）

BD12493 號　護首（大般若波羅蜜多經）

（1-1）

BD12494 號　護首（大般若波羅蜜多經）

(1-1)

BD12495 號　護首（金光明最勝王經）

(1-1)

BD12496 號　護首（大寶積經）

（1-1）

BD12497 號　護首（大般若波羅蜜多經）

（1-1）

BD12498號　護首（佛名經）　　　　　　　　　　　　　　　　　　　　　　（1-1）

BD12499號　護首（金光明最勝王經）　　　　　　　　　　　　　　　　　　（1-1）

BD12500 號　護首（大佛頂經）　　　　　　　　　　　　　　（1-1）

BD12501 號　護首（大般涅槃經）　　　　　　　　　　　　　（1-1）

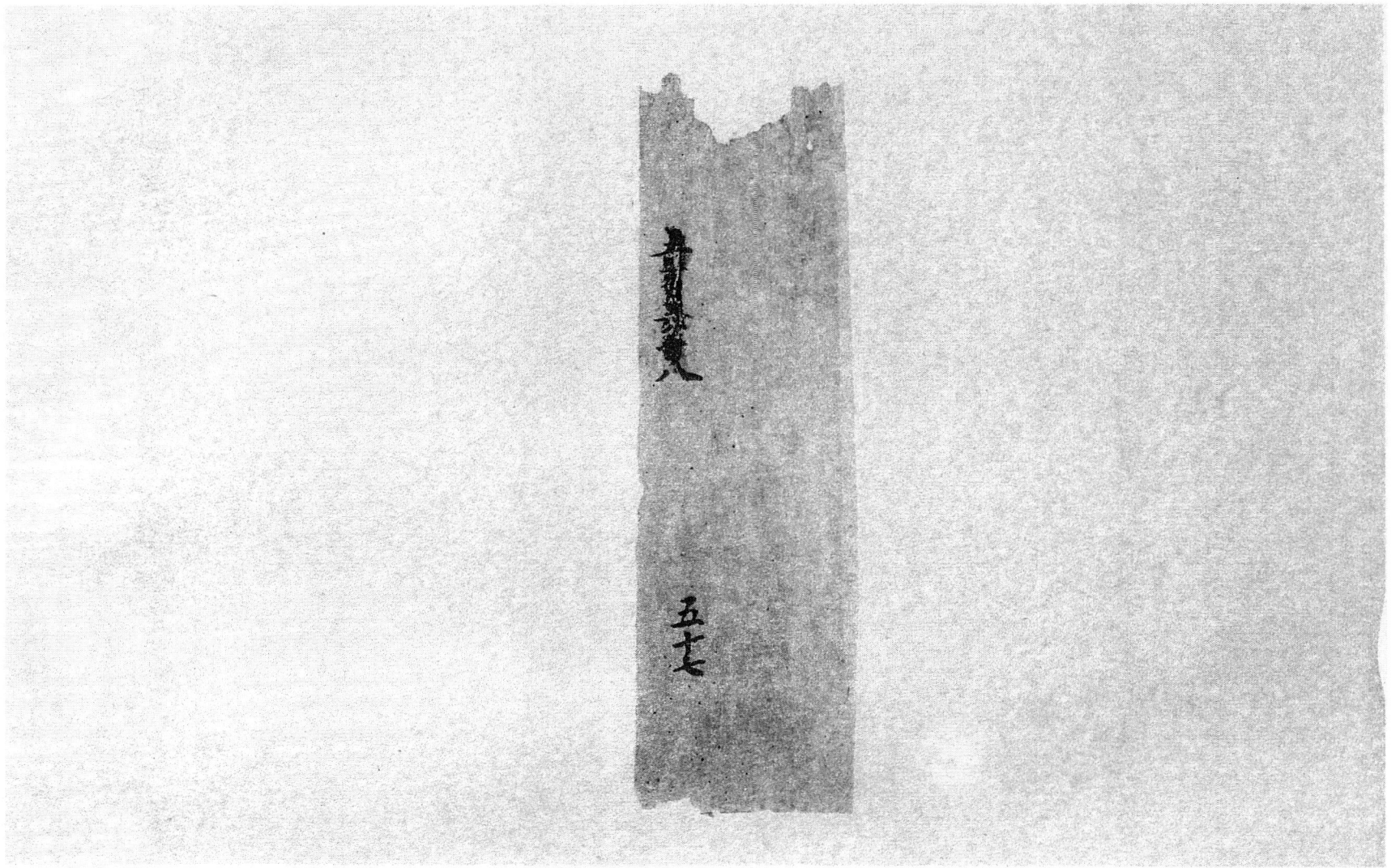

BD12502 號　護首（大般若波羅蜜多經）　　　　　　　　　　　　　　　（1-1）

BD12503 號　護首（大般若波羅蜜多經）　　　　　　　　　　　　　　　（1-1）

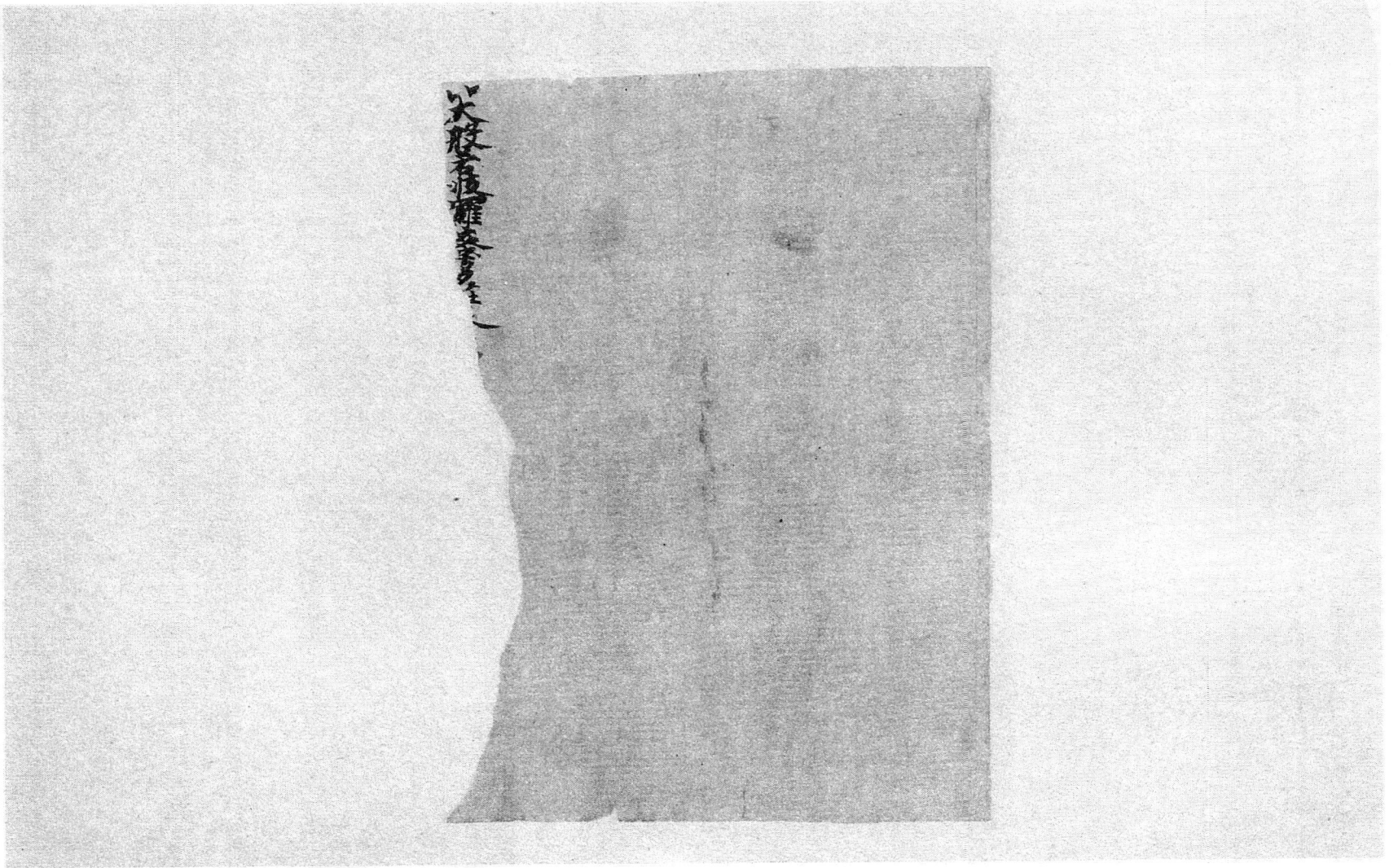

BD12504 號　護首（大般若波羅蜜多經）

（1-1）

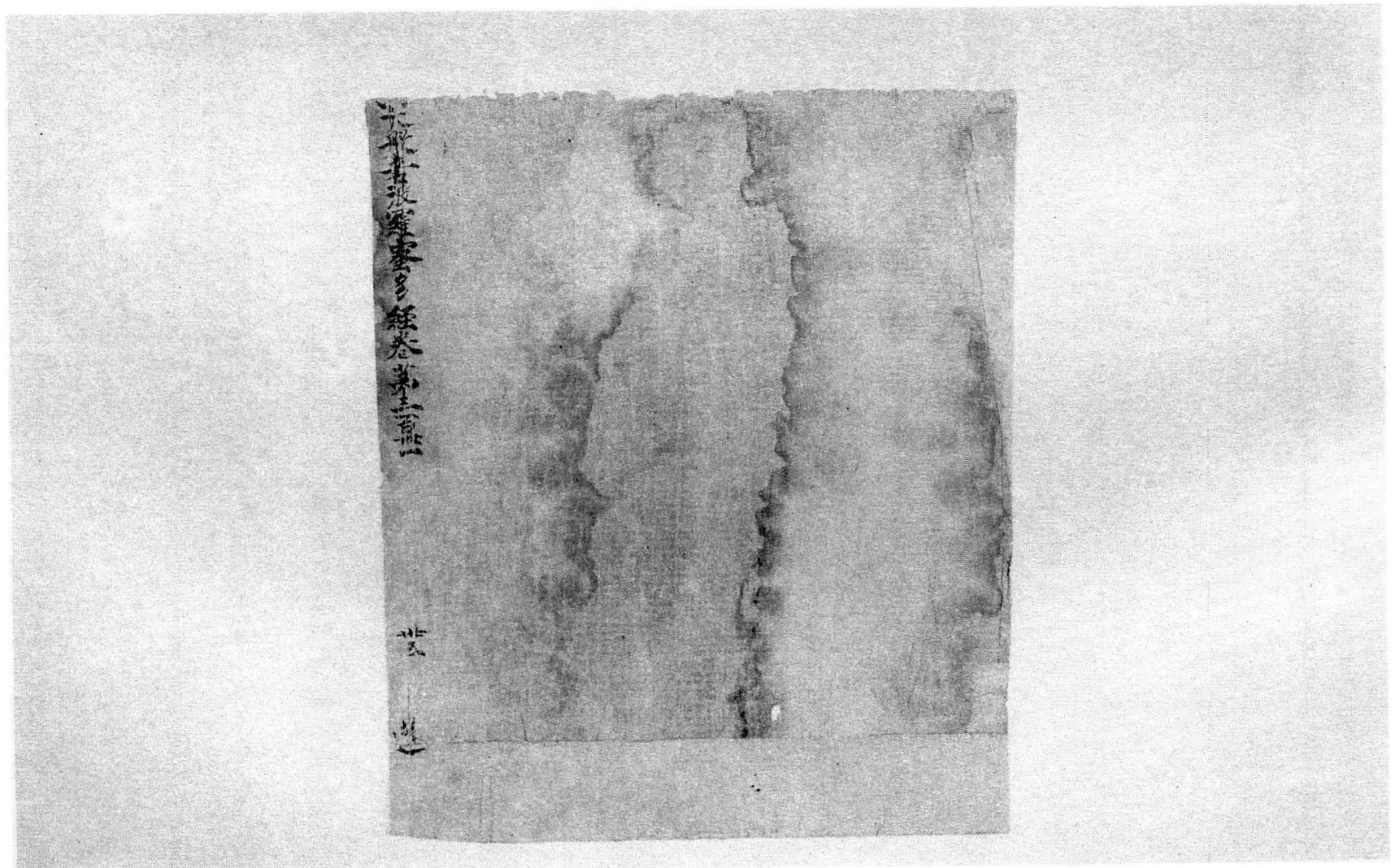

BD12505 號　護首（大般若波羅蜜多經）

（1-1）

BD12506 號　護首（大般若波羅蜜多經）　　　　　　　　　　　　　　　　　　　　（1-1）

BD12507 號　護首（大般若波羅蜜多經）　　　　　　　　　　　　　　　　　　　　（1-1）

BD12508 號　護首（大般若波羅蜜多經）　　　　　　　　　　　　　　　（1-1）

BD12509 號　護首（大般若波羅蜜多經）　　　　　　　　　　　　　　　（1-1）

BD12510 號　護首（經名不詳）

（1–1）

BD12511 號　護首（經名不詳）

（1–1）

BD12512 號　護首（大般若波羅蜜多經）　　　　　　　　　　　　（1-1）

BD12513 號　妙法蓮華經卷七　　　　　　　　　　　　　　　　（1-1）

BD12514 號　護首（大般若波羅蜜多經）　　　　　　　　　　　　　　　　（1-1）

BD12515 號　護首（大般若波羅蜜多經）　　　　　　　　　　　　　　　　（1-1）

BD12516 號　護首（大般若波羅蜜多經）　　　　　　　　　　　　　（1-1）

BD12517 號背　護首　　　　　　　　　　　　　　　　　　　　　（1-1）

BD12517 號　大方廣佛華嚴經（唐譯八十卷本）卷六十　　　　　　　　　　　　　（1-1）

BD12518 號　社司轉帖（兌廢稿）　　　　　　　　　　　　　　　　　　　　　（1-1）

BD12519 號　護首（大般若波羅蜜多經）

BD12520 號　護首（大般若波羅蜜多經）

BD12521 號　護首（大般涅槃經）　　　　　　　　　　　　　　（1-1）

BD12522 號　經袟（擬）　　　　　　　　　　　　　　　　　　（1-1）

BD12523 號　護首（大般若波羅蜜多經）　　　　　　　　　　　　　　　　　　（1-1）

BD12524 號　護首（妙法蓮華經）　　　　　　　　　　　　　　　　　　　　（1-1）

BD12525 號　護首（大般若波羅蜜多經）

（1-1）

BD12526 號　護首（經名不詳）

（1-1）

BD12527 號　護首（大般若波羅蜜多經）

（1-1）

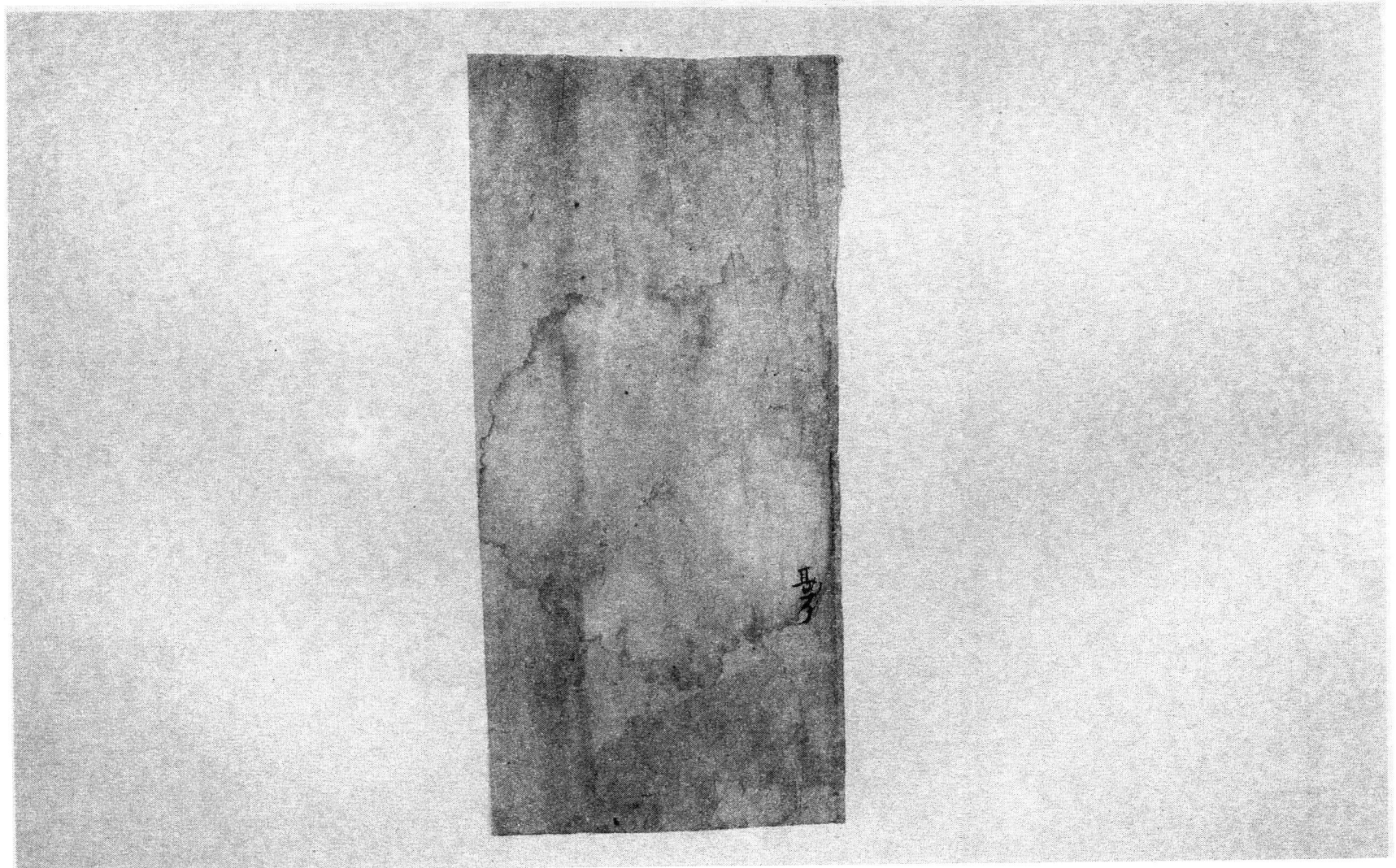

BD12528 號背　勘記（擬）

（1-1）

BD12529 號　護首（大般若波羅蜜多經）　　　　　　　　　　　　　　　　　　　　　（1-1）

BD12530 號　護首（大般若波羅蜜多經）　　　　　　　　　　　　　　　　　　　　　（1-1）

BD12531 號　護首（大般若波羅蜜多經）

(1-1)

BD12532 號　護首（大寶積經）

(1-1)

BD12533號　護首（大般若波羅蜜多經）　　　　　　　　　　　　　　　　　　　（1-1）

BD12534號　護首（大寶積經）　　　　　　　　　　　　　　　　　　　　　　（1-1）

BD12535 號　護首（大般涅槃經）

(1-1)

BD12535 號背　勘記

(1-1)

BD12536 號　護首（大般若波羅蜜多經）　　　　　　　　　　　　　　　　　　　　　（1–1）

BD12537 號　護首（妙法蓮華經）　　　　　　　　　　　　　　　　　　　　　　　　（1–1）

BD12538號　護首（經名不詳）　　　　　　　　　　　　　　　　　　（1–1）

BD12539號　護首（大般若波羅蜜多經）　　　　　　　　　　　　　　（1–1）

151

BD12540 號　護首（大般若波羅蜜多經）　　　　　　　　　　　　　　　　　　　　（1-1）

BD12541 號　護首（佛名經）　　　　　　　　　　　　　　　　　　　　　　　　　（1-1）

BD12542 號　占察善惡業報經卷下 　　　　　　　　　　　　　（1-1）

BD12543 號　護首（大般涅槃經） 　　　　　　　　　　　　　（1-1）

BD12544 號　護首（大般若波羅蜜多經）　　　　　　　　　　　　　　　　　　　　　（1-1）

BD12544 號背　（原經名卷次）　　　　　　　　　　　　　　　　　　　　　　　　（1-1）

BD12545 號　護首（金光明最勝王經）　　　　　　　　　　　　　　　　　　（1-1）

BD12546 號　護首（大般若波羅蜜多經）　　　　　　　　　　　　　　　　　（1-1）

BD12547 號　護首（大般若波羅蜜多經）　　　　　　　　　　　　　　　　　　　　（1-1）

BD12548 號　護首（大般若波羅蜜多經）　　　　　　　　　　　　　　　　　　　　（1-1）

BD12549 號　大般若波羅蜜多經殘片（擬）　　　　　　　　　　　　　　（1-1）

BD12550 號　護首（大般若波羅蜜多經）　　　　　　　　　　　　　　（1-1）

BD12551 號　護首（大寶積經）　　　　　　　　　　　　　　　　　　　　　　　　　　　（1-1）

BD12552 號　護首（大般若波羅蜜多經）　　　　　　　　　　　　　　　　　　　　　（1-1）

BD12553 號　護首（大般若波羅蜜多經）　　　　　　　　　　　　　　　　　　　　（1–1）

BD12554 號　護首（大寶積經）　　　　　　　　　　　　　　　　　　　　　　　（1–1）

BD12555 號　護首（大般若波羅蜜多經）　　　　　　　　　　　　　　　（1-1）

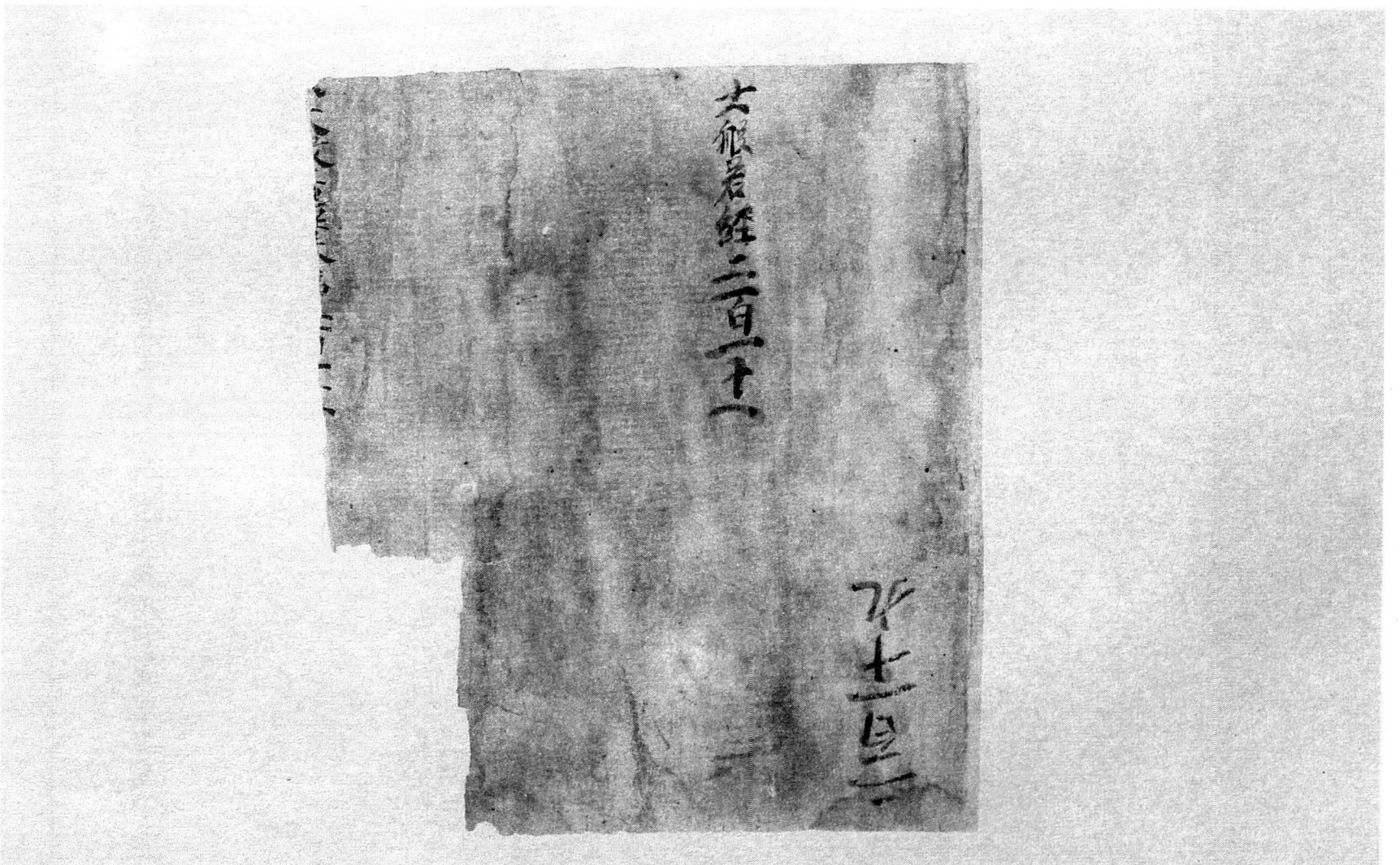

BD12556 號　護首（大般若波羅蜜多經）　　　　　　　　　　　　　　　（1-1）

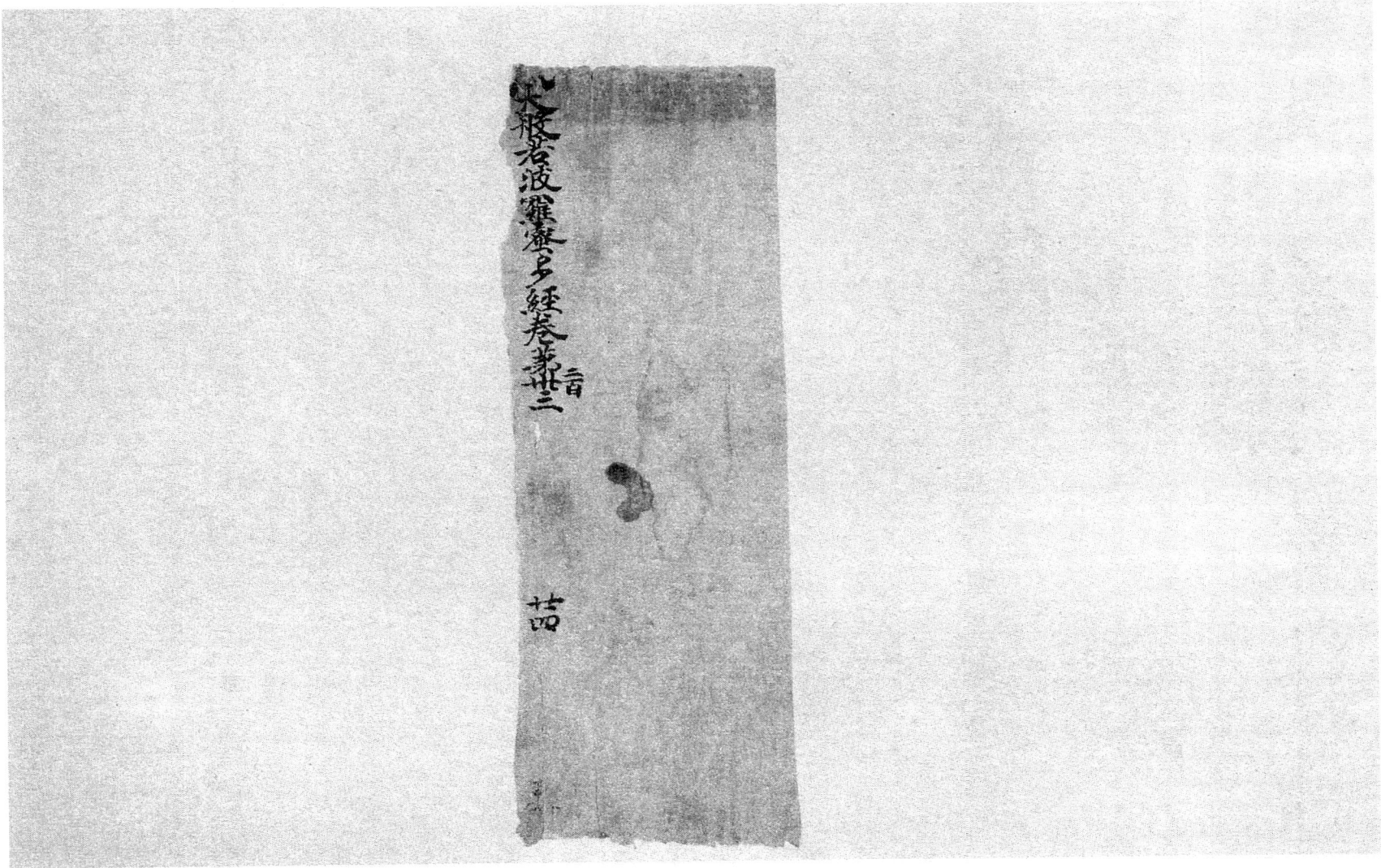

BD12557 號　護首（大般若波羅蜜多經）

（1-1）

BD12558 號　護首（妙法蓮華經）

（1-1）

BD12559 號　護首（大般涅槃經）　　　　　　　　　　　　　　　（1-1）

BD12560 號　護首（大般若波羅蜜多經）　　　　　　　　　　　　（1-1）

BD12561 號　護首（大般若波羅蜜多經）

(1-1)

BD12562 號　護首（大般若波羅蜜多經）

(1-1)

BD12563 號　護首（大般若波羅蜜多經）　　　　　　　　　　　　　　　　　　　　　　　（1-1）

BD12564 號　護首（大般若波羅蜜多經）　　　　　　　　　　　　　　　　　　　　　　　（1-1）

BD12565 號　護首（大般若波羅蜜多經）　　　　　　　　　　　　　　　　　　　　　　　（1-1）

BD12566 號　護首（大般若波羅蜜多經）　　　　　　　　　　　　　　　　　　　　　　　（1-1）

BD12567 號　護首（大般若波羅蜜多經）　　　　　　　　　　　　　　　　　　　　　（1-1）

BD12568 號　護首（大般若波羅蜜多經）　　　　　　　　　　　　　　　　　　　　　（1-1）

BD12568 號背　印章

（1-1）

BD12569 號　護首（大般若波羅蜜多經）

（1-1）

BD12569 號背　雜寫　　　　　　　　　　　　　　　　　　　　　　　　　　（1-1）

BD12570 號　護首（大般若波羅蜜多經）　　　　　　　　　　　　　　　　　（1-1）

BD12571 號　護首（大般若波羅蜜多經）

(1–1)

BD12572 號　護首（佛頂尊勝陀羅尼經）

(1–1)

BD12573 號　護首（佛頂尊勝陀羅尼經）　　　　　　　　　　　　　　　　　　　　（1–1）

BD12574 號　護首（大般若波羅蜜多經）　　　　　　　　　　　　　　　　　　　　（1–1）

BD12575 號　護首（大般若波羅蜜多經）

（1-1）

BD12576 號　護首（大般涅槃經）

（1-1）

BD12577 號　護首（大般涅槃經）

(1-1)

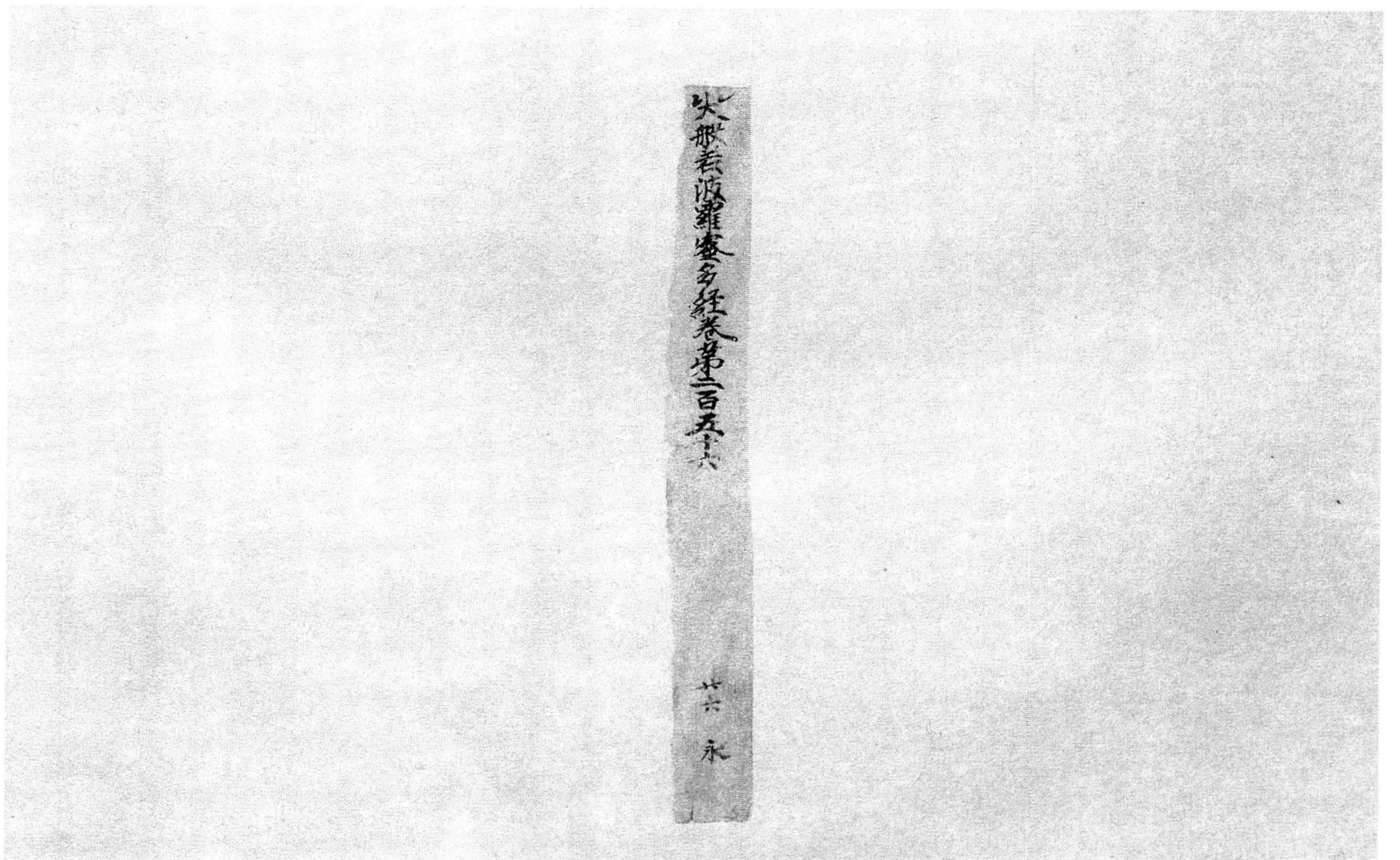

BD12578 號　護首（大般若波羅蜜多經）

(1-1)

BD12579 號　護首（大般涅槃經）

（1-1）

BD12580 號　雜寫（擬）

（1-1）

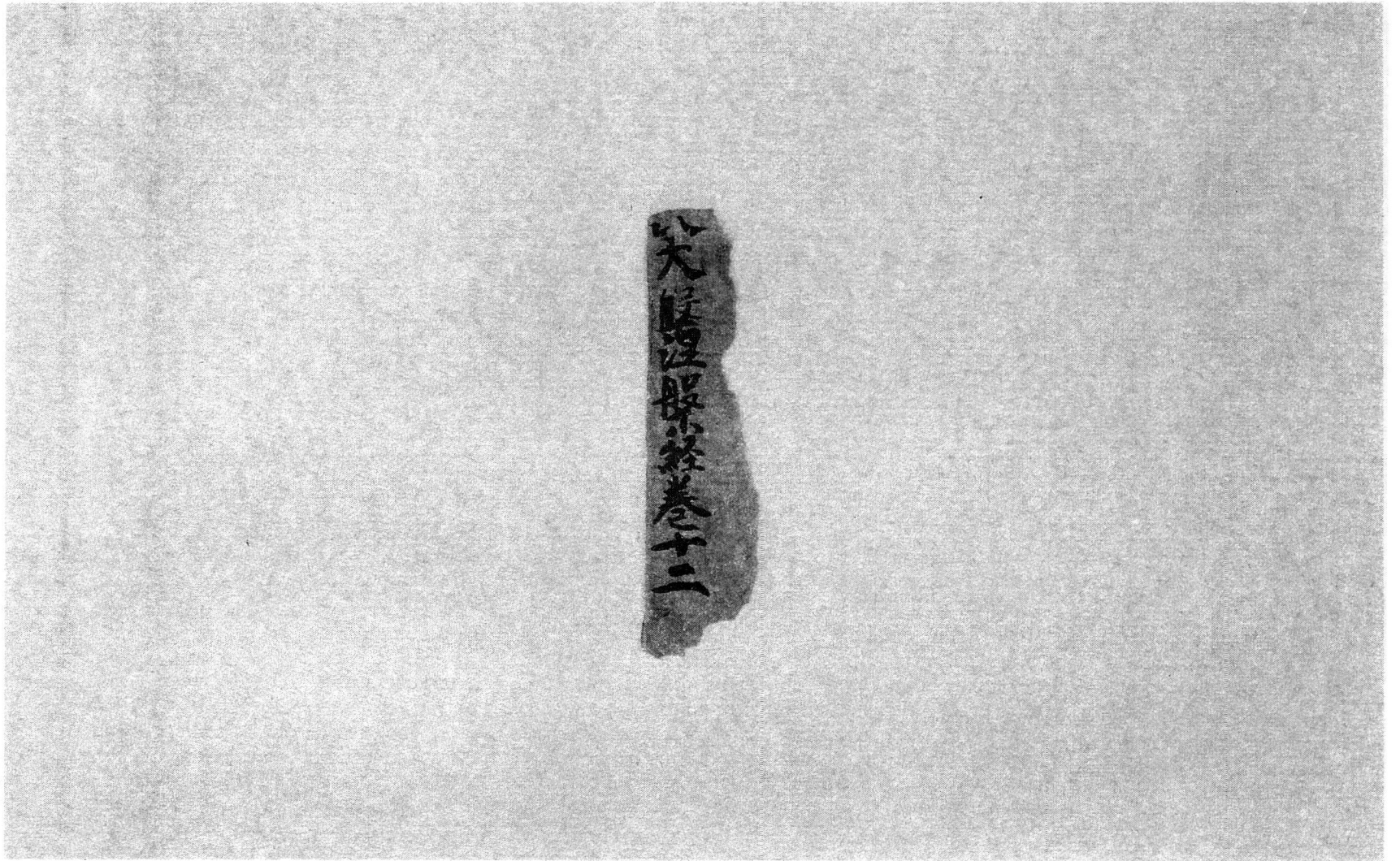

BD12581 號　護首（大般涅槃經）　　　　　　　　　　　　　　　（1–1）

BD12582 號　護首（大般涅槃經）　　　　　　　　　　　　　　　（1–1）

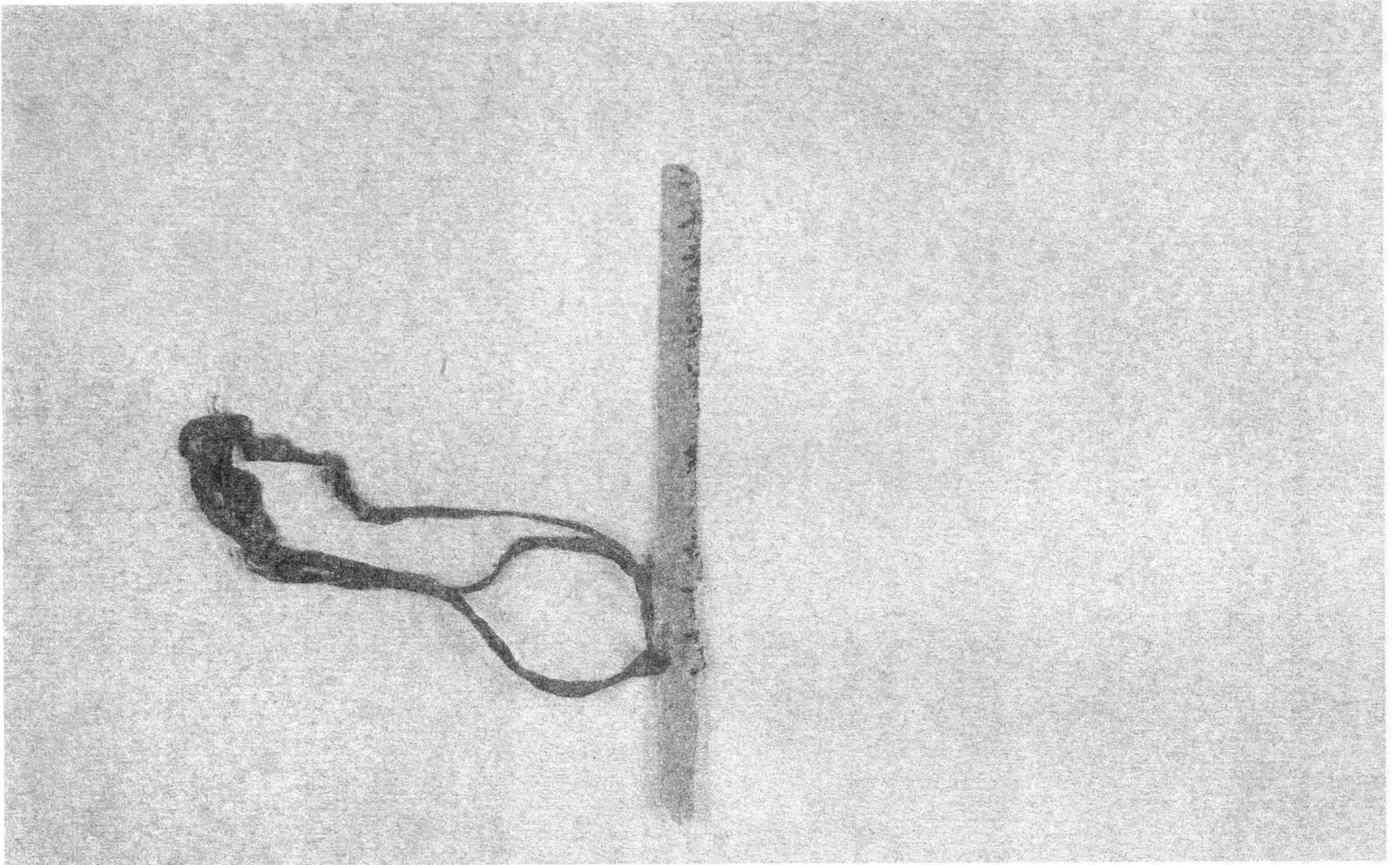

BD12583 號　護首（大般若波羅蜜多經）　　　　　　　　　　　　　　　（1-1）

BD12584 號　護首（妙法蓮華經）　　　　　　　　　　　　　　　　　　（1-1）

BD12585 號　護首（大般若波羅蜜多經）　　　　　　　　　　　　　　　　　　　　　　　（1-1）

BD12586 號　護首（大般若波羅蜜多經）　　　　　　　　　　　　　　　　　　　　　　　（1-1）

BD12587 號　護首（大般若波羅蜜多經）

BD12588 號　護首（大般若波羅蜜多經）

BD12589 號　護首（大般若波羅蜜多經）

(1–1)

BD12590 號　護首（大般涅槃經）

(1–1)

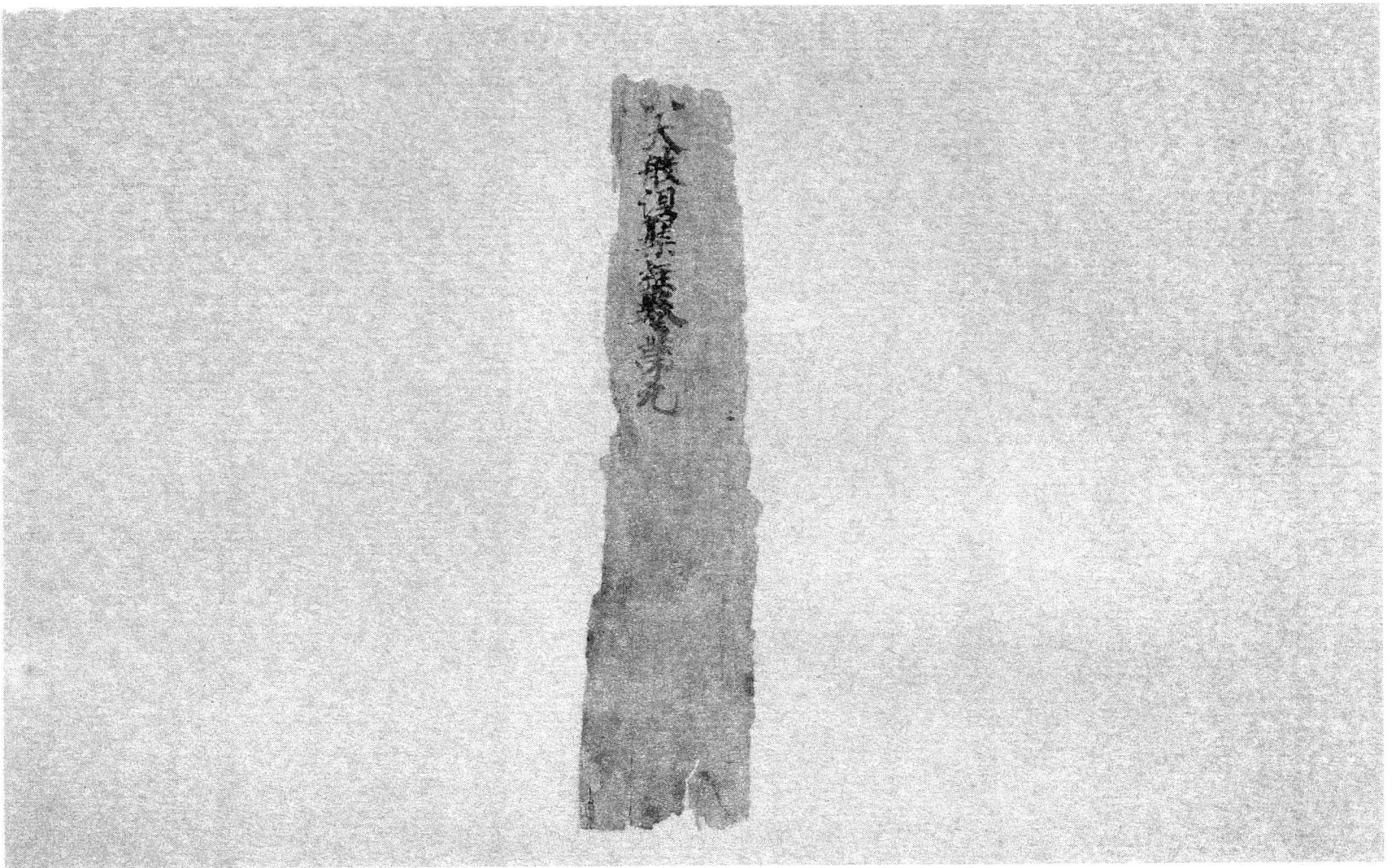

BD12591 號　護首（大般涅槃經）　　　　　　　　　　　　　（1-1）

BD12592 號　護首（大般涅槃經）　　　　　　　　　　　　　（1-1）

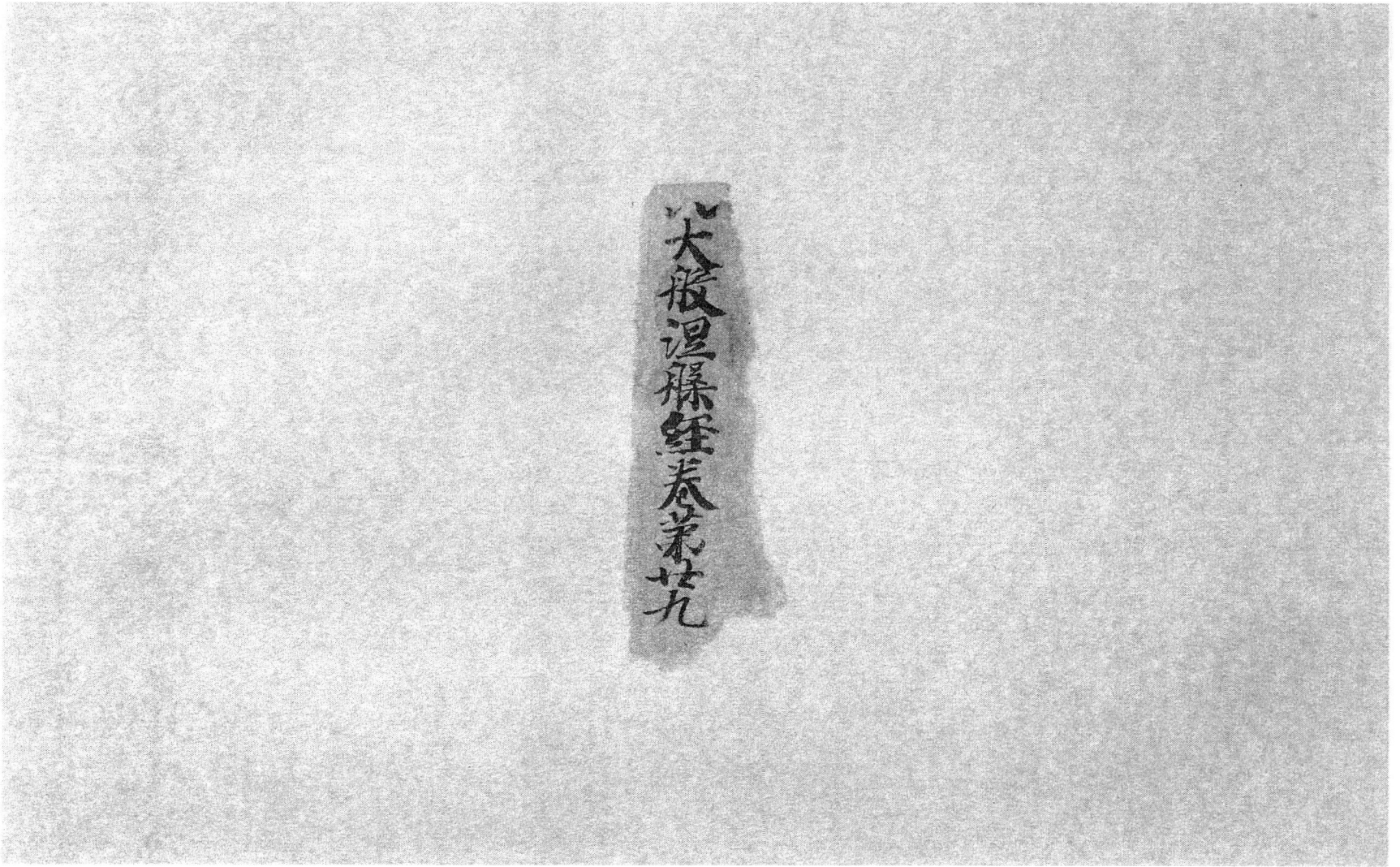

BD12593號　護首（大般涅槃經）　　　　　　　　　　　　　　　　　　　　（1-1）

BD12594號　護首（大般涅槃經）　　　　　　　　　　　　　　　　　　　　（1-1）

BD12595 號　護首（大般涅槃經）

（1-1）

BD12596 號　護首（四分律）

（1-1）

BD12597 號　護首（經名不詳）　　　　　　　　　　　　　　　　　　　　　（1-1）

妙法蓮華經提婆達多品第十二

五

BD12598 號　護首（妙法蓮華經）　　　　　　　　　　　　　　　　　　　　（1-1）

BD12599 號　護首（大般若波羅蜜多經）

（1-1）

BD12599 號背　雜寫

（1-1）

BD12600號　護首（大般若波羅蜜多經）　　　　　　　　　　　　　　　　　　　　　（1-1）

BD12601號　護首（大般若波羅蜜多經）　　　　　　　　　　　　　　　　　　　　　（1-1）

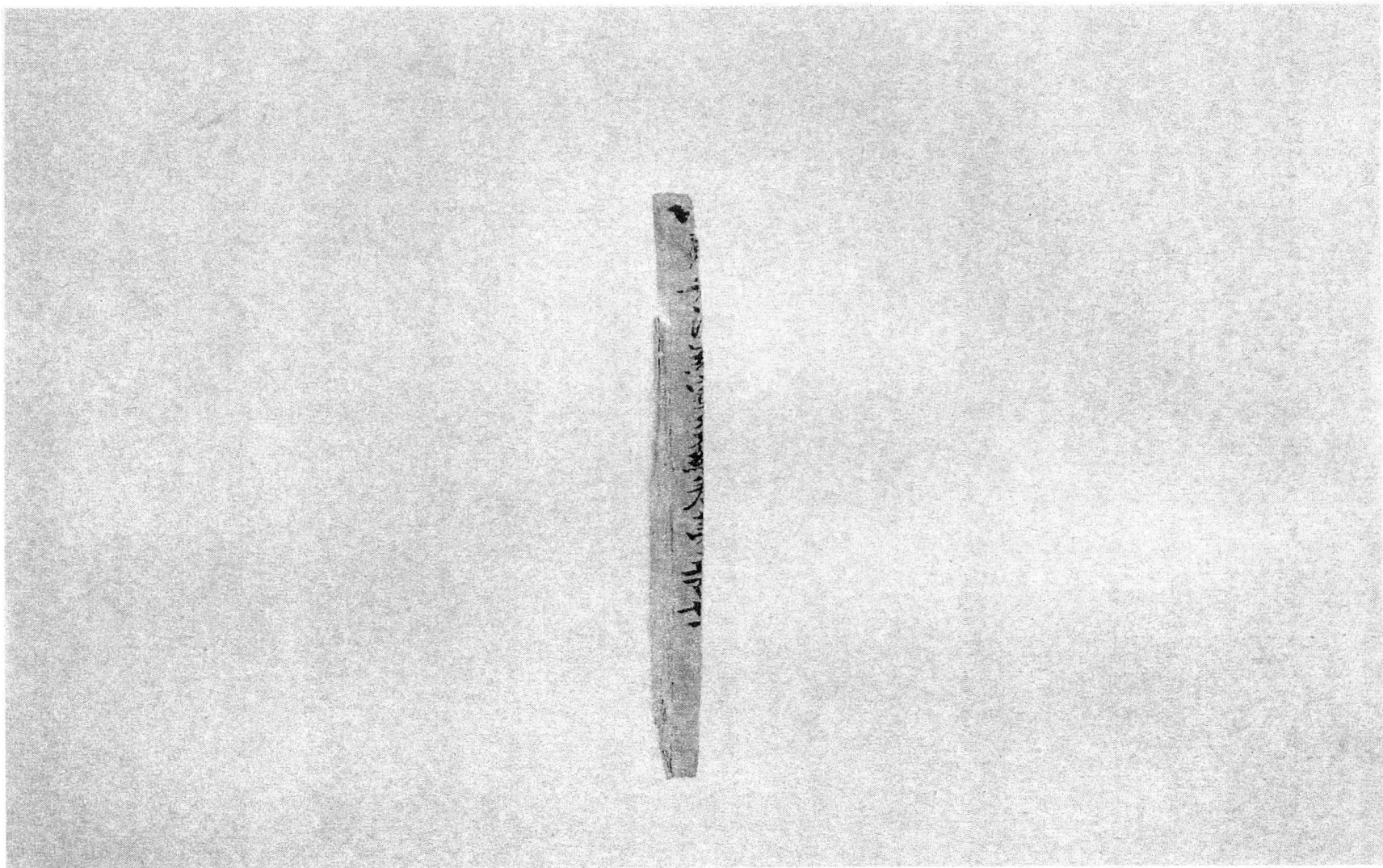

BD12602 號　護首（大般若波羅蜜多經）　　　　　　　　　　　　　　（1-1）

BD12603 號　護首（大般若波羅蜜多經）　　　　　　　　　　　　　　（1-1）

BD12604號　護首（大般涅槃經）　（1-1）

BD12604號背　勘記　（1-1）

BD12605 號　勘記（擬）

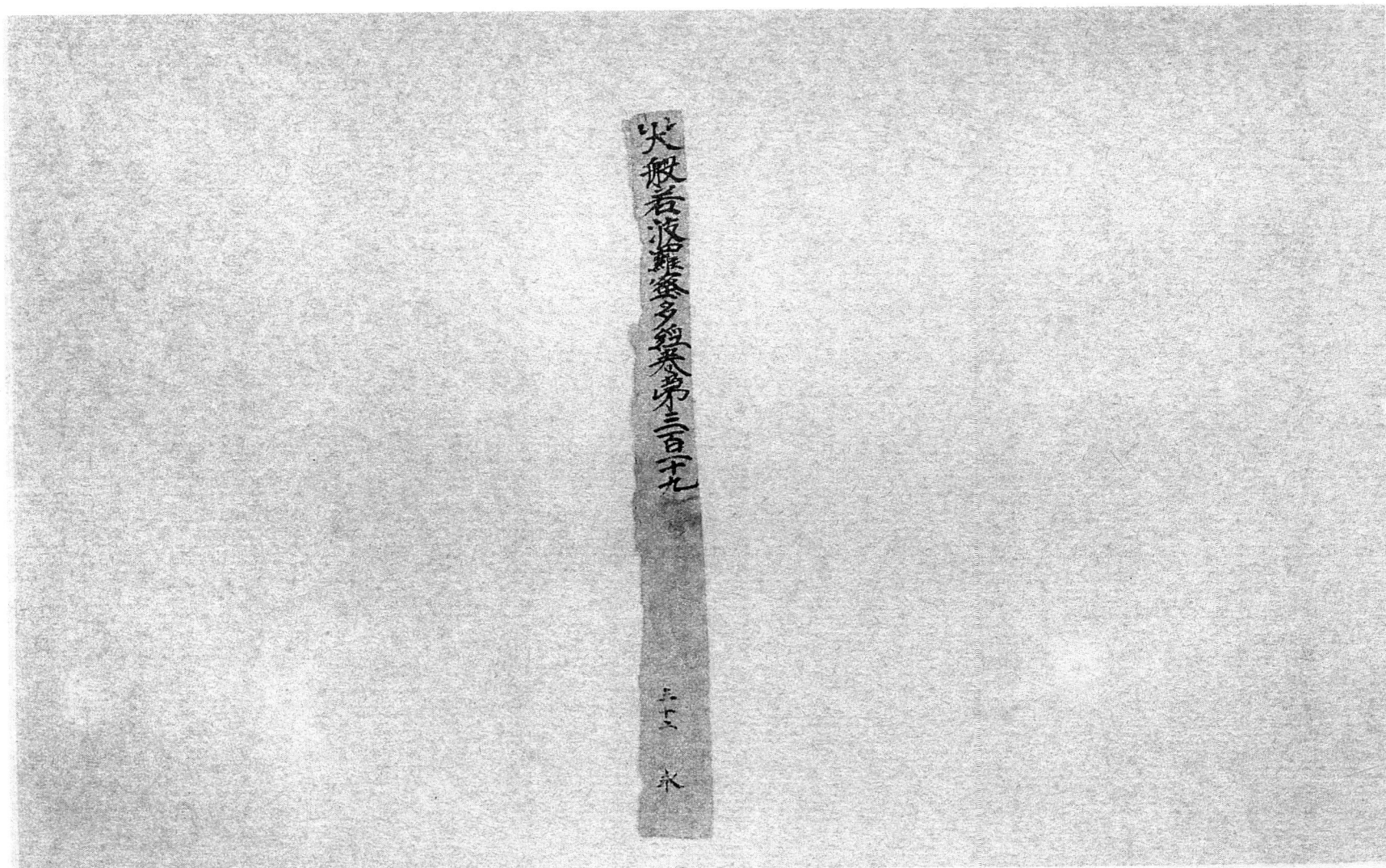

BD12606 號　護首（大般若波羅蜜多經）

BD12607 號　護首（大般若波羅蜜多經）

（1-1）

BD12608 號　護首（大般若波羅蜜多經）

（1-1）

BD12609號　護首（金光明最勝王經）　　　　　　　　　　　　　　　　　　　（1-1）

BD12610號　護首（大般若波羅蜜多經）　　　　　　　　　　　　　　　　　　（1-1）

BD12611號　護首（大般若波羅蜜多經）　　　　　　　　　　　　　　　　　　　　（1-1）

BD12612號　護首（三洞道科誡）　　　　　　　　　　　　　　　　　　　　　　（1-1）

BD12613 號　護首（妙法蓮華經）

（1-1）

BD12614 號　護首（大寶積經）

（1-1）

BD12617 號　護首（大般若波羅蜜多經）　　　　　　　　　　　　　　　　　　（1-1）

BD12618 號　護首（大般若波羅蜜多經）　　　　　　　　　　　　　　　　　　（1-1）

BD12619 號　護首（大般涅槃經）

(1-1)

BD12620 號　護首（大般若波羅蜜多經）

(1-1)

BD12621 號　金剛般若波羅蜜經 (1-1)

BD12622 號　護首（大般涅槃經） (1-1)

BD12623 號　護首（大般若波羅蜜多經）　　　　　　　　　　　　　　（1-1）

BD12624 號　護首（妙法蓮華經）　　　　　　　　　　　　　　　　（1-1）

195

BD12625 號　護首（大般若波羅蜜多經）　　　　　　　　　　　　　　　　　　　（1-1）

BD12626 號　護首（大寶積經）　　　　　　　　　　　　　　　　　　　　　　　（1-1）

BD12626 號背　雜寫

(1-1)

BD12627 號　護首（大般涅槃經）

(1-1)

197

BD12628 號　護首（大般若波羅蜜多經）　　　　　　　　　　　　　　　　　　　　（1–1）

BD12629 號　護首（大般若波羅蜜多經）　　　　　　　　　　　　　　　　　　　　（1–1）

BD12630 號　護首（大般若波羅蜜多經）

BD12631 號　護首（大般若波羅蜜多經）

（1-1）

BD12632 號　護首（大般若波羅蜜多經）　　　　　　　　　　　　　　　　　　　　（1-1）

BD12633 號　護首（大般若波羅蜜多經）　　　　　　　　　　　　　　　　　　　　（1-1）

BD12634 號　護首（大般若波羅蜜多經）　　　　　　　　　　　　　　　（1–1）

BD12635 號　護首（大般若波羅蜜多經）　　　　　　　　　　　　　　　（1–1）

BD12636 號　護首（大般若波羅蜜多經）　　　　　　　　　　　　　　　　　（1-1）

BD12637 號　護首（大般若波羅蜜多經）　　　　　　　　　　　　　　　　　（1-1）

BD12638號　護首（大般若波羅蜜多經）　　　　　　　　　　　　　　　　　　（1-1）

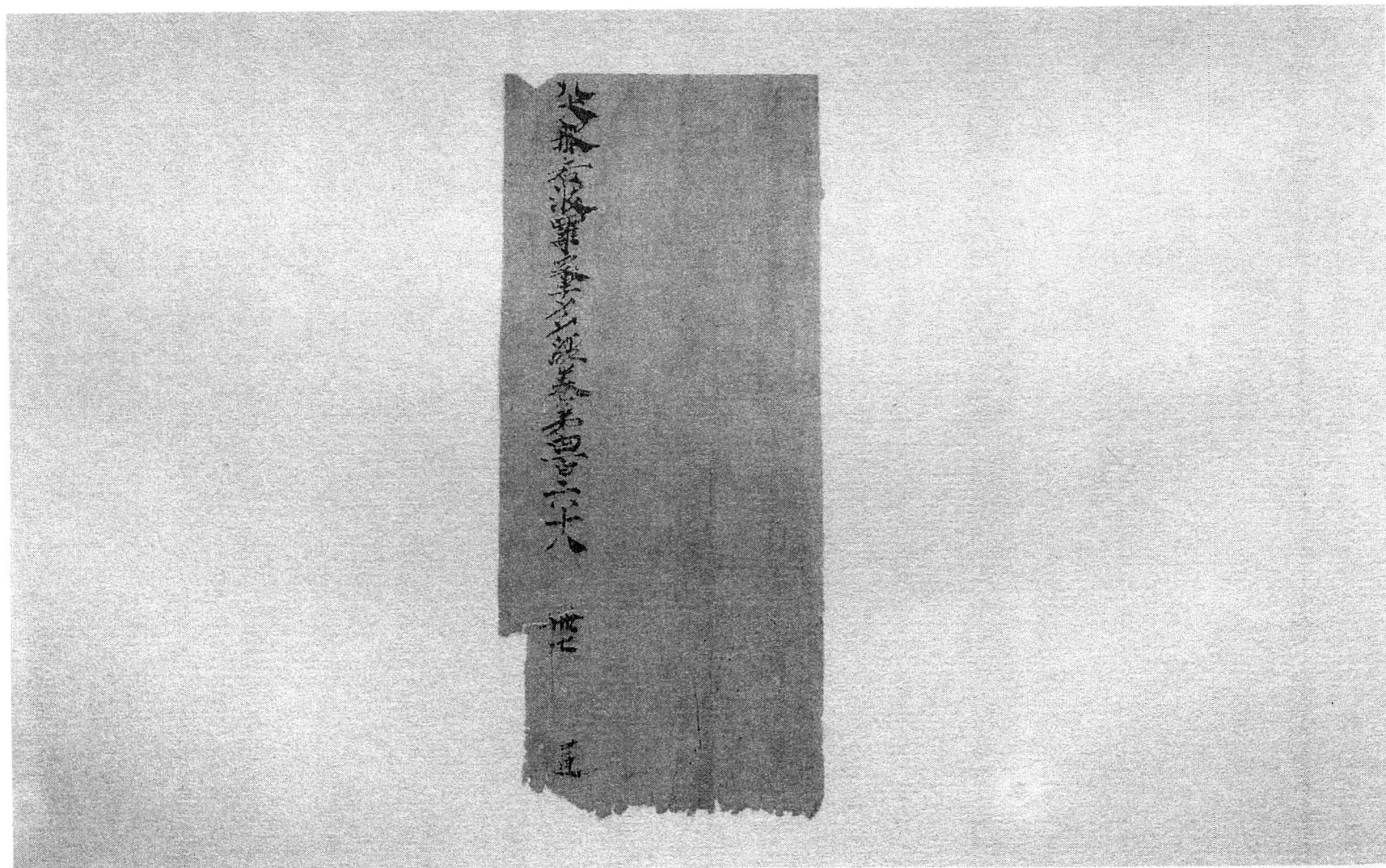

BD12639號　護首（大般若波羅蜜多經）　　　　　　　　　　　　　　　　　　（1-1）

BD12640 號　護首（大般若波羅蜜多經）　　　　　　　　　　　　　　　　　　（1-1）

BD12641 號　護首（佛名經）　　　　　　　　　　　　　　　　　　　　　　　（1-1）

BD12642 號　護首（金光明最勝王經）

（1-1）

BD12643 號　護首（金光明最勝王經）

（1-1）

BD12644 號　護首（大般若波羅蜜多經）

(1-1)

BD12645 號　護首（大般若波羅蜜多經）

(1-1)

BD12646 號　護首（四分律）

BD12647 號　程定海等人將押牙安再通鑼并鑰匙記（擬）

BD12648 號　護首（大寶積經）

(1-1)

BD12649 號　護首（摩訶般若波羅蜜經）

(1-1)

BD12650 號　護首（大般若波羅蜜多經）　　　　　　　　　　　　　　　　　　　（1-1）

BD12651 號　護首（大般若波羅蜜多經）　　　　　　　　　　　　　　　　　　　（1-1）

BD12652 號　某寺佛典流通録（擬）

（2-1）

BD12652 號背　某寺佛典流通録（擬）

（2-2）

BD12653 號　護首（大般若波羅蜜多經）

（1-1）

BD12654 號　護首（大般若波羅蜜多經）

（1-1）

BD12655 號　護首（大般若波羅蜜多經）　　　　　　　　　　　　　　　　　　（1-1）

BD12656 號　護首（經名不詳）　　　　　　　　　　　　　　　　　　　　　　（1-1）

BD12657 號　護首（大般涅槃經）　　　　　　　　　　　　　（1-1）

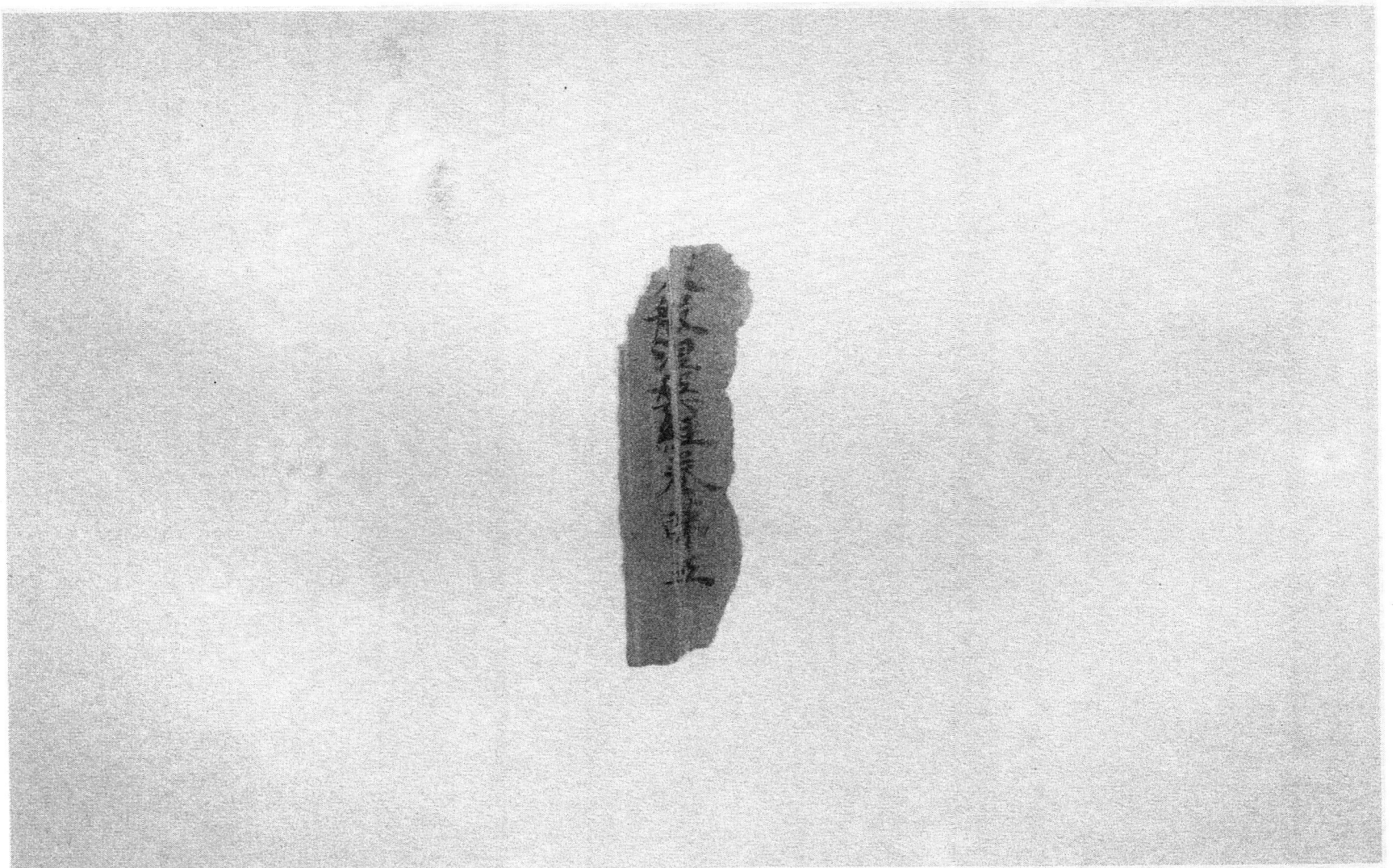

BD12658 號　護首（大般涅槃經）　　　　　　　　　　　　　（1-1）

BD12659 號　護首（妙法蓮華經）　　　　　　　　　　　　　　　　　　　　　（1-1）

BD12660 號　護首（大般若波羅蜜多經）　　　　　　　　　　　　　　　　　　（1-1）

BD12661 號　護首（佛本行集經）

BD12661 號背　印章

BD12662 號　護首（大般若波羅蜜多經）　　　　　　　　　　　　　　　　　（1–1）

BD12663 號　護首（大般涅槃經）　　　　　　　　　　　　　　　　　　　　（1–1）

BD12664 號　護首（大般若波羅蜜多經）

（1-1）

BD12665 號　護首（大般若波羅蜜多經）

（1-1）

BD12666 號　護首（經名不詳）

BD12667 號　無住分別法門記經名雜寫（擬）

BD12668 號　護首（大般若波羅蜜多經）　　　　　　　　　　　　　　　　（1-1）

BD12669 號　護首（大寶積經）　　　　　　　　　　　　　　　　　　　（1-1）

BD12670 號　護首（大般涅槃經）　　　　　　　　　　　　　　　　　　　　　　　　（1-1）

BD12671 號　護首（金光明最勝王經）　　　　　　　　　　　　　　　　　　　　　　（1-1）

BD12672 號　護首（大般若波羅蜜多經）　　　　　　　　　　　　　　（1-1）

BD12673 號　護首（大般若波羅蜜多經）　　　　　　　　　　　　　　（1-1）

BD12674號　護首（大般若波羅蜜多經）　　　　　　　　　　　　　　　　　　　（1-1）

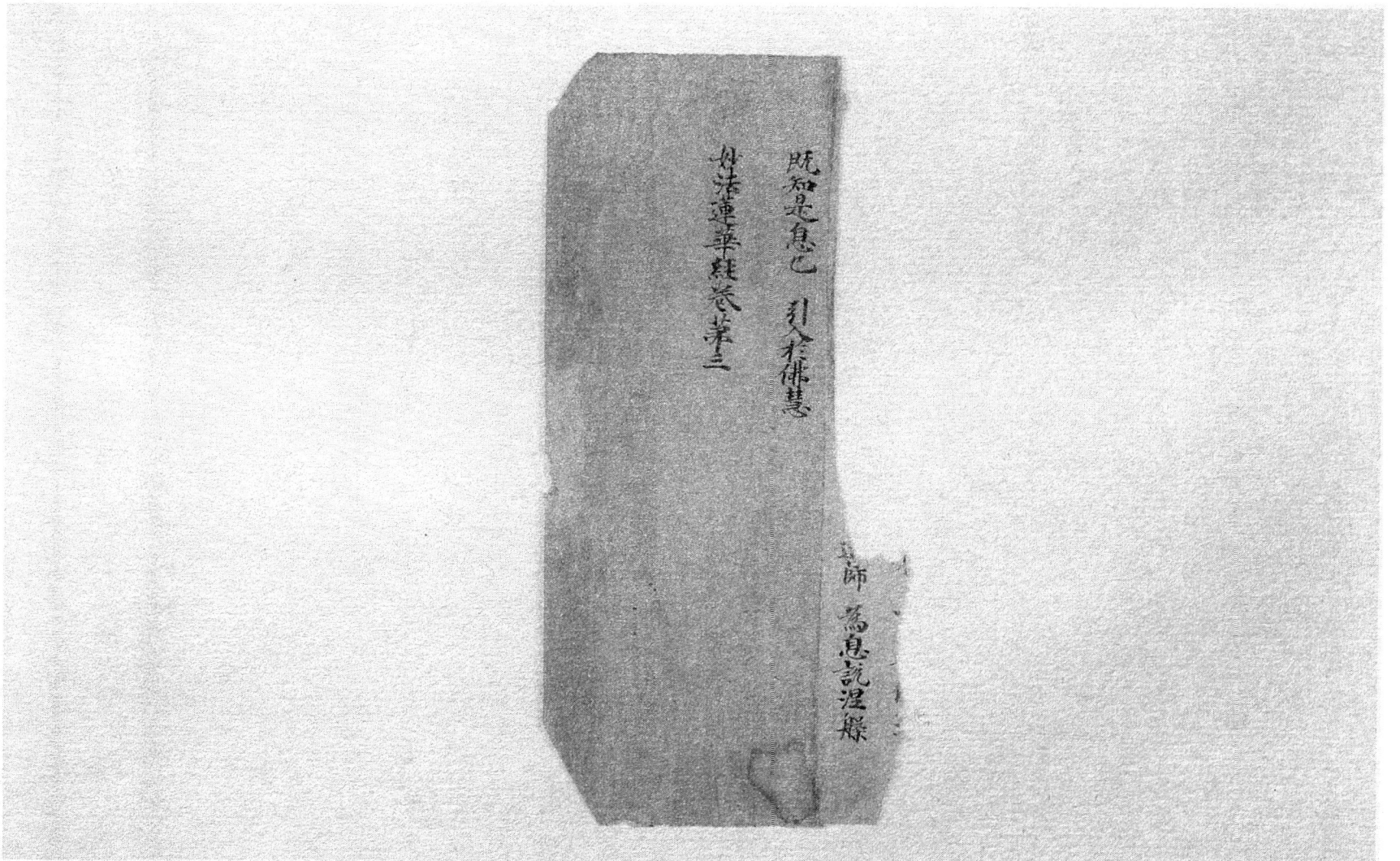

BD12675號　妙法蓮華經卷三　　　　　　　　　　　　　　　　　　　　　　　（1-1）

BD12676 號　護首（大般若波羅蜜多經）

BD12677 號　護首（大方廣佛華嚴經）

（1-1）

BD12678 號　護首（金光明最勝王經）　　　　　　　　　　　　　　　　　　（1-1）

BD12679 號　護首（大般若波羅蜜多經）　　　　　　　　　　　　　　　　　　（1-1）

BD12680 號　護首（大般若波羅蜜多經）

(1-1)

BD12681 號　護首（大般若波羅蜜多經）

(1-1)

BD12682 號　護首（大般涅槃經）　　　　　　　　　　　　　　　　　　　　　（1-1）

BD12683 號　護首（大般若波羅蜜多經）　　　　　　　　　　　　　　　　　（1-1）

BD12684 號　護首（經名不詳）

（1-1）

BD12685 號　護首（大般若波羅蜜多經）

（1-1）

BD12686 號　護首（四分律）

（1-1）

BD12687 號　雜經錄（擬）

（1-1）

BD12688 號　金光明最勝王經卷八

（1-1）

BD12688 號背　雜寫

（1-1）

229

BD12689 號　殘片（擬）　　　　　　　　　　　　　　　　　　　　　　　　（1-1）

BD12690 號　簽條（擬）　　　　　　　　　　　　　　　　　　　　　　　　（1-1）

BD12691 號　護首（大寶積經） （1-1）

BD12692 號　護首（大寶積經） （1-1）

BD12693號　護首（大般若波羅蜜多經）　　　　　　　　　　　　　　　　　　　　　（1-1）

BD12694號　護首（大般若波羅蜜多經）　　　　　　　　　　　　　　　　　　　　　（1-1）

BD12695號　護首（大般若波羅蜜多經）

(1-1)

BD12696號　護首（佛名經）

(1-1)

BD12697 號　護首（大般若波羅蜜多經）　　　　　　　　　　　　　　　　　　　　（1-1）

BD12698 號　護首（大般若波羅蜜多經）　　　　　　　　　　　　　　　　　　　　（1-1）

BD12699 號　護首（大寶積經）

（1-1）

BD12700 號　護首（大般若波羅蜜多經）

（1-1）

BD12703 號　護首（大般若波羅蜜多經）　　　　　　　　　　　　　　　　（1-1）

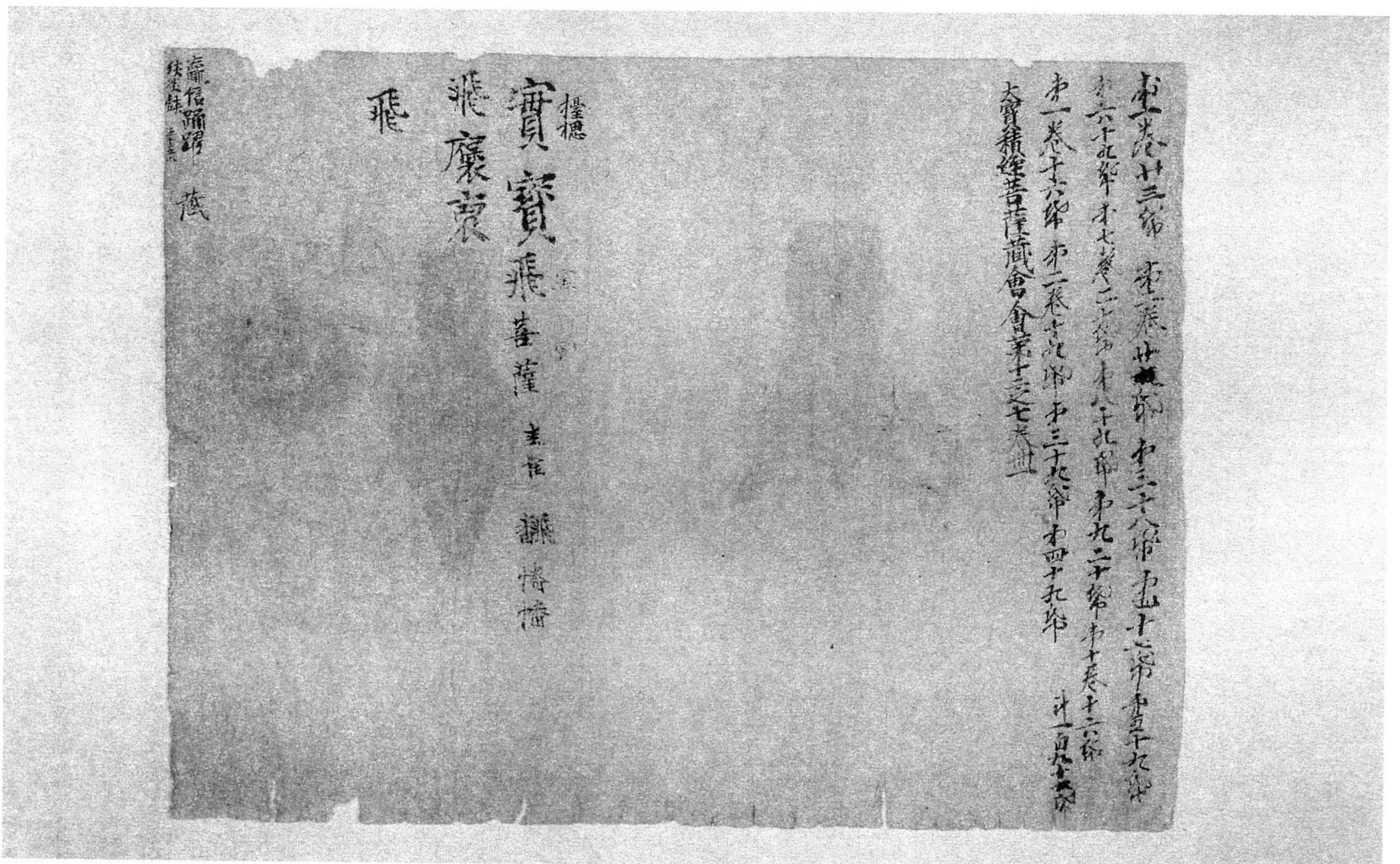

BD12704 號　大寶積經紙數（擬）　　　　　　　　　　　　　　　　　　（1-1）

BD12701 號　護首（大般涅槃經）

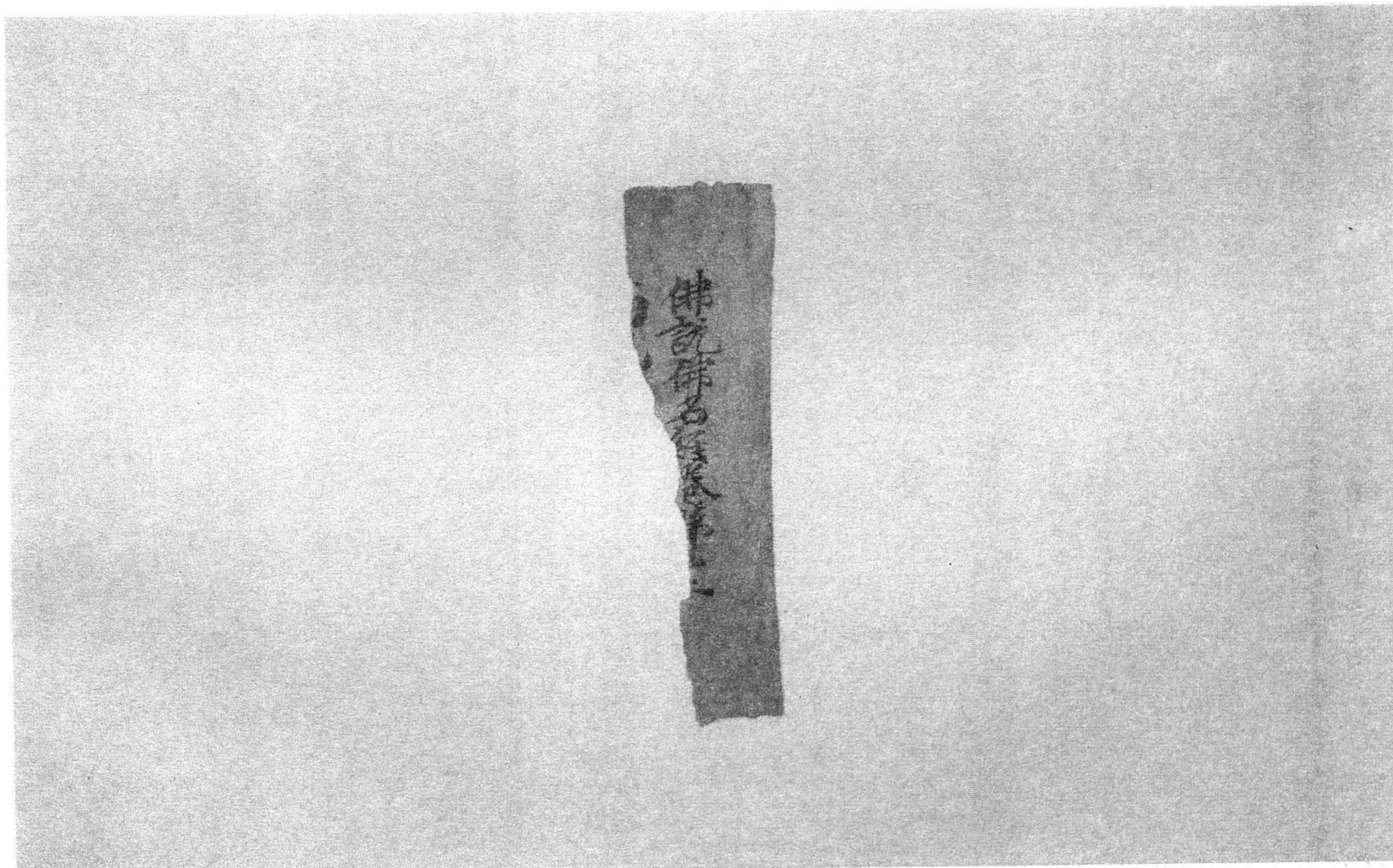

BD12702 號　佛名經卷一二

BD12704 號背　雜寫 　　　　　　　　　　　　　　　　　　　　　　　（1-1）

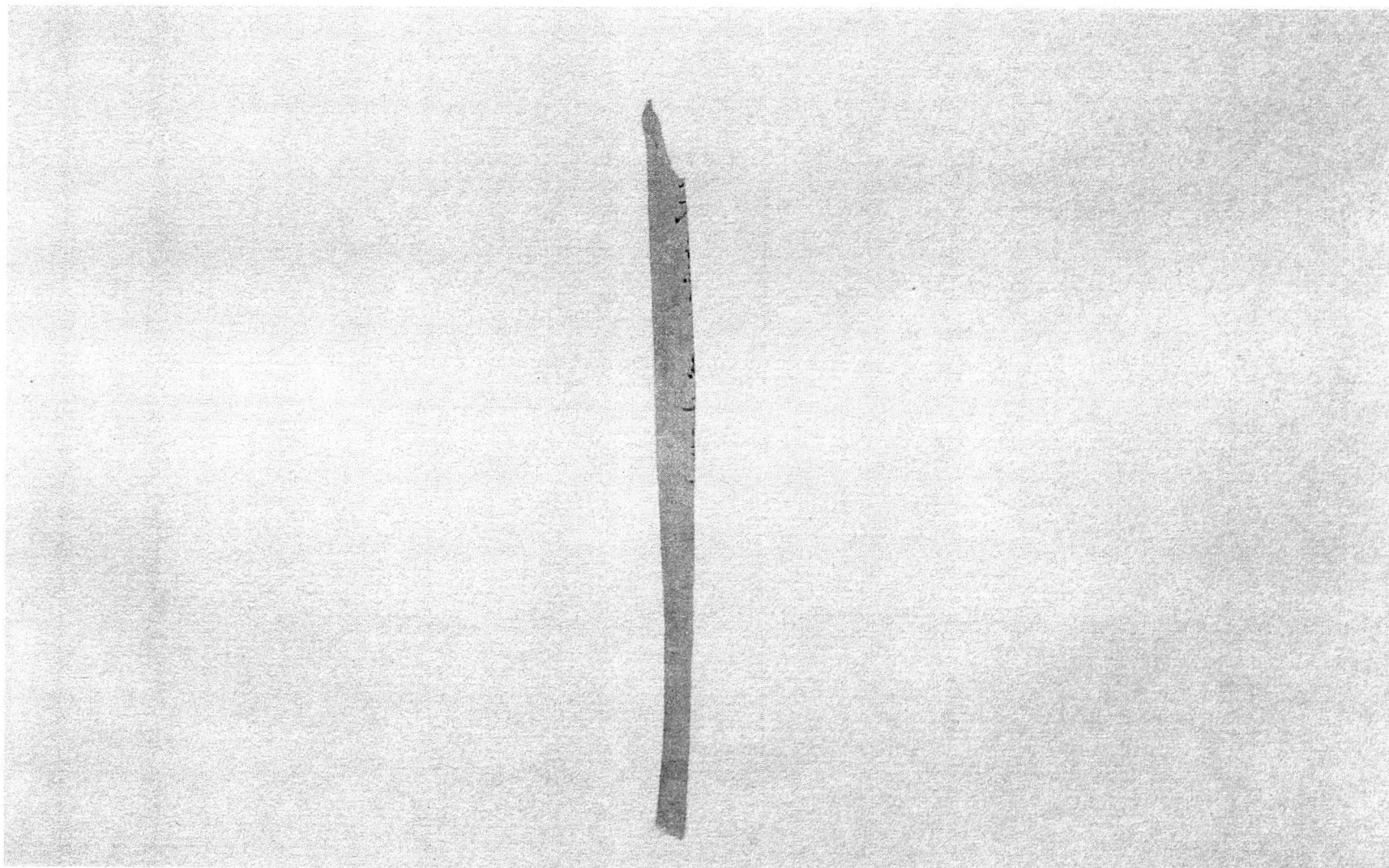

BD12705 號　殘紙條（擬）　　　　　　　　　　　　　　　　　　　　（1-1）

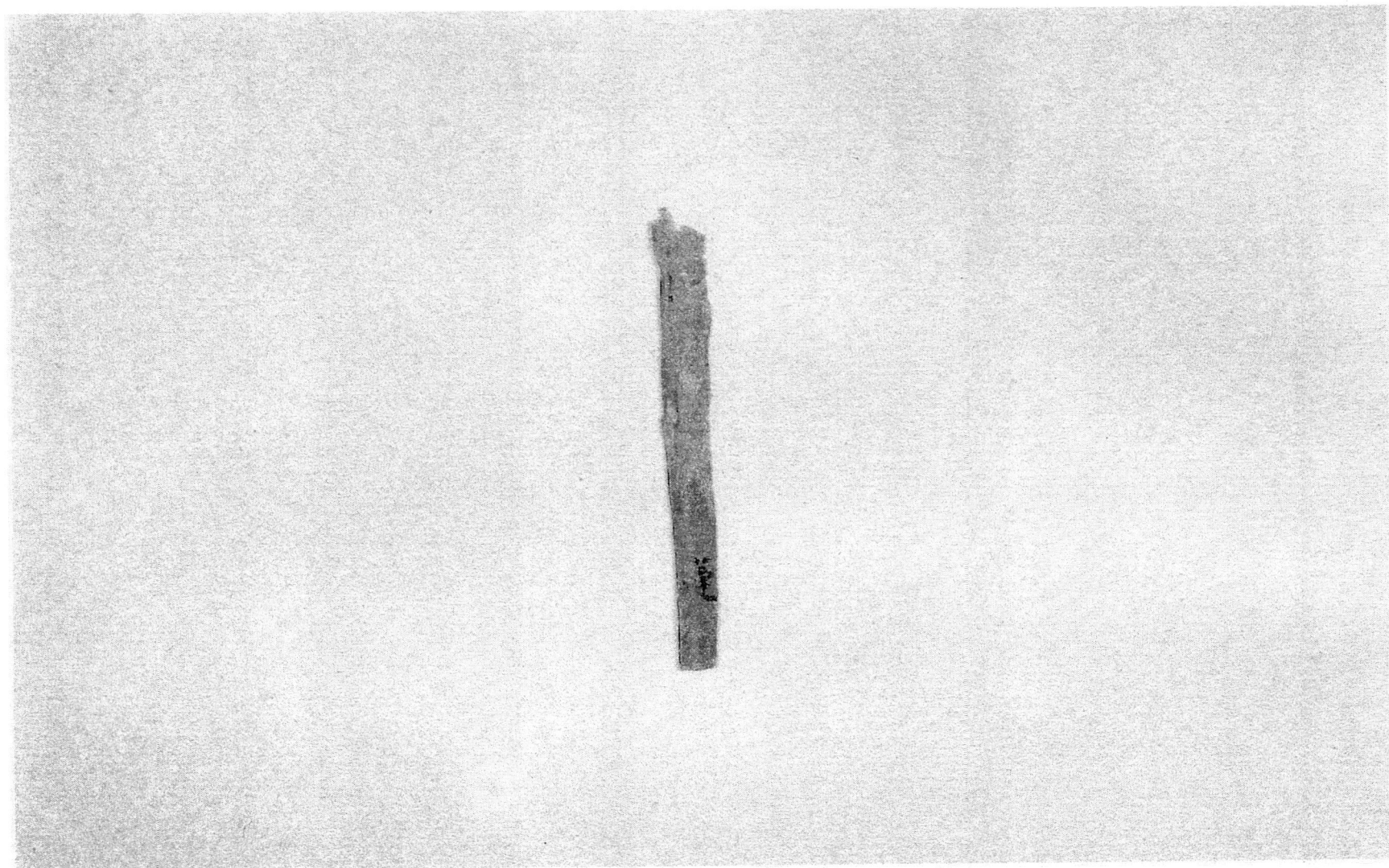

BD12706 號　護首（經名不詳）

BD12707 號　護首（大般若波羅蜜多經）

BD12708 號　護首（大般涅槃經）　　　　　　　　　　　　　　　　　　　　　　（1-1）

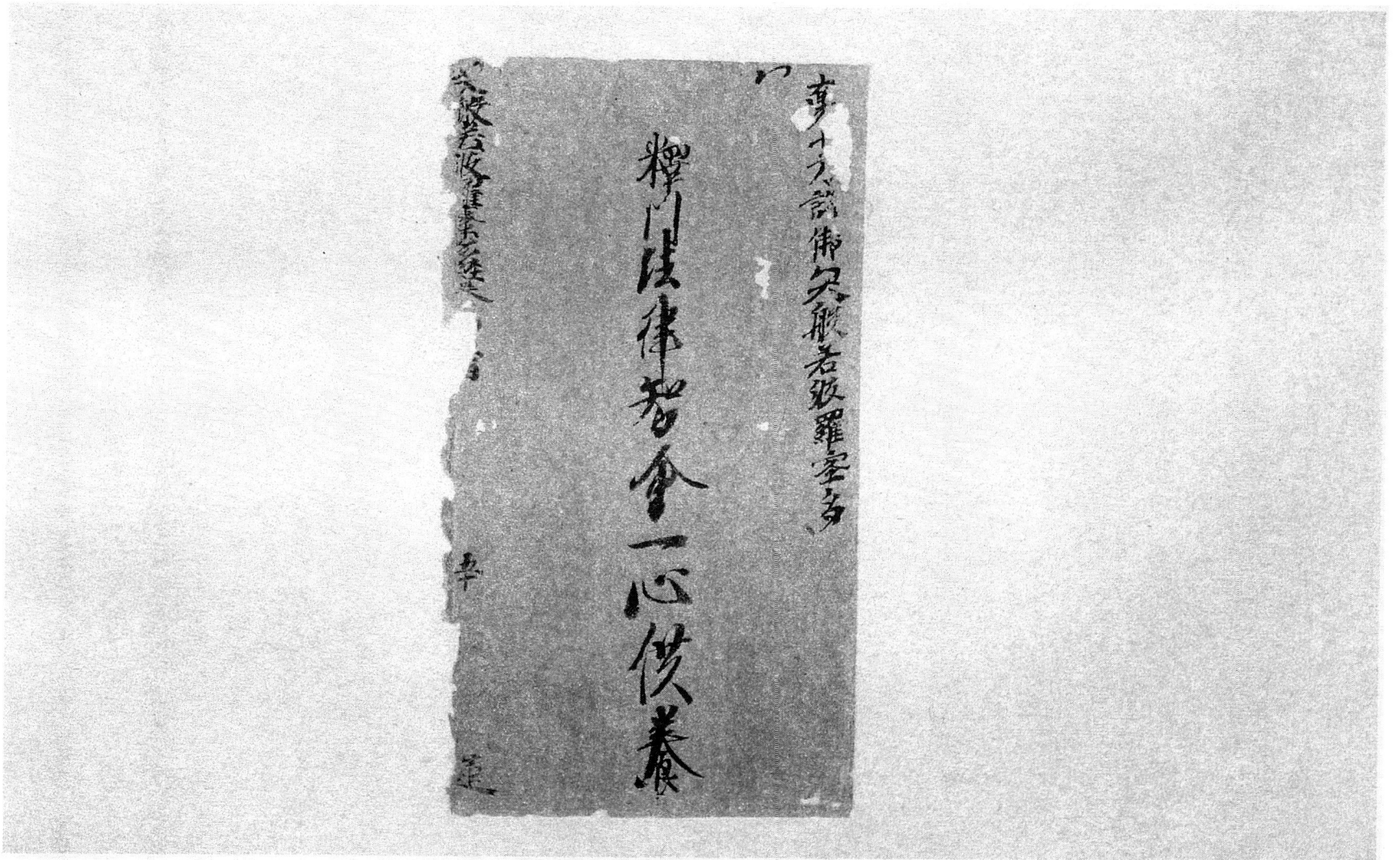

BD12709 號　護首（大般若波羅蜜多經）　　　　　　　　　　　　　　　　　　（1-1）

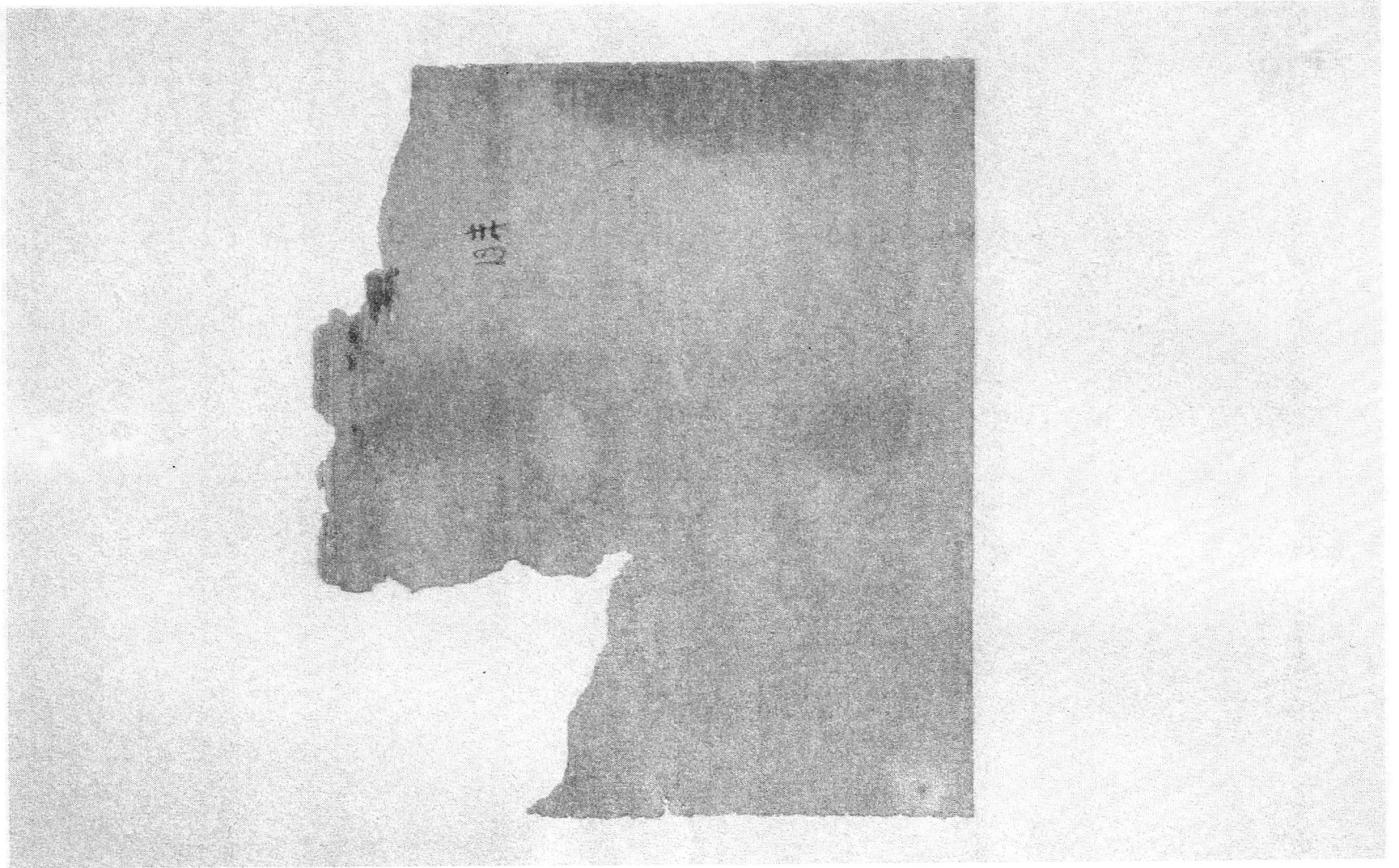

BD12710 號　護首（大般若波羅蜜多經）　　　　　　　　　　　　　　　　（1-1）

BD12711 號　護首（大般若波羅蜜多經）　　　　　　　　　　　　　　　　（1-1）

BD12712 號　護首（大般若波羅蜜多經）　　　　　　　　　　　　　　　（1-1）

BD12713 號　護首（大般若波羅蜜多經）　　　　　　　　　　　　　　　（1-1）

BD12714 號　護首（經名不詳）

(1-1)

BD12715 號　護首（□⋯□經九靈太妙龜山元錄）

(1-1)

BD12718 號　護首（大般若波羅蜜多經）

BD12719 號　護首（大佛頂經）

BD12716 號　護首（大般若波羅蜜多經）　　　　　　　　　　　　（1-1）

BD12717 號　護首（大般若波羅蜜多經）　　　　　　　　　　　　（1-1）

245

BD12720 號　護首（大般涅槃經）

(1-1)

BD12721 號　護首（大般涅槃經）

(1-1)

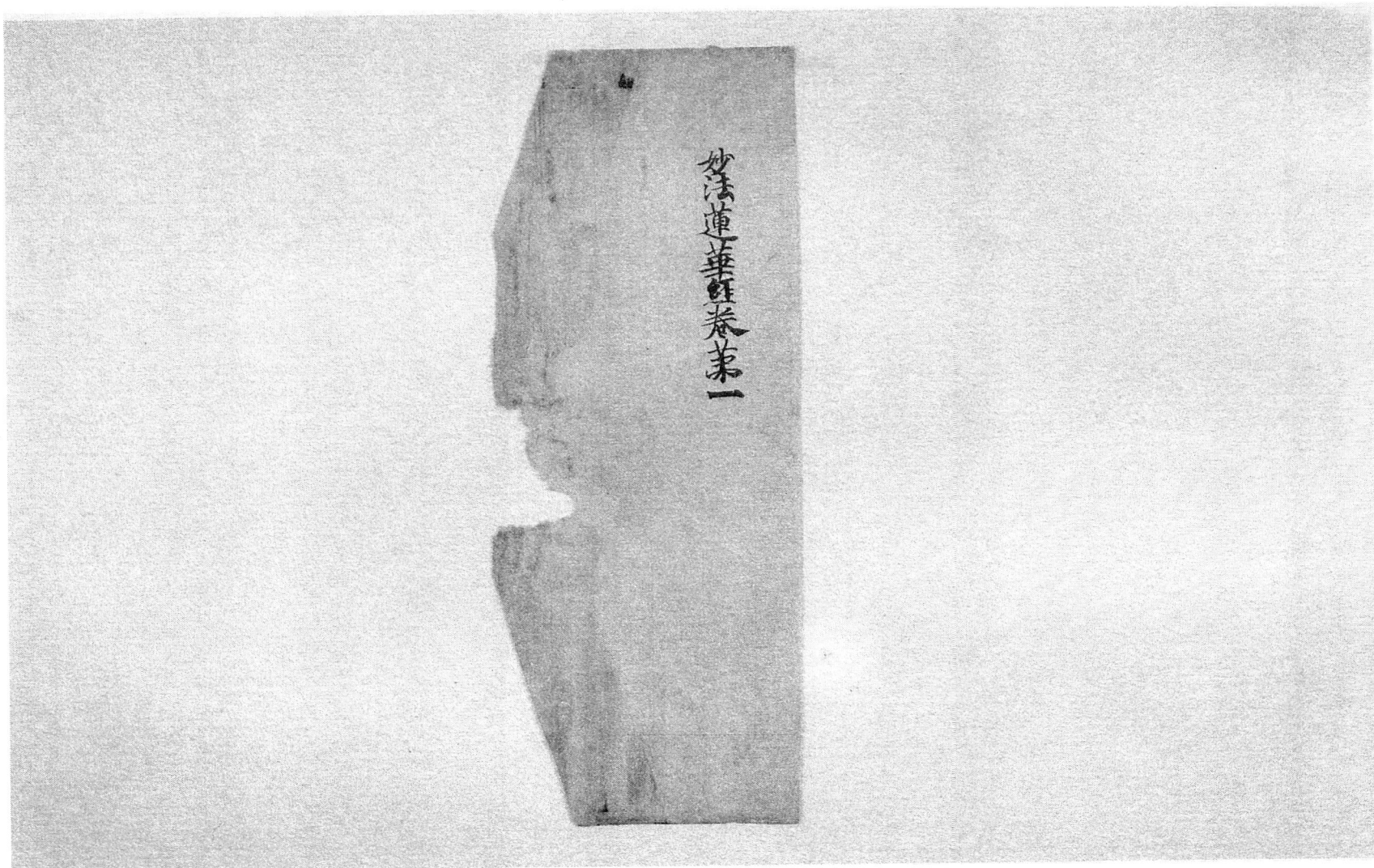

BD12722 號　妙法蓮華經卷一

（1-1）

BD12723 號　護首（大般涅槃經）

（1-1）

BD12724 號　護首（大般若波羅蜜多經）　　　　　　　　　　　　　　　　　　　　　（1-1）

BD12725 號　護首（大般若波羅蜜多經）　　　　　　　　　　　　　　　　　　　　　（1-1）

BD12726 號　護首（經名不詳）

（1-1）

BD12727 號　護首（大般若波羅蜜多經）

（1-1）

BD12728號　護首（大般若波羅蜜多經）　　　　　　　　　　　　　　　　　　（1-1）

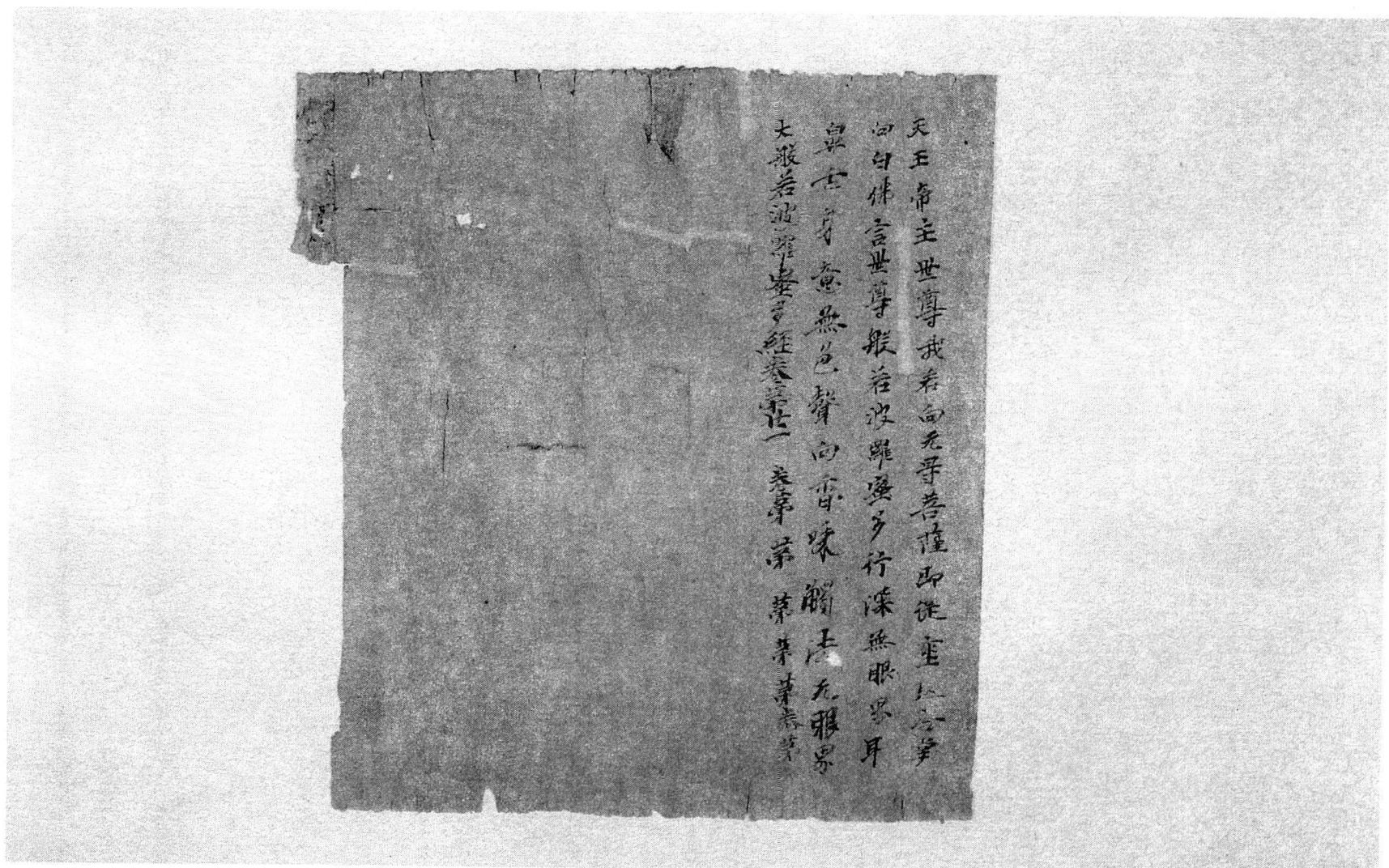

BD12728號背　雜寫　　　　　　　　　　　　　　　　　　　　　　　　　（1-1）

BD12729 號　護首（大般若波羅蜜多經）

(1-1)

BD12730 號　殘片（擬）

(1-1)

BD12731 號　張家書袟（擬）

(1-1)

BD12731 號背　雜寫

(1-1)

BD12732號　護首（大般若波羅蜜多經）　　　　　　　　　　　　（1-1）

BD12733號　護首（究竟大悲經）　　　　　　　　　　　　（1-1）

BD12736 號　護首（大般若波羅蜜多經）　　　　　　　　　　　　　　　　　　　　　（1-1）

BD12737 號　護首（大般若波羅蜜多經）　　　　　　　　　　　　　　　　　　　　　（1-1）

BD12734 號　殘筆痕（擬）

（1-1）

BD12735 號　護首（佛名經）

（1-1）

BD12740 號　護首（大般若波羅蜜多經）　　　　　　　　　　　　　　　　　　　　（1-1）

BD12741 號　護首（大般若波羅蜜多經）　　　　　　　　　　　　　　　　　　　　（1-1）

BD12738 號　護首（大般若波羅蜜多經）　　　　　　　　　　　　　　　　　（1-1）

BD12739 號　護首（大寶積經）　　　　　　　　　　　　　　　　　　　　　（1-1）

BD12744 號 1　護首（大般若波羅蜜多經）　　　　　　　　　　　　　　　　　　　　（1-1）
BD12744 號 2　揚子法言鈔（擬）

BD12744 號背　前漢書鈔（擬）　　　　　　　　　　　　　　　　　　　　　　　　　（1-1）

BD12742 號　護首（大般若波羅蜜多經）　　　　　　　　　　　　（1–1）

BD12743 號 1　護首（妙法蓮華經）　　　　　　　　　　　　　　（1–1）
BD12743 號 2　袟皮（妙法蓮華經）

BD12747 號　護首（大般若波羅蜜多經）　　　　　　　　　　　　　　　　　　　　　　　　（1–1）

BD12748 號　護首（大般若波羅蜜多經）　　　　　　　　　　　　　　　　　　　　　　　　（1–1）

BD12745號　護首（優婆塞戒經）

BD12746號　護首（大寶積經）

BD12751 號　護首（大般若波羅蜜多經）　　　　　　　　　　　　　　　　　　　　（1-1）

BD12752 號　護首（大般若波羅蜜多經）　　　　　　　　　　　　　　　　　　　　（1-1）

BD12749 號　護首（大般若波羅蜜多經）

（1-1）

BD12750 號　護首（大般若波羅蜜多經）

（1-1）

BD12755 號　護首（大般若波羅蜜多經）

（1-1）

BD12756 號　護首（大般若波羅蜜多經）

（1-1）

BD12753 號　護首（大般若波羅蜜多經）

（1-1）

BD12754 號　護首（大般涅槃經）

（1-1）

BD12759號　護首（大般若波羅蜜多經）　　　　　　　　　　　　　　　　　　　　　　　　（1-1）

BD12760號　護首（大般若波羅蜜多經）　　　　　　　　　　　　　　　　　　　　　　　　（1-1）

BD12757 號　護首（大般涅槃經）

（1-1）

BD12758 號　護首（妙法蓮華經）

（1-1）

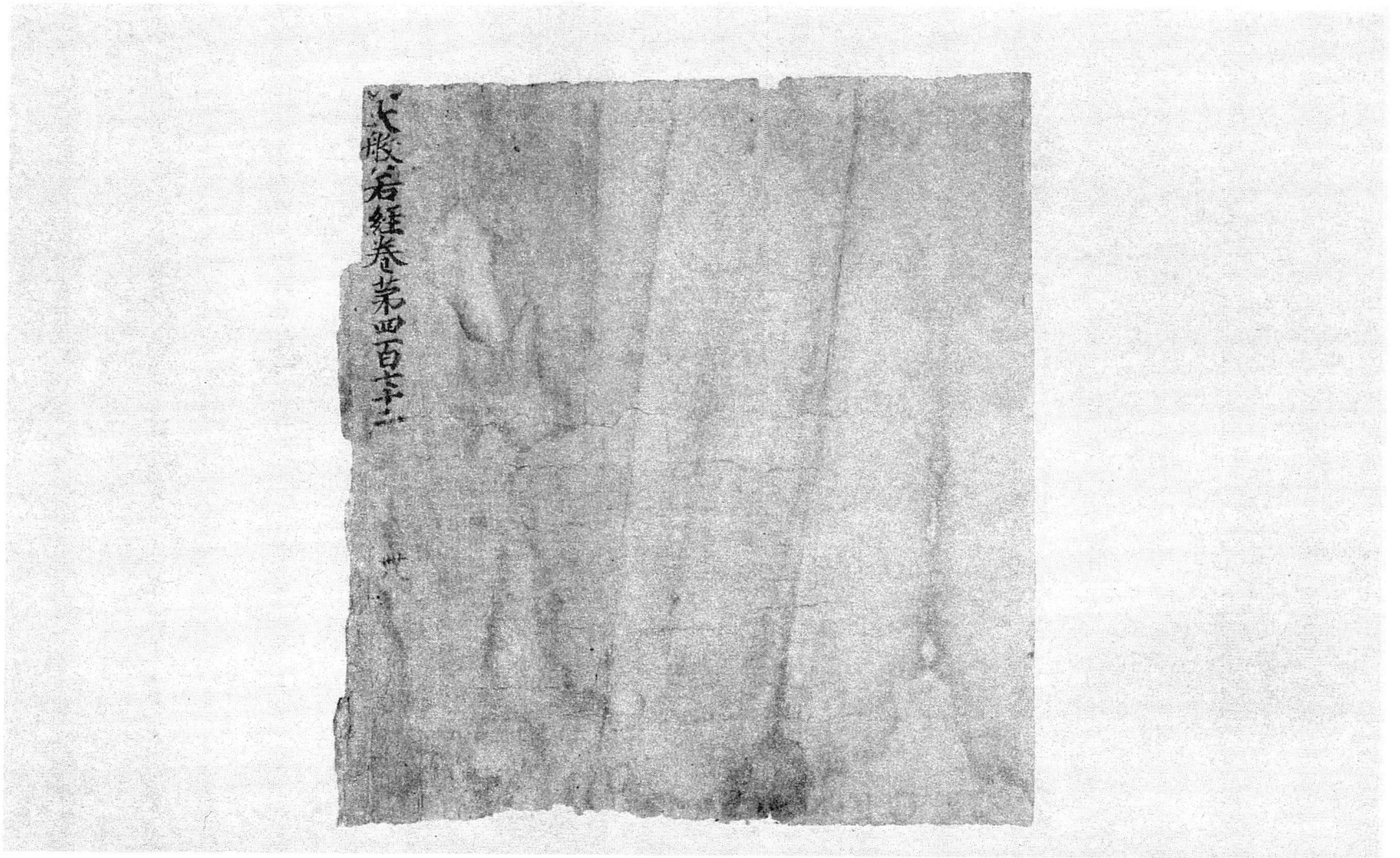

BD12763 號　護首（大般若波羅蜜多經）　　　　　　　　　　　　　（1-1）

BD12764 號　護首（經名不詳）　　　　　　　　　　　　　　　　（1-1）

BD12761 號　護首（大般涅槃經）

（1-1）

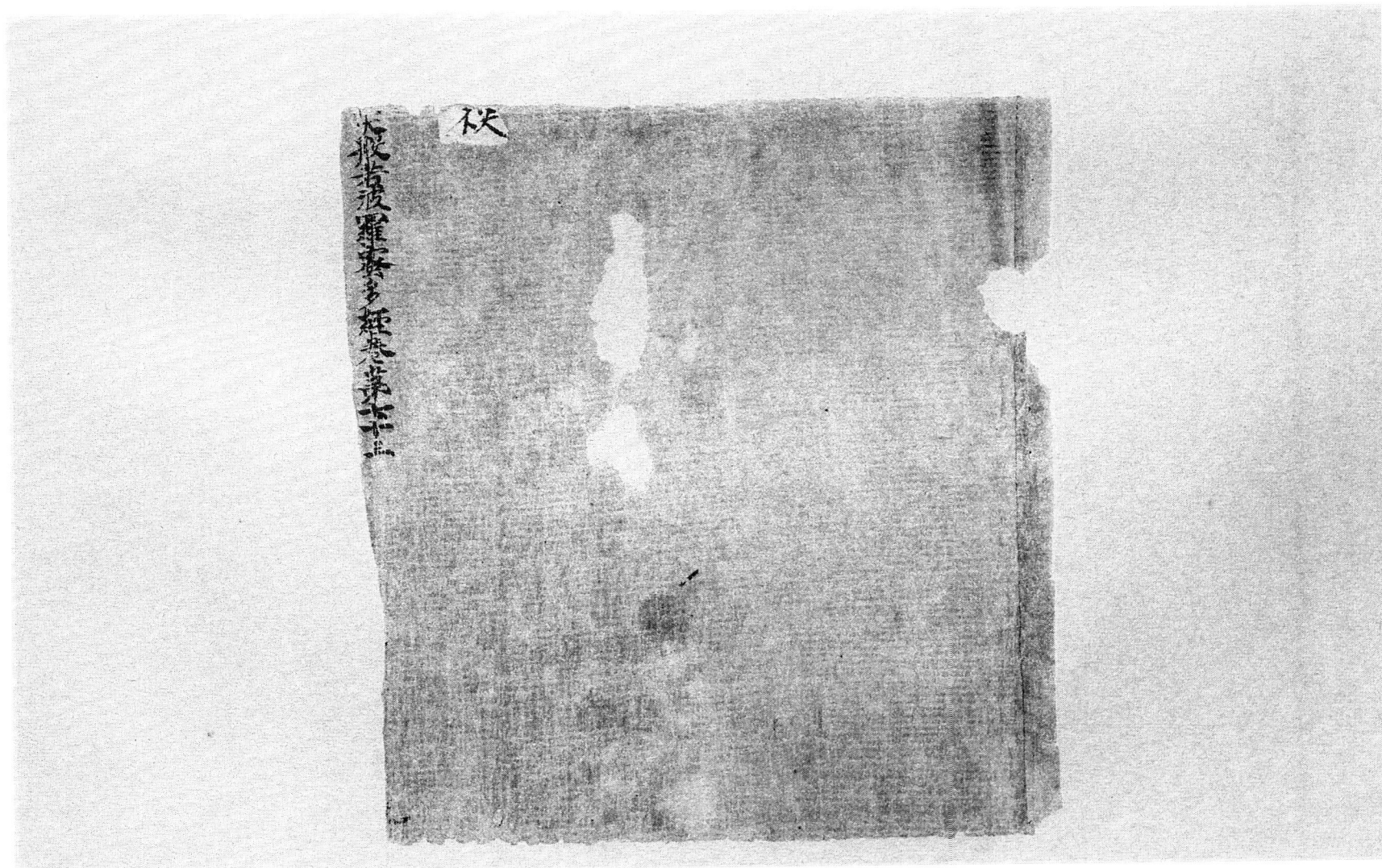

BD12762 號　護首（大般若波羅蜜多經）

（1-1）

BD12767 號　護首（大般若波羅蜜多經）

(1-1)

BD12768 號　護首（妙法蓮華經）

(1-1)

BD12765 號　護首（妙法蓮華經）

（1–1）

BD12766 號　護首（大般涅槃經）

（1–1）

271

BD12771 號　護首（大寶積經）　　　　　　　　　　　　　　　　　　　　（1-1）

BD12772 號　護首（大寶積經）　　　　　　　　　　　　　　　　　　　　（1-1）

BD12769 號　護首（大般若波羅蜜多經）　　　　　　　　　　　　　（1-1）

BD12770 號　簽條（擬）　　　　　　　　　　　　　　　　　　　（1-1）

BD12774 號　般若波羅蜜多心經

（1-1）

BD12775 號　護首（大般若波羅蜜多經）

（1-1）

BD12773 號　護首（大佛頂經）

（1-1）

BD12774 號背　護首

（1-1）

BD12778 號　護首（大般若波羅蜜多經）　　　　　　　　　　　　　　　　　　　　　　　　　（1-1）

BD12779 號　護首（大般若波羅蜜多經）　　　　　　　　　　　　　　　　　　　　　　　　　（1-1）

BD12776 號　護首（大般若波羅蜜多經）

(1-1)

BD12777 號　護首（金光明最勝王經）

(1-1)

BD12781 號　護首（大般若波羅蜜多經）　　　　　　　　　　　　　　　　　　　　　（1-1）

BD12782 號　護首（大般若波羅蜜多經）　　　　　　　　　　　　　　　　　　　　　（1-1）

BD12780號　大般若波羅蜜多經（卷次不清）護首　勘記

(1-1)

BD12780號背　殘留經文

(1-1)

BD12785 號　護首（大般涅槃經）

（1-1）

BD12786 號背　護首

（1-1）

BD12783 號　護首（經名不詳）

（1-1）

BD12784 號　護首（大般若波羅蜜多經）

（1-1）

BD12788 號　護首（大般若波羅蜜多經）

（1-1）

BD12789 號　護首（大般涅槃經）

（1-1）

BD12786 號　金剛般若波羅蜜經

（1-1）

BD12787 號　護首（大佛頂經）

（1-1）

BD12790號　護首（佛頂尊勝陀羅尼經）

(1-1)

BD12791號　護首（金光明最勝王經）

(1-1)

BD12792 號　護首（妙法蓮華經）

（1-1）

BD12793 號　護首（大般若波羅蜜多經）

（1-1）

BD12794 號　護首（經名不詳）　　　　　　　　　　　　　　　　（1-1）

BD12795 號　護首（大般若波羅蜜多經）　　　　　　　　　　　　（1-1）

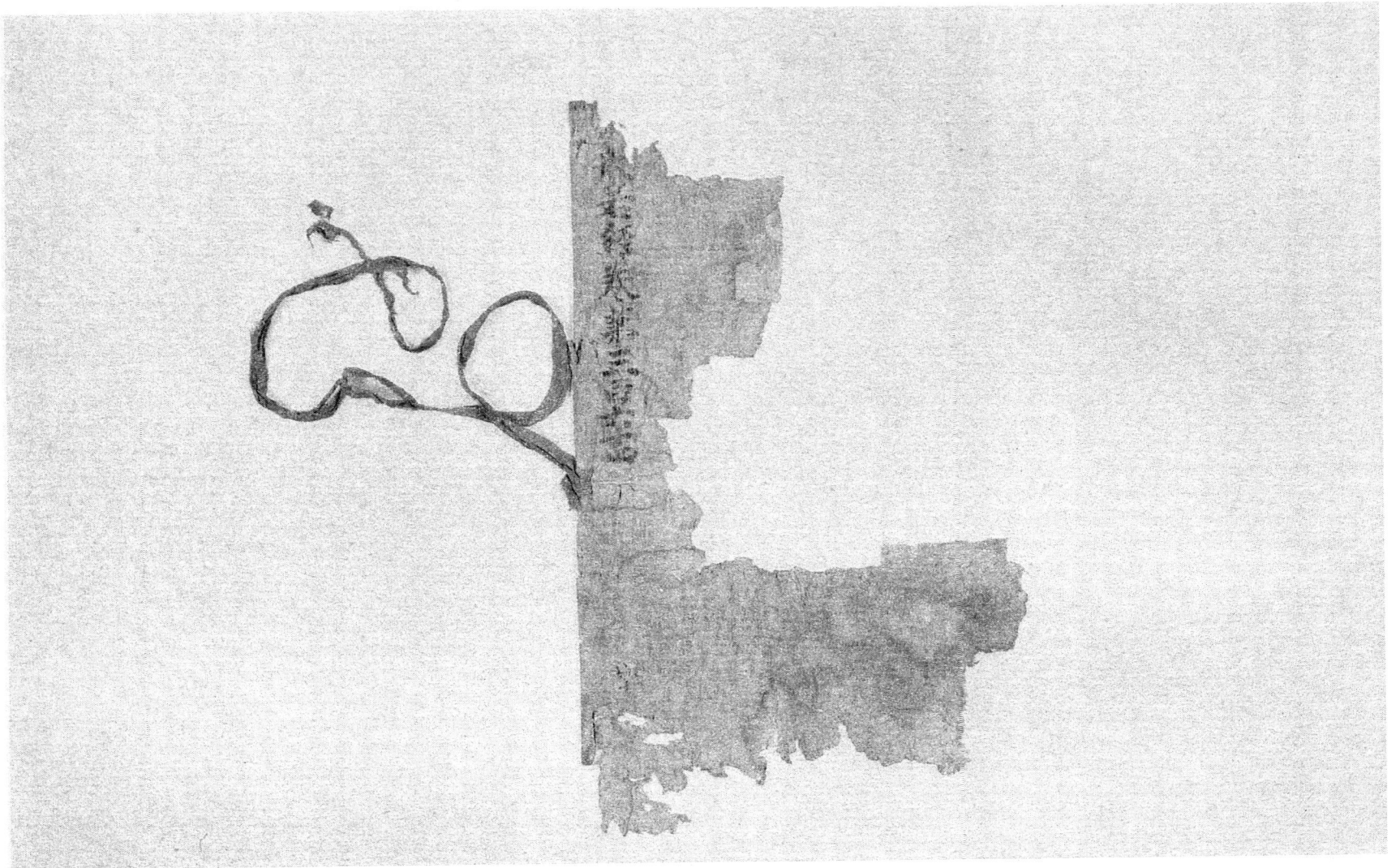

BD12796 號　護首（大般若波羅蜜多經）

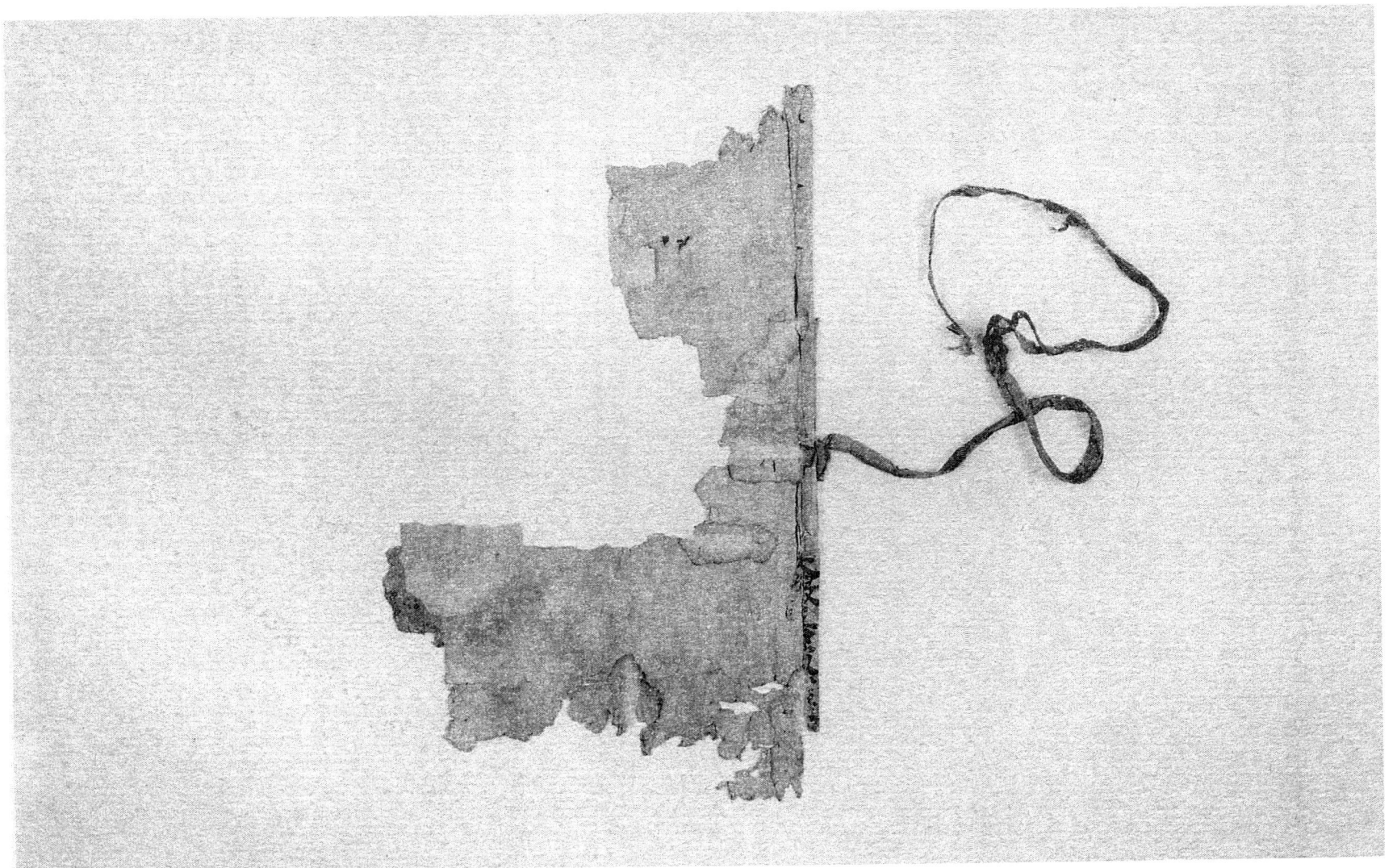

BD12796 號背　雜寫

BD12799 號　護首（佛名經）

（1–1）

BD12800 號　護首（大般若波羅蜜多經）

（1–1）

BD12797 號　護首（金光明經）

(1-1)

BD12798 號　護首（維摩詰經）

(1-1)

BD12802 號　護首（大般若波羅蜜多經）　　　　　　　　　　　　　　　（1-1）

BD12803 號　護首（大般若波羅蜜多經）　　　　　　　　　　　　　　　（1-1）

BD12801 號　護首（金光明最勝王經）

（1-1）

BD12801 號背　雜寫

（1-1）

BD12804 號　護首（大般涅槃經）

(1-1)

BD12805 號　護首（相好經）

(1-1)

BD12806 號　護首（大乘密嚴經）　　　　　　　　　　　　　　（1-1）

BD12807 號　護首（大般若波羅蜜多經）　　　　　　　　　　（1-1）

BD12808 號　護首（大般若波羅蜜多經）　　　　　　　　　　　　　　　　　　　　（1-1）

BD12809 號　護首（大般若波羅蜜多經）　　　　　　　　　　　　　　　　　　　　（1-1）

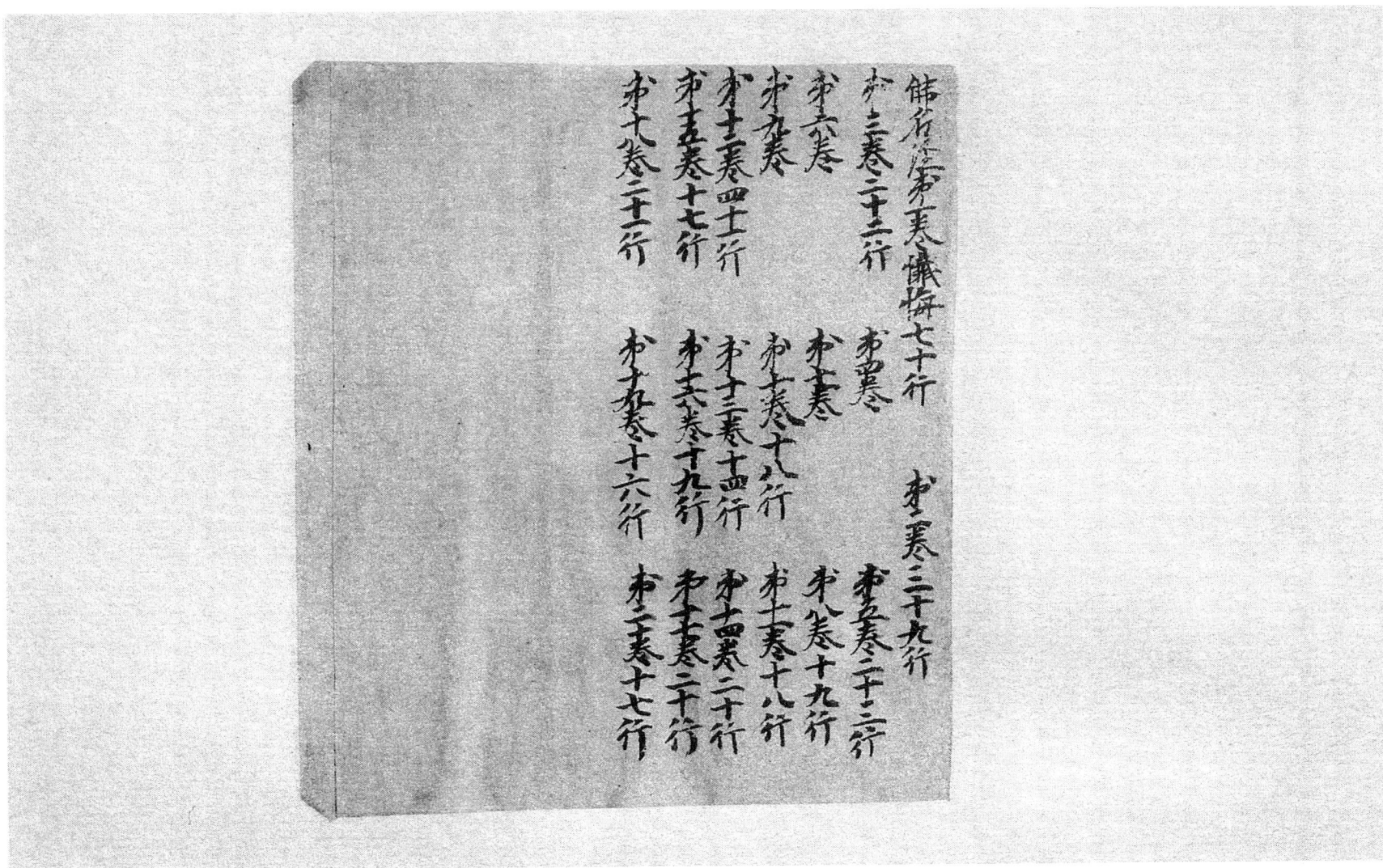

BD12811 號　護首（令狐溫子◇身）　　　　　　　　　　　　　　　（1-1）

BD12812 號　護首（大般若波羅蜜多經）　　　　　　　　　　　　　（1-1）

BD12813 號　護首（大般若波羅蜜多經）

（1-1）

BD12814 號　護首（大般若波羅蜜多經）

（1-1）

BD12815 號　護首（大般若波羅蜜多經）

(1-1)

BD12816 號　護首（金光明最勝王經）

(1-1)

BD12818 號　護首（大般若波羅蜜多經）

(1-1)

BD12818 號背　轉經點勘錄（擬）

(·1-1)

BD12819 號　護首（大般若波羅蜜多經）

BD12820 號　護首（大般若波羅蜜多經）

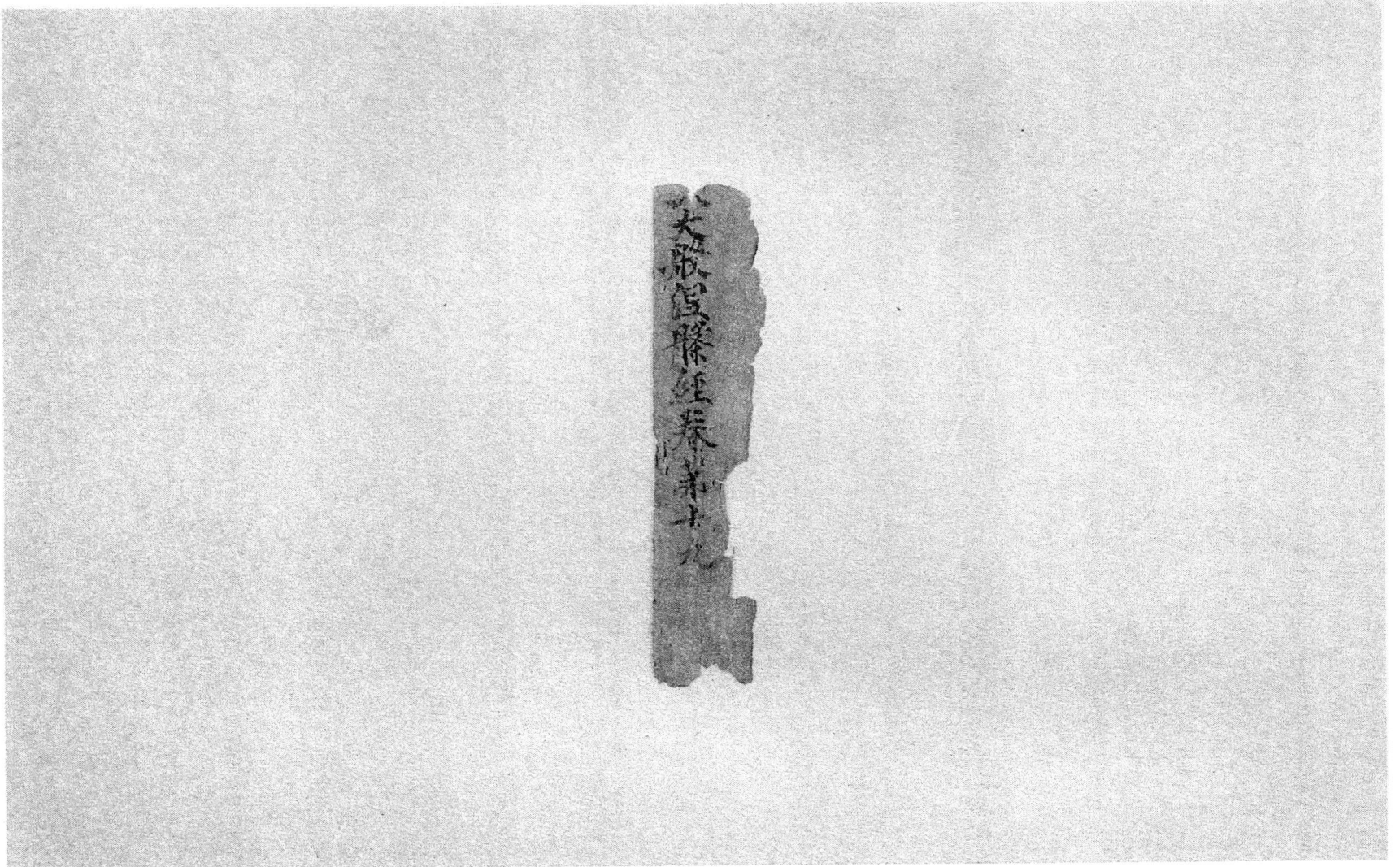

BD12821 號　護首（大般涅槃經）

（1-1）

BD12822 號　護首（大佛頂經）

（1-1）

BD12823 號　護首（妙法蓮華經）

（1-1）

BD12824 號　護首（大般若波羅蜜多經）

（1-1）

BD12825 號　護首（大般若波羅蜜多經）

（1-1）

BD12826 號　護首（大般若波羅蜜多經）

（1-1）

BD12827 號　護首（妙法蓮華經）

（1-1）

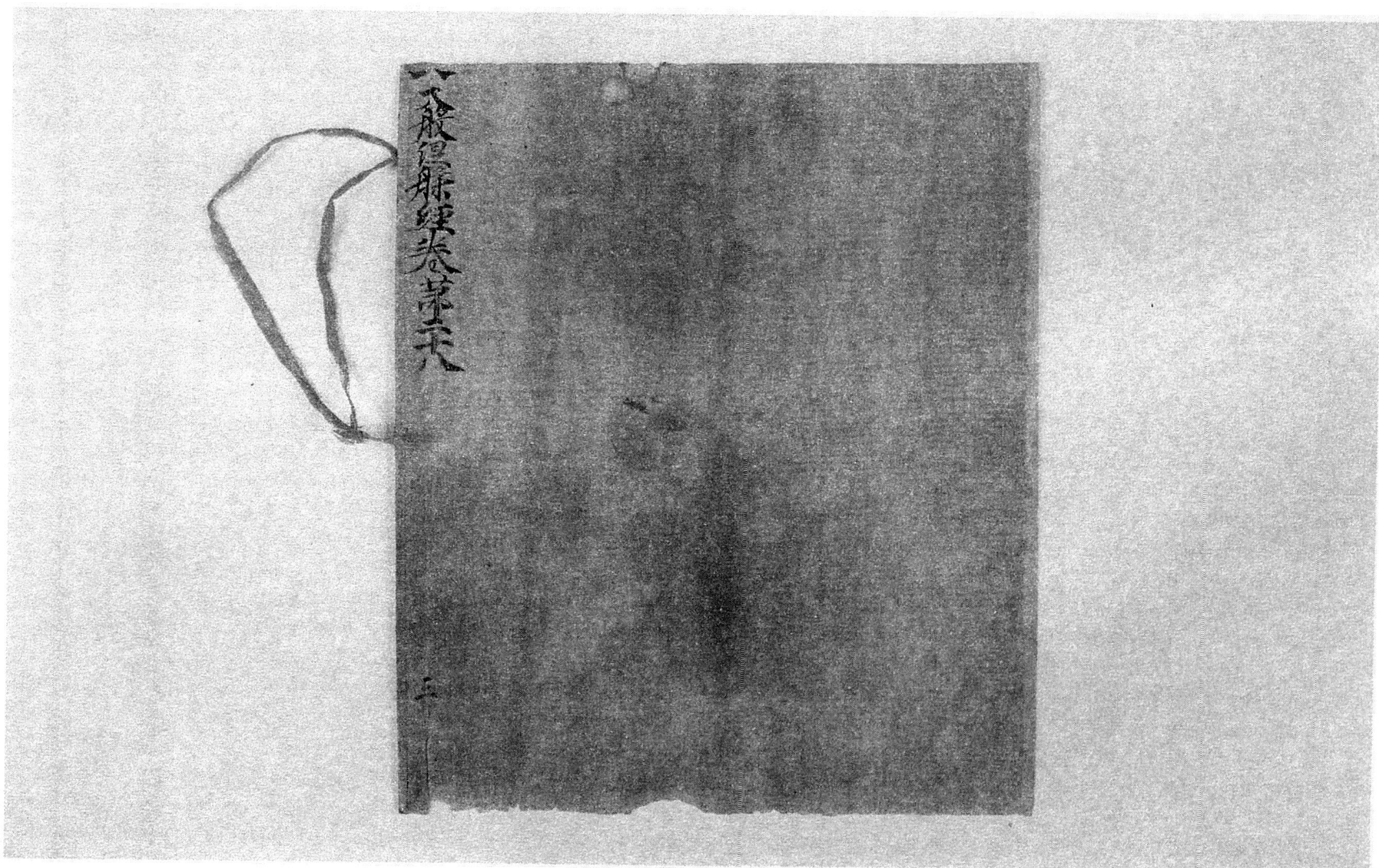

BD12828 號　護首（大般涅槃經）

（1-1）

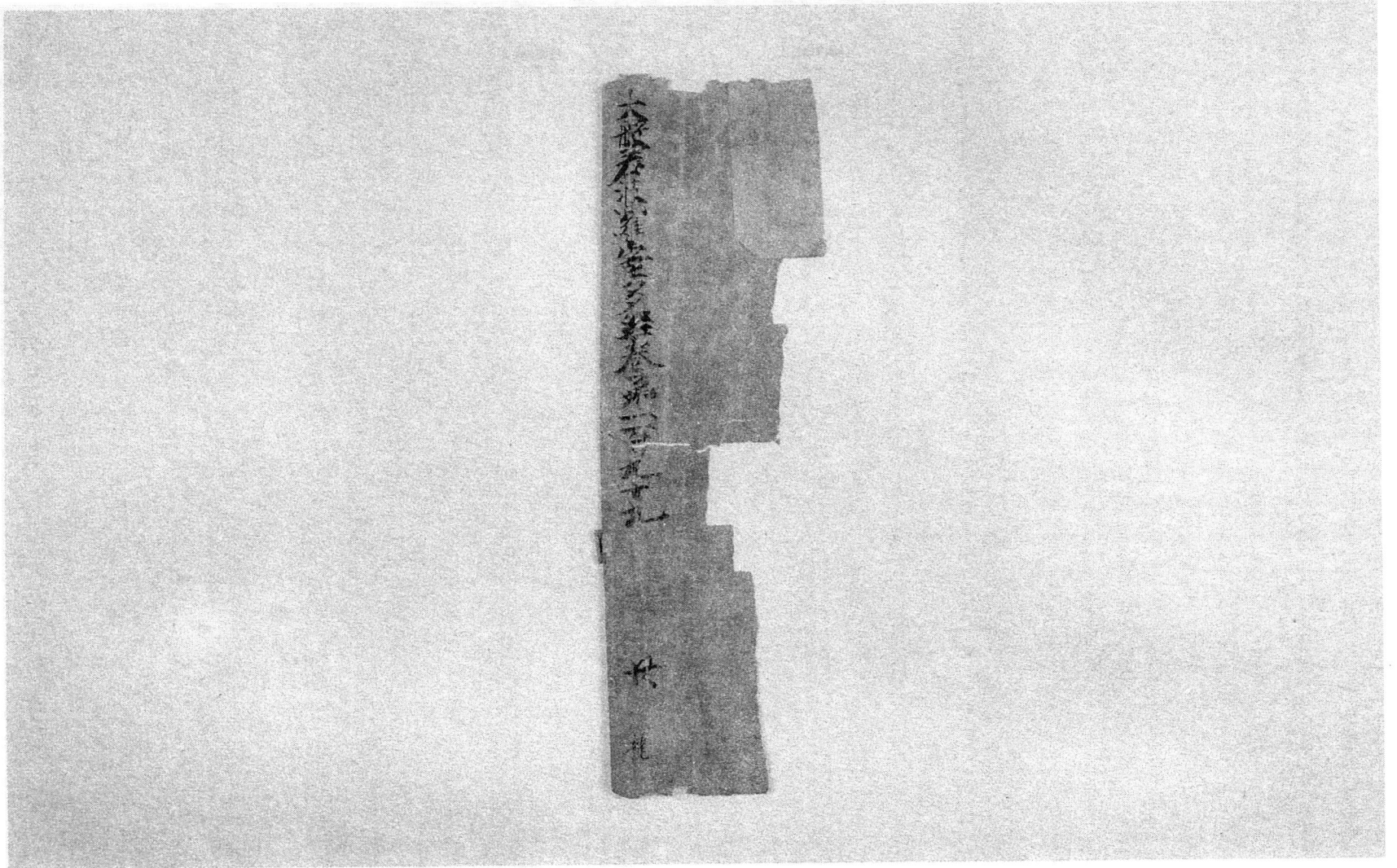

BD12829號　護首（大般若波羅蜜多經）

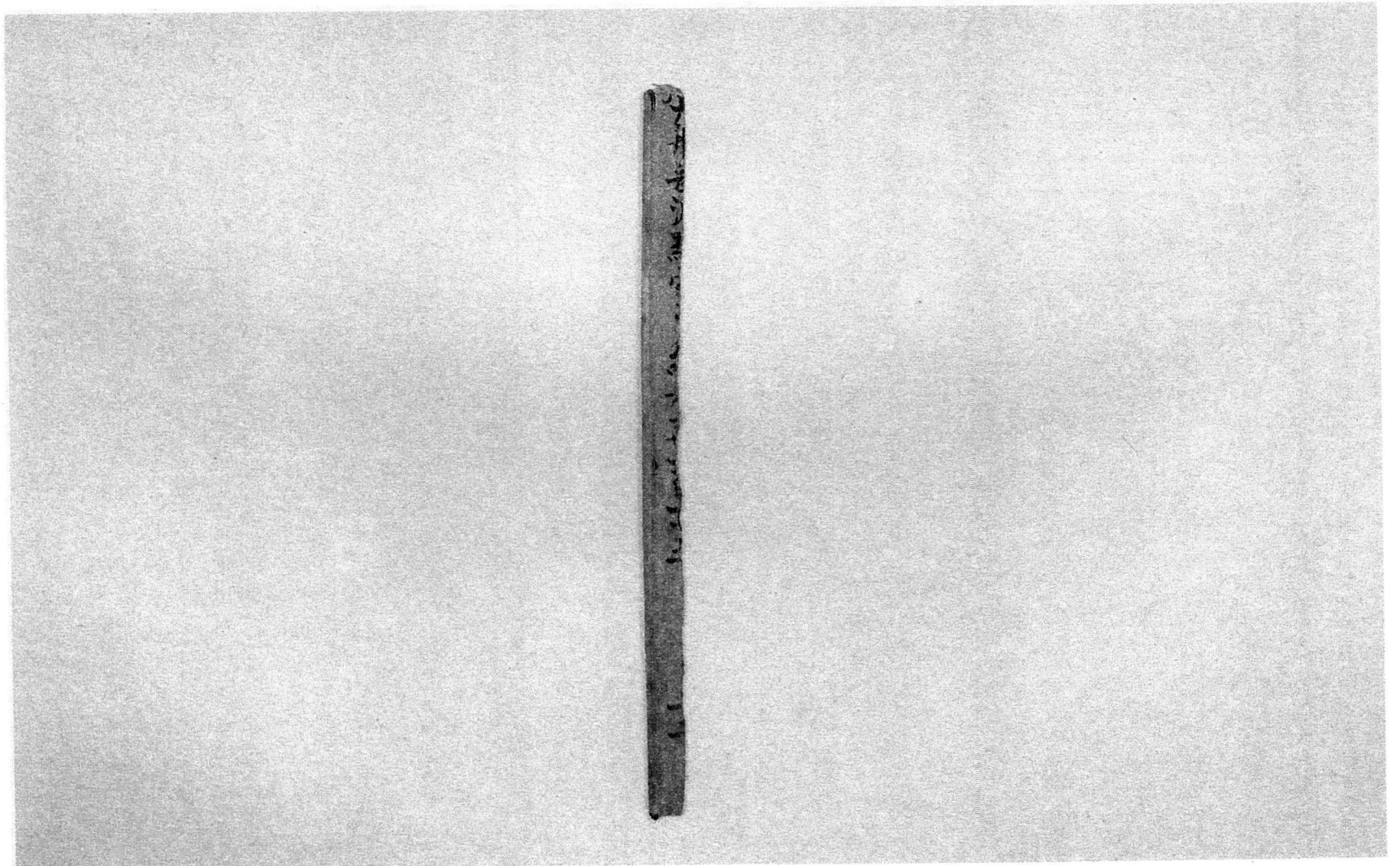

BD12830號　護首（大般若波羅蜜多經）

BD12831 號　護首（大般若波羅蜜多經）　　　　　　　　　　　　　　　　　　（1-1）

BD12832 號　護首（妙法蓮華經）　　　　　　　　　　　　　　　　　　　　　（1-1）

BD12833 號　護首（大般若波羅蜜多經）

(1-1)

BD12834 號　護首（大般若波羅蜜多經）

(1-1)

BD12835 號　護首（大般涅槃經）

(1-1)

BD12836 號　護首（大般若波羅蜜多經）

(1-1)

BD12837 號　護首（大般若波羅蜜多經）　　　　　　　　　　　　　　　（1-1）

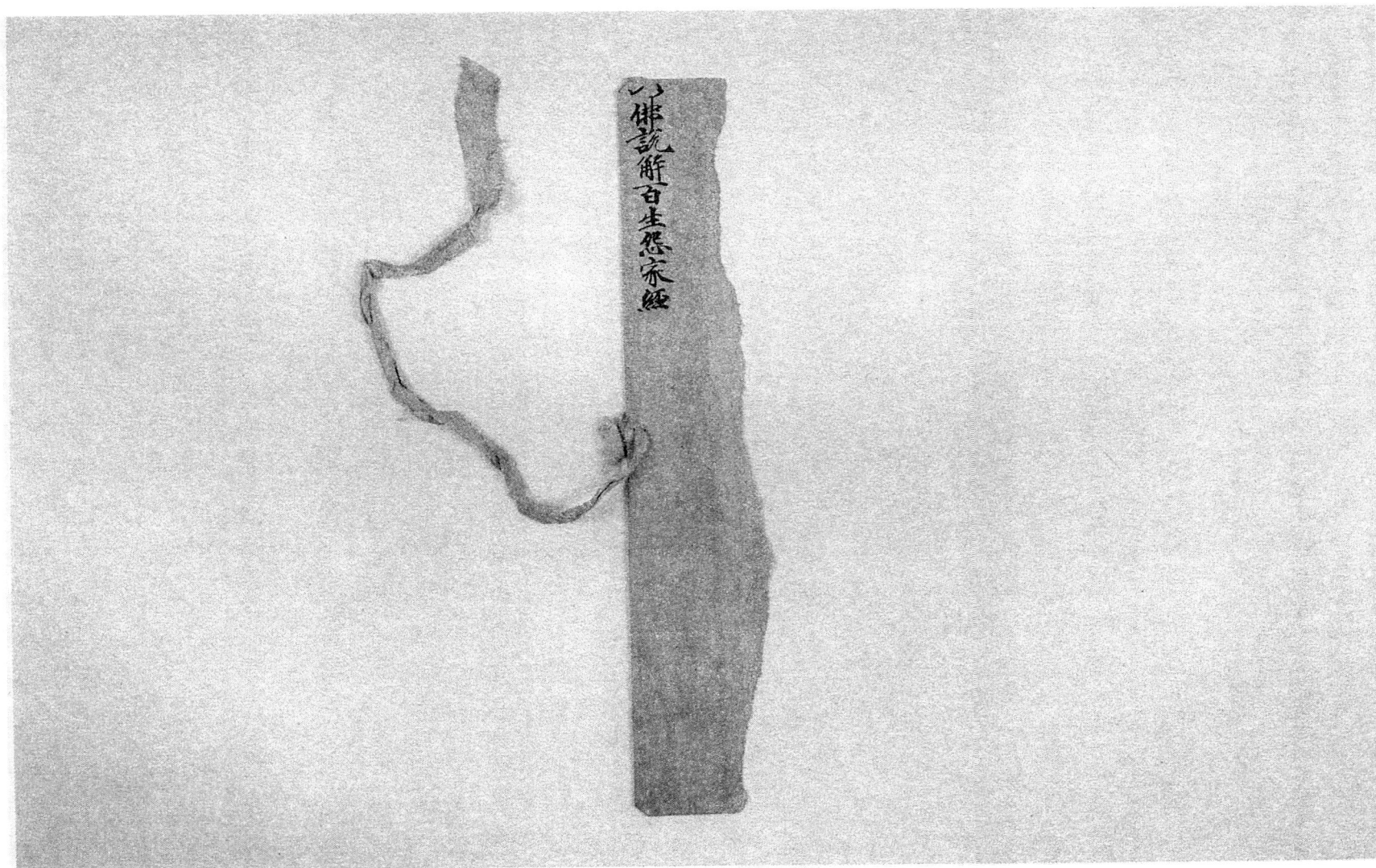

BD12838 號　護首（解百生怨家陀羅尼經）　　　　　　　　　　　　　　（1-1）

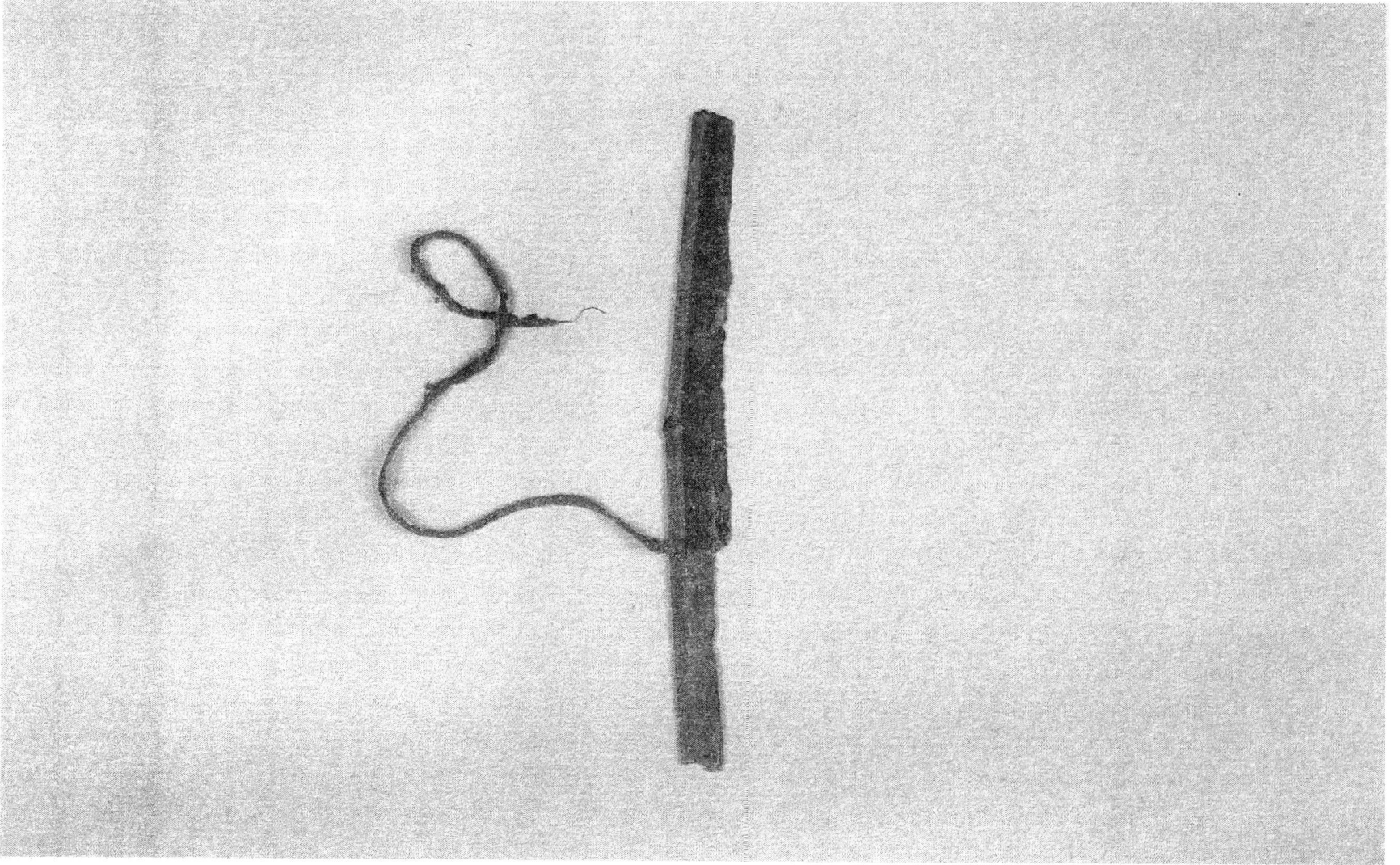

BD12839 號　護首（大般若波羅蜜多經）　　　　　　　　　　　　　　　　　　（1-1）

BD12840 號　護首（妙法蓮華經）　　　　　　　　　　　　　　　　　　　　　（1-1）

BD12841 號　護首（大般若波羅蜜多經）

(1-1)

BD12842 號　護首（大般若波羅蜜多經）

(1-1)

BD12843 號　護首（大般若波羅蜜多經）

（1-1）

BD12844 號　護首（大般涅槃經）

（1-1）

BD12845 號　護首（金光明最勝王經）

(1-1)

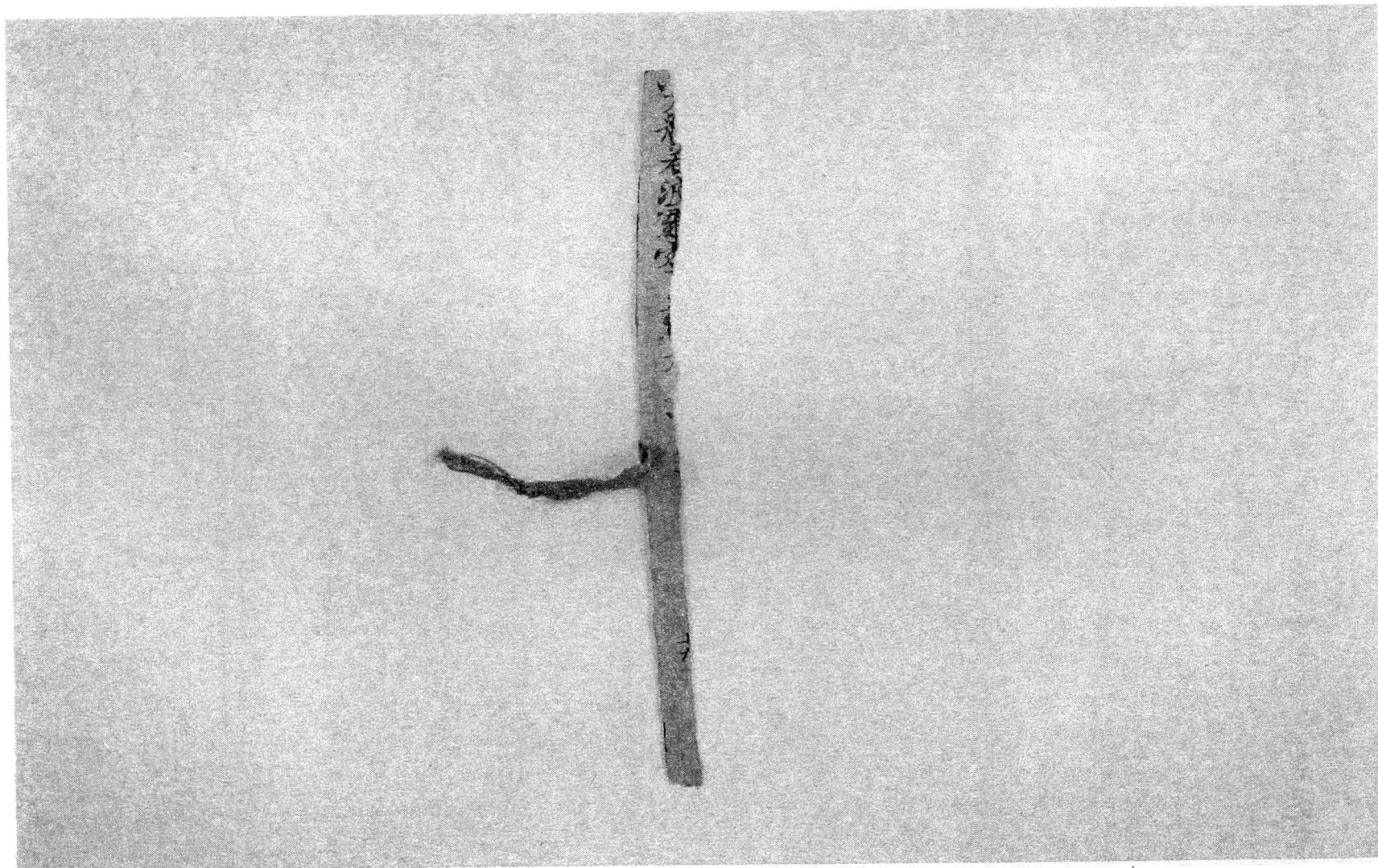

BD12846 號　護首（大般若波羅蜜多經）

(1-1)

BD12849 號　護首（大般若波羅蜜多經）　　　　　　　　　　　　　　　　　（1-1）

BD12850 號　護首（大般若波羅蜜多經）　　　　　　　　　　　　　　　　　（1-1）

BD12847 號　護首（大般涅槃經） (1-1)

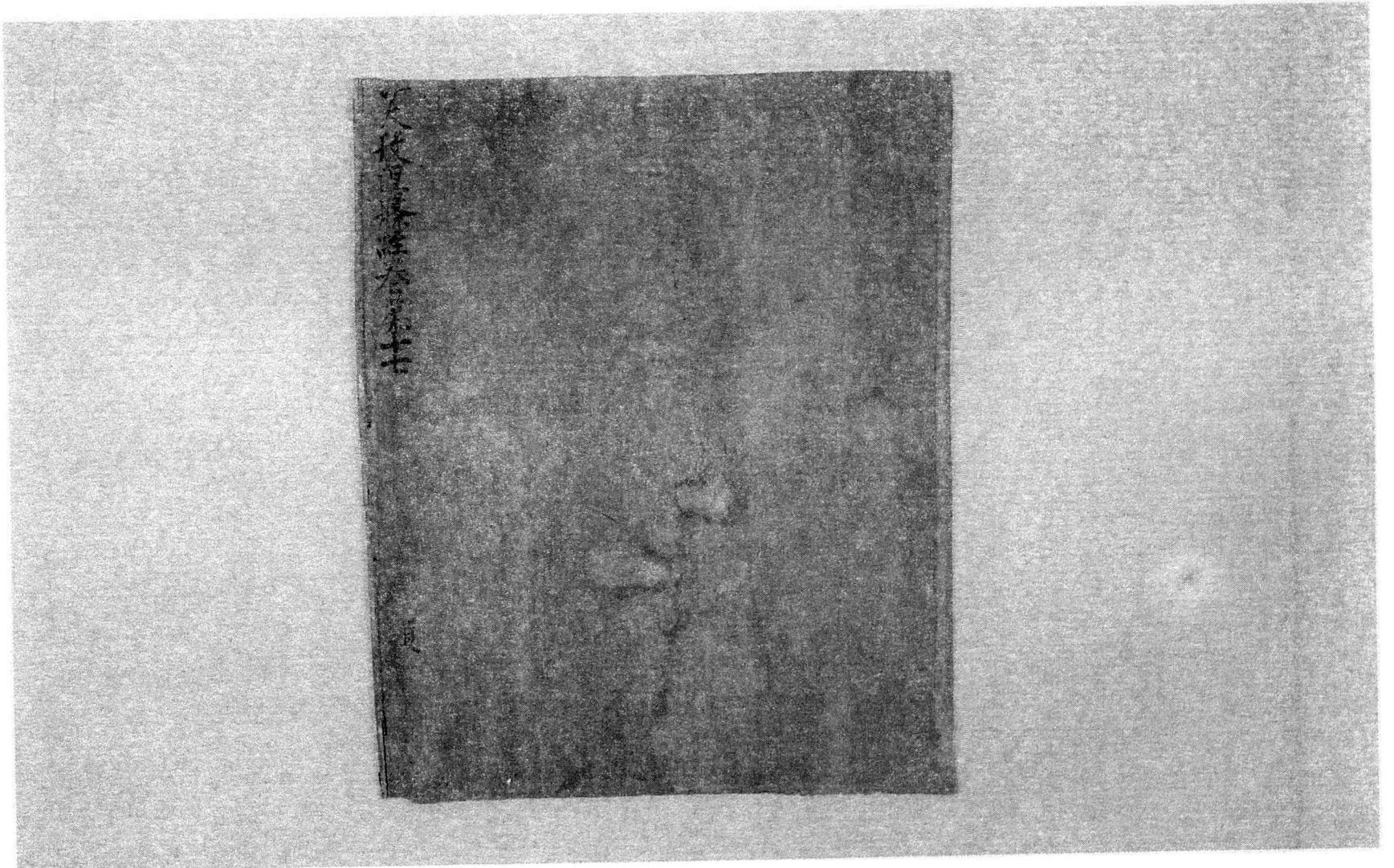

BD12848 號　護首（大般涅槃經） (1-1)

BD12851 號　護首（大般若波羅蜜多經）　　　　　　　　　　　　　　　　　　　（1-1）

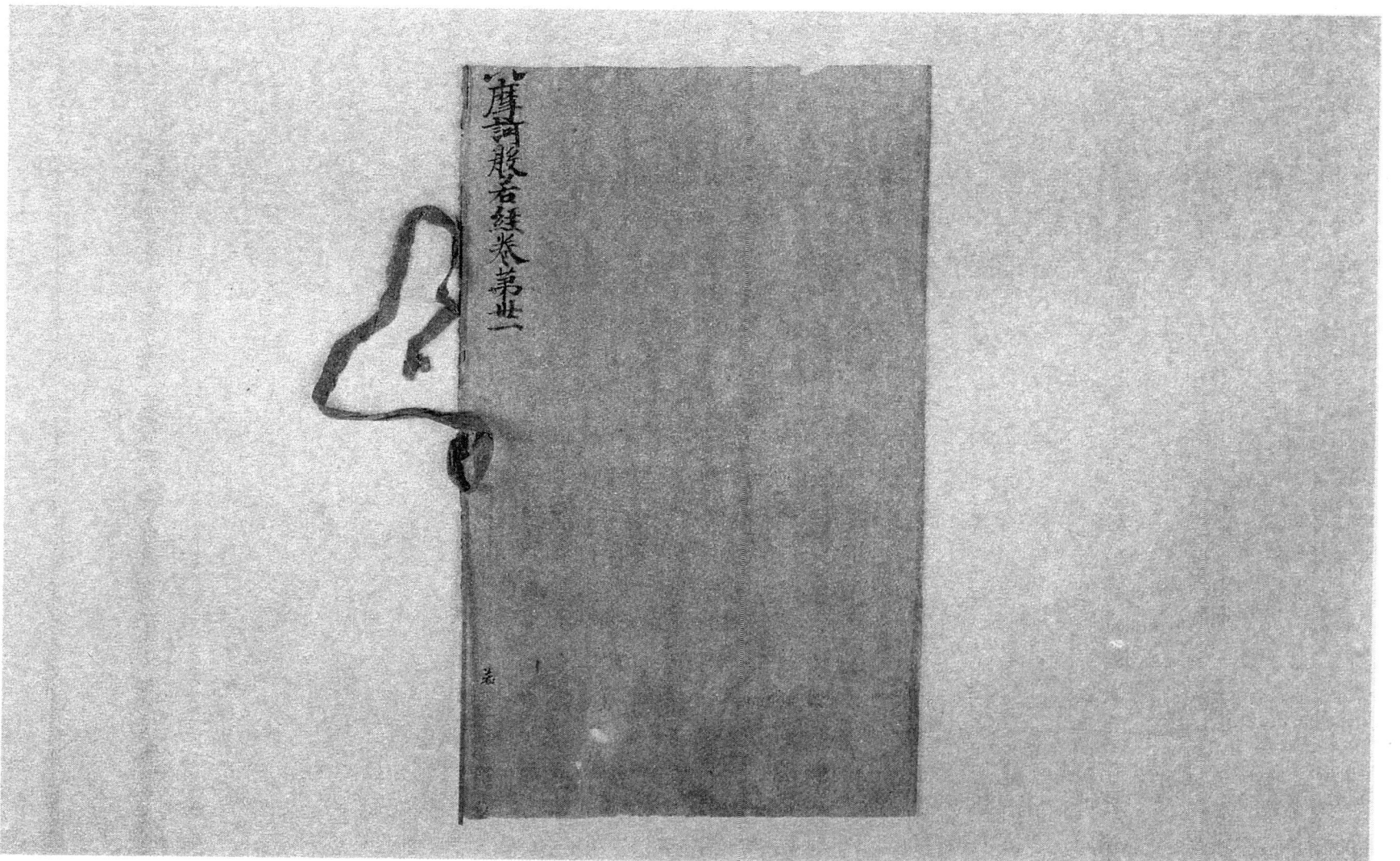

BD12852 號　護首（摩訶般若波羅蜜經）　　　　　　　　　　　　　　　　　　　（1-1）

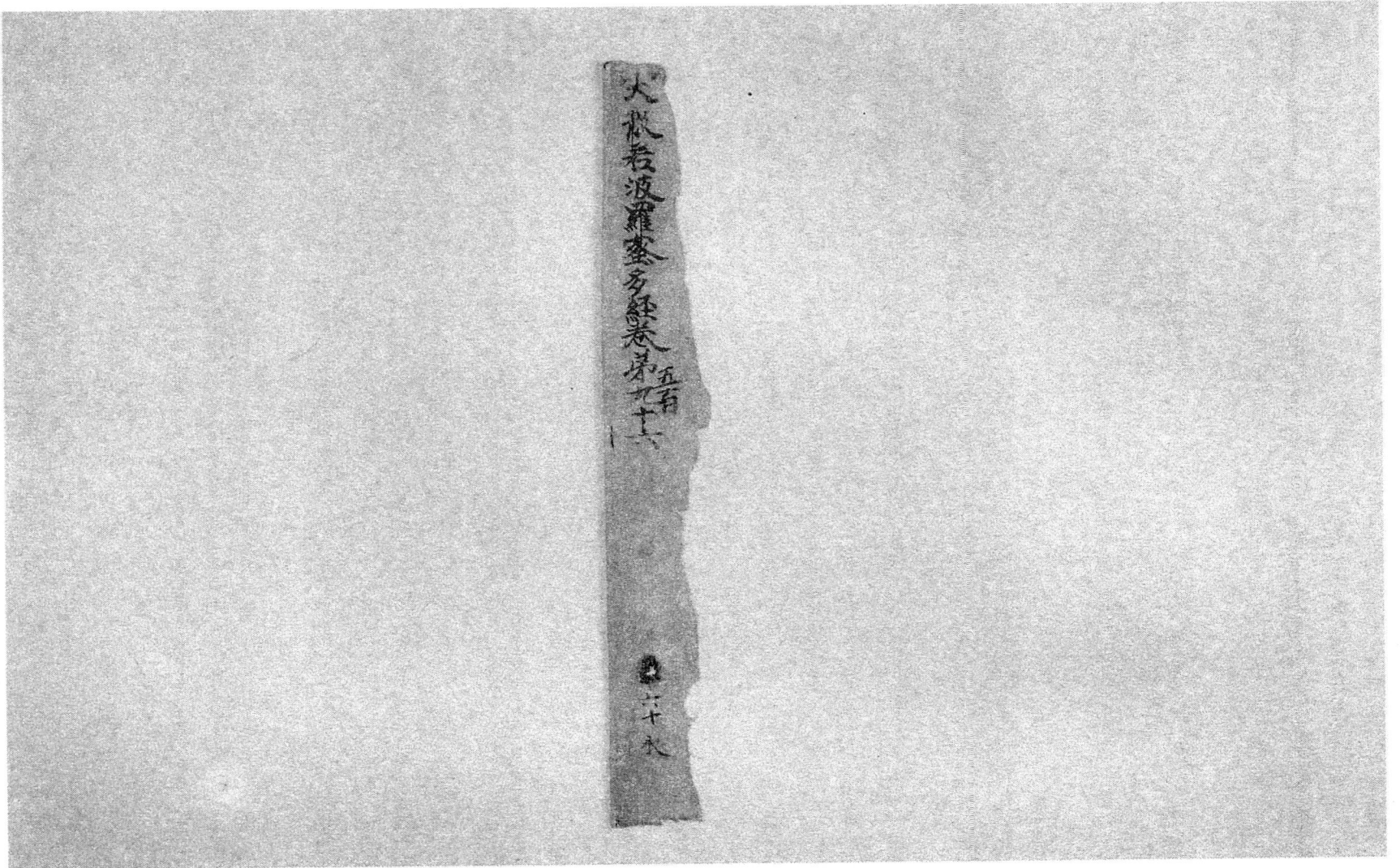

BD12853 號　護首（大般若波羅蜜多經）

（1-1）

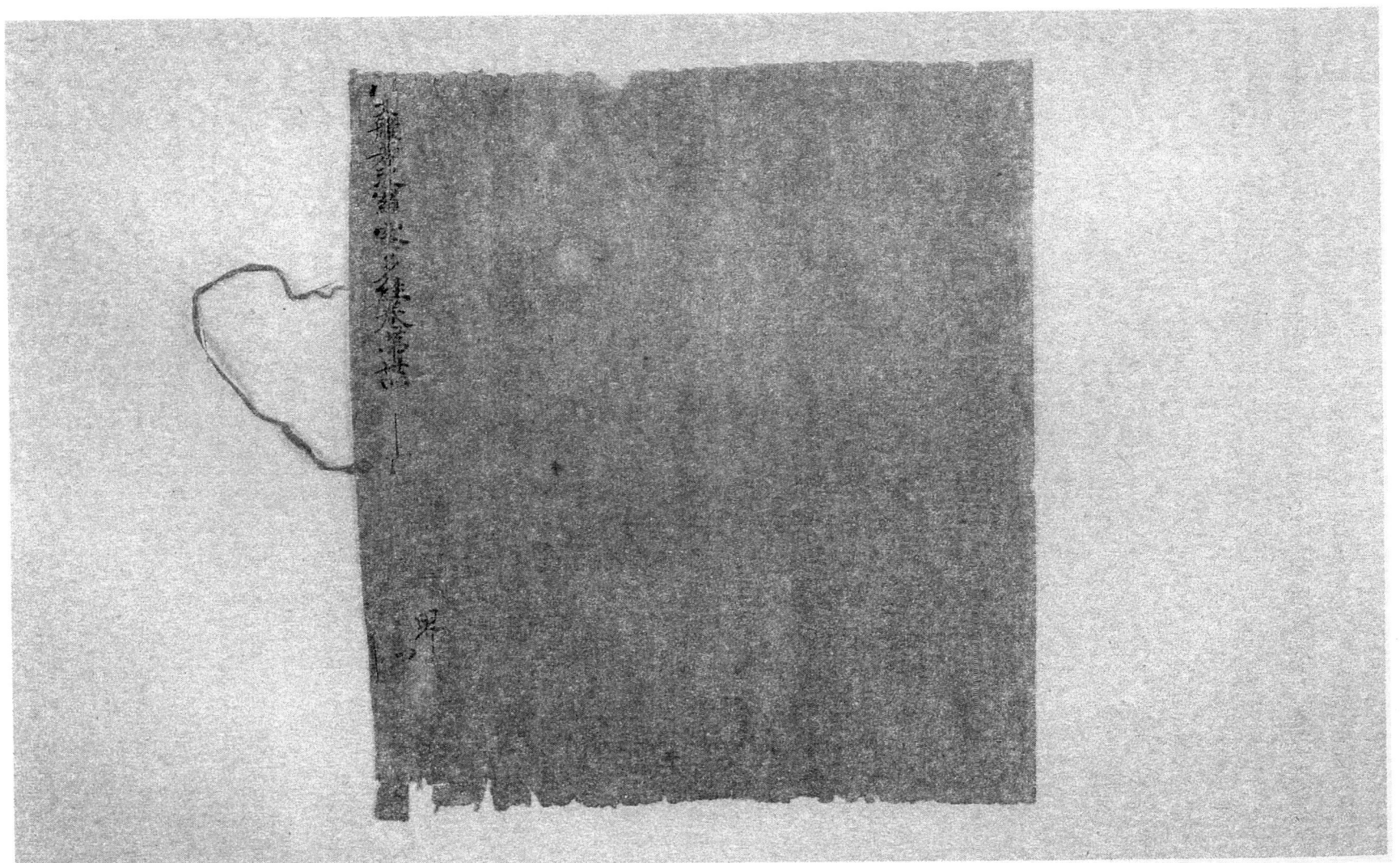

BD12854 號　護首（大般若波羅蜜多經）

（1-1）

BD12855 號　護首（大般若波羅蜜多經）　　　　　　　　　　　　　　　　　　　　　（1–1）

BD12856 號　護首（大般若波羅蜜多經）　　　　　　　　　　　　　　　　　　　　　（1–1）

BD12857 號　護首（大般涅槃經）

BD12858 號　護首（大般若波羅蜜多經）

（1-1）

BD12859 號　護首（金剛般若波羅蜜經繪圖本）

（1-1）

BD12859 號背　題記

（1-1）

BD12860 號　妙法蓮華經卷三

BD12860 號背　護首

BD12861 號　護首（大般若波羅蜜多經）　　　　　　　　　　　　　　　　　　　　　　（1-1）

BD12862 號　護首（大般若波羅蜜多經）　　　　　　　　　　　　　　　　　　　　　　（1-1）

BD12863 號　護首（大般涅槃經）

（1-1）

BD12864 號　護首（大般若波羅蜜多經）

（1-1）

BD12865 號　護首（大般若波羅蜜多經）

BD12866 號　護首（大般若波羅蜜多經）

BD12867 號　護首（大般若波羅蜜多經）

(1-1)

BD12868 號　護首（大般若波羅蜜多經）

(1-1)

BD12869 號　護首（大般若波羅蜜多經）

(1-1)

BD12870 號　護首（金光明最勝王經）

(1-1)

BD12871 號　護首（教戒經）

（2-1）

BD12871 號背　護首（教戒經）

（2-2）

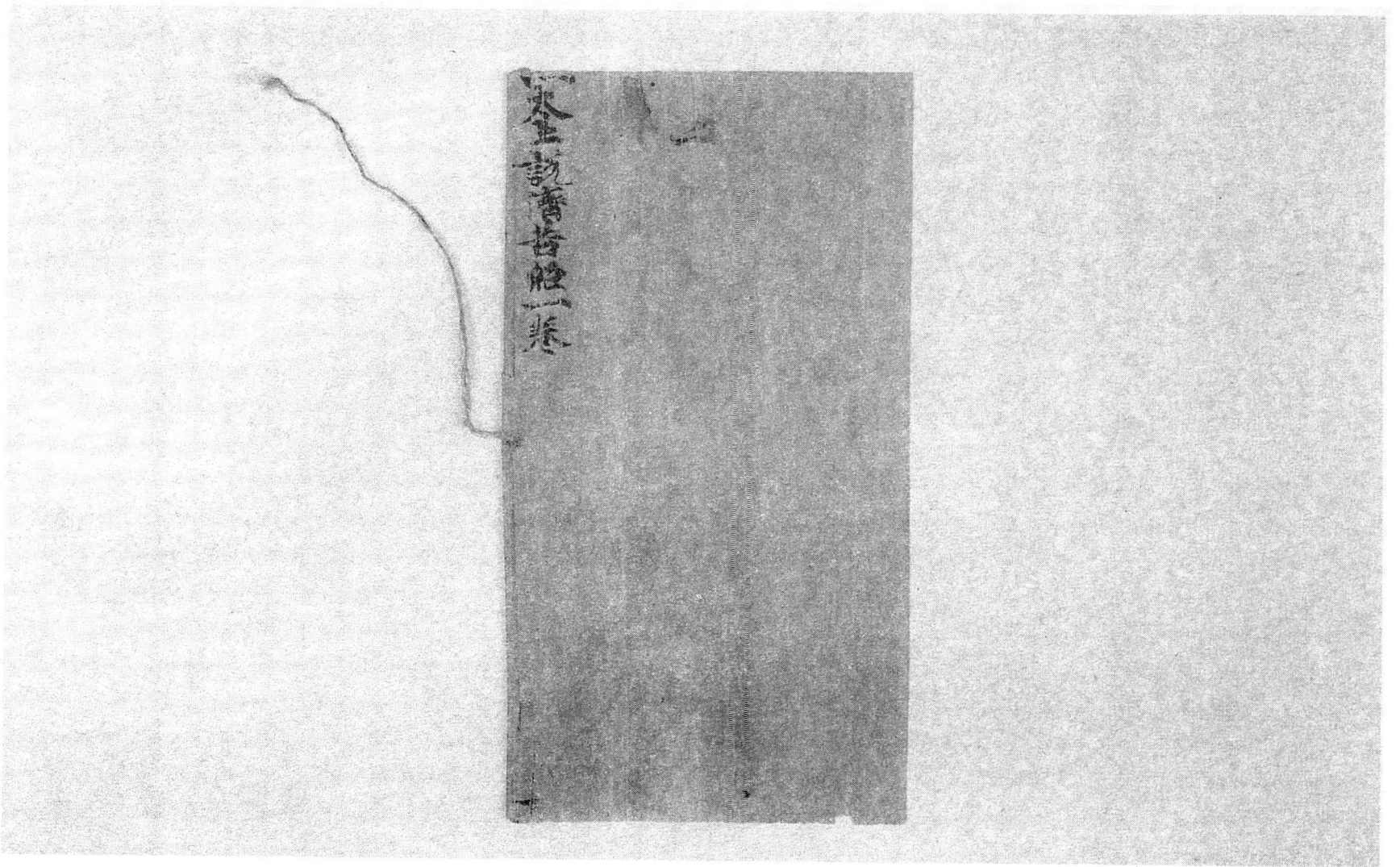

BD12872 號　護首（太上說濟苦經）

（1-1）

BD12873 號　護首（大般若波羅蜜多經）

（1-1）

BD12874 號　護首（妙法蓮華經） （1-1）

BD12875 號　護首（大般若波羅蜜多經） （1-1）

BD12876 號　護首（大般若波羅蜜多經）

(1-1)

BD12877 號　護首（大般若波羅蜜多經）

(1-1)

BD12878 號　護首（大般若波羅蜜多經） 　　　　　　　　　　　　　　　　　　　（1–1）

BD12879 號　護首（大般若波羅蜜多經） 　　　　　　　　　　　　　　　　　　　（1–1）

BD12880 號　護首（大般若波羅蜜多經）

(1-1)

BD12881 號　護首（大般若波羅蜜多經）

(1-1)

BD12882 號　護首（大般涅槃經）

（1-1）

BD12883 號　護首（大般若波羅蜜多經）

（1-1）

BD12884號　護首（大般若波羅蜜多經）

(1-1)

BD12885號背　護首

(1-1)

BD12885 號　大般若波羅蜜多經卷四二一

（1-1）

BD12886 號　護首（大般若波羅蜜多經）

（1-1）

BD12887 號　護首（大般涅槃經）

（1-1）

BD12888 號　護首（四分律）

（1-1）

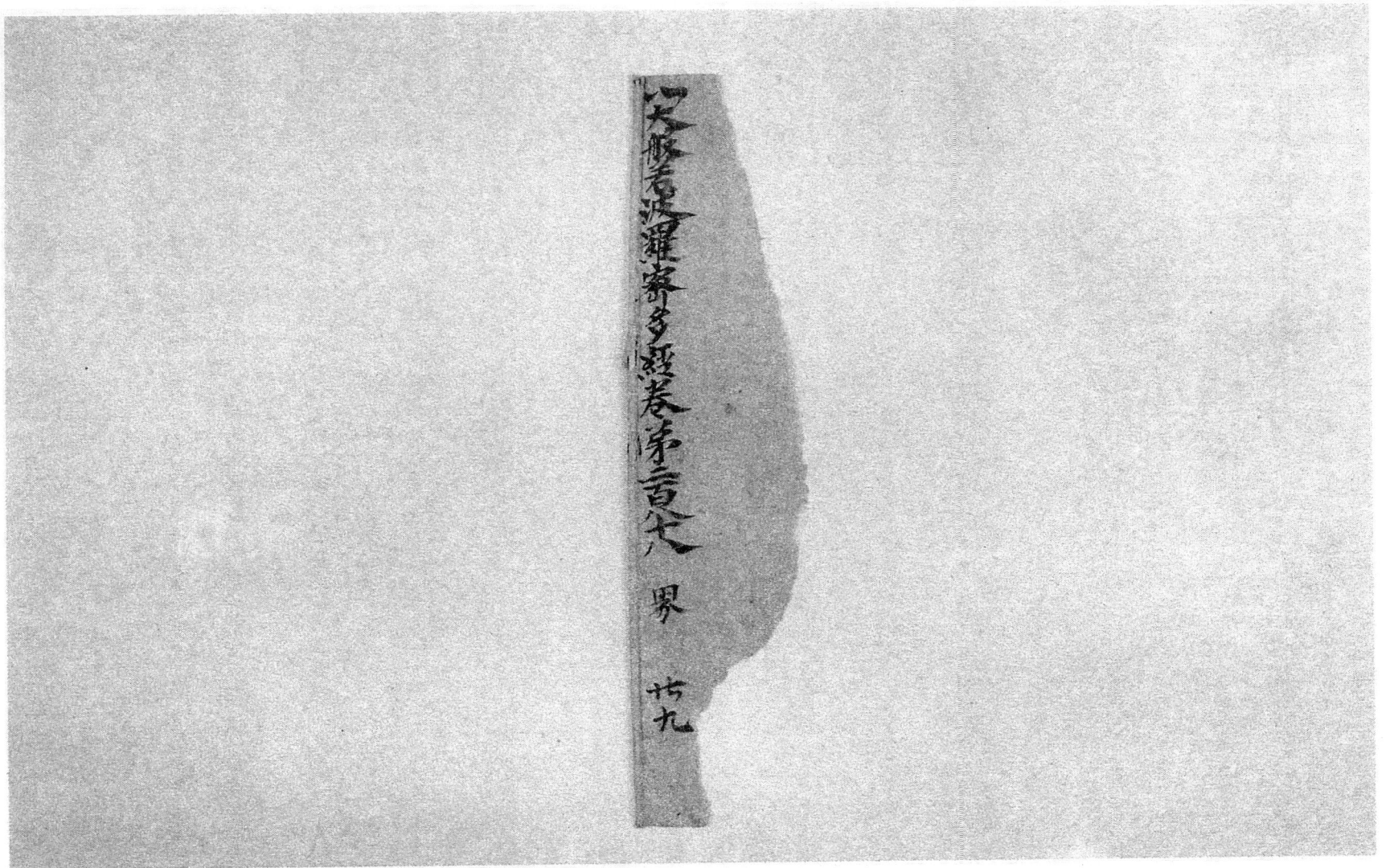

BD12889 號　護首（大般若波羅蜜多經）

（1-1）

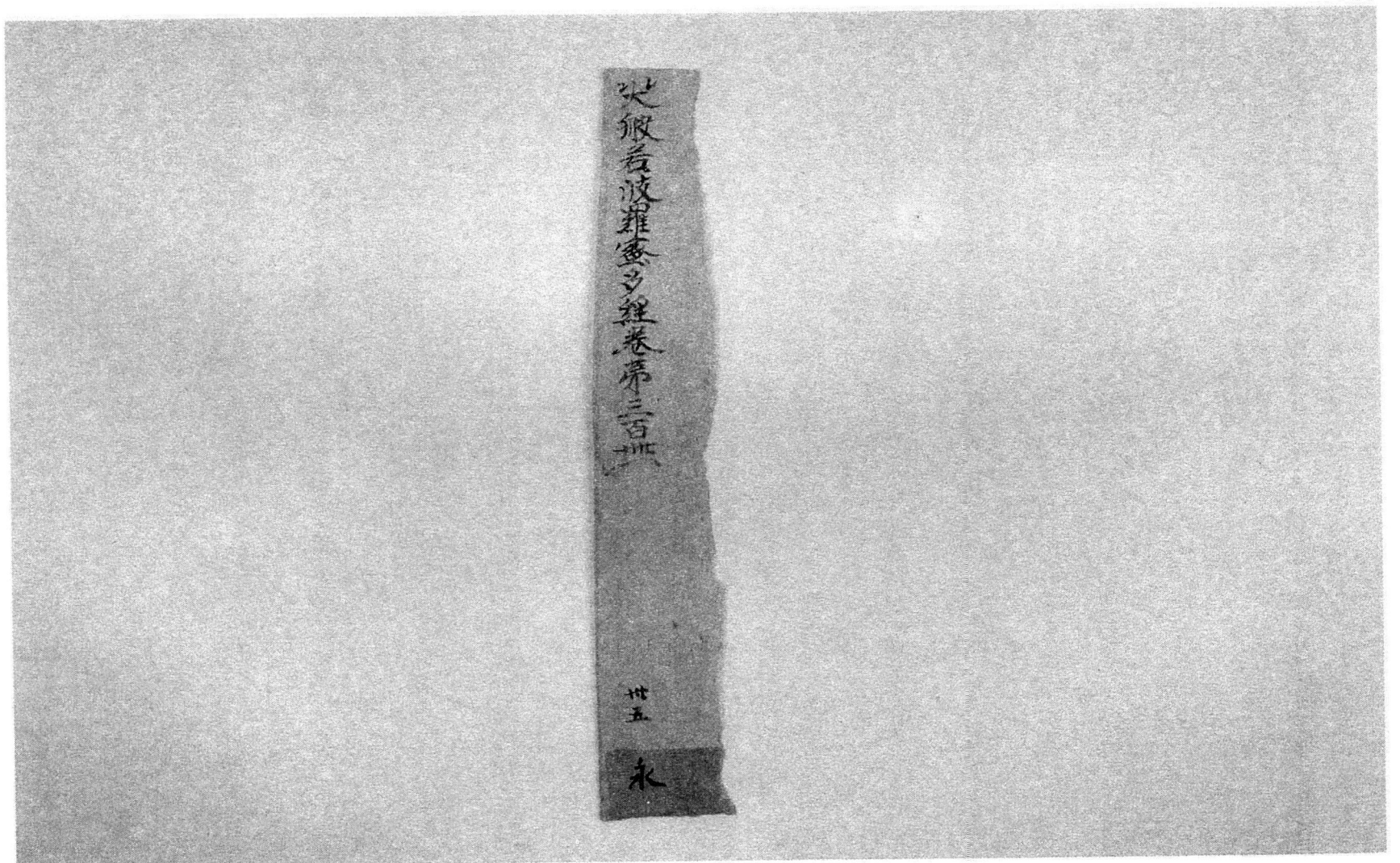

BD12890 號　護首（大般若波羅蜜多經）

（1-1）

BD12891 號　護首（大般涅槃經）　　　　　　　　　　　　　　　　　　　　　　（1-1）

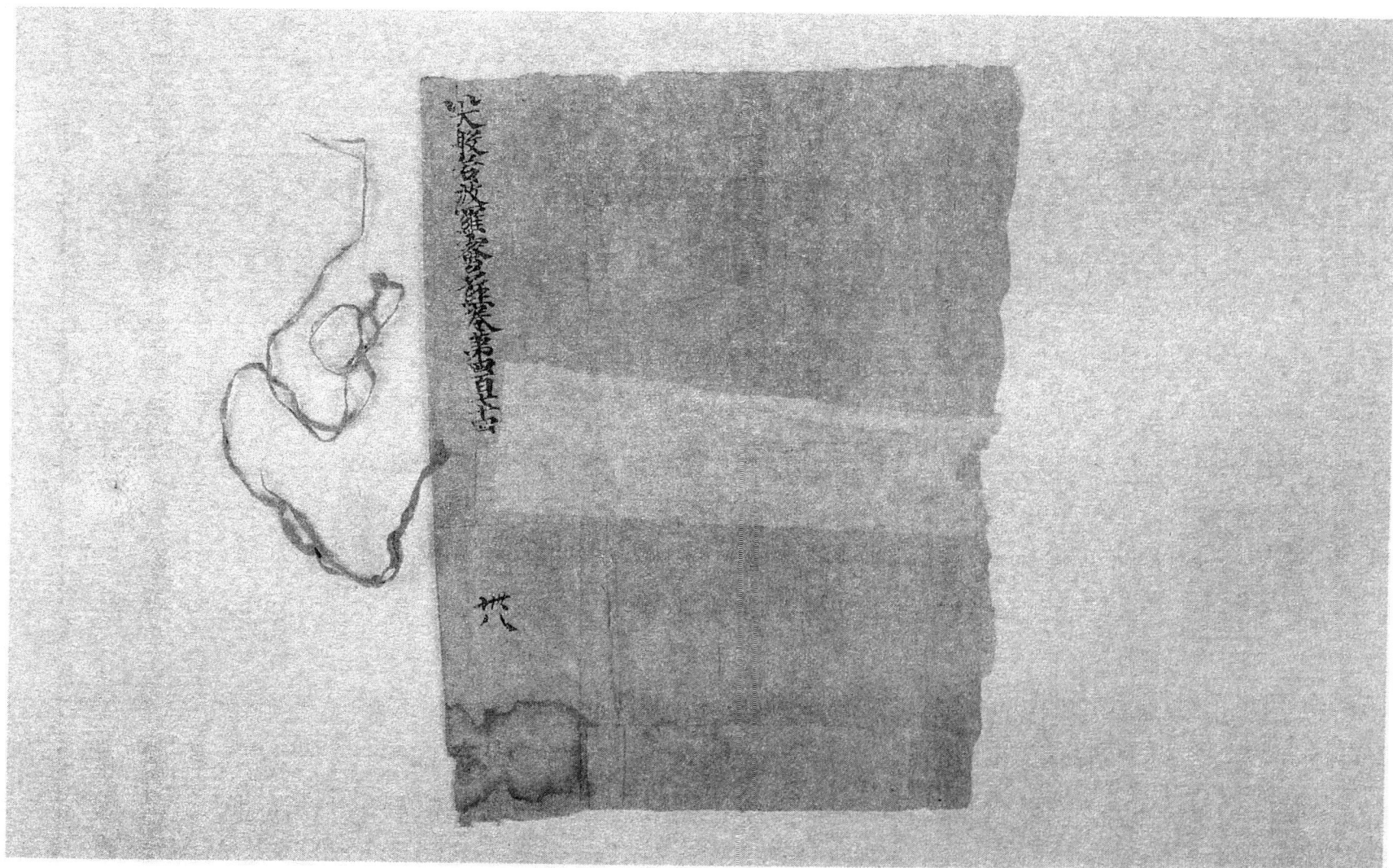

BD12892 號　護首（大般若波羅蜜多經）　　　　　　　　　　　　　　　　　　　（1-1）

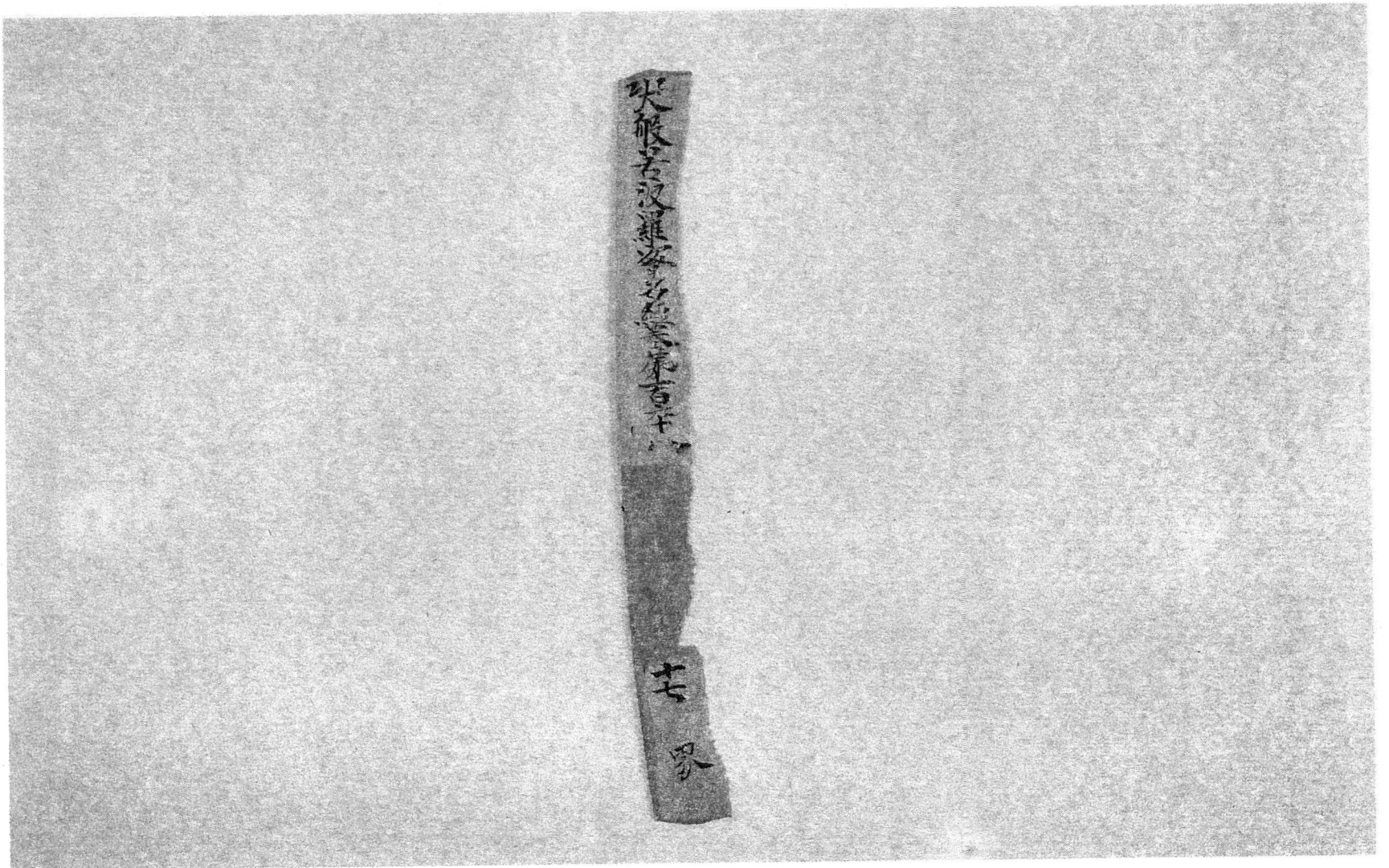

BD12893 號　護首（大般若波羅蜜多經）

(1-1)

BD12894 號　護首（大寶積經）

(1-1)

BD12895 號　護首（大般若波羅蜜多經）

(1-1)

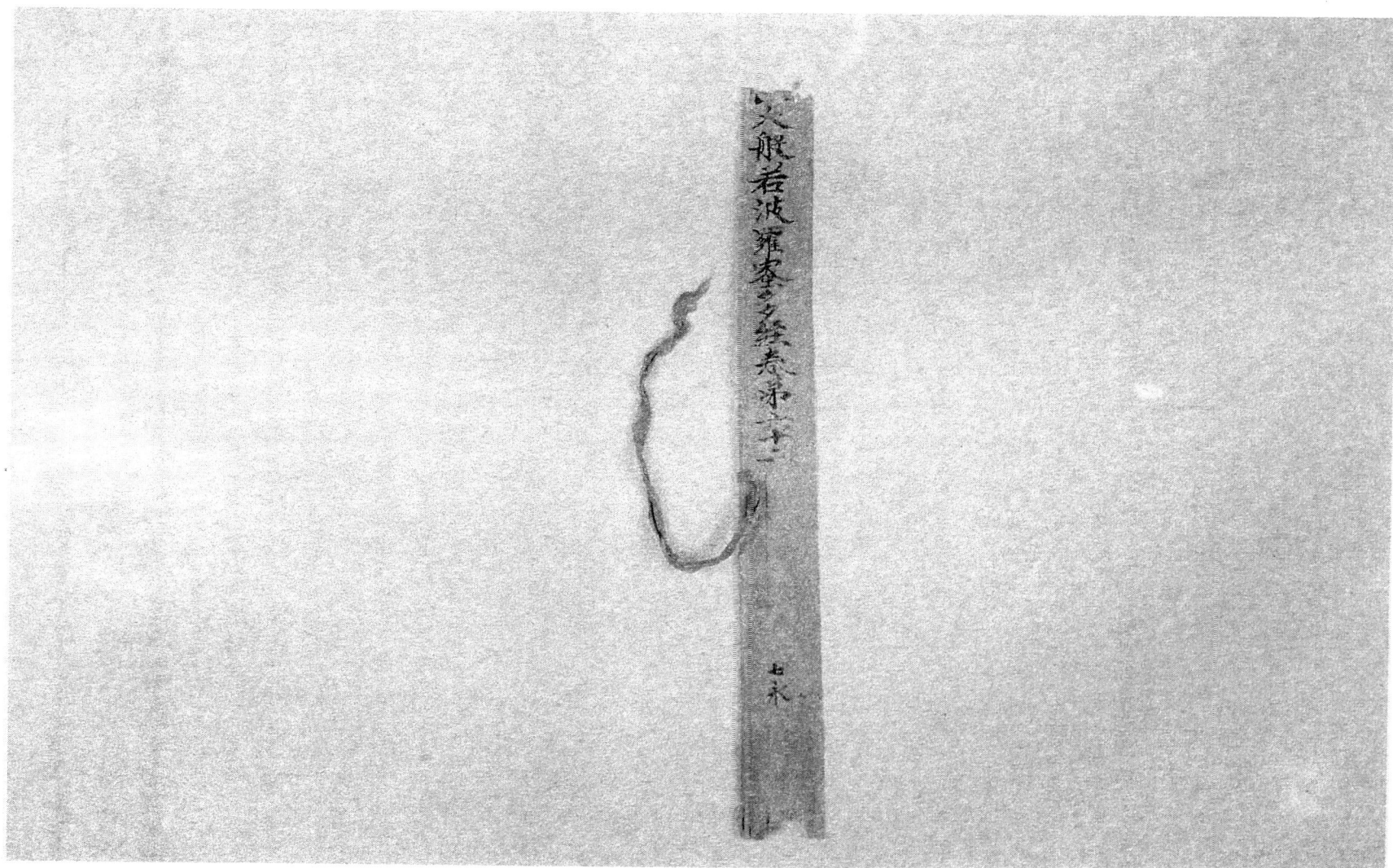

BD12896 號　護首（大般若波羅蜜多經）

(1-1)

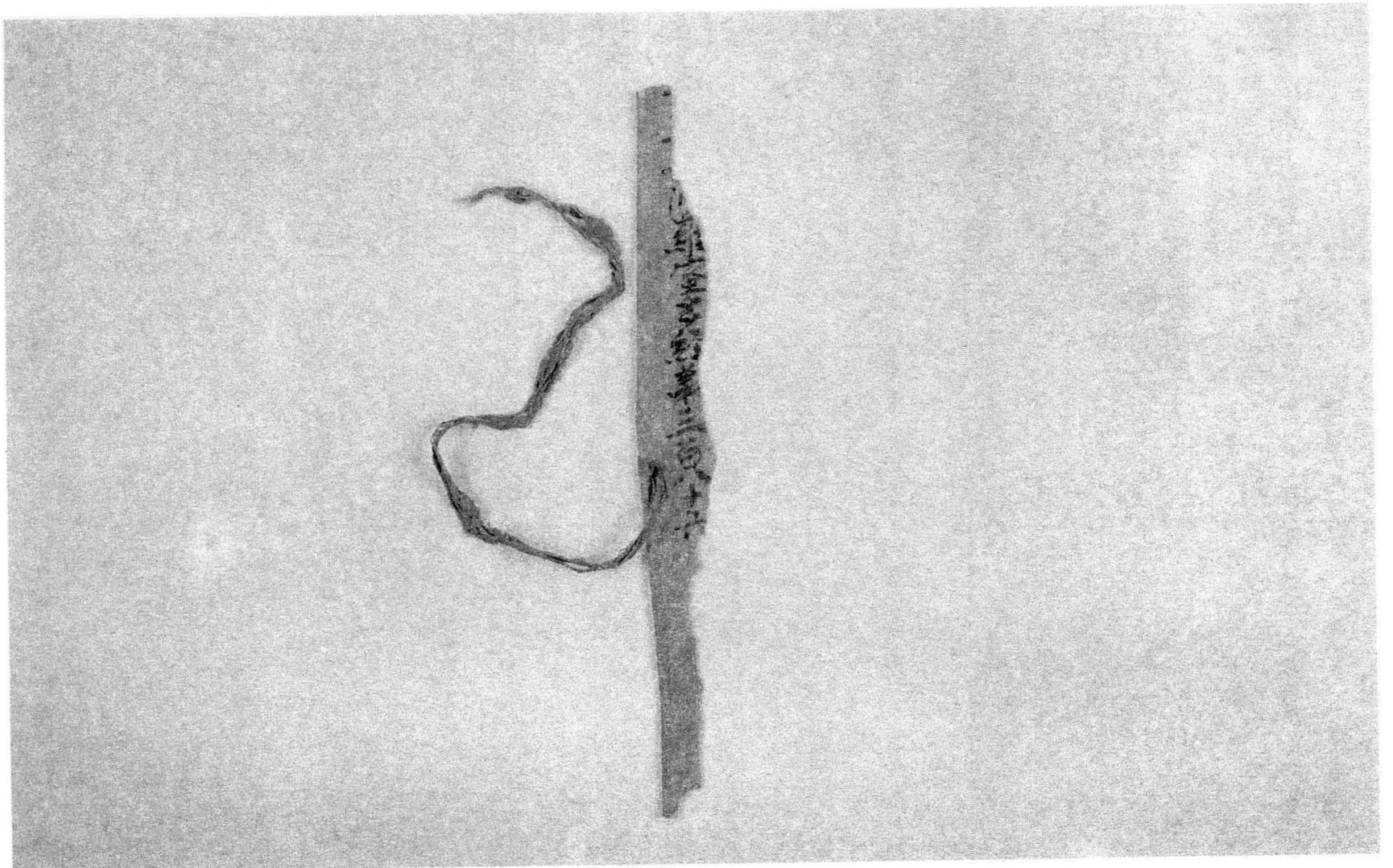

BD12897 號　護首（大般若波羅蜜多經）

(1-1)

BD12898 號　護首（妙法蓮華經）

(1-1)

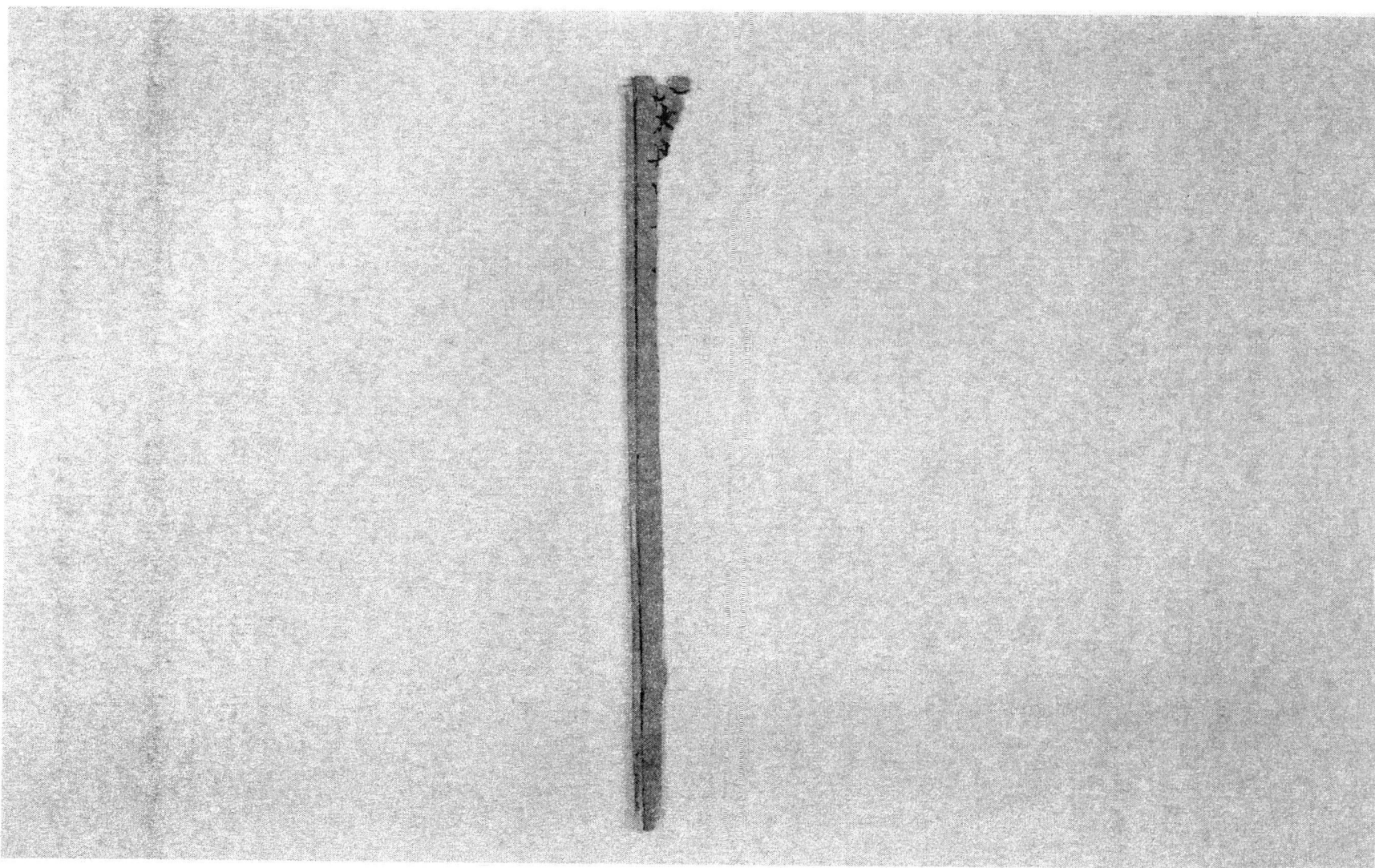

BD12899 號　護首（大般若波羅蜜多經）

(1-1)

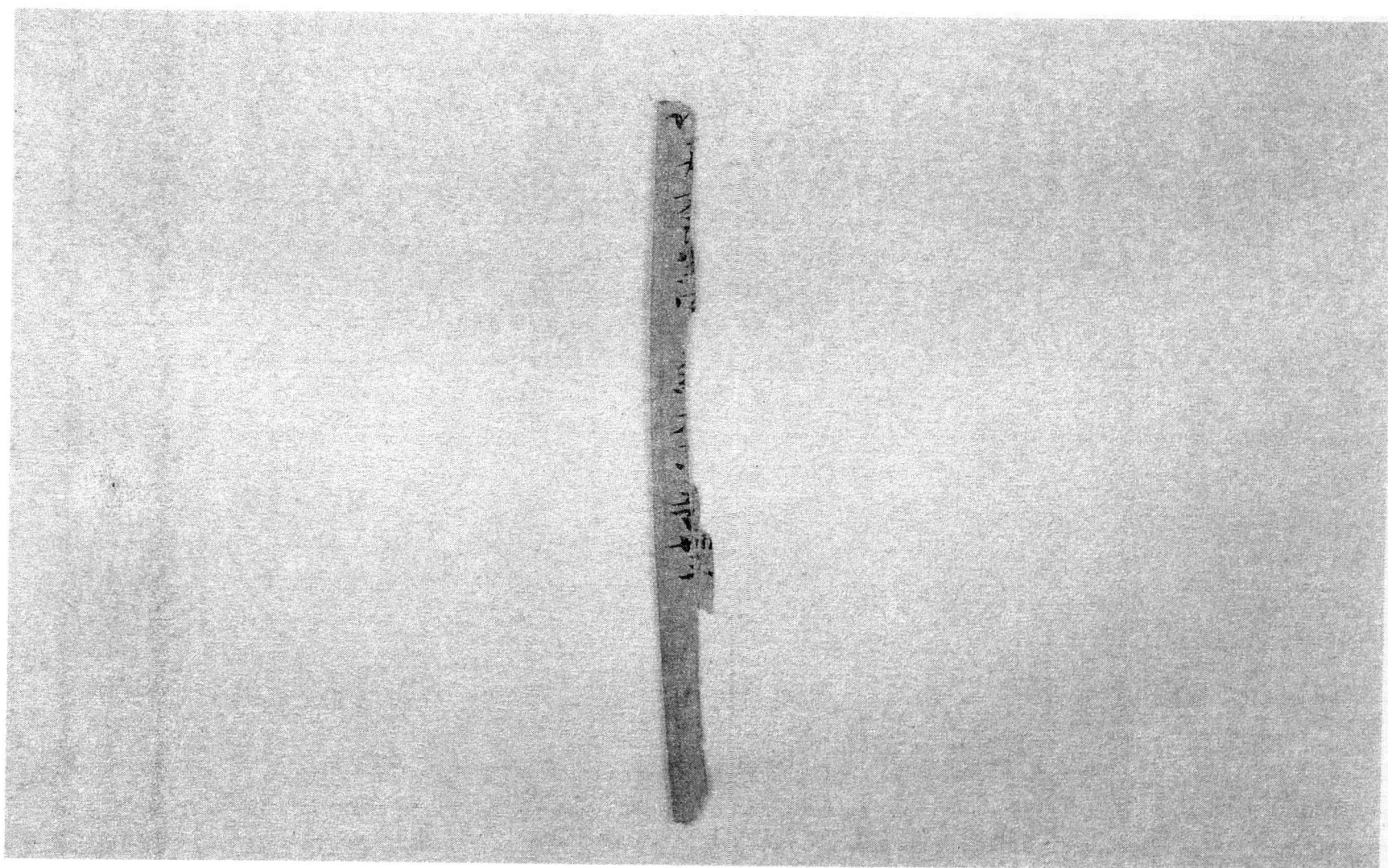

BD12900 號　護首（大般若波羅蜜多經）

(1-1)

BD12901 號　護首（大般若波羅蜜多經）

（1-1）

BD12902 號　護首（大般若波羅蜜多經）

（1-1）

BD12903 號背　護首　　　　　　　　　　　　　　　　　　　（1-1）

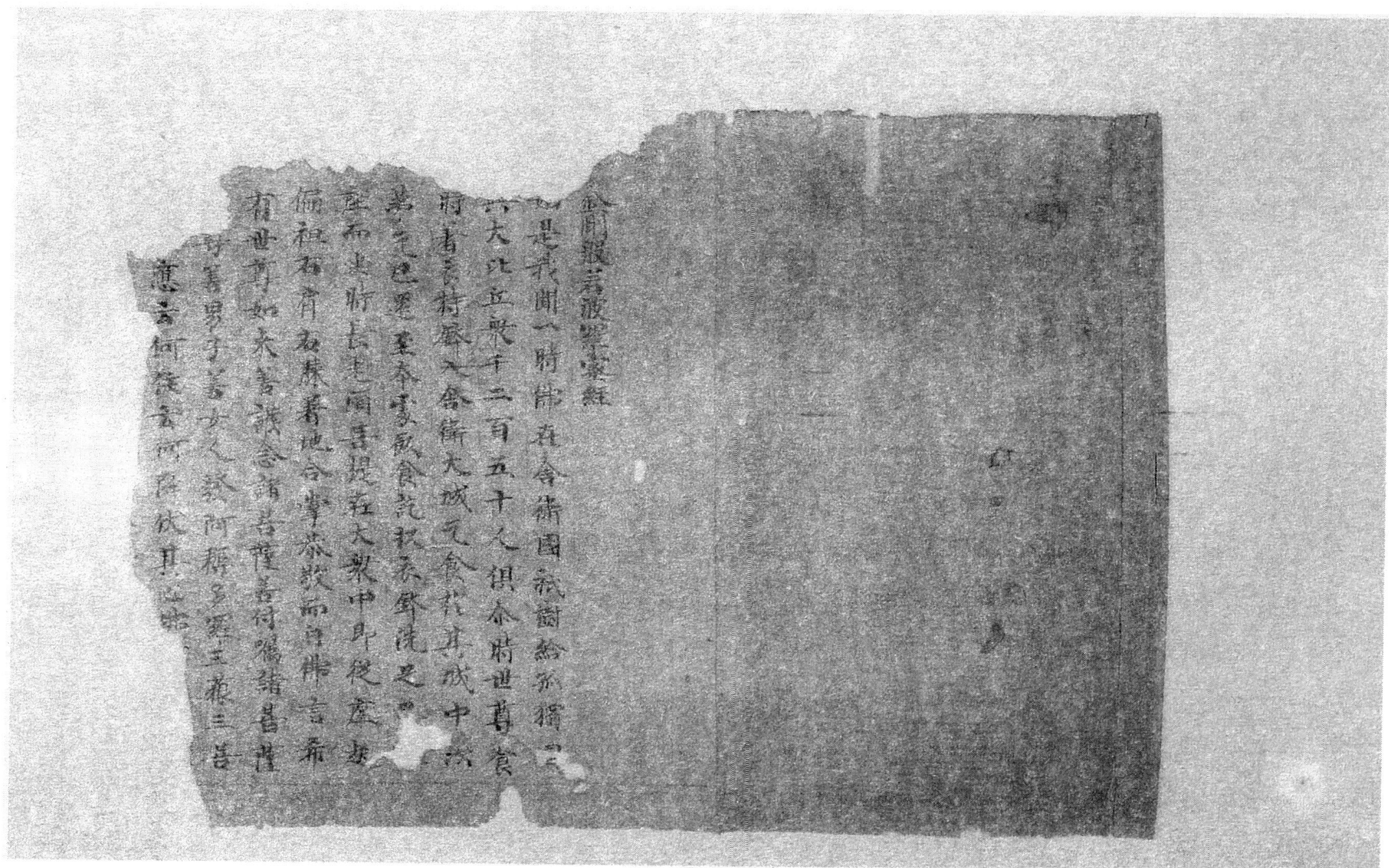

BD12903 號　金剛般若波羅蜜經　　　　　　　　　　　　　　　（1-1）

BD12904 號　護首（大般若波羅蜜多經）

(1-1)

BD12905 號　護首（大寶積經）

(1-1)

BD12906 號　護首（佛名經）

(1-1)

BD12907 號　護首（大般若波羅蜜多經）

(1-1)

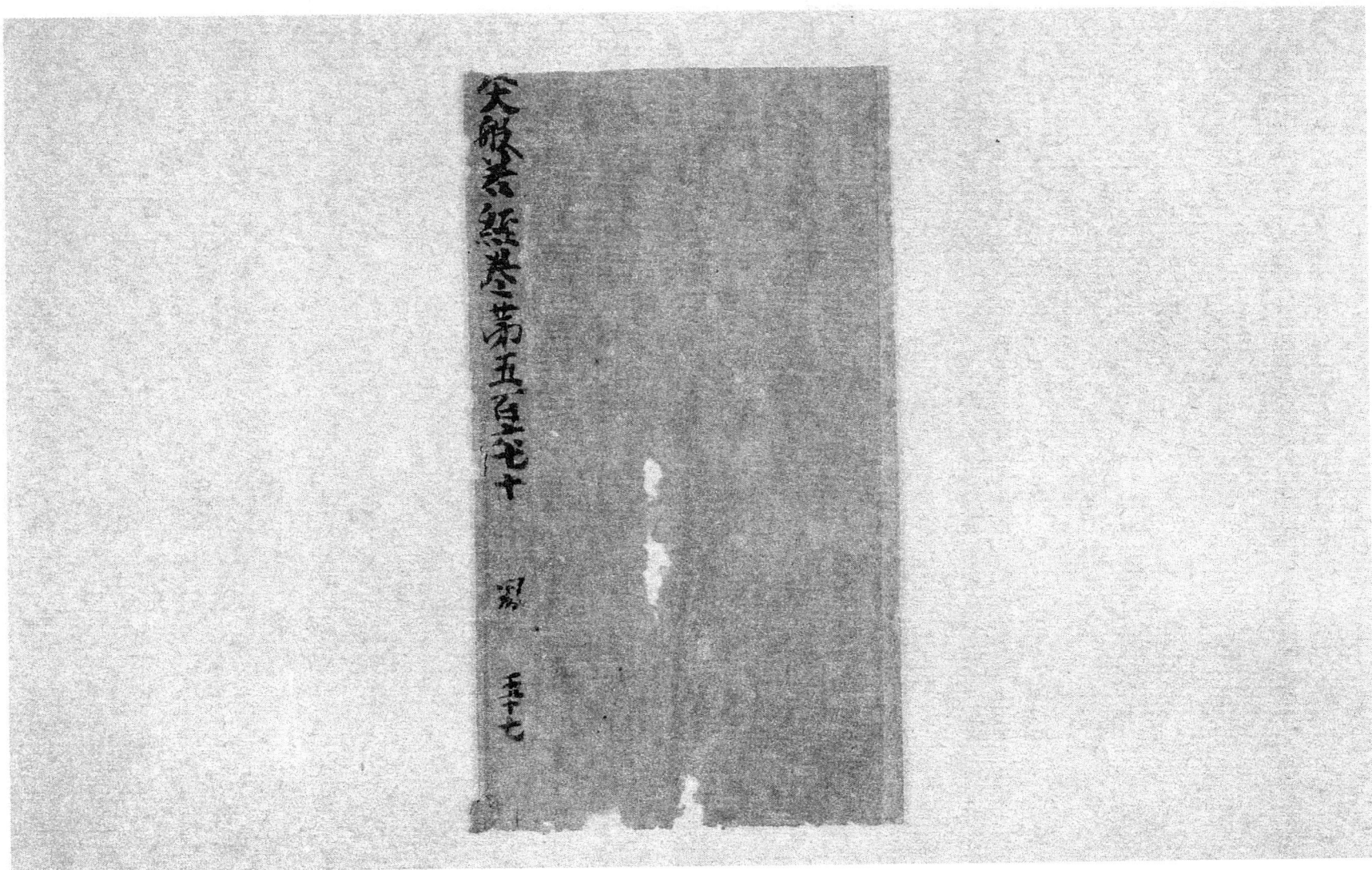

BD12908 號　護首（大般若波羅蜜多經）

BD12909 號　護首（大般若波羅蜜多經）

(1-1)

BD12910 號　護首（大般若波羅蜜多經）

(1-1)

BD12911 號　護首（妙法蓮華經）

(1-1)

BD12912 號　護首（大般若波羅蜜多經）

(1-1)

BD12914 號　妙法蓮華經卷七

(1-1)

BD12915 號　護首（妙法蓮華經）

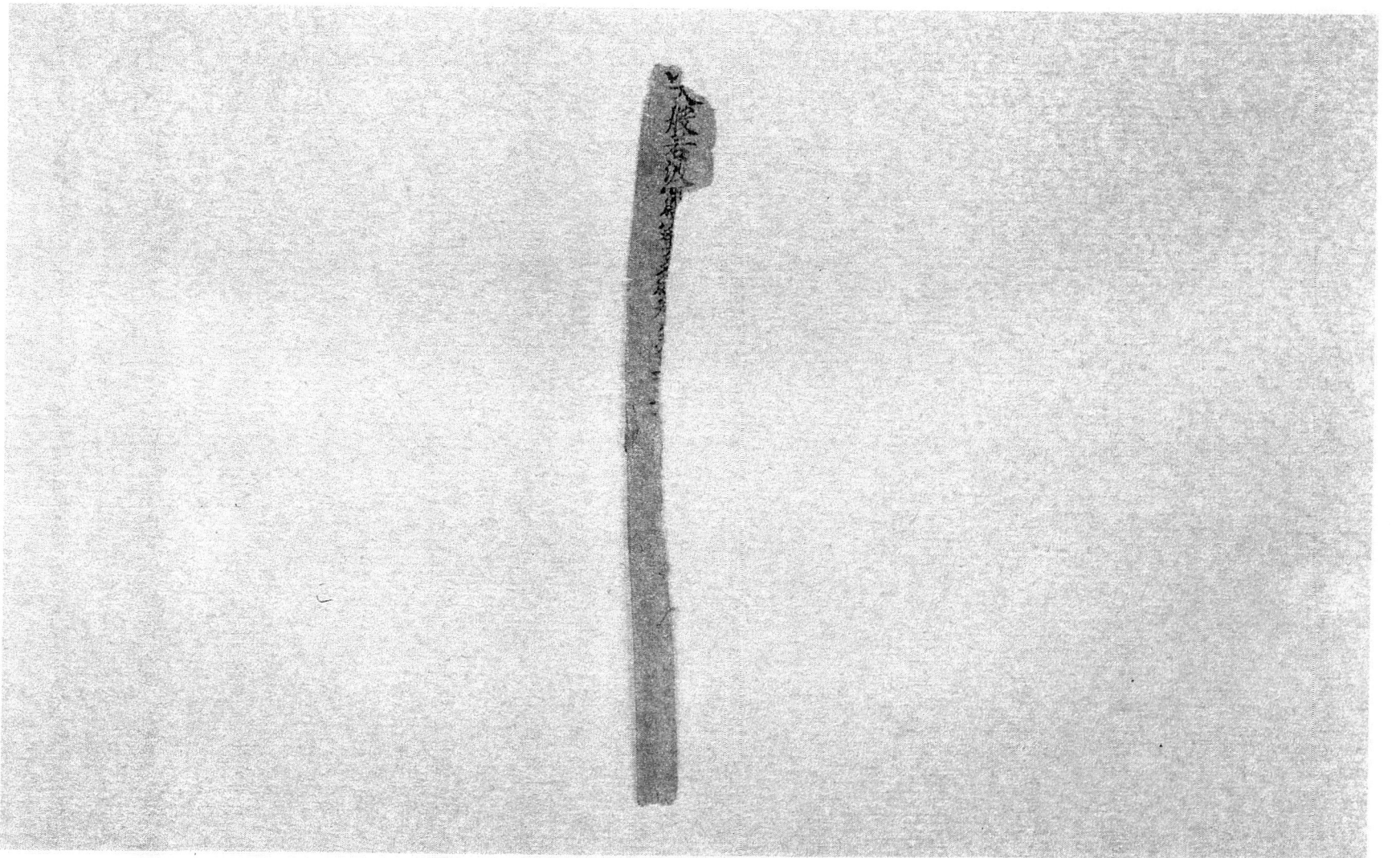

BD12916 號　護首（大般若波羅蜜多經）

BD12917 號　護首（大般若波羅蜜多經）

(1-1)

BD12918 號　袟皮（擬）

(1-1)

BD12920 號　護首（經名不詳）

（1-1）

BD12921 號　護首（大般若波羅蜜多經）

（1-1）

BD12922 號　護首（妙法蓮華經）

BD12923 號　護首（大般若波羅蜜多經）

BD12924 號　護首（大般若波羅蜜多經）

(1-1)

BD12925 號　護首（大般若波羅蜜多經）

(1-1)

BD12926 號　護首（妙法蓮華經）

（1-1）

BD12927 號　護首（證明經）

（1-1）

BD12928 號　護首（閻羅王受記經）

(1-1)

BD12928 號背　雜寫

(1-1)

BD12929 號　護首（金光明最勝王經）

(1-1)

BD12930 號　護首（大般若波羅蜜多經）

(1-1)

BD12931 號　護首（妙法蓮華經）

(1-1)

BD12932 號　護首（大般涅槃經）

(1-1)

BD12933 號　護首（維摩詰經）

（1-1）

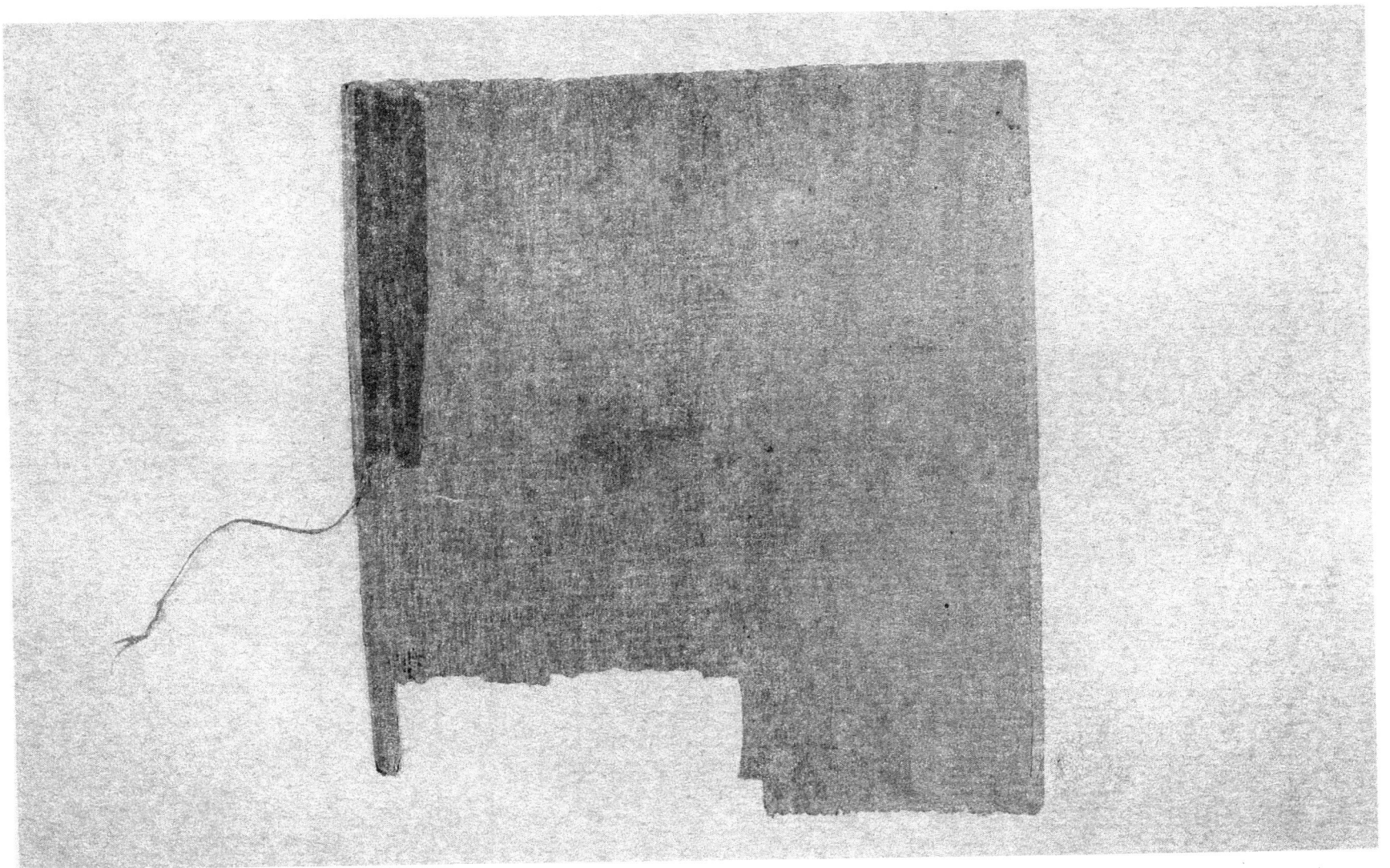

BD12934 號　護首（大般若波羅蜜多經）

（1-1）

359

BD12935 號　護首（大般若波羅蜜多經）　　　　　　　　　　　　　　　　　　　　　　（1-1）

BD12936 號　護首（大般若波羅蜜多經）　　　　　　　　　　　　　　　　　　　　　　（1-1）

BD12937 號　護首（大般若波羅蜜多經）

（1-1）

BD12938 號　護首（大般若波羅蜜多經）

（1-1）

BD12939 號　護首（大般若波羅蜜多經）　　　　　　　　　　　　　　　　　　　　　　　　　（1-1）

BD12940 號　護首（金光明經）　　　　　　　　　　　　　　　　　　　　　　　　　　　　　（1-1）

BD12941 號　護首（大般若波羅蜜多經）

BD12942 號　護首（大般若波羅蜜多經）

BD12943 號　護首（大般若波羅蜜多經）

著 錄 凡 例

本目錄採用條目式著錄法。諸條目意義如下：

1.1　著錄編號。用漢語拼音首字"BD"表示，意為"北京圖書館藏敦煌遺書"，簡稱"北敦號"。文獻寫在背面者，標註為"背"。一件遺書上抄有多個文獻者，用數字1、2、3等標示小號。一號中包括幾件遺書，且遺書形態各自獨立者，用字母A、B、C等區別。

1.2　著錄分類號。本條記目錄暫不分類，該項空缺。

1.3　著錄文獻的名稱、卷本、卷次。

1.4　著錄千字文編號。

1.5　著錄縮微膠卷號。

2.1　著錄遺書的總體數據。包括長度、寬度、紙數、正面抄寫總行數與每行字數、背面抄寫總行數與每行字數。如該遺書首尾有殘破，則對殘破部分單獨度量，用加號加在總長度上。凡屬這種情況，長度用括弧標註。

2.2　著錄每紙數據。包括每紙長度及抄寫行數或界欄數。

2.3　著錄遺書的外觀。包括：（1）裝幀形式。（2）首尾存況。（3）護首、軸、軸頭、天竿、縹帶，經名是書寫還是貼籤，有無經名號，扉頁、扉畫。（4）卷面殘破情況及其位置。（5）尾部情況。（6）有無附加物（蟲繭、油污、線繩及其他）。（7）有無裱補及其年代。（8）界欄。（9）修整。（10）其他需要交待的問題。

2.4　著錄一件遺書抄寫多個文獻的情況。

3.1　著錄文獻首部文字與對照本核對的結果。

3.2　著錄文獻尾部文字與對照本核對的結果。

3.3　著錄錄文。

3.4　著錄對文獻的説明。

4.1　著錄文獻首題。

4.2　著錄文獻尾題。

5　　著錄本文獻與對照本的不同之處。

6.1　著錄本遺書首部可與另一遺書綴接的編號。

6.2　著錄本遺書尾部可與另一遺書綴接的編號。

7.1　著錄題記、題名、勘記等。

7.2　著錄印章。

7.3　著錄雜寫。

7.4　著錄護首及扉頁的內容。

8　　著錄年代。

9.1　著錄字體。如有武周新字、合體字、避諱字等，予以説明。

9.2　著錄卷面二次加工的情況。包括句讀、點標、科分、間隔號、行間加行、行間加字、硃筆、墨塗、倒乙、刪除、兑廢等。

10　　著錄敦煌遺書發現後，近現代人所加內容，裝裱、題記、印章等。

11　　備註。著錄揭裱互見、圖版本出處及其他需要説明的問題。

上述諸條，有則著錄，無則空缺。

為避文繁，上述著錄中出現的各種參考、對照文獻，暫且不列版本説明。全目結束時，將統一編制本條記目錄出現的各種參考書目。

本條記目錄為農曆年份標註其公曆紀年時，未進行歲頭年末之換算，請讀者使用時注意自行換算。

條 記 目 錄

BD12260—BD12944

1.1　BD12260 號

1.3　無量壽宗要經

1.4　L2389

2.1　11×5 厘米；1 紙；7 行。

2.3　卷軸裝。首尾均殘。通卷上殘。小殘片。有烏絲欄。已修整。

3.1　首殘→大正 0936，19/0082B13。

3.2　尾殘→大正 0936，19/0082B26。

8　8～9 世紀。吐蕃統治時期寫本。

9.1　楷書。

1.1　BD12261 號

1.3　起信論疏卷下

1.4　L2390

2.1　9.1×13.4 厘米；1 紙；5 行。

2.3　卷軸裝。首尾均殘。通卷下殘。小殘片。有烏絲欄。已修整。

3.1　首殘→大正 1844，44/0223B14。

3.2　尾殘→大正 1844，44/0223B21。

8　8 世紀。唐寫本。

9.1　楷書。

1.1　BD12262 號

1.3　護首（經名不詳）

1.4　L2391

2.1　5.3×24.6 厘米；1 紙；1 行。

2.3　卷軸裝　首尾均殘。殘護首。小殘片。已修整。

3.4　說明：

　　本遺書為護首。上有"［佛說］□…□卷第十三，界"，上有經名號。

　　"界"為本經收藏寺院三界寺的簡稱。

8　9～10 世紀。歸義軍時期寫本。

9.1　楷書。

1.1　BD12263 號

1.3　華嚴經疏（擬）

1.4　L2392

2.1　7.6×13.2 厘米；1 紙；5 行。

2.3　卷軸裝。首尾均殘。通卷上殘。小殘片。有烏絲欄。已修整。

3.3　錄文：

　　（首殘）

　　□…□引犢子喻□/

　　□…□也。第二千中萬行道/

　　□…□力故。以現在有為萬行道/

　　□…□為香山，無漏為師子王也。鳥獸絕跡者/

　　□…□惡不起名猶故不/

　　（錄文完）

8　5～6 世紀。南北朝寫本。

9.1　隸書。

9.2　有行間校加字。

1.1　BD12264 號

1.3　妙法蓮華經卷三

1.4　L2393

2.1　7.4×13.5 厘米；1 紙；5 行。

2.3　卷軸裝。首尾均殘。通卷下殘。小殘片。有烏絲欄。已修整。

3.1　首殘→大正 0262，09/0019A21。

3.2　尾殘→大正 0262，09/0019A25。

8　7～8 世紀。唐寫本。

9.1　楷書。

1.1　BD12265 號

1.3　佛經殘片（擬）

1.4　L2394

2.1 4.6×4.2厘米；1紙；3行。

2.3 卷軸裝。首尾均殘。通卷上殘。小殘片。有烏絲欄。已修整。

3.4 説明：

本遺書雖殘留3行，可辨識文字僅"此經"2字。

8 7~8世紀。唐寫本。

9.1 楷書。

1.1 BD12266號

1.3 摩訶般若波羅蜜經卷七

1.4 L2395

2.1 3.1×9.7厘米；1紙；1行。

2.3 卷軸裝。首尾均殘。通卷上殘。小殘片。背有古代裱補。已修整。

3.1 首殘→大正0223，08/0274B11。

3.2 尾殘→大正0223，08/0274B12。

8 6世紀。南北朝寫本。

9.1 隸楷。

1.1 BD12267號

1.3 無常經

1.4 L2396

2.1 10×23厘米；2紙；5行。

2.2 01：05.0，護首；　02：11.0，05。

2.3 卷軸裝。首尾均殘。通卷上下殘。小殘片。有護首，已殘。已修整。

3.1 首殘→大正0801，17/0745B07。

3.2 尾殘→大正0801，17/0745B13。

4.1 □…□三稽經（首）。

8 7~8世紀。唐寫本。

9.1 楷書。

1.1 BD12268號

1.3 大般涅槃經（北本）卷三〇

1.4 L2397

2.1 5.5×13.5厘米；2紙；4行。

2.2 01：03.0，02；　02：02.5，02。

2.3 卷軸裝。首尾均殘。通卷上殘。小殘片。有烏絲欄。已修整。

3.1 首殘→大正0374，12/0544A15。

3.2 尾殘→大正0374，12/0544A18。

8 5~6世紀。南北朝寫本。

9.1 隸書。

1.1 BD12269號

1.3 護首（大般若波羅蜜多經）

1.4 L2398

2.1 4.5×14.6厘米；1紙；1行。

2.3 卷軸裝。首尾均殘。通卷上下殘。小殘片。有烏絲欄。已修整。

3.4 説明：

本遺書為護首。上有殘經名"□…□多經卷第四百六十□…□"。

8 8~9世紀。吐蕃統治時期寫本。

9.1 楷書。

1.1 BD12270號

1.3 大般涅槃經（北本）卷二五

1.4 L2399

2.1 4×13.5厘米；1紙；3行。

2.3 卷軸裝。首尾均殘。通卷上下殘。小殘片。有烏絲欄。已修整。

3.1 首殘→大正0374，12/0512A15。

3.2 尾殘→大正0374，12/0512A17。

8 6世紀。南北朝寫本。

9.1 隸書。

1.1 BD12271號

1.3 金光明經卷二

1.4 L2400

2.1 3.8×4.9厘米；1紙；2行。

2.3 卷軸裝。首尾均殘。通卷上下殘。小殘片。有烏絲欄。已修整。

3.1 首殘→大正0663，16/0343C26。

3.2 尾殘→大正0663，16/0343C27。

8 8~9世紀。吐蕃統治時期寫本。

9.1 楷書。

1.1 BD12272號

1.3 酒戶索再昌狀（擬）

1.4 L2401

2.1 6×23.5厘米；1紙；3行。

2.3 單葉裝。首全尾殘。小殘片。此件表面多糨糊，當曾用作某卷裱補紙。已修整。

3.3 錄文：

（首全）

酒戶索再昌/

伏以今月拾柒日比◇帖下供甘州走馬/

至貳拾壹日夜◇伏請　處分/

（錄文完）

8 9~10世紀。歸義軍時期寫本。

9.1 楷書。

1.1 BD12273號

1.3　妙法蓮華經卷三

1.4　L2402

2.1　25×25.5 厘米；2 紙；6 行，行 17 字。

2.2　01：11.0，護首；　　02：14.0，06。

2.3　卷軸裝。首全尾殘。小殘片。經黃打紙。有護首，已殘。卷面有殘洞。背有古代裱補。有烏絲欄。已修整。

3.1　首殘→大正 0262，09/0019A13。

3.2　尾殘→大正 0262，09/0019A20。

4.1　妙法蓮華經藥草喻品第五，三（首）。

8　7～8 世紀。唐寫本。

9.1　楷書。

1.1　BD12274 號

1.3　無量大慈教經

1.4　L2403

2.1　10.5×14.5 厘米；1 紙；5 行。

2.3　卷軸裝。首尾均殘。通卷下部殘缺。小殘片。已修整。

3.3　錄文：

（首殘）

佛說慈教無量大慈教□/

如是我聞一時佛在舍衛國□…□/

與無量菩薩人天大衆□…□/

爾時阿難為諸衆生□…□/

□…□有□…□/

（錄文完）

3.4　說明：

《大正藏》第 85 卷依據斯 1627 號收入本文獻，但該號首殘。

4.1　佛說慈教無量大慈教□（首）。

8　9～10 世紀。歸義軍時期寫本。

9.1　楷書。

1.1　BD12275 號

1.3　金剛般若波羅蜜經

1.4　L2404

2.1　10.4×10.6 厘米；1 紙；7 行。

2.3　卷軸裝。首尾均殘。通卷下殘。小殘片。卷背多鳥糞。有烏絲欄。已修整。

3.1　首殘→大正 0235，08/0749C22。

3.2　尾殘→大正 0235，08/0749C29。

8　8～9 世紀。吐蕃統治時期寫本。

9.1　楷書。

1.1　BD12276 號

1.3　無量壽宗要經

1.4　L2405

2.1　7×20 厘米；1 紙；5 行。

2.3　卷軸裝。首尾均殘。通卷下殘。菱形小殘片。有烏絲欄。已修整。

3.1　首殘→大正 0936，19/0083B03。

3.2　尾殘→大正 0936，19/0083B13。

8　8～9 世紀。吐蕃統治時期寫本。

9.1　楷書。

1.1　BD12277 號

1.3　患文（擬）

1.4　L2406

2.1　(16.5＋24.5)×29 厘米；2 紙；7 行，行 13～14 字。

2.2　01：16.5，07；　　02：24.5，素紙。

2.3　卷軸裝。首殘尾全。小殘片。卷面污穢變色。中間撕裂。已修整。

3.3　錄文：

（首殘）

未為死生之慈父，所以危中告佛，厄/

在求僧。仰託三尊，請求加護。唯願/

捨施功德，一一良因，盡用莊嚴患/

者即體。唯願觀假月灑芳，亦以請/

身勢王。業花扇香風而游散。/

然後六塵永散，八苦長消。延惠命於此/

時，等法身於堅固。/

（錄文完）

8　9～10 世紀。歸義軍時期寫本。

9.1　行楷。

1.1　BD12278 號

1.3　急就篇

1.4　L2407

2.1　17.5×16 厘米；1 紙；正面 7 行，背面 11 行。

2.3　卷軸裝。首尾均殘。通卷上殘。小殘片。經黃紙。背有古代裱補。卷首表面粘有一紙，上面有字，向裏粘貼，難以辨認。有烏絲欄。已修整。

2.4　本遺書包括 2 個文獻：（一）《急就篇》，7 行，抄寫在正面，今編為 BD12278 號。（二）《齋意文》（擬），11 行，抄寫在背面，今編為 BD12278 號背。

3.3　錄文：

（首殘）

□…□鞀（徒高反）簫鼕（步迷反）/

□…□歌謳聲。/

□…□庭，侍酒行觴宿昔醒（呈）/

□…□令（力成反）。/

□…□生。膹（夫□反）膾（王外反）炙（之夜反）裁（側吏反）/

□…□/

□…□程。/

5

（錄文完）

說明：括號中為雙行小字夾註。

8　7～8 世紀。唐寫本。

9.1　楷書。

1.1　BD12278 號背

1.3　齋意文（擬）

1.4　L2407

2.4　本遺書由 2 個文獻組成，本文獻為第 2 個，11 行，抄寫在背面。餘參見 BD12278 號之第 2 項。

3.3　錄文：

（首殘）

□…□萬/

□…□心包大/

□…□福乎。天人巍巍乎。我世雄/

□…□/

□…□樂。無量衆生十二部經甚深海藏。甘/

□…□切賢聖悉能證明即席功德。今有施主/

□…□福田。增修白法。能袖衣食之分。務備來/

□…□財及斛𣁒畜乘等。充入常主及現/

□…□界宿殃要解/

□…□/

□…□福無垠。凡厥有情莫不/

（錄文完）

3.4　說明：

本遺書抄寫齋意文三篇，均殘缺。

7.3　裱補紙上有文字 5 行，可辨有"土雷"、"霍"、"艇"、"潛"等字。詳情待考。

8　9～10 世紀。歸義軍時期寫本。

9.1　楷書。

9.2　有行間校加字。

1.1　BD12279 號

1.3　劉子

1.4　L2408

2.1　19.8×13.3 厘米；1 紙；14 行。

2.3　卷軸裝。首尾均殘。通卷上下殘。小殘片。已修整。

3.1　首殘→《劉子集校》，01/0186A09。

3.2　尾殘→《劉子集校》，01/0192A04。

3.4　說明：

存文為《劉子》"傷讒第三十二"後部分與"慎隙第三十三"前部分。

8　8 世紀。唐寫本。

9.1　楷書。

9.2　有硃筆斷句。有行間校加字。

1.1　BD12280 號

1.3　古文尚書傳·蔡仲之命

1.4　L2409

2.1　27×12.5 厘米；2 紙；正面 13 行，背面 11 行。

2.2　01：4.5，2；　　02：22.5，13。

2.3　卷軸裝。首尾均殘。上邊殘缺。有撕裂。小殘片。已修整。

2.4　本遺書包括 2 個文獻：（一）《故尚書傳·蔡仲之命》，13 行，抄寫在正面，今編為 BD12280 號。（二）《齋意文》（擬），11 行，抄寫在背面，今編為 BD12280 號背。

3.1　首殘→《十三經註疏》，01/0227A02。

3.2　尾殘→《十三經註疏》，01/0227B10。

3.4　說明：

可與《十三經註疏》本相校對。

8　9～10 世紀。歸義軍時期寫本。

9.1　楷書。

9.2　有硃筆斷句。

1.1　BD12280 號背

1.3　齋意文（擬）

1.4　L2409

2.4　本遺書由 2 個文獻組成，本文獻為第 2 個，11 行，抄寫在背面。餘參見 BD12280 號之第 2 項。

3.3　錄文：

（首殘）

□…□天運景福。典威嚴□…□/

□…□榮秩昇於華省。出將入相□…□/

□…□之服。願國家握天寶靈/

□…□方朝廷大寧。天下無事。史（？）/

□…□冠冕恒遊。國香周調。鼎/

□…□固朝事。才智日新。大願相/

□…□承諸佛之威。諸檀越等。/

□…□束。證菩提之果。久懷餘慶。/

□…□目因朝事。才智日新。福佑（？）/

□…□承天寵之榮。願行廻/

□…□資早達神州。父孃相見。/

（錄文完）

8　9～10 世紀。歸義軍時期寫本。

9.1　楷書。

1.1　BD12281 號

1.3　式叉摩那六法文

1.4　L2410

2.1　（14＋22.8＋4.6）×26.9 厘米；1 紙；26 行，行 14～17 字。

2.3　卷軸裝。首尾均殘。小殘片。卷面有水漬，油污變色。有烏絲欄。已修整。

3.1　首 8 行下殘→大正 1433，22/1060C11～19。

3.2　尾 3 行下殘→大正 1433，22/1062A04～07。

4.1　式叉六法文一卷（首）。

5 與《大正藏》本對照，相當於羯磨中的《式叉摩那受六法文》中的一部分。文字略有出入。類似文字也出現於《雜羯磨》、《四分比丘尼羯磨法》及《尼羯磨》卷上等經典中。

8 8～9 世紀。吐蕃統治時期寫本。

9.1 楷書。

1.1 BD12282 號

1.3 五更調（擬）

1.4 L2411

2.1 41×15 厘米；1 紙；16 行。

2.3 卷軸裝。首尾均殘。通卷下殘。小殘片，斷為兩塊。已修整。

3.3 錄文：

（錄文）

□…□遠鄉親/

三更侵。閻浮終（眾）生數種心。百個□…□/

浮沉。有識之人敬三寶。無□…□/

卻曾薄。貴他妻妾似黃金。□…□/

狗哦狼禽飛鷹走。犬巳鳥□…□/

眼中交即見何處。閻浮□…□/

罪。努力須斷煞生心。/

四更蘭。世間惟有作人難。□…□/

賢卻被彈。孝順男女生天□…□/

削身修功德。如來空中向下□…□/

為慳貪地獄安目連□…□/

寒。目連悲啼救其母。世尊□…□/

□…□思量觀已躬即□…□/

（此處殘斷）

誰知先業受飢貧。人皆盡□…□/

儻若一朝命到死。僻手兩□…□/

□…□更無□王□…□/

（錄文完）

8 9～10 世紀。歸義軍時期寫本。

9.1 楷書。

13 參見伯2976 號（《敦煌歌詞總編》第1566 頁），文字有相似之處。詳情待考。

1.1 BD12283 號

1.3 大方廣佛華嚴經（晉譯五十卷本）卷一六

1.4 L2412

2.1 6.1×15.8 厘米；1 紙；4 行。

2.3 卷軸裝。首尾均殘。通卷上下殘。小殘片。有烏絲欄。已修整。

3.1 首殘→大正 0278，09/0517C05。

3.2 尾殘→大正 0278，09/0517C09。

8 5～6 世紀。南北朝寫本。

9.1 隸楷。

1.1 BD12284 號

1.3 大般涅槃經（北本）卷二九

1.4 L2413

2.1 5.9×10.1 厘米；1 紙；3 行。

2.3 卷軸裝。首尾均殘。通卷下殘。小殘片。有烏絲欄。已修整。

3.1 首殘→大正 0374，12/0535B21。

3.2 尾殘→大正 0374，12/0535B25。

4.1 大般涅槃經師子吼菩□…□（首）。

8 7～8 世紀。唐寫本。

9.1 楷書。

1.1 BD12285 號

1.3 阿彌陀經義述（擬）

1.4 L2414

2.1 10.6×6.6 厘米；1 紙；6 行。

2.3 卷軸裝。首尾均殘。通卷上下殘。小殘片。已修整。

3.1 首殘→大正 1756，37/0307C12。

3.2 尾殘→大正 1756，37/0307C18。

3.3 錄文：

（首殘）

□…□/

□…□曰。經開三分。一由□…□/

□…□序發起。正體二者□…□/

□…□來說此經已□…□/

□…□時成。四主成□…□/

□…□五正報□…□/

（尾殘）

5 與《大正藏》本對照，尾行"五正報"《大正藏》本無。首行字模糊，難以辨認。本文獻是否《阿彌陀經義述》，詳情待考，暫擬此名。

8 7～8 世紀。唐寫本。

9.1 楷書。

1.1 BD12286 號

1.3 大乘稻芉經隨聽疏

1.4 L2415

2.1 35.3×22.2 厘米；1 紙；24 行。

2.3 卷軸裝。首尾均殘。通卷上殘。殘片。有烏絲欄。已修整。

3.1 首殘→大正 2782，85/0545C28。

3.2 尾殘→大正 2782，85/0546B11。

8 8～9 世紀。吐蕃統治時期寫本。

9.1 行楷。有合體字"涅槃"。

9.2 有硃筆科分。

1.1 BD12287 號

1.3 論三身三種般若（擬）

1.4　L2416

2.1　18.6×23.8厘米；1紙；正面9行，背面9行。

2.3　卷軸裝。首尾均殘。通卷下殘。小殘片。有烏絲欄。已修整。

2.4　本遺書包括2個文獻：（一）《論三身三種般若》（擬），9行，抄寫在正面，今編為BD12287號。（二）《佛教文獻殘片》（擬），9行，抄寫在背面，今編為BD12287號背。

3.3　錄文：

（首殘）

身流出三藏等教十二部經。以是義□…□/

後修化身。所以然者。佛是法身。今欲□…□/

者。所謂妙有妙無，中道正觀。若□…□/

知自身，從無始來，常違法故，□…□/

如法，而不違法，久習不已。如法心□法心□…□/

本有報身修行，故得言化身者，是報之跡。用陳其報□…□/

文身。所行之跡，名為化身。故經云：現種種身。是名七□…□/

問：曾聞人說，有三種般若，何者是耶？答言：□…□/

□…□文字、觀照、實相，名之為□…□/

（錄文完）

8　7～8世紀。唐寫本。

9.1　楷書。

9.2　有硃筆斷句。

1.1　BD12287號背

1.3　佛教文獻殘片（擬）

1.4　L2416

2.4　本遺書由2個文獻組成，本文獻為第2個，9行，抄寫在背面。餘參見BD12287號之第2項。

3.3　錄文：

（首殘）

道起體發鏡智生聖忍無流起識發□…□/

得法空可能滅本識聖忍不得於法空不得發□…□/

治道輕於◇可使色起發本識□□二乘得道輕□…□/

滅於本識，若二乘不發本識，可使◇定□…□/

發於本識發定之身（?），非識□…□/

為法執。答：五識起法執，六識□…□/

迷於理起可使能。問：業無明，既迷□…□/

非有可能。問：於報（?）既不□…□/

理起而許。問：業感於報□…□/

（錄文完）

8　9～10世紀。歸義軍時期寫本。

9.1　行書。

1.1　BD12288號

1.3　大智度論卷八

1.4　L2417

2.1　19×13.9厘米；1紙；12行。

2.3　卷軸裝。首尾均殘。通卷上殘。小殘片。已修整。

3.1　首殘→大正1509，25/0115A08。

3.2　尾殘→大正1509，25/0115A22。

8　5～6世紀。南北朝寫本。

9.1　隸書。

1.1　BD12289號

1.3　因緣心論釋開決記

1.4　L2418

2.1　20.1×27.6厘米；1紙；14行，行字不等。

2.3　卷軸裝。首尾均殘。小殘片。有殘洞。有烏絲欄。已修整。

3.1　首殘→大正2816，85/1180A15。

3.2　尾殘→大正2816，85/1180B09。

5　與《大正藏》本對照，文字略有參差。可資互校。

7.3　背面有雜寫"千字文敕"、"某乙啓孟春猶"等，正寫、倒寫共5處。

8　8～9世紀。吐蕃統治時期寫本。

9.1　楷書。

9.2　有硃筆斷句。有行間校加字。

1.1　BD12290號

1.3　淨名經關中釋抄卷下

1.4　L2419

2.1　15.9×26.8厘米；1紙；8行，行20字（偈頌）。

2.3　卷軸裝。首尾均殘。小殘片。已修整。

3.1　首殘→大正2778，85/0530B25。

3.2　尾殘→大正2778，85/0530C09。

8　9～10世紀。歸義軍時期寫本。

9.1　楷書。

1.1　BD12291號

1.3　御註金剛般若經

1.4　L2420

2.1　35×28.6厘米；2紙；14行，行字不等。

2.2　01：25.8，10；　02：09.2，04。

2.3　卷軸裝。首尾均殘。小殘片。有上下界欄。已修整。

3.1　首殘→《藏外佛教文獻》，10/0056A06。

3.2　尾殘→《藏外佛教文獻》，10/0058A06。

5　本文獻可補校《藏外》本。

6.1　首→BD12244號。

8　7～8世紀。唐寫本。

9.1　楷書。

9.2　有行間校加字。

1.1　BD12292號

1.3　大般涅槃經（北本）鈔（擬）

1.4　L2421

2.1　23×29.6厘米；1紙；13行，行17~20字。

2.3　卷軸裝。首尾均殘。小殘片。已修整。

3.4　説明：

本遺書為《大般涅槃經》卷二三鈔：

第1~7行→大正374，12/503B9~17。

第7行下~13行→大正374，12/503C10~16。

8　7~8世紀。唐寫本。

9.1　楷書。

9.2　有行間校加字。

1.1　BD12293號

1.3　瑜伽師地論隨聽疏

1.4　L2422

2.1　24.3×29.1厘米；1紙；18行，行字不等。

2.3　卷軸裝。首尾均殘。小殘片。有殘洞。有烏絲欄。已修整。

3.3　錄文：

（首殘）

□…□謂住/

聲□…□空，唯斷煩惱障，唯證擇滅無/

為□…□上六種下劣種子故。言由現有故等/

者，由有種故。若□□佛出。□…□斷煩惱障，堪能六根具足等/

故，有觸證涅槃等故，言□…□無間道。言能證者，/

謂解脫道。言有何差別者□…□差別也。言種子者，如前/

所說。言謂界□□能任持出世□…□者。謂此自性法爾有故。不可/

轉變，如地之堅、水之濕等。若佛出世，若不出世，本性恒存故也。此中但約/

作用門中而立二名，非顯體有三。若根境識體，雖是色作用別故。言附在所/

依，所依五色身故，而立種子故，於文言有如是根，謂如前說，具六下劣根故。言/

六處等者，謂具聲聞種性見色等。時皆生厭污，不起貪著。故於文言六/

處所攝也。言從無始世等者，此亦如地之堅等，不可言從劫數年代而建/

立，故言於此。有者謂於所依身及六處等四位之中立種性。種子界性自/

性隨次說者應知。言謂應問言等者。若準合有總答。云謂安立種性/

粗細一多，不般涅槃因持（？）。般涅槃因行造作者，雖略說者應知故。四文中先問/

粗細也。言細者，謂種子。謂未興果時，眼所見，如世間五穀等種，雖有生果/

□…□果等用，但以意識所度而知。此之種性，亦復如是。

唯登□□/

□…□羅漢方能了知□…□種子/

（錄文完）

3.4　説明：

該隨聽疏疏釋的内容為《瑜伽師地論》卷二一。

8　9~10世紀。歸義軍時期寫本。

9.1　行書。有合體字"涅槃"。

9.2　有硃筆科分。有硃筆行間校加字。有塗抹。

1.1　BD12294號

1.3　楞伽師資記序

1.4　L2423

2.1　26.5×27厘米；1紙；10行，行20餘字。

2.3　卷軸裝。首尾均殘。通卷上殘。小殘片。有殘洞。有上下邊欄及折疊界欄。已修整。

3.3　錄文：

（首殘）

□…□果唯當到者自□…□/

同轍，萬古皆歸一道。淨覺有□□逾良緣□…□/

□法。每至披覽，非管見之所知；淨坐思惟，非小人之所解。生生/

盡命，傳達摩之遺文；世世之中，誓願事之足下。去大足元年在於/

[東]都，遇大通和上，諱秀，蒙授禪法。開示悟入，以得少分。每呈心地/

皆云努力。豈其福薄，忠孝無誠。和上隨順世間，奄從化往。所有疑/

[惑]，無處呈印。安州壽山大和上，諱蹟，俗姓王氏，太原祁人也。因高祖/

[作]生牧（牧，生）是雲孟之澤。是蘄州東山忍大師傳燈弟子也。大和尚在/

[壽山]之日，於方丈室入淨（靜），忽然兩目[中，各]出一五色舍利。將知大師/

[成道已久]。大唐中宗孝和 皇帝景龍二年有 勅召入/

（錄文完）

8　8世紀。唐寫本。

9.1　楷書。

13　與現存諸《楞伽師資記》寫本相比，本文獻卷首多出若干文字，且可互校，糾正以往校本的若干錯誤。

1.1　BD12295號

1.3　金光明最勝王經卷五

1.4　L2424

2.1　51×14厘米；1紙；30行。

2.3　卷軸裝。首尾均殘。通卷上殘。殘片。背有古代裱補。有烏絲欄。已修整。

3.1　首殘→大正0665，16/0422B25。

3.2 尾殘→大正 0665，16/0422C29。

7.3 卷背的兩塊裱補紙上均有文字。

8 8世紀。唐寫本。

9.1 楷書。

1.1 BD12296 號

1.3 思益梵天所問經卷四

1.4 L2425

2.1 (1.6＋37.8＋2.1)×26.3 厘米；2紙；20行，行17字。

2.2 01：1.6＋37.8，23；　　02：02.1，01。

2.3 卷軸裝。首尾均殘。紙張變色，有殘洞，下邊殘缺。有烏絲欄。已修整。

3.1 首殘→大正 0586，15/0055A09。

3.2 尾殘→大正 0586，15/0055B07。

8 8～9世紀。吐蕃統治時期寫本。

9.1 楷書。

1.1 BD12297 號

1.3 妙法蓮華經卷七

1.4 L2426

2.1 35.5×10.5 厘米；1紙；22行。

2.3 卷軸裝。首尾均殘。通卷上下殘。小殘片。卷面污穢，油污變色。背有古代裱補。有烏絲欄。已修整。

3.1 首殘→大正 0262，09/0057B12。

3.2 尾殘→大正 0262，09/0057C06。

8 8～9世紀。吐蕃統治時期寫本。

9.1 楷書。

1.1 BD12298 號

1.3 如來莊嚴智慧光明入一切佛境界經卷下

1.4 L2427

2.1 14.3×26.1 厘米；1紙；9行，行17字。

2.3 卷軸裝。首尾均殘。小殘片。有烏絲欄。已修整。

3.1 首3行上下殘→大正 0357，12/0244C23～26。

3.2 尾3行上下殘→大正 0357，12/0244C29～0245A02。

5 與《大正藏》本對照，文字略有參差。

6.2 尾→BD12235 號。

8 5～6世紀。南北朝寫本。

9.1 隸楷。

1.1 BD12299 號

1.3 唱導文（擬）

1.4 L2428

2.1 46.6×28.7 厘米；2紙；27行，行24字。

2.2 01：14.3，08；　　02：32.3，19。

2.3 卷軸裝。首尾均殘。殘片。有折疊欄。已修整。

3.3 錄文：

（首殘）

而親等□…□掩耳不□…□/

□□□廻，唯城（成）衆美，勸止諸非。□…□/

□無嗟。所願聞者，隨修逢而政（正）智。乃為言曰：仁者性多□…□/

□義知廉退。臨物斷癡心，對色令收改。事君惟盡忠。橆（撫）人□…□/

處世好公平，怨親無向背。但能共行如此法令，卷而不□…□/

之子斷其蹤不仁之仁絕其跡。自可內無枝杚之惑，外止馬鹿之/

疑。言則事合珪璋，用則理通萬法。守此行而終于世者，豈非君子/

□事君長而被放逐者，未之有也。所恐世人奸險，性器難量。/

離（雖）與對面共言，心隔千里之外。皆為貪求世利，遂使性逐澆浮，言/

則返引為非，指虛翻將為實。顛倒常理，每事多端。向背有/

□…□或因世要，或黨親知，或因財色，以相謎（輕）或（忽），靜名位已，起謗/

□…□知甘如蜜，返相讎疾。不可身以貌，不可面/

□…□不可背以慮，不可獨以防。不可直/

□…□是心非，行與願違。因此衆耶（邪）或（成）正，君曲/

臣忠。遂使善惡莫分，賢愚間雜。恨多浮偽，言說難休。來（?）/

□肺腹，略陳言曰：人居嗜欲境，貪利性難平。心緣愛憎起，/

□□冷熱行。將虛返為實，引闇到（倒）為明。美口甘如蜜，/

□中刀劍生。世間脫有此事，寧以坐臥能安？良謂夢相驚/魂，誰欲保相朝夕？既懷苟且，情以豺狼，人面獸心，何成染俗。若/

與和光，終始言大無焉；如共同塵，不相示悔，豈曰人也。請自/

開盲，以禁任性。約口戒以昏言，廻奸險而作忠貞，易耶（邪）佞而/

為正直。人人守其善道，各各保慎前途。老病儵忽偷臨，衰力何/

能自衛。未能苦海，須廣橋梁，恐溺其中，難逾彼岸。行是/

除災之妙藥，善是破苦之福田。能開身內之無明，能拔胸中之/

毒箭。亦可痛心以戒，各刺骨以悔前非。捨惡如別怨家，求善/

如飢念食。去八憎而慎八受，近八解而退八纏。變三毒而

作三□，／

改十惡而為十善。使我心□如松竹，坦爾□…□／

（錄文完）

8　　8世紀。唐寫本。

9.1　　楷書。

1.1　　BD12300號

1.3　　齋意文（擬）

1.4　　L2429

2.1　　22.9×29.4厘米；1紙；11行。

2.3　　卷軸裝。首尾均殘。小殘片。已修整。

3.3　　錄文：

（首殘）

□…□等，先奉為使主遐壽／

□…□邑人戶，各保延祥，崇福會也。／

□…□並是高門勝族，百郡／

□…□桂馥。出忠於國，入孝於家。／

□…□雅文於手内。加以傾心三寶，攝念／

無生。越愛染之禍林，悟真如之境界。曉榮華／

之非實，覺人世之不堅。志在歸依，情存彼岸。故能／

◇崇勝願，圓建齋延（筵）。屈請聖凡，希求照燭。於是幡花

似錦，佛像巍巍；香饌如山，僧徒儕儕。經開半滿，梵響鈴□；／

福事既周，眾善咸集。總斯功德，無限勝因，□…□／

□…□身如玉樹。恒淨恒明。體若□…□／

（錄文完）

8　　9～10世紀。歸義軍時期寫本。

9.1　　楷書。

9.2　　有墨筆斷句。

1.1　　BD12301號1

1.3　　燃燈文（擬）

1.4　　L2430

2.1　　30.4×19.4厘米；2紙；正面12行，背面4行。

2.2　　01：07.1，03；　　02：23.3，09。

2.3　　卷軸裝。首尾均殘。通卷下殘。小殘片。已修整。

2.4　　本遺書包括2個文獻：（一）《燃燈文》（擬），3行，今編為BD12301號1。（二）《兒郎偉》，9行，今編為BD12301號2。

3.3　　錄文：

（首殘）

建福燃燈，念佛燒香，千□…□／

氣禎祥，龍沙常聞快活□…□／

庭前拜舞，例今捧承縑□…□／

（錄文完）

8　　9～10世紀。歸義軍時期寫本。

9.1　　行書。

1.1　　BD12301號2

1.3　　兒郎偉

1.4　　L2430

2.4　　本遺書由2個文獻組成，本文獻為第2個，9行。餘參見BD12301號1之第2項。

3.3　　錄文：

（首全）

兒郎偉 驅儺之法，自故長□…□／

逐妖魅鬼神。然後澄清管□…□／

春。是我 令公威感，烽煙□…□／

殷盛。無貧總富一均，不聞□…□／

孫。自遇 令公治化，實謂□…□／

百姓。黎民並無分云，異國□…□／／

頻頻。伏願 令公萬歲。城隍□…□／

軌則。所聞官人搜撝（？）略□…□／

設金銀。音聲。／

（錄文完）

4.1　　兒郎偉（首）。

7.3　　背面有雜寫"米定長掉繩子"、"家難"等4行。

8　　9～10世紀。歸義軍時期寫本。

9.1　　楷書。

9.2　　有墨筆斷句。

1.1　　BD12302號

1.3　　持世經卷四

1.4　　L2431

2.1　　12.1×23.9厘米；1紙；6行，行17字。

2.3　　卷軸裝。首尾均殘。通卷下殘。小殘片。有烏絲欄。已修整。

3.1　　首殘→大正0482，14/0661A03。

3.2　　尾殘→大正0482，14/0661A09。

8　　7～8世紀。唐寫本。

9.1　　楷書。

1.1　　BD12303號

1.3　　大目乾連冥間救母變文

1.4　　L2432

2.1　　17.1×18.8厘米；1紙；9行。

2.3　　卷軸裝。首尾均殘。通卷下殘。小殘片。背面有古代裱補。已修整。

3.1　　首殘→《敦煌變文校注》，01/1033A14。

3.2　　尾殘→《敦煌變文校注》，01/1033A21。

5　　與《敦煌變文校注》對照，行文有差異，可供校對。有缺文："胸前百過鐵犁耕，骨筋筋皮隨處斷，不勞刀劍自凋零。"

8　　9～10世紀。歸義軍時期寫本。

9.1　　楷書。

1.1　BD12304 號

1.3　丁卯年四月二日鄧南山母亡轉帖（擬）

1.4　L2433

2.1　21×25.5 厘米；1 紙；9 行。

2.3　單葉裝。首全尾殘。有殘洞。已修整。

3.3　錄文：

（首全）

轉貼

［右］緣鄧南山母亡。準例合有吊酒壹瓮。人［各］／

［粟］壹斗口…口。帖至，限今月三日［辰］／

［時］廿分，及粟口口口寺角頭取齊。如有［後］／

［到］，罰酒一角。全不來，罰酒半瓮。其帖速遞，［相］／

［分］付，不得停滯。如滯帖者，準條科罰。帖周，卻［付］／

本司，用憑告罰。／

丁卯年四月二日錄事口口口／

口…口／

（錄文完）

4.1　轉帖（首）。

8　9～10 世紀。歸義軍時期寫本。

9.1　行書。

1.1　BD12305 號

1.3　集諸經禮懺儀卷上

1.4　L2434

2.1　7.4×8.9 厘米；1 紙；4 行。

2.3　卷軸裝。首尾均殘。通卷上殘。小殘片。有烏絲欄。已修整。

3.1　首殘→大正 1982，47/0456C05。

3.2　尾殘→大正 1982，47/0456C09。

8　9～10 世紀。歸義軍時期寫本。

9.1　楷書。

1.1　BD12306 號

1.3　大般涅槃經（北本）卷一五

1.4　L2435

2.1　11.7×（2.3～7）厘米；5 紙；6 行。

2.2　01：02.8，02；　　02：02.3，01；　　03：02.8，01；

　　04：02.4，01；　　05：01.4，01。

2.3　卷軸裝。首尾均殘。包括 5 塊小殘片，通卷上下殘。有烏絲欄。已修整。

3.4　説明：

本遺書包括 5 塊殘片。詳情如下：

01.　2.8×5 厘米，首尾均殘。通卷上下殘。小殘片。有烏絲欄。已修整。1 紙，2 行。大正 0374，12/0456C2～03。

02.　2.3×4.6 厘米，首尾均殘。通卷上下殘。小殘片。已修整。1 紙，1 行。僅殘留 1 個"來"字。

03.　2.8×7 厘米，首尾均殘。通卷上下殘。小殘片。有烏絲欄。已修整。1 紙，1 行。大正 0374，12/0456B29～C01。

04.　2.4×7 厘米，首尾均殘。通卷上下殘。小殘片。有烏絲欄。已修整。1 紙，1 行。大正 0374，12/0456C01。

05.　1.4×2.3 厘米，首尾均殘。通卷上下殘。小殘片。有烏絲欄。已修整。1 紙，1 行。本殘片無完整字。

8　5～6 世紀。南北朝寫本。

9.1　隸書。

1.1　BD12307 號

1.3　大般涅槃經（北本）卷七

1.4　L2436

2.1　147.4×（3.5～25.2）厘米；17 紙；80 行。

2.2　01：03.8，01；　　02：11.0，06；　　03：08.3，05；

　　04：10.8，06；　　05：11.0，06；　　06：11.0，06；

　　07：11.3，06；　　08：01.7，01；　　09：08.6，05；

　　10：08.3，04；　　11：08.2，04；　　12：11.5，05；

　　13：08.6，05；　　14：08.2，05；　　15：08.3，05；

　　16：08.6，05；　　17：08.2，05。

2.3　卷軸裝。首尾均殘。包括 17 塊小殘片。有烏絲欄。已修整。

3.4　説明：

本遺書包括 17 塊小殘片。詳情如下：

01.　3.8×9.5 厘米，首尾均殘。通卷下殘。小殘片。有烏絲欄。已修整。1 紙，1 行。大正 0374，12/0406A27。

02.　11×15.8 厘米，首尾均殘。通卷下殘。小殘片。有烏絲欄。已修整。1 紙，6 行。大正 0374，12/0405C26～0406A03。

03.　8.3×20.2 厘米，首尾均殘。通卷下殘。小殘片。有烏絲欄。已修整。1 紙，5 行。大正 0374，12/0406A23～28。

04.　10.8×20.8 厘米，首尾均殘。通卷下殘。小殘片。有烏絲欄。已修整。1 紙，6 行。大正 0374，12/0406A29～B04。

05.　11×17.2 厘米，首尾均殘。通卷下殘。小殘片。有烏絲欄。已修整。1 紙，6 行。大正 0374，12/0406A09～16。

06.　11×16.9 厘米，首尾均殘。通卷下殘。小殘片。有烏絲欄。已修整。1 紙，6 行。大正 0374，12/0406A03～09。首→第 01 片。尾→第 05 片。

07.　11.3×25.2 厘米，首尾均殘。通卷下殘。小殘片。有烏絲欄。已修整。1 紙，6 行。大正 0374，12/0406A16～22。首→第 05 片。尾→第 03 片。

08.　1.7×3.5 厘米，首尾均殘。通卷上下殘。小殘片。有烏絲欄。已修整。1 紙，1 行。本殘片僅殘留 1 個"深"字。

09.　8.6×19.2 厘米，首尾均殘。通卷上下殘。小殘片。有烏絲欄。已修整。1 紙，5 行。大正 0374，12/0406C01～06。首→第 16 片。尾→第 13 片。

10.　8.3×16.6 厘米，首尾均殘。通卷下殘。小殘片。有烏絲欄。已修整。1 紙，4 行。大正 0374，12/0406C13～16。

11.　8.2×24.3 厘米，首尾均殘。通卷下殘。小殘片。有

烏絲欄。已修整。1 紙，4 行。大正 0374，12/0406B12 ~ 16。

　　　12.　11.5×20.8 厘米，首尾均殘。通卷上下殘。小殘片。有烏絲欄。已修整。1 紙，5 行。大正 0374，12/0406B05 ~ 10。首→第 04 片。

　　　13.　8.6×16.7 厘米，首尾均殘。通卷上下殘。小殘片。有烏絲欄。已修整。1 紙，5 行。大正 0374，12/0406C07 ~ 11。

　　　14.　8.2×18.9 厘米，首尾均殘。通卷上下殘。小殘片。有烏絲欄。已修整。1 紙，5 行。大正 0374，12/0406B18 ~ 23。尾→第 16 片。

　　　15.　8.3×16.8 厘米，首尾均殘。通卷上下殘。小殘片。有烏絲欄。已修整。1 紙，5 行。大正 0374，12/0406C18 ~ 22。尾→第 17 片。

　　　16.　8.6×20.3 厘米，首尾均殘。通卷上下殘。小殘片。有烏絲欄。已修整。2 紙，5 行。大正 0374，12/0406B24 ~ 29。首→第 14 片。尾→第 09 片。

　　　17.　8.2×14 厘米，首尾均殘。通卷上下殘。小殘片。有烏絲欄。已修整。1 紙，5 行。大正 0374，12/0406C23 ~ 27。首→第 15 片。

8　5 ~ 6 世紀。南北朝寫本。

9.1　隸書。

1.1　BD12308 號

1.3　無量壽宗要經

1.4　L2437

2.1　43.7×28.2 厘米；1 紙；28 行，行字不等。

2.3　卷軸裝。首尾均脫。卷面黴爛，上邊殘缺，有殘洞。有烏絲欄。已修整。

3.1　首殘→大正 0936，19/0083B13。

3.2　尾殘→大正 0936，19/0083C16。

8　8 ~ 9 世紀。吐蕃統治時期寫本。

9.1　楷書。

1.1　BD12309 號

1.3　妙法蓮華經卷二

1.4　L2438

2.1　25.5×26 厘米；1 紙；13 行，行 17 字。

2.3　卷軸裝。首殘尾脫。經黃打紙。卷面黴爛，上邊殘缺，有殘洞。小殘片。有烏絲欄。已修整。

3.1　首殘→大正 0262，09/0013B27。

3.2　尾殘→大正 0262，09/0013C11。

8　7 ~ 8 世紀。唐寫本。

9.1　楷書。

1.1　BD12310 號

1.3　大方便佛報恩經卷六

1.4　L2439

2.1　27.9×25.4 厘米；2 紙；18 行，行 17 字。

2.2　01：16.2，11；　　02：11.7，07。

2.3　卷軸裝。首尾均殘。小殘片。有烏絲欄。已修整。

3.1　首 9 行上下殘→大正 0156，03/0154C05 ~ 14。

3.2　尾殘→大正 0156，03/0154C23。

7.1　背面有勘記“報恩經第六”。

8　8 世紀。唐寫本。

9.1　楷書。

1.1　BD12311 號

1.3　金光明最勝王經卷三

1.4　L2440

2.1　13.4×15.4 厘米；1 紙；7 行。

2.3　卷軸裝。首尾均殘。通卷下殘。小殘片。有烏絲欄。已修整。

3.1　首殘→大正 0665，16/0414A26。

3.2　尾殘→大正 0665，16/0414B04。

8　8 世紀。唐寫本。

9.1　楷書。

1.1　BD12312 號

1.3　摩訶般若波羅蜜經卷七

1.4　L2441

2.1　45.7×26.1 厘米；2 紙；21 行，行 17 字。

2.2　01：11.9，06；　　02：23.8，15。

2.3　卷軸裝。首尾均殘。殘片。有烏絲欄。有劃界欄針孔。已修整。

3.1　首 2 行下殘→大正 0223，08/0269B16 ~ 18。

3.2　尾 3 行上下殘→大正 0223，08/0269C07 ~ 09。

8　5 ~ 6 世紀。南北朝寫本。

9.1　隸書。

1.1　BD12313 號

1.3　藥師琉璃光如來本願功德經

1.4　L2442

2.1　15.4×（5.2 ~ 12）厘米；3 紙；9 行。

2.2　01：06.6，04；　　02：03.8，02；　　03：05.0，03。

2.3　卷軸裝。首尾均殘。包括小殘片 3 塊。經黃紙。有殘洞。已修整。

3.4　説明：

　　本遺書包括 3 塊小殘片，相互不能直接綴接。詳情如下：

　　　01.　6×12 厘米；首尾均殘。通卷上殘。殘片。有上邊欄。已修整。1 紙；4 行。大正 0450，14/0407A13 ~ 16。

　　　02.　3.8×5.2 厘米；首尾均殘。通卷上下殘。殘片。已修整。1 紙；2 行。大正 0450，14/0407A13 ~ 14。

　　　03.　5×5.5 厘米；首尾均殘。通卷上下殘。殘片。已修整。1 紙；3 行。大正 0450，14/0407A06 ~ 08。

8　7 ~ 8 世紀。唐寫本。

9.1　楷書。

1.1　BD12314 號 1

1.3　阿彌陀經疏

1.4　L2443

2.1　10×20.5 厘米；1 紙；5 行。

2.3　卷軸裝。首尾均殘。本遺書原件兩紙疊壓。通卷下殘。小殘片。有烏絲欄。已修整。

2.4　本遺書包括 2 個文獻：（一）《阿彌陀經疏》，5 行，抄寫兩紙疊壓的第二層紙上，今編為 BD12314 號 1。（二）《失名文獻殘片》（擬），5 行，抄寫在兩紙疊壓的第一層紙上，今編為 BD12314 號 2。

3.1　首殘→大正 1757，37/0322B06。

3.2　尾殘→大正 1757，37/0322B12。

5　與《大正藏》本對照，文字略有參差。

8　9～10 世紀。歸義軍時期寫本。

9.1　楷書。有合體字“涅槃”。

1.1　BD12314 號 2

1.3　失名文獻殘片（擬）

1.4　L2443

2.4　本遺書由 2 個文獻組成，本文獻為第 2 個，5 行，抄寫在兩紙疊壓的第一層紙上。餘參見 BD12314 號 1 之第 2 項。

3.4　説明：

本遺書原件兩紙疊壓。此紙粘貼在原遺書正面，覆蓋下一紙文字。現部分紙張可以揭起，故可顯露下一紙文字。此紙本身較薄，可辨有 5 行文字，但除了“豈”、“語”“相”等個別文字外，絕大多數文字難以辨認。

8　9～10 世紀。歸義軍時期寫本。

9.1　楷書。

1.1　BD12315 號

1.3　金光明最勝王經卷二

1.4　L2444

2.1　14.8×24.5 厘米；1 紙；9 行，行 17 字。

2.3　卷軸裝。首尾均殘。小殘片。卷面有鳥糞及黴爛。有烏絲欄。已修整。

3.1　首殘→大正 0665，16/0408B16。

3.2　尾殘→大正 0665，16/0408B25。

8　8～9 世紀。吐蕃統治時期寫本。

9.1　楷書。

1.1　BD12316 號

1.3　金剛般若經旨讚卷上

1.4　L2445

2.1　16.1×27.5 厘米；1 紙；正面 8 行，背面 7 行。

2.3　卷軸裝。首尾均殘。通卷上下殘缺嚴重。小殘片。卷面有鳥糞。已修整。

2.4　本遺書包括 2 個文獻：（一）《金剛般若經旨讚》卷上，8 行，抄寫在正面，今編為 BD12316 號。（二）《華嚴經探玄記》卷一四，7 行，抄寫在背面，今編為 BD12316 號背。

3.1　首殘→大正 2735，85/0068A10。

3.2　尾殘→大正 2735，85/0068A24。

8　7～8 世紀。唐寫本。

9.1　行書。有合體字“菩薩”。

9.2　有硃筆斷句。

1.1　BD12316 號背

1.3　華嚴經探玄記卷一四

1.4　L2445

2.4　本遺書由 2 個文獻組成，本文獻為第 2 個，7 行，抄寫在背面。餘參見 BD12316 號之第 2 項。

3.1　首殘→大正 1733，35/0361A18。

3.2　尾殘→大正 1733，35/0361A25。

8　7～8 世紀。唐寫本。

9.1　行書。

1.1　BD12317 號

1.3　齋意文（擬）

1.4　L2446

2.1　17.5×15.5 厘米；1 紙；9 行。

2.3　卷軸裝。首尾均殘。通卷上殘。小殘片。已修整。

3.3　錄文：

（首殘）

□…□大聖文殊。鷄足巖中有／

□…□一切賢聖。唯願發神足。／

□…□宏敞九閣。結勝壇於八方。轉唱／

□…□樂奏八音。請佛延僧。披肝啓願。／

□…□司空。先奉為龍天八部。護／

□…□聖帝主。以日月而齊明。府主／

□…□君（？），以小娘子歡娛。闔郡康／

□…□位重台階。志若龍淵。心澄／

□…□西邊。異域慕來蘇。／

（錄文完）

8　9～10 世紀。歸義軍時期寫本。

9.1　楷書。

9.2　有墨筆斷句。有行間校加字。

1.1　BD12318 號

1.3　妙法蓮華經卷七

1.4　L2447

2.1　20.5×13.5 厘米；1 紙；7 行。

2.3　卷軸裝。首尾均殘。通卷上殘。小殘片。有烏絲欄。已修整。

3.1　首殘→大正 0262，09/0058A29。

3.2　尾殘→大正 0262，09/0058B07。

5　　與《大正藏》本對照，首行無出處。

8　　9～10 世紀。歸義軍時期寫本。

9.1　楷書。

1.1　BD12319 號

1.3　藥師琉璃光如來本願功德經

1.4　L2448

2.1　16×10.6 厘米；1 紙；8 行。

2.3　卷軸裝。首尾均殘。通卷上殘。小殘片。經黃紙。有烏絲欄。已修整。

3.1　首殘→大正 0450，14/0404C18。

3.2　尾殘→大正 0450，14/0404C25。

8　　7～8 世紀。唐寫本。

9.1　楷書。

1.1　BD12320 號

1.3　藥師琉璃光七佛本願功德經卷下

1.4　L2449

2.1　9.4×12 厘米；2 紙；5 行。

2.2　01：02.1，01；　　02：07.3，04。

2.3　卷軸裝。首尾均殘。通卷上殘。小殘片。經黃紙。有烏絲欄。已修整。

3.1　首殘→大正 0451，14/0415A12。

3.2　尾殘→大正 0451，14/0415A16。

5　　與《大正藏》本對照，文字略有參差。

8　　7～8 世紀。唐寫本。

9.1　楷書。

1.1　BD12321 號

1.3　妙法蓮華經卷二

1.4　L2450

2.1　17.3×14.8 厘米；1 紙；9 行。

2.3　卷軸裝。首尾均殘。通卷上殘。小殘片。有烏絲欄。已修整。

3.1　首殘→大正 0262，09/0011A23。

3.2　尾殘→大正 0262，09/0011B09。

8　　7～8 世紀。唐寫本。

9.1　楷書。

1.1　BD12322 號

1.3　妙法蓮華經卷七

1.4　L2451

2.1　27.5×15.6 厘米；1 紙；15 行。

2.3　卷軸裝。首尾均殘。通卷下殘。小殘片。已修整。

3.1　首殘→大正 0262，09/0056C08。

3.2　尾殘→大正 0262，09/0056C26。

8　　9～10 世紀。歸義軍時期寫本。

9.1　楷書。

1.1　BD12323 號

1.3　大般若波羅蜜多經卷三〇九

1.4　L2452

2.1　(15＋32.3)×25.6 厘米；1 紙；28 行，行 17 字。

2.3　卷軸裝。首殘尾脫。卷下邊殘缺。有烏絲欄。已修整。

3.1　首 9 行下殘→大正 0220，06/0575B23～C02。

3.2　尾殘→大正 0220，06/0575C22。

7.1　背面有勘記"三百九"。

8　　8～9 世紀。吐蕃統治時期寫本。

9.1　楷書。

1.1　BD12324 號

1.3　大般若波羅蜜多經卷一七

1.4　L2453

2.1　(11＋37.3)×27.5 厘米；1 紙；28 行，行 17 字。

2.3　卷軸裝。首尾均脫。卷面污穢變色，上邊殘缺，有殘洞。有烏絲欄。已修整。

3.1　首 6 行上殘→大正 0220，05/0094B01～06。

3.2　尾殘→大正 0220，05/0094B28。

8　　8～9 世紀。吐蕃統治時期寫本。

9.1　楷書。

1.1　BD12325 號

1.3　金剛般若波羅蜜經（菩提留支本）

1.4　L2454

2.1　13.3×9.5 厘米；2 紙；8 行。

2.2　01：05.5，03；　　02：07.8，05。

2.3　卷軸裝。首尾均殘。通卷上殘。三角形小殘片。經黃紙。有烏絲欄。已修整。

3.1　首殘→大正 0236，08/0753C03。

3.2　尾殘→大正 0236，08/0753C10。

8　　7～8 世紀。唐寫本。

9.1　楷書。

1.1　BD12326 號

1.3　曇無德律部雜羯磨

1.4　L2455

2.1　12.2×18.5 厘米；1 紙；8 行。

2.3　卷軸裝。首尾均殘。通卷上殘。小殘片。有烏絲欄。已修整。

3.1　首殘→大正 1432，22/1041B16。

3.2　尾殘→大正 1432，22/1041B27。

5　　與《大正藏》本對照，文字略有不同。

8　8~9世紀。吐蕃統治時期寫本。

9.1　楷書。

1.1　BD12327號

1.3　大般若波羅蜜多經卷九三

1.4　L2456

2.1　10.3×19.7厘米；1紙；6行。

2.3　卷軸裝。首尾均殘。通卷上下殘。小殘片。有烏絲欄。已修整。

3.1　首殘→大正0220，05/0515C11。

3.2　尾殘→大正0220，05/0515C16。

8　8~9世紀。吐蕃統治時期寫本。

9.1　楷書。

1.1　BD12328號

1.3　摩訶般若波羅蜜經卷二四

1.4　L2457

2.1　6.2×17.3厘米；2紙；3行。

2.2　01：01.3，01；　　02：04.9，02。

2.3　卷軸裝。首尾均殘。通卷下殘。小殘片。有烏絲欄。有劃界欄針孔。已修整。

3.1　首殘→大正0223，08/0398B22。

3.2　尾殘→大正0223，08/0398B24。

8　5~6世紀。南北朝寫本。

9.1　隸楷。

1.1　BD12329號

1.3　妙法蓮華經卷二

1.4　L2458

2.1　22×26.5厘米；2紙；12行，行20字。

2.2　01：10.2，06；　　02：11.8，06。

2.3　卷軸裝。首尾均殘。小殘片。經黃打紙。有烏絲欄。已修整。

3.1　首殘→大正0262，09/0011C10。

3.2　尾殘→大正0262，09/0012A01。

8　7~8世紀。唐寫本。

9.1　楷書。

1.1　BD12330號

1.3　妙法蓮華經卷七

1.4　L2459

2.1　17.8×26厘米；2紙；11行，行約20字。

2.2　01：17.2，11；　　02：00.6，素紙。

2.3　卷軸裝。首尾均斷。卷面油污，上邊殘缺。有烏絲欄。已修整。

3.1　首殘→大正0262，09/0056C19。

3.2　尾殘→大正0262，09/0057A02。

8　8世紀。唐寫本。

9.1　楷書。

1.1　BD12331號

1.3　大般涅槃經（北本）卷一八

1.4　L2460

2.1　20.4×24厘米；1紙；11行，行約18字。

2.3　卷軸裝。首尾均殘。通卷下殘。三角形小殘片。有烏絲欄。已修整。

3.1　首殘→大正0374，12/0471C07。

3.2　尾殘→大正0374，12/0471C18。

8　5~6世紀。南北朝寫本。

9.1　隸楷。

1.1　BD12332號

1.3　妙法蓮華經卷一

1.4　L2461

2.1　12.5×13厘米；1紙；10行。

2.3　卷軸裝。首尾均殘。小字本。通卷上殘。小殘片。背有古代裱補。有烏絲欄。已修整。

3.1　首殘→大正0262，09/0002A29。

3.2　尾殘→大正0262，09/0002B19。

8　8~9世紀。吐蕃統治時期寫本。

9.1　楷書。

1.1　BD12333號

1.3　金光明最勝王經卷二

1.4　L2462

2.1　17.5×10厘米；2紙；9行。

2.2　01：10.6，06；　　02：06.9，03。

2.3　卷軸裝。首尾均殘。通卷上殘。小殘片。第1紙與第2紙紙質、字跡不同，為歸義軍時期後補。背有古代裱補。第2紙有烏絲欄。已修整。

3.1　首殘→大正0665，16/0408B02。

3.2　尾殘→大正0665，16/0408B13。

4.1　□…□義淨奉制譯（首）。

8　8世紀。唐寫本。

9.1　楷書。

1.1　BD12334號

1.3　瑜伽師地論卷一九

1.4　L2463

2.1　7.2×25.6厘米；1紙；3行，行17字。

2.3　卷軸裝。首尾均殘。小殘片。首殘尾斷。有烏絲欄。已修整。

3.1　首殘→大正1579，30/0386C11。

3.2　尾殘→大正1579，30/0386C14。

8　9～10世紀。歸義軍時期寫本。

9.1　楷書。

1.1　BD12335號

1.3　列子張湛注（楊朱篇）

1.4　L2464

2.1　30.1×25.5厘米；1紙；16行，行約17字。

2.3　卷軸裝。首尾均殘。通卷上下殘。小殘片。有烏絲欄。已修整。

3.1　首殘→《諸子集成・列子注》，03/0083A16。

3.2　尾殘→《諸子集成・列子注》，03/0084A09。

6.1　首→斯13624號。

8　7～8世紀。唐寫本。

9.1　楷書。

13　倒數第2、3行下可接BD12364號。

1.1　BD12336號

1.3　妙法蓮華經卷四

1.4　L2465

2.1　7.7×22.4厘米；1紙；5行，行20字。（偈頌）

2.3　卷軸裝。首尾均殘。通卷上殘。小殘片。有烏絲欄。已修整。

3.1　首殘→大正0262，09/0028B03。

3.2　尾殘→大正0262，09/0028B10。

8　7～8世紀。唐寫本。

9.1　楷書。

1.1　BD12337號

1.3　維摩詰所說經卷上

1.4　L2466

2.1　11×14.7厘米；1紙；6行。

2.3　卷軸裝。首尾均殘。通卷下殘。小殘片。經黃紙。有烏絲欄。已修整。

3.1　首殘→大正0475，14/0539C19。

3.2　尾殘→大正0475，14/0539C25。

8　7～8世紀。唐寫本。

9.1　楷書。

1.1　BD12338號

1.3　妙法蓮華經卷四

1.4　L2467

2.1　9.5×7.3厘米；1紙；6行。

2.3　卷軸裝。首尾均殘。通卷上殘。小殘片。經黃打紙。有烏絲欄。已修整。

3.1　首殘→大正0262，09/0027B28。

3.2　尾殘→大正0262，09/0027C04。

8　7～8世紀。唐寫本。

9.1　楷書。

1.1　BD12339號

1.3　妙法蓮華經卷五

1.4　L2468

2.1　86.8×（1.6～11）厘米；16紙；43行。

2.2　01：07.5，03；　02：01.0，01；　03：08.0，03；
　　04：06.5，03；　05：04.0，02；　06：03.0，02；
　　07：07.5，04；　08：06.0，03；　09：07.5，04；
　　10：04.5，02；　11：07.0，03；　12：07.0，04；
　　13：07.5，04；　14：07.5，03；　15：01.2，01；
　　16：00.9，01。

2.3　卷軸裝。首尾均殘。包括殘片16塊。有烏絲欄。已修整。

3.4　説明：

　　本遺書包括16塊殘片。詳情如下：

　　01.　7.5×11厘米，首尾均殘。通卷下殘。小殘片。有烏絲欄。已修整。1紙，3行。大正0262，09/0041B29～C02。

　　02.　1×5厘米，首尾均殘。通卷上下殘。小殘片。有烏絲欄。已修整。1紙，1行。本殘片無完整文字。

　　03.　8×11厘米，首尾均殘。通卷下殘。小殘片。有烏絲欄。已修整。1紙，3行。大正0262，09/0041B01～03。

　　04.　6.5×11厘米，首尾均殘。通卷下殘。小殘片。有烏絲欄。已修整。1紙，3行。大正0262，09/0041A11～14。

　　05.　4×5.5厘米，首尾均殘。通卷下殘。小殘片。有烏絲欄。已修整。1紙，2行。大正0262，09/0040C24～26。

　　06.　3×6厘米，首尾均殘。通卷下殘。小殘片。有烏絲欄。已修整。1紙，2行。大正0262，09/0040C10～12。

　　07.　7.5×11厘米，首尾均殘。通卷下殘。小殘片。有烏絲欄。已修整。1紙，4行。大正0262，09/0041A18～24。

　　08.　6×10厘米，首尾均殘。通卷下殘。小殘片。有烏絲欄。已修整。1紙，3行。大正0262，09/0041B08～10。

　　09.　7.5×10.5厘米，首尾均殘。通卷下殘。小殘片。有烏絲欄。已修整。1紙，4行。大正0262，09/0041C06～09。

　　10.　4.5×6.5厘米，首尾均殘。通卷下殘。小殘片。有烏絲欄。已修整。1紙，2行。大正0262，09/0041A05～06。

　　11.　7×9.5厘米，首尾均殘。通卷下殘。小殘片。有烏絲欄。已修整。1紙，3行。大正0262，09/0041C26～28。

　　12.　7×10.5厘米，首尾均殘。通卷下殘。小殘片。有烏絲欄。已修整。1紙，4行。大正0262，09/0041C12～16。

　　13.　7.5×9.5厘米，首尾均殘。通卷下殘。小殘片。有烏絲欄。已修整。1紙，4行。大正0262，09/0041C19～22。

　　14.　7.5×11厘米，首尾均殘。通卷下殘。小殘片。有烏絲欄。已修整。1紙，3行。大正0262，09/0041B18～21。

　　15.　1.2×1.6厘米，首尾均殘。通卷上下殘。小殘片。已修整。1紙，1行。本殘片無完整文字。

　　16.　0.9×1.8厘米，首尾均殘。通卷上下殘。小殘片。已

修整。1 紙，1 行。本殘片無完整文字。

8　　7～8 世紀。唐寫本。

9.1　楷書。

1.1　BD12340 號

1.3　大般若波羅蜜多經卷二〇八

1.4　L2469

2.1　7.9×8.3 厘米；1 紙；3 行。

2.3　卷軸裝。首尾均殘。通卷上殘。小殘片。卷面污穢變色。有烏絲欄。已修整。

3.1　首殘→大正 0220，06/0040A10。

3.2　尾殘→大正 0220，06/0040A12。

8　　8～9 世紀。吐蕃統治時期寫本。

9.1　楷書。

1.1　BD12341 號

1.3　甚深大廻向經

1.4　L2470

2.1　8.5×9.9 厘米；1 紙；5 行。

2.3　卷軸裝。首尾均殘。通卷下殘。小殘片。經黃紙。卷面有水漬，紙張變色。有烏絲欄。已修整。

3.1　首殘→大正 0825，17/0867B22。

3.2　尾殘→大正 0825，17/0867B26。

8　　7～8 世紀。唐寫本。

9.1　楷書。

1.1　BD12342 號

1.3　妙法蓮華經卷七

1.4　L2471

2.1　20.7×14 厘米；1 紙；12 行。

2.3　卷軸裝。首尾均殘。通卷下殘。小殘片。經黃紙。背有古代裱補。有烏絲欄。已修整。

3.1　首殘→大正 0262，09/0056C16。

3.2　尾殘→大正 0262，09/0056C27。

8　　7～8 世紀。唐寫本。

9.1　楷書。

1.1　BD12343 號

1.3　維摩詰所說經卷下

1.4　L2472

2.1　5.8×12.1 厘米；1 紙；3 行。

2.3　卷軸裝。首尾均殘。通卷下殘。小殘片。經黃紙。有烏絲欄。已修整。

3.1　首殘→大正 0475，14/0554A04。

3.2　尾殘→大正 0475，14/0554A07。

8　　7～8 世紀。唐寫本。

9.1　楷書。

9.2　有硃筆斷句及校改。

1.1　BD12344 號

1.3　妙法蓮華經卷七

1.4　L2473

2.1　8.5×6.5 厘米；1 紙；3 行。

2.3　卷軸裝。首尾均殘。通卷上殘。小殘片。經黃紙。卷面油污。有烏絲欄。已修整。

3.1　首殘→大正 0262，09/0057B06。

3.2　尾殘→大正 0262，09/0057B09。

8　　7～8 世紀。唐寫本。

9.1　楷書。

1.1　BD12345 號

1.3　合部金光明經卷二

1.4　L2474

2.1　9×11.7 厘米；1 紙；5 行。

2.3　卷軸裝。首尾均殘。通卷上下殘。殘片。有烏絲欄。已修整。

3.1　首殘→大正 0664，16/0369A22。

3.2　尾殘→大正 0664，16/0369A27。

8　　7～8 世紀。唐寫本。

9.1　楷書。

1.1　BD12346 號

1.3　大般涅槃經（北本）卷三〇

1.4　L2475

2.1　6.7×8.1 厘米；1 紙；4 行。

2.3　卷軸裝。首尾均殘。通卷上殘。小殘片。有烏絲欄。已修整。

3.1　首殘→大正 0374，12/0543C18。

3.2　尾殘→大正 0374，12/0543C21。

8　　5～6 世紀。南北朝寫本。

9.1　隸書。

1.1　BD12347 號

1.3　無常經

1.4　L2476

2.1　4.7×10.8 厘米；1 紙；3 行。

2.3　卷軸裝。首尾均殘。通卷下殘。小殘片。有烏絲欄。

3.1　首殘→大正 0801，17/0745B26。

3.2　尾殘→大正 0801，17/0745C01。

8　　8～9 世紀。吐蕃統治時期寫本。

9.1　楷書。

1.1　BD12348 號

1.3　維摩詰所說經卷中

1.4　L2477

2.1　7.8×6.4 厘米；2 紙；4 行。

2.2　01：01.8，01；　02：02.0，03。

2.3　卷軸裝。首尾均殘。通卷下殘。小殘片。有烏絲欄。已修整。

3.1　首殘→大正 0475，14/0544B24。

3.2　尾殘→大正 0475，14/0544B27。

8　8～9 世紀。吐蕃統治時期寫本。

9.1　楷書。

1.1　BD12349 號

1.3　木刻大聖文殊師利菩薩像（擬）

1.4　L2478

2.1　9.7×7.5 厘米；1 紙。

2.3　單葉裝。首尾均殘。通卷上下殘。小殘片。已修整。

3.4　説明：

　　本遺書為《木刻大聖文殊師利菩薩像》（擬），但僅殘剩上部的文殊菩薩像。

　　參見 BD11411 號 A。

8　9～10 世紀。歸義軍時期唐本。

1.1　BD12350 號

1.3　大般若波羅蜜多經卷三〇

1.4　L2479

2.1　5.9×7.8 厘米；1 紙；2 行。

2.3　卷軸裝。首尾均殘。通卷上下殘。小殘片。有烏絲欄。已修整。

3.1　首殘→大正 0220，05/0165A06。

3.2　尾殘→大正 0220，05/0165A08。

4.1　□…□三藏法師玄奘□□□（首）。

7.1　背面有勘記“三”。

8　8～9 世紀。吐蕃統治時期寫本。

9.1　楷書。

1.1　BD12351 號

1.3　金剛般若波羅蜜經

1.4　L2480

2.1　6.9×12.2 厘米；2 紙；2 行。

2.2　01：00.6，素紙，　02：06.3，02。

2.3　卷軸裝。首尾均殘。通卷上殘。小殘片。有烏絲欄。已修整。

3.1　首殘→大正 0235，08/0749C13。

3.2　尾殘→大正 0235，08/0749C14。

8　7～8 世紀。唐寫本。

9.1　楷書。

1.1　BD12352 號

1.3　妙法蓮華經卷一

1.4　L2481

2.1　10.4×6.5 厘米；1 紙；5 行。

2.3　卷軸裝。首尾均殘。通卷上下殘。殘片。經黃紙。有烏絲欄。已修整。

3.1　首殘→大正 0262，09/0009A04。

3.2　尾殘→大正 0262，09/0009A12。

8　7～8 世紀。唐寫本。

9.1　楷書。

1.1　BD12353 號

1.3　妙法蓮華經卷四

1.4　L2482

2.1　3.3×12.2 厘米；1 紙；2 行。

2.3　卷軸裝。首尾均殘。通卷上殘。小殘片。紙張變色。已修整。

3.1　首殘→大正 0262，09/0028A18。

3.2　尾殘→大正 0262，09/0028A20。

8　7～8 世紀。唐寫本。

9.1　楷書。

1.1　BD12354 號

1.3　回鶻文殘片（擬）

1.4　L2483

2.1　9.8×8 厘米；1 紙；6 行。

2.3　卷軸裝。首尾均殘。通卷下殘。小殘片。已修整。

3.4　説明：

　　本遺書為回鶻文殘片。內容待考。

8　9～10 世紀。歸義軍時期寫本。

9.1　楷書。

1.1　BD12355 號

1.3　諸雜字（擬）

1.4　L2484

2.1　9×6 厘米；1 紙；3 行。

2.3　卷軸裝。首尾均殘。通卷上下殘。殘片。已修整。

3.3　錄文：

　　（首殘）

　　□…□粳粮糯□…□/

　　□…□…□碾磨□…□/

　　□…□穭秕籹□…□/

　　（錄文完）

7.3　卷背有“卷”字。

8　9～10 世紀。歸義軍時期寫本。

9.1　楷書。

1.1　BD12356 號

1.3　金剛般若波羅蜜經

1.4　L2485

2.1　4.5×12.3 厘米；1 紙；3 行。

2.3　卷軸裝。首尾均殘。通卷上下殘。小殘片。經黃紙。有烏絲欄。已修整。

3.1　首殘→大正 0235，08/0752B07。

3.2　尾殘→大正 0235，08/0752B09。

8　7～8 世紀。唐寫本。

9.1　楷書。

1.1　BD12357 號

1.3　仁王般若波羅蜜經卷上

1.4　L2486

2.1　6.5×8.5 厘米；1 紙；4 行。

2.3　卷軸裝。首尾均殘。通卷上殘。小殘片。已修整。

3.1　首殘→大正 0245，08/0825A25。

3.2　尾殘→大正 0245，08/0825A28。

8　7～8 世紀。唐寫本。

9.1　楷書。

9.2　有重文號。

1.1　BD12358 號

1.3　佛名經（十六卷本）卷一〇

1.4　L2487

2.1　5×7.1 厘米；1 紙；3 行。

2.3　卷軸裝。首尾均殘。通卷下殘。小殘片。經黃打紙。有烏絲欄。已修整。

3.1　首殘→《七寺古逸經典研究叢書》，03/0499A10。

3.2　尾殘→《七寺古逸經典研究叢書》，03/0499A12。

8　7～8 世紀。唐寫本。

9.1　楷書。

1.1　BD12359 號

1.3　妙法蓮華經卷四

1.4　L2488

2.1　8.7×15.3 厘米；1 紙；2 行。

2.3　卷軸裝。首尾均殘。通卷上殘。小殘片。已修整。

3.1　首殘→大正 0262，09/0028A05。

3.2　尾殘→大正 0262，09/0028A07。

8　8 世紀。唐寫本。

9.1　楷書。

1.1　BD12360 號

1.3　維摩詰所說經卷中

1.4　L2489

2.1　6.2×6.1 厘米；1 紙；4 行。

2.3　卷軸裝。首尾均殘。通卷上殘。小殘片。有烏絲欄。已修整。

整。

3.1　首殘→大正 0475，14/0549B02。

3.2　尾殘→大正 0475，14/0549B05。

8　5～6 世紀。南北朝寫本。

9.1　楷書。

1.1　BD12361 號

1.3　佛經殘片（擬）

1.4　L2490

2.1　7.8×4.5 厘米；1 紙；2 行。

2.3　卷軸裝。首尾均殘。通卷下殘。小殘片。已修整。

3.4　說明：

本遺書僅有一個"或"為完整字。

8　8～9 世紀。吐蕃統治時期寫本。

9.1　楷書。

1.1　BD12362 號

1.3　妙法蓮華經卷七

1.4　L2491

2.1　3.5×4.1 厘米；1 紙；2 行。

2.3　卷軸裝。首尾均殘。通卷上下殘。小殘片。經黃紙。有烏絲欄。已修整。

3.1　首殘→大正 0262，09/0055C23。

3.2　尾殘→大正 0262，09/0055C24。

8　7～8 世紀。唐寫本。

9.1　楷書。

1.1　BD12363 號

1.3　賢劫十方千五百佛名經

1.4　L2492

2.1　2.1×6.4 厘米；1 紙；1 行。

2.3　卷軸裝。首尾均殘。通卷上下殘。小殘片。有烏絲欄。已修整。

3.1　首殘→大正 0442，14/0313C07。

3.2　尾殘→大正 0442，14/0313C07。

8　7～8 世紀。唐寫本。

9.1　楷書。

1.1　BD12364 號

1.3　列子張湛注（楊朱篇）

1.4　L2493

2.1　4.3×6.6 厘米；1 紙；2 行。

2.3　卷軸裝。首尾均殘。通卷上殘。小殘片。有烏絲欄。已修整。

3.1　首殘→《諸子集成·列子注》，03/0084A08。

3.2　尾殘→《諸子集成·列子注》，03/0084A09。

3.3　錄文：

（首殘）

□…□以震海/

□□為澠澠（熙熙）/

（錄文完）

6.1　上→BD12335 號。

8　　7～8 世紀。唐寫本。

9.1　楷書。

1.1　BD12365 號

1.3　父母恩重經

1.4　L2494

2.1　5.8×6.8 厘米；1 紙；4 行。

2.3　卷軸裝。首尾均殘。通卷上下殘。小殘片。經黃紙。有烏絲欄。已修整。

3.1　首殘→大正 2887，85/1403C06。

3.2　尾殘→大正 2887，85/1403C10。

8　　7～8 世紀。唐寫本。

9.1　楷書。

1.1　BD12366 號

1.3　大般若波羅蜜多經卷三二〇

1.4　L2495

2.1　5×5.8 厘米；1 紙；3 行。

2.3　卷軸裝。首尾均殘。通卷上下殘。小殘片。經黃紙。有烏絲欄。已修整。

3.1　首殘→大正 0220，06/0632A26。

3.2　尾殘→大正 0220，06/0632A28。

8　　7～8 世紀。唐寫本。

9.1　楷書。

1.1　BD12367 號

1.3　十王經

1.4　L2496

2.1　4.2×6.9 厘米；1 紙；1 行。

2.3　卷軸裝。首尾均殘。通卷上下殘。小殘片。有烏絲欄。已修整。

3.4　説明：

　　僅殘留首題"□…□閻羅王授記逆□…□"。

4.1　□…□閻羅王授記逆□…□（首）

8　　9～10 世紀。歸義軍時期寫本。

9.1　楷書。

1.1　BD12368 號

1.3　大般涅槃經（北本）卷一六

1.4　L2497

2.1　5×6 厘米；1 紙；3 行。

2.3　卷軸裝。首尾均殘。通卷上下殘。小殘片。有烏絲欄。已

修整。

3.1　首殘→大正 0374，12/0461B26。

3.2　尾殘→大正 0374，12/0461B28。

8　　5～6 世紀。南北朝寫本。

9.1　隸書。

1.1　BD12369 號

1.3　維摩詰所說經卷上

1.4　L2498

2.1　3.6×7.8 厘米；1 紙；1 行。

2.3　卷軸裝。首尾均殘。通卷上下殘。小殘片。有烏絲欄。已修整。

3.1　首殘→大正 0475，14/0537A20。

3.2　尾殘→大正 0475，14/0537A21。

8　　7～8 世紀。唐寫本。

9.1　楷書。

1.1　BD12370 號

1.3　四分比丘尼戒本

1.4　L2499

2.1　6.5×5.3 厘米；1 紙；3 行。

2.3　卷軸裝。首尾均殘。通卷上殘。小殘片。有烏絲欄。已修整。

3.1　首殘→大正 1431，22/1032A27。

3.2　尾殘→大正 1431，22/1032A29。

8　　9～10 世紀。歸義軍時期寫本。

9.1　楷書。

1.1　BD12371 號

1.3　某僧邈真讚殘片（擬）

1.4　L2500

2.1　4.2×10 厘米；1 紙；3 行。

2.3　卷軸裝。首尾均殘。通卷上殘。小殘片。有烏絲欄。已修整。

3.3　錄文：

（首殘）

□…□戒珠將春日競綵/

□…□僧徒康御，臨壇蓰蓉（從容）/

□…□四果□…□/

（錄文完）

8　　9～10 世紀。歸義軍時期寫本。

9.1　楷書。

1.1　BD12372 號

1.3　摩訶般若波羅蜜經卷一〇

1.4　L2501

2.1　3.2×5.8 厘米；1 紙；1 行。

21

2.3 卷軸裝。首尾均殘。通卷上殘。小殘片。有烏絲欄。已修整。

3.1 首殘→大正0223，08/0290B18。

3.2 尾殘→大正0223，08/0290B19。

8 7～8世紀。唐寫本。

9.1 楷書。

1.1 BD12373號

1.3 淨土五會念佛誦經觀行儀卷中

1.4 L2502

2.1 7.2×4.5厘米；1紙；4行。

2.3 卷軸裝。首尾均殘。通卷上殘。小殘片。有烏絲欄。已修整。

3.1 首殘→大正2827，85/1243A16。

3.2 尾殘→大正2827，85/1243A19。

8 7～8世紀。唐寫本。

9.1 楷書。

1.1 BD12374號

1.3 佛名經（十二卷本）卷八

1.4 L2503

2.1 3.5×5.5厘米；1紙；2行。

2.3 卷軸裝。首尾均殘。通卷上下殘。小殘片。經黃紙。有烏絲欄。已修整。

3.1 首殘→大正0440，14/0158C21。

3.2 尾殘→大正0440，14/0158C23。

8 7～8世紀。唐寫本。

9.1 楷書。

1.1 BD12375號

1.3 失名文獻殘片（擬）

1.4 L2504

2.1 4.2×4厘米；1紙；2行。

2.3 卷軸裝。首尾均殘。通卷上下殘。小殘片。有烏絲欄。已修整。

3.3 錄文：

（首殘）

□…□故恩坐中□…□/

□…□有何等□…□/

（錄文完）

8 7～8世紀。唐寫本。

9.1 楷書。

1.1 BD12376號

1.3 大方廣佛華嚴經（晉譯五十卷本）卷三

1.4 L2505

2.1 3.1×7.2厘米；2紙；2行。

2.2 01：00.5，素紙；　02：02.6，02。

2.3 卷軸裝。首尾均殘。通卷上殘。小殘片。有烏絲欄。已修整。

3.1 首殘→大正0278，09/0413C10。

3.2 尾殘→大正0278，09/0413C11。

8 5～6世紀。南北朝寫本。

9.1 隸楷。

1.1 BD12377號

1.3 佛經殘片（擬）

1.4 L2506

2.1 3.5×4.1厘米；1紙；1行。

2.3 卷軸裝。首尾均殘。通卷下殘。小殘片。已修整。字跡模糊。

3.4 説明：

本遺書僅殘留"若比丘"3字。

8 8～9世紀。吐蕃統治時期寫本。

9.1 楷書。

1.1 BD12378號

1.3 妙法蓮華經卷七

1.4 L2507

2.1 3×4.2厘米；1紙；2行。

2.3 卷軸裝。首尾均殘。通卷上殘。小殘片。已修整。

3.1 首殘→大正0262，09/0057A19。

3.2 尾殘→大正0264，09/0057A21。

8 8～9世紀。吐蕃統治時期寫本。

9.1 楷書。

1.1 BD12379號

1.3 佛頂尊勝陀羅尼經序

1.4 L2508

2.1 2.3×6.4厘米；1紙；1行。

2.3 卷軸裝。首尾均殘。通卷上下殘。小殘片。有烏絲欄。

3.1 首殘→大正0967，19/0349B10。

3.2 尾殘→大正0967，19/0349B10。

8 7～8世紀。唐寫本。

9.1 楷書。

1.1 BD12380號

1.3 金光明經卷四

1.4 L2509

2.1 1.4×6.6厘米；1紙；1行。

2.3 卷軸裝。首尾均殘。通卷上下殘。小殘片。已修整。

3.1 首殘→大正0663，16/0353C08。

3.2 尾殘→大正0663，16/0353C08。

8 8～9世紀。吐蕃統治時期寫本。

9.1 楷書。

1.1 BD12381 號

1.3 金光明最勝王經卷五

1.4 L2510

2.1 4.6×3.1 厘米；1 紙；2 行。

2.3 卷軸裝。首尾均殘。通卷上下殘。小殘片。背有古代裱補。有烏絲欄。

3.1 首殘→大正 0665，16/0422B27。

3.2 尾殘→大正 0665，16/0422B28。

4.1 □…□品第七，五（首）。

8 8～9 世紀。吐蕃統治時期寫本。

9.1 楷書。

1.1 BD12382 號

1.3 淨名經集解關中疏卷上

1.4 L2511

2.1 4.2×4.1 厘米；1 紙；3 行。

2.3 卷軸裝。首尾均殘。通卷上下殘。小殘片。有烏絲欄。

3.1 首殘→大正 2777，85/0466A24。

3.2 尾殘→大正 2777，85/0466A28。

8 8～9 世紀。吐蕃統治時期寫本。

9.1 楷書。

1.1 BD12383 號

1.3 佛經殘片（擬）

1.4 L2512

2.1 1.4×6.7 厘米；1 紙；1 行。

2.3 卷軸裝。首尾均殘。通卷上下殘。小殘片。有烏絲欄。

3.4 說明：

本遺書僅殘留"羅蜜多"3 個字。

8 8～9 世紀。吐蕃統治時期寫本。

9.1 楷書。

1.1 BD12384 號

1.3 某年給祝二郎等冬衣狀（擬）

1.4 L2513

2.1 4×9 厘米；1 紙；2 行。

2.3 卷軸裝。首尾均殘。通卷上下殘。小殘片。背面有古代裱補。已修整。

3.3 錄文：

（首殘）

□…□祝二郎□…□/

□…□複袴一，襆頭、鞋、鞦各一。馮玄索□…□/

（錄文完）

8 7～8 世紀。唐寫本。

9.1 楷書。

1.1 BD12385 號

1.3 佛經殘片（擬）

1.4 L2514

2.1 2.1×3.8 厘米；1 紙；1 行。

2.3 卷軸裝。首尾均殘。通卷上殘。小殘片。已修整。

3.4 說明：

本遺書僅殘留 1 個"住"字。

8 5～6 世紀。南北朝寫本。

9.1 楷書。

1.1 BD12386 號

1.3 觀無量壽佛經

1.4 L2515

2.1 1.9×10.4 厘米；1 紙；1 行。

2.3 卷軸裝。首尾均殘。通卷上下殘。小殘片。有烏絲欄。已修整。

3.1 首殘→大正 0365，12/0341C15。

3.2 尾殘→大正 0365，12/0341C15。

8 9～10 世紀。歸義軍時期寫本。

9.1 楷書。

1.1 BD12387 號

1.3 佛典殘片（擬）

1.4 L2516

2.1 1.5×10.5 厘米；1 紙；2 行。

2.3 卷軸裝。首尾均殘。通卷上下殘。小殘片。有烏絲欄。已修整。

3.4 說明：

本遺書雖然抄有 2 行文字，但均半殘，無完整可辨的文字。

8 8～9 世紀。吐蕃統治時期寫本。

9.1 楷書。

1.1 BD12388 號

1.3 金光明最勝王經卷一

1.4 L2517

2.1 1.9×4.6 厘米；1 紙；1 行。

2.3 卷軸裝。首尾均殘。通卷上殘。小殘片。有烏絲欄。已修整。

3.1 首殘→大正 0665，16/0403C07。

3.2 尾殘→大正 0665，16/0403C08。

8 3～9 世紀。吐蕃統治時期寫本。

9.1 楷書。

13 本遺書僅存"［喜］悅天"3 字，多部經典均有此詞，暫定為《金光明最勝王經》。

1.1 BD12389 號

1.3 護首殘片（擬）

1.4　L2518

2.1　1.3×13 厘米；1 紙；1 行。

2.3　卷軸裝。首尾均殘。通卷上下殘。小殘片。已修整。

3.4　説明：

本遺書僅殘留一字，模糊不清。

8　8～9 世紀。吐蕃統治時期寫本。

9.1　楷書。

1.1　BD12390 號

1.3　護首（大般若波羅蜜多經）

1.4　L2519

2.1　1.4×8 厘米；1 紙；1 行。

2.3　卷軸裝。首尾均殘。通卷上下殘。小殘片。已修整。

3.4　説明：

本遺書為護首殘片。上有殘存卷次"第三百一十二"，故知為《大般若波羅蜜多經》卷三一二之護首。

8　8～9 世紀。吐蕃統治時期寫本。

9.1　楷書。

1.1　BD12391 號

1.3　妙法蓮華經卷二

1.4　L2520

2.1　8.5×1.8 厘米；1 紙；5 行。

2.3　卷軸裝。首尾均殘。通卷上下殘。小殘片。有烏絲欄。已修整。

3.1　首殘→大正 0262，09/0010c01。

3.2　尾殘→大正 0262，09/0010c05。

3.3　錄文：

（首殘）

□…□聞□…□/

□…□［昔從］□…□/

□…□［等］□…□/

□…□世□…□/

□…□念□…□/

（錄文完）

8　7～8 世紀。唐寫本。

9.1　楷書。

1.1　BD12392 號

1.3　佛典殘片（擬）

1.4　L2521

2.1　4×4.1 厘米；1 紙；3 行。

2.3　卷軸裝。首尾均殘。通卷上殘。小殘片。有烏絲欄。已修整。

3.3　錄文：

（首殘）

□…□為/

□…□有（?）相之心/

□…□正非取相/

（錄文完）

8　5～6 世紀。南北朝寫本。

9.1　隸書。

1.1　BD12393 號

1.3　藥師琉璃光如來本願功德經

1.4　L2522

2.1　3×5.2 厘米；1 紙；2 行。

2.3　卷軸裝。首尾均殘。通卷上殘。小殘片。已修整。

3.1　首殘→大正 0450，14/0407A07。

3.2　尾殘→大正 0450，14/0407A08。

8　7～8 世紀。唐寫本。

9.1　楷書。

1.1　BD12394 號

1.3　佛經殘片（擬）

1.4　L2523

2.1　3.5×1.7 厘米；1 紙；2 行。

2.3　卷軸裝。首尾均殘。通卷上下殘。殘片。有烏絲欄。已修整。

3.3　錄文：

（首殘）

□…□空□…□/

□…□是□…□/

（錄文完）

8　8～9 世紀。吐蕃統治時期寫本。

9.1　楷書。

1.1　BD12395 號

1.3　護首（大寶積經）

1.4　L2524

2.1　21×25.8 厘米；1 紙；1 行。

2.3　卷軸裝。首全尾脱。已修整。

3.4　説明：

本遺書為護首。上有"大寶積經卷第六十七，七，界"，經名上有經名號。

錄文中"七"為本卷所屬袟次。"界"為本經收藏寺院三界寺的簡稱。

8　9～10 世紀。歸義軍時期寫本。

9.1　楷書。

1.1　BD12396 號

1.3　護首（大般若波羅蜜多經）

1.4　L2525

2.1　20.8×23.5 厘米；1 紙；1 行。

2.3 卷軸裝。首殘尾脫。地腳殘破。

3.4 説明：

本遺書為護首。上有"大般□…□十二，六十，□"。

錄文中"六十"為本卷所屬袟次。末尾的"□"應爲本遺書所屬寺院的簡稱。

8　8～9世紀。吐蕃統治時期寫本。

9.1 楷書。

1.1 BD12397 號

1.3 護首（大般若波羅蜜多經）

1.4 L2526

2.1 22.5×25.6 厘米；1 紙；1 行。

2.3 卷軸裝。首全尾脫。已修整。

3.4 説明：

本遺書為護首。上有"大般若波羅蜜多經卷第一百八十，十八"，經名上有經名號。

錄文中"十八"為本卷所屬袟次。

8　8～9世紀。吐蕃統治時期寫本。

9.1 楷書。

1.1 BD12398 號

1.3 護首（大般若波羅蜜多經）

1.4 L2527

2.1 22.8×25.5 厘米；1 紙；1 行。

2.3 卷軸裝。首殘尾脫。已修整。

3.4 説明：

本遺書為護首。上有殘存經名"經卷第一百七十四，十八，□□"，經名上有經名號。

錄文中"十八"為本卷所屬袟次。

8　8～9世紀。吐蕃統治時期寫本。

9.1 楷書。

1.1 BD12399 號

1.3 護首（大寶積經）

1.4 L2528

2.1 22×25.7 厘米；1 紙；1 行。

2.3 卷軸裝。首全尾脫。有古代裱補。已修整。

3.4 説明：

本遺書為護首。上有殘存"□…□，意，五十九，淨"。

錄文中"意"為敦煌遺書《大寶積經》特有的袟號。"五十九"為本卷的卷次。"淨"為本經收藏寺院淨土寺的簡稱。

8　9～10世紀。歸義軍時期寫本。

9.1 楷書。

1.1 BD12400 號

1.3 護首（大般涅槃經）

1.4 L2529

2.1 21.9×26 厘米；1 紙；1 行。

2.3 卷軸裝。首全尾脫。已修整。

3.4 説明：

本遺書為護首。上有"大般涅槃經卷第二十六，三"，經名上有經名號。

錄文中"三"為本卷所屬袟次。

8　7～8世紀。唐寫本。

9.1 楷書。

1.1 BD12401 號

1.3 護首（大般涅槃經）

1.4 L2530

2.1 24×24.5 厘米；1 紙；1 行。

2.3 卷軸裝。首尾均脫。中部有小殘洞。已修整。

3.4 説明：

本遺書為護首。上有"大般涅槃經卷第廿五，◇，顯"，經名上有經名號。

"顯"為本經收藏寺院顯德寺的簡稱。

8　9～10世紀。歸義軍時期寫本。

9.1 楷書。

1.1 BD12402 號

1.3 護首（大般若波羅蜜多經）

1.4 L2531

2.1 20×25.5 厘米；1 紙；2 行。

2.3 卷軸裝。首殘尾脫。已修整。

3.4 説明：

本遺書為護首。上有"大般若波羅蜜多經卷第五百廿二，五十三，二，界"，經名上有經名號。

其中"五十三"為本卷所屬袟次。"二"為袟內序號。"界"為本經收藏寺院三界寺的簡稱。

8　9～10世紀。歸義軍時期寫本。

9.1 楷書。

1.1 BD12403 號

1.3 護首（大寶積經）

1.4 L2532

2.1 20.4×25.9 厘米；1 紙；1 行。

2.3 卷軸裝。首殘尾脫。已修整。

3.4 説明：

本遺書為護首。上有殘存經名"□…□，身，卅五，淨"。

錄文中"身"為敦煌遺書《大寶積經》特有的袟號。"卅五"為本卷所屬袟次。"淨"為本經收藏寺院淨土寺的簡稱。

8　9～10世紀。歸義軍時期寫本。

9.1 楷書。

1.1 BD12404 號

1.3 護首（大寶積經）

1.4 L2533

2.1 22.3×26 厘米；1 紙；1 行。

2.3 卷軸裝。首全尾脫。有古代裱補。已修整。

3.4 説明：

本遺書為護首。原粘貼有經名簽，已脫落，現護首上有殘存"□…□，法，淨"。

錄文中"法"為敦煌遺書《大寶積經》特有的袟號。"淨"為本經收藏寺院淨土寺的簡稱。

8 9～10 世紀。歸義軍時期寫本。

9.1 楷書。

1.1 BD12405 號

1.3 護首（大寶積經）

1.4 L2534

2.1 20.2×26 厘米；1 紙；1 行。

2.3 卷軸裝。首全尾脫。已修整。

3.4 説明：

本遺書為護首。上有"大寶積經卷第三十一，四"，經名上有經名號。

其中"四"為本卷所屬袟次。

8 7～8 世紀。唐寫本。

9.1 楷書。

1.1 BD12406 號

1.3 護首（大方廣佛華嚴經）

1.4 L2535

2.1 19.2×25 厘米；1 紙；1 行。

2.3 卷軸裝。首全尾脫。已修整。

3.4 説明：

本遺書為護首。上有"大方廣佛花嚴經卷第五十六，新譯，開"。

錄文中"開"為本經收藏寺院開元寺的簡稱。

8 9～10 世紀。歸義軍時期寫本。

9.1 楷書。

1.1 BD12407 號

1.3 護首（大般若波羅蜜多經）

1.4 L2536

2.1 20.1×25.6 厘米；1 紙；1 行。

2.3 卷軸裝。首全尾脫。有古代裱補。已修整。

3.4 説明：

本遺書為護首。有經名"大般若波羅蜜多經卷第一百六十四，十七"。經名上有經名號。

錄文中"十七"為本卷所屬袟次。

8 8～9 世紀。吐蕃統治時期寫本。

9.1 楷書。

1.1 BD12408 號

1.3 護首（大般若波羅蜜多經）

1.4 L2537

2.1 23.5×25 厘米；1 紙；1 行。

2.3 卷軸裝。首殘尾脫。經名 1 行字不完整。已修整。

3.4 説明：

本遺書為護首。上有"大般若波羅蜜多經卷第廿四"。經名上有經名號。

8 8～9 世紀。吐蕃統治時期寫本。

9.1 楷書。

1.1 BD12409 號

1.3 護首（大般若波羅蜜多經）

1.4 L2538

2.1 16×25 厘米；1 紙；1 行。

2.3 卷軸裝。首尾均殘。經名 1 行字不完整。已修整。

3.4 説明：

本遺書為護首。上有"大般若波羅蜜多經卷第一百六十□，十七"。經名上有經名號。

錄文中"十七"為本卷所屬袟次。

8 8～9 世紀。吐蕃統治時期寫本。

9.1 楷書。

1.1 BD12410 號

1.3 護首（佛頂尊勝陀羅尼經）

1.4 L2539

2.1 13.5×25.4 厘米；1 紙；1 行。

2.3 卷軸裝。首全尾脫。卷首有竹製天竿。背面有烏絲欄。

3.4 説明：

本遺書為護首。上有"佛頂尊勝陀羅尼經，過，恩"。

錄文中"過"為本卷所屬千字文袟號。"恩"為本經收藏寺院報恩寺的簡稱。

7.2 背面有一小半陽文硃印，殘留 1.8×5 厘米，印文為"報恩寺"。

8 9～10 世紀。歸義軍時期寫本。

9.1 楷書。

1.1 BD12411 號

1.3 護首（大般若波羅蜜多經）

1.4 L2540

2.1 22.8×25.2 厘米；1 紙；1 行。

2.3 卷軸裝。首殘尾脫。卷面油污。卷首有半截竹製天竿。經名不完整。已修整。

3.4 説明：

本遺書為護首。上有"大般若波羅蜜多經卷第一百卅六，十四"。經名上有經名號。

錄文中"十四"為本卷所屬袟次。

8　8~9 世紀。吐蕃統治時期寫本。

9.1　楷書。

1.1　BD12412 號

1.3　護首（大般若波羅蜜多經）

1.4　L2541

2.1　21×25.3 厘米；1 紙；1 行。

2.3　卷軸裝。首殘尾脫。有古代及近代裱補。已修整。

3.4　説明：

　　本遺書為護首。上有"大般若波羅蜜多經卷第二百廿六，廿三，蓮"。

　　其中"廿三"為本卷所屬袟次。"蓮"為本經收藏寺院蓮臺寺的簡稱。

8　9~10 世紀。歸義軍時期寫本。

9.1　楷書。

1.1　BD12413 號

1.3　護首（大般若波羅蜜多經）

1.4　L2542

2.1　20×24.5 厘米；1 紙；1 行。

2.3　卷軸裝。首殘尾脫。正面貼有古代裱補，為護首。已修整。

3.4　説明：

　　本遺書為護首。上有"大般若波羅蜜多經卷第□…□"。經名上有經名號。

7.3　裱補紙上有半行經名，"□…□般若波羅蜜多經卷第二百□…□"。

8　8~9 世紀。吐蕃統治時期寫本。

9.1　楷書。

1.1　BD12414 號

1.3　護首（延壽命經）

1.4　L2543

2.1　16.1×25.3 厘米；1 紙；正面 1 行，背面 1 行。

2.3　卷軸裝。首全尾斷。下邊殘缺。正面有烏絲欄。

3.4　説明：

　　本遺書正面書寫"佛說延命壽經一卷"，背面書寫"佛說延壽命經"。有烏絲欄。疑亦為《延壽命經》護首。也可能是經名雜寫。詳情待考。

8　9~10 世紀。歸義軍時期寫本。

9.1　楷書。

1.1　BD12415 號

1.3　護首（金剛般若波羅蜜經）

1.4　L2544

2.1　14.8×13 厘米；1 紙；1 行。

2.3　卷軸裝。首殘尾脫。通卷下殘。已修整。

3.4　説明：

本遺書為護首。上有"金剛般若波羅蜜經"。

8　7~8 世紀。唐寫本。

9.1　楷書。

1.1　BD12416 號

1.3　護首（大般若波羅蜜多經）

1.4　L2545

2.1　22.1×25.6 厘米；1 紙；1 行。

2.3　卷軸裝。首殘尾脫。字半殘。已修整。

3.4　説明：

　　本遺書為護首。上有"大般若波羅蜜多經卷第□…□九"。

8　8~9 世紀。吐蕃統治時期寫本。

9.1　楷書。

1.1　BD12417 號

1.3　護首（大般若波羅蜜多經）

1.4　L2546

2.1　28.5×25.4 厘米；2 紙；1 行。

2.2　01：18.5，01 護首；　　02：10.0，素紙。

2.3　卷軸裝。首脫尾殘。通卷有殘洞。已修整。

3.4　説明：

　　本遺書為護首。上有"□□□□羅蜜多經第一百七十□，十七"。

　　其中"十七"為本卷所屬袟次。

8　8~9 世紀。吐蕃統治時期寫本。

9.1　楷書。

1.1　BD12418 號

1.3　護首（大般若波羅蜜多經）

1.4　L2547

2.1　31.8×25.3 厘米；1 紙；1 行。

2.3　卷軸裝。首殘尾脫。已修整。

3.4　説明：

　　本遺書為護首。上有"大般若波羅蜜多經卷第一百廿一，十三，蓮"。經名上有經名號。

　　其中"十三"為本卷所屬袟次。"蓮"為本經收藏寺院蓮臺寺的簡稱。

8　9~10 世紀。歸義軍時期寫本。

9.1　楷書。

1.1　BD12419 號

1.3　護首（經名不詳）

1.4　L2548

2.1　21.2×18.6 厘米；1 紙；1 行。

2.3　卷軸裝。首尾均殘。通卷下殘。有紺青紙經名簽，字跡難以辨認。已修整。

3.4　説明：

本遺書紺青紙經名簽，字跡難以辨認，經名不清。可辨認僅1個"修"字。

"修"為本經收藏寺院靈修寺的簡稱。

8　9～10世紀。歸義軍時期寫本。

9.1　楷書。

1.1　BD12420號

1.3　護首（大般若波羅蜜多經）

1.4　L2549

2.1　16.8×15.9厘米；1紙；1行。

2.3　卷軸裝。首殘尾脫。下部殘缺。文字半殘。已修整。

3.4　説明：

本遺書為護首。上有"大般若經卷第五百六十八"。

8　7～8世紀。唐寫本。

9.1　楷書。

1.1　BD12421號

1.3　護首（大般若波羅蜜多經）

1.4　L2550

2.1　10.1×20.5厘米；1紙；2行。

2.3　卷軸裝。首尾均殘。通卷上下殘。已修整。

3.4　説明：

本遺書為護首。上有"□般若波羅蜜□…□，八，/第八秩內第七/"。由此可知應為《大般若波羅蜜多經》卷七七。

7.3　背面有雜寫"觸識緣"。

8　8～9世紀。吐蕃統治時期寫本。

9.1　楷書。

1.1　BD12422號

1.3　護首（妙法蓮華經）

1.4　L2551

2.1　12×15厘米；1紙；1行。

2.3　卷軸裝。首尾均殘。通卷上下殘。殘片。已修整。

3.4　説明：

本遺書為護首。上有"□法蓮華經卷第六"。

8　7～8世紀。唐寫本。

9.1　楷書。

1.1　BD12423號

1.3　護首（大般若波羅蜜多經）

1.4　L2552

2.1　11×13.2厘米；1紙；1行。

2.3　卷軸裝。首尾均殘。通卷下殘。已修整。

3.4　説明：

本遺書為護首。上有"大般若波羅蜜多經卷第六□…□"。

8　8～9世紀。吐蕃統治時期寫本。

9.1　楷書。

1.1　BD12424號

1.3　經袱（大般涅槃經）

1.4　L2553

2.1　8.8×24.8厘米；1紙；1行。

2.3　卷軸裝。首尾均殘。卷面有殘洞、墨跡。有古代裱補。已修整。

3.4　説明：

本遺書為經袱。上有殘經名"涅槃經第二袱"。

7.3　卷下部有雜寫"經玖很□/今日願□善得/"2行。字跡模糊。

8　8～9世紀。吐蕃統治時期寫本。

9.1　楷書。

1.1　BD12425號

1.3　佛經卷次勘記（擬）

1.4　L2554

2.1　9.8×18.5厘米；1紙；1行。

2.3　卷軸裝。首尾均殘。通卷下殘。已修整。

3.4　説明：

本遺書上有佛經卷次勘記"卷第十六"，或為尾題。待考。

8　7～8世紀。唐寫本。

9.1　楷書。

1.1　BD12426號

1.3　護首（大智度論）

1.4　L2555

2.1　8.8×25.3厘米；1紙；1行。

2.3　卷軸裝。首尾均殘。有古代裱補。已修整。

3.4　説明：

本遺書為護首。上有"大智度論卷第七十九"。

7.1　經名下有題記"尹夫人受持"。

8　7～8世紀。唐寫本。

9.1　楷書。

1.1　BD12427號

1.3　護首（經名不詳）

1.4　L2556

2.1　18.9×11.2厘米；1紙；1行。

2.3　卷軸裝。首尾均殘。通卷上殘。有古代裱補。已修整。

3.4　説明：

本遺書殘存有"□…□三，十六，第一"。

8　8～9世紀。吐蕃統治時期寫本。

9.1　楷書。

1.1　BD12428號

1.3　護首（大般若波羅蜜多經）

1.4　L2557

2.1　5.5×25.3厘米；1紙；1行。

2.3　卷軸裝。首尾均殘。卷下有古代裱補。已修整。

3.4　説明：

　　　本遺書為護首。上有"大般若波羅蜜多經卷第二百八十九，界，廿九"。

　　　錄文中"廿九"為本卷所屬袠次。"界"為本經收藏寺院三界寺的簡稱。

8　9～10世紀。歸義軍時期寫本。

9.1　楷書。

1.1　BD12429號

1.3　殘片（擬）

1.4　L2558

2.1　10.7×9.5厘米；1紙；行。

2.3　卷軸裝。首尾均殘。卷面有殘洞，通卷下殘。小殘片。已修整。

3.4　説明：

　　　本遺書無完整文字。

8　9～10世紀。歸義軍時期寫本。

9.1　楷書。

1.1　BD12430號

1.3　護首（四分律）

1.4　L2559

2.1　5.8×8.9厘米；1紙；1行。

2.3　卷軸裝。首尾均殘。通卷下殘。

3.4　説明：

　　　本遺書為護首。上有"四分律藏卷第□…□"。經名上有經名號。

8　7～8世紀。唐寫本。

9.1　楷書。

1.1　BD12431號

1.3　護首（大般若波羅蜜多經）

1.4　L2560

2.1　1.8×24.5厘米；1紙；1行。

2.3　卷軸裝。首全尾斷。卷首繫有縹帶殘根。

3.4　説明：

　　　本遺書為護首。上有"大般若波羅蜜多經卷第卅三，五，永"。

　　　錄文中"五"為本卷所屬袠次。"永"為本經收藏寺院永安寺的簡稱。

8　9～10世紀。歸義軍時期寫本。

9.1　楷書。

1.1　BD12432號

1.3　護首（大般若波羅蜜多經）

1.4　L2561

2.1　22.5×25.4厘米；1紙；1行。

2.3　卷軸裝。首殘尾脱。經名文字不完整。已修整。

3.4　説明：

　　　本遺書為護首。上有"大般若□…□三百八十七，卅九，蓮"。經名上有經名號。

　　　錄文中"卅九"為本卷所屬袠次。"蓮"為本經收藏寺院蓮臺寺的簡稱。

8　9～10世紀。歸義軍時期寫本。

9.1　楷書。

1.1　BD12433號

1.3　護首（大般若波羅蜜多經）

1.4　L2562

2.1　21.5×25.5厘米；1紙；1行。

2.3　卷軸裝。首全尾脱。卷面有水漬。已修整。

3.4　説明：

　　　本遺書為護首。上有"大般若波羅蜜多經卷第六十六，蓮、七"。經名上有經名號。

　　　錄文中"七"為本卷所屬袠次。"蓮"為本經收藏寺院蓮臺寺的簡稱。

7.2　與後一紙騎縫處殘存半個墨色陽文印章，1×6.6厘米，印文為"蓮藏經"。

8　9～10世紀。歸義軍時期寫本。

9.1　楷書。

1.1　BD12434號

1.3　護首（普門品經）

1.4　L2563

2.1　20.5×25.7厘米；1紙；1行。

2.3　卷軸裝。首尾均脱。有紺青紙經名簽，上有銀粉書寫經名。下有殘洞。有古代裱補。

3.4　説明：

　　　本遺書為護首。上有紺青紙經名簽，有銀粉書寫經名"普門品經"。紺青紙下方書寫經名"佛説普門品經，土"。

　　　錄文中"土"為本經收藏寺院淨土寺的簡稱。

8　9～10世紀。歸義軍時期寫本。

9.1　楷書。

1.1　BD12435號

1.3　護首（大般涅槃經）

1.4　L2564

2.1　23.9×26厘米；1紙；1行。

2.3　卷軸裝。首殘尾脱。卷首上部有竹製天竿。

3.4　説明：

　　　本遺書為護首。上有"大般涅槃經卷第七，一"。經名上有經名號。

錄文中"一"為本卷所屬袱次。

8 7～8 世紀。唐寫本。

9.1 楷書。

1.1 BD12436 號

1.3 護首（大般若波羅蜜多經）

1.4 L2565

2.1 21.5×25.5 厘米；1 紙；1 行。

2.3 卷軸裝。首殘尾脫。卷首上部有條狀殘損。

3.4 説明：

本遺書為護首。上有"大般若波羅蜜多經卷第三百八十四，卅九，蓮"。經名上有經名號。

錄文中"卅九"為本卷所屬袱次。"蓮"為本經收藏寺院蓮臺寺的簡稱。

8 9～10 世紀。歸義軍時期寫本。

9.1 楷書。

1.1 BD12437 號

1.3 護首（大般若波羅蜜多經）

1.4 L2566

2.1 22.1×25.5 厘米；1 紙；1 行。

2.3 卷軸裝。首全尾脫。已修整。

3.4 説明：

本遺書為護首。上有"大般若波羅蜜多經卷第三百一十六，卅二，蓮"。經名上有經名號。

錄文中"卅二"為本卷所屬袱次。"蓮"為本經收藏寺院蓮臺寺的簡稱。

8 9～10 世紀。歸義軍時期寫本。

9.1 楷書。

1.1 BD12438 號

1.3 護首（大般涅槃經）

1.4 L2567

2.1 20.1×26 厘米；1 紙；1 行。

2.3 卷軸裝。首殘尾脫。已修整。

3.4 説明：

本遺書為護首。上有"大般涅槃經卷四十一，冬，顯"。經名上有經名號。

錄文中"冬"為敦煌遺書《大般涅槃經》特有的袱號。"顯"為本經收藏寺院顯德寺的簡稱。

8 9～10 世紀。歸義軍時期寫本。

9.1 楷書。

1.1 BD12439 號

1.3 護首（大般若波羅蜜多經）

1.4 L2568

2.1 21.7×25.1 厘米；1 紙；1 行。

2.3 卷軸裝。首全尾脫。已修整。

3.4 説明：

本遺書為護首。上有"大般若波羅蜜多經卷第一百七十一，十八"。經名上有經名號。

錄文中"十八"為本卷所屬袱次。

8 8～9 世紀。吐蕃統治時期寫本。

9.1 楷書。

1.1 BD12440 號

1.3 護首（大般若波羅蜜多經）

1.4 L2569

2.1 22×25 厘米；1 紙；1 行。

2.3 卷軸裝。首尾均殘。首下方、尾上方殘缺。已修整。

3.4 説明：

本遺書為護首。上有"大般若波羅蜜多經卷第五十五，六"。經名上有經名號。

錄文中"六"為本卷所屬袱次。

7.2 與後一紙騎縫處殘存半個墨色陽文印章，0.9×6.6 厘米。印文為"蓮藏經"。

8 9～10 世紀。歸義軍時期寫本。

9.1 楷書。

1.1 BD12441 號

1.3 護首（大般若波羅蜜多經）

1.4 L2570

2.1 18×24.7 厘米；1 紙；1 行。

2.3 卷軸裝。首殘尾脫。有殘洞。已修整。

3.4 説明：

本遺書為勘記。上有"第五袱七"。參見 BD12421 號，本遺書應為《大般若波羅蜜多經》卷四七的護首。

8 8～9 世紀。吐蕃統治時期寫本。

9.1 楷書。

1.1 BD12442 號

1.3 護首（大般若波羅蜜多經）

1.4 L2571

2.1 19.5×25 厘米；1 紙；1 行。

2.3 卷軸裝。首殘尾脫。有古代裱補。已修整。

3.4 説明：

本遺書為護首。上有"大般若波羅蜜多經卷第一百八十六，十九"。經名上有經名號。

錄文中"十九"為本卷所屬袱次。

8 8～9 世紀。吐蕃統治時期寫本。

9.1 楷書。

1.1 BD12443 號

1.3 護首（四分律）

1.4 L2572

2.1 22.8×24.9 厘米；1 紙；1 行。

2.3 卷軸裝。首殘尾脫。上下邊殘缺。有殘洞。已修整。

3.4 説明：

本遺書為護首。上有"□□律藏卷第四十四，五"。經名上有經名號。

錄文中"五"為本卷所屬袟次。

8 7～8 世紀。唐寫本。

9.1 楷書。

1.1 BD12444 號

1.3 護首（大般涅槃經）

1.4 L2573

2.1 18.8×25.2 厘米；1 紙；1 行。

2.3 卷軸裝。首殘尾脫。卷中為雙層紙。

3.4 説明：

本遺書為護首。上有"大般涅槃經卷第十三，夏"。

錄文中"夏"為敦煌遺書《大般涅槃經》特有的袟號。

8 9～10 世紀。歸義軍時期寫本。

9.1 楷書。

1.1 BD12445 號

1.3 護首（大般若波羅蜜多經）

1.4 L2574

2.1 18.5×25.4 厘米；1 紙；1 行。

2.3 卷軸裝。首尾均殘。已修整。

3.4 説明：

本遺書為護首。上有"大般若波羅蜜□…□"。經名上有經名號。

8 9～10 世紀。歸義軍時期寫本。

9.1 楷書。

1.1 BD12446 號

1.3 護首（大般若波羅蜜多經）

1.4 L2575

2.1 22.3×25.5 厘米；1 紙；1 行。

2.3 卷軸裝。首全尾脫。尾下部略有殘損。上部有古代裱補。已修整。

3.4 説明：

本遺書為護首。上有"大般若波羅蜜多經卷第三十二，蓮，四（?）"。經名上有經名號。

錄文中"四"為本遺書所屬袟數。"蓮"為本經收藏寺院蓮臺寺的簡稱。

7.2 與後一紙騎縫處殘存半個墨色陽文印章，1×6.6 釐米，印文為"蓮藏經"

8 9～10 世紀。歸義軍時期寫本。

9.1 楷書。

1.1 BD12447 號

1.3 護首（大寶積經）

1.4 L2576

2.1 21.4×25.7 厘米；1 紙；1 行。

2.3 卷軸裝。首尾均脫。有 2 塊古代裱補。有小殘洞。

3.4 説明：

本遺書首中部僅有 1 個"法"字，爲敦煌遺書《大寶積經》特有的袟號。

8 9～10 世紀。歸義軍時期寫本。

9.1 楷書。

1.1 BD12448 號

1.3 護首（大般涅槃經）

1.4 L2577

2.1 23×26 厘米；1 紙；1 行。

2.3 卷軸裝。首殘尾脫。有殘留縹帶。已修整。

3.4 説明：

本遺書為護首。上有"大般涅槃經卷第五"。

8 7～8 世紀。唐寫本。

9.1 楷書。

1.1 BD12449 號

1.3 護首（大般若波羅蜜多經）

1.4 L2578

2.1 22.5×25.7 厘米；1 紙；1 行。

2.3 卷軸裝。首殘尾脫。卷下邊有硃筆墨跡。已修整。

3.4 説明：

本遺書為護首。上有"大般若波羅蜜多經卷第三百冊四，冊五"。經名上有經名號。

錄文中"冊五"為本卷所屬袟次。

8 8～9 世紀。吐蕃統治時期寫本。

9.1 楷書。

1.1 BD12450 號

1.3 護首（大般若波羅蜜多經）

1.4 L2579

2.1 21.7×25.1 厘米；1 紙；1 行。

2.3 卷軸裝。首殘尾脫。已修整。

3.4 説明：

本遺書為護首。上有"大般若波羅蜜多經卷第三百五十一，冊六，蓮"。經名上有經名號。

錄文中"冊六"為本卷所屬袟次。"蓮"為本經收藏寺院蓮臺寺的簡稱。

8 9～10 世紀。歸義軍時期寫本。

9.1 楷書。

1.1 BD12451 號

1.3 護首（經名不詳）

1.4 L2580

2.1 20.4×26 厘米；1 紙；1 行。

2.3 卷軸裝。首殘尾脱。有縹帶殘根。已修整。

3.4 説明：

本遺書為護首。上有殘經名"□…□第三十九"。

8 8～9 世紀。吐蕃統治時期寫本。

9.1 楷書。

1.1 BD12452 號

1.3 護首（大寶積經）

1.4 L2581

2.1 22.2×25.7 厘米；1 紙；1 行。

2.3 卷軸裝。首殘尾脱。卷首上部經名籤已脱落。下邊殘缺。

3.4 説明：

卷首中部僅殘存一"味"字，為敦煌遺書《大寶積經》特有的袟號。

8 9～10 世紀。歸義軍時期寫本。

9.1 楷書。

1.1 BD12453 號

1.3 勘記（擬）

1.4 L2582

2.1 24.5×25.4 厘米；1 紙；1 行。

2.3 卷軸裝。首尾均脱。已修整。

3.4 説明：

本遺書僅有 3 字"永本同"。"永"當為敦煌寺院永安寺的簡稱。

7.1 有勘記"永本同"。

8 9～10 世紀。歸義軍時期寫本。

9.1 楷書。

1.1 BD12454 號

1.3 護首（四分律）

1.4 L2583

2.1 21.6×24.2 厘米；1 紙；1 行。

2.3 卷軸裝。首殘尾脱。有殘洞。已修整。

3.4 説明：

本遺書為護首。上有"四分律藏卷第三十，三"。經名上有經名號。

錄文中"三"為本卷所屬袟次。

8 7～8 世紀。唐寫本。

9.1 楷書。

1.1 BD12455 號

1.3 護首（大般若波羅蜜多經）

1.4 L2584

2.1 22×25 厘米；1 紙；1 行。

2.3 卷軸裝。首殘尾脱，背有古代裱補。

3.4 説明：

本遺書為護首。上有"大般若波羅蜜多經卷第三百廿五，卅七，蓮"。經名上有經名號。

錄文中"卅七"為本卷所屬袟次。"蓮"為本經收藏寺院蓮臺寺的簡稱。

8 9～10 世紀。歸義軍時期寫本。

9.1 楷書。

1.1 BD12456 號

1.3 護首（大般若波羅蜜多經）

1.4 L2585

2.1 21.5×25.4 厘米；1 紙；1 行。

2.3 卷軸裝。首全尾脱。已修整。

3.4 説明：

本遺書為護首。二有"大般若波羅蜜多經卷第二百八十五，廿九，蓮"。經名上有經名號。

錄文中"廿九"為本卷所屬袟次。"蓮"為本經收藏寺院蓮臺寺的簡稱。

8 9～10 世紀。歸義軍時期寫本。

9.1 楷書。

1.1 BD12457 號

1.3 經袟（擬）

1.4 L2586

2.1 45.3×24 厘米；1 紙；1 行。

2.3 卷軸裝。首尾均殘。天頭地腳殘破。中間有撕裂。有古代裱補。背面有字又塗掉。已修整。

3.4 説明：

本遺書為經袟。上有文字"第十五袟足"。

7.1 背面有"廿七袟足"、"第◇袟"字樣，被墨筆塗去。

8 8～9 世紀。吐蕃統治時期寫本。

9.1 楷書。

1.1 BD12458 號

1.3 護首（大般若波羅蜜多經）

1.4 L2587

2.1 21.8×25.9 厘米；1 紙；1 行。

2.3 卷軸裝。首全尾脱。下部殘缺，中有殘洞。有古代裱補。已修整。

3.4 説明：

本遺書為護首。上有"大般若波羅蜜多經卷第四百卅三，卅五"。經名上有經名號。

錄文中"卅五"為本卷所屬袟次。

8 8～9 世紀。吐蕃統治時期寫本。

9.1 楷書。

1.1　BD12459 號

1.3　護首（大般涅槃經）

1.4　L2588

2.1　19 × 24.8 厘米；1 紙；1 行。

2.3　卷軸裝。首全尾斷。首上部殘缺。經名旁有墨跡。背面有古代裱補。已修整。

3.4　說明：

　　本遺書為護首。上有"大般涅槃經卷第十一，夏"。經名上有經名號。

　　錄文中"夏"為敦煌遺書《大般涅槃經》特有的袟號。

7.1　背面裱補紙上有勘記"永本同"三字。"永"當為敦煌寺院永安寺的簡稱。

8　9 ~ 10 世紀。歸義軍時期寫本。

9.1　楷書。

1.1　BD12460 號

1.3　護首（大般若波羅蜜多經）

1.4　L2589

2.1　19.8 × 24.9 厘米；1 紙；1 行。

2.3　卷軸裝。首尾均殘。下邊殘缺。有縹帶殘根。有古代裱補。已修整。

3.4　說明：

　　本遺書為護首。上有"大般若波羅蜜多經卷第四百七，冊一，龍"。經名上有經名號。

　　錄文中"冊一"為本卷所屬袟次。"龍"為本經收藏寺院龍興寺的簡稱。

8　9 ~ 10 世紀。歸義軍時期寫本。

9.1　楷書。

1.1　BD12461 號

1.3　護首（大般若波羅蜜多經）

1.4　L2590

2.1　18.7 × 20.2 厘米；1 紙；1 行。

2.3　卷軸裝。首尾均殘。通卷下殘。有撕裂。已修整。

3.4　說明：

　　本遺書無完整文字。但從殘存字痕可以判斷應為《大般若波羅蜜多經》的護首。

8　8 ~ 9 世紀。吐蕃統治時期寫本。

9.1　楷書。

1.1　BD12462 號

1.3　護首（經名不詳）

1.4　L2591

2.1　13.6 × 13.5 厘米；1 紙；1 行。

2.3　卷軸裝。首尾均殘。通卷上殘。已修整。

3.4　說明：

　　本遺書僅殘留 1 個"四"字。

8　8 ~ 9 世紀。吐蕃統治時期寫本。

9.1　楷書。

1.1　BD12463 號

1.3　護首（大般若波羅蜜多經）

1.4　L2592

2.1　20.3 × 25.1 厘米；1 紙；1 行。

2.3　卷軸裝。首殘尾脫。已修整。

3.4　說明：

　　本遺書為護首。上有"大般若波羅蜜多經卷第七十七，八"。經名上有經名號。

　　錄文中"八"為本卷所屬袟次。

8　8 ~ 9 世紀。吐蕃統治時期寫本。

9.1　楷書。

1.1　BD12464 號

1.3　護首（大般若波羅蜜多經）

1.4　L2593

2.1　24.2 × 25.4 厘米；1 紙；1 行。

2.3　卷軸裝。首全尾脫。已修整。

3.4　說明：

　　本遺書為護首。上有"大般若波羅蜜多經卷第一百廿三，十三"。經名上有經名號。

　　錄文中"十三"為本卷所屬袟次。

8　8 ~ 9 世紀。吐蕃統治時期寫本。

9.1　楷書。

1.1　BD12465 號

1.3　護首（大般若波羅蜜多經）

1.4　L2594

2.1　12.1 × 14.5 厘米；1 紙；1 行。

2.3　卷軸裝。首殘尾脫。有古代裱補。已修整。

3.4　說明：

　　本遺書為護首。上有"大般若波羅蜜多經卷第一，一，界"。經名上有經名號。"一，界"均寫在後來粘貼的紙塊上。

　　錄文中"一"為本卷所屬袟次。"界"為本經收藏寺院三界寺的簡稱。

8　9 ~ 10 世紀。歸義軍時期寫本。

9.1　楷書。

1.1　BD12466 號

1.3　護首（大般若波羅蜜多經）

1.4　L2595

2.1　18 × 25 厘米；1 紙；2 行。

2.3　卷軸裝。首全尾脫。首有殘洞。已修整。

3.4　說明：

　　本遺書為護首。上有"大般若波羅蜜多經卷第四百五十五，

四十六，蓮"。經名上有經名號。

錄文中"四十六"為本卷所屬袟次。"蓮"為本經收藏寺院蓮臺寺的簡稱。

7.3　有雜寫"四"。字

8　　9 ~ 10 世紀。歸義軍時期寫本。

9.1　楷書。

1.1　BD12467 號

1.3　護首（無垢淨光大陀羅尼經）

1.4　L2596

2.1　21 × 26 厘米；1 纸；1 行。

2.3　卷軸裝。首殘尾脫。有殘洞。已修整。

3.4　說明：

本遺書為護首。上有"無垢淨光大陀羅□□"。經名上有經名號。

8　　7 ~ 8 世紀。唐寫本。

9.1　楷書。

1.1　BD12468 號

1.3　護首（大般若波羅蜜多經）

1.4　L2597

2.1　20.9 × 25.4 厘米；1 纸；1 行。

2.3　卷軸裝。首尾均殘。已修整。

3.4　說明：

本遺書為護首。上有"大般若經卷第五百四十七，五十五"。經名上有經名號。

錄文中"五十五"為本卷所屬袟次。

8　　7 ~ 8 世紀。唐寫本。

9.1　楷書。

1.1　BD12469 號

1.3　護首（經名不詳）

1.4　L2598

2.1　21.9 × 24.4 厘米；1 纸；2 行。

2.3　卷軸裝。首尾均殘。卷首下部殘缺。已修整。

3.4　說明：

本遺書為護首。上有殘存經名"□…□經卷第八"。

7.1　卷中有勘記"第八卷第一袟頭尾同（?）好，入。八"1 行。

8　　7 ~ 8 世紀。唐寫本。

9.1　楷書。

1.1　BD12470 號

1.3　護首（大般若波羅蜜多經）

1.4　L2599

2.1　19.2 × 23 厘米；1 纸；1 行。

2.3　卷軸裝。首尾均殘。下邊殘缺。有古代裱補。已修整。

3.4　說明：

本遺書為護首。上有"大般若波羅蜜多經卷第四百五十七"。經名上有經名號。

8　　8 ~ 9 世紀。吐蕃統治時期寫本。

9.1　楷書。

1.1　BD12471 號

1.3　護首（經名不詳）

1.4　L2600

2.1　18.3 × 32.6 厘米：1 纸；1 行。

2.3　卷軸裝。首殘尾脫。卷上部為古代接補。已修整。

3.4　說明：

本遺書為護首。上有殘存經名"□…□，四，界"。"界"寫在後來粘貼的紙塊上。

錄文中"四"或為本卷所屬袟次。"界"為本經收藏寺院三界寺的簡稱。

8　　9 ~ 10 世紀。歸義軍時期寫本。

9.1　楷書。

1.1　BD12472 號

1.3　護首（大般若波羅蜜多經）

1.4　L2601

2.1　23 × 25.1 厘米；1 纸；1 行。

2.3　卷軸裝。首殘尾脫。卷首上下殘缺。地腳破損。

3.4　說明：

本遺書為護首。上有"□□□□蜜多經卷第二百七十一，廿八"。經名上有經名號。

錄文中"廿八"為本卷所屬袟次。

8　　8 ~ 9 世紀。吐蕃統治時期寫本。

9.1　楷書。

1.1　BD12473 號

1.3　護首（金光明最勝王經）

1.4　L2602

2.1　23 × 25 厘米；1 纸；1 行。

2.3　卷軸裝。首殘尾脫。文字半殘。有古代裱補。已修整。

3.4　說明：

本遺書為護首。上有"金光明最勝王經卷第□，□…□"。

8　　8 ~ 9 世紀。吐蕃統治時期寫本。

9.1　楷書。

1.1　BD12474 號

1.3　護首（大般若波羅蜜多經）

1.4　L2603

2.1　16.5 × 26.3 厘米；1 纸；1 行。

2.3　卷軸裝。首全尾脫。已修整。

3.4　說明：

本遺書為護首。上有"大般若波羅蜜多經卷第十八，八，二，蓮"。經名上有經名號。

錄文中"二"為本卷所屬袟次。"八"為袟內卷次。"蓮"為本經收藏寺院蓮臺寺的簡稱。

7.2 與後一紙騎縫處殘存半個墨色陽文印章，1.2×6.6 釐米，印文為"蓮藏經"。

8　9~10 世紀。歸義軍時期寫本。

9.1　楷書。

1.1　BD12475 號

1.3　護首（經名不詳）

1.4　L2604

2.1　19.8×26 厘米；1 紙；1 行。

2.3　卷軸裝。首殘尾脫。有殘洞。

3.4　説明：

本遺書為護首。上有殘存卷次"第七"。

8　8~9 世紀。吐蕃統治時期寫本。

9.1　楷書。

1.1　BD12476 號

1.3　護首（大般若波羅蜜多經）

1.4　L2605

2.1　20×25.5 厘米；1 紙；1 行。

2.3　卷軸裝。首尾均殘。下邊殘缺。已修整。

3.4　説明：

本遺書為護首。上有"大般若波羅蜜多經卷第四百八十七，四十九"。經名上有經名號。

錄文中"四十九"為本卷所屬袟次。

8　8~9 世紀。吐蕃統治時期寫本。

9.1　楷書。

1.1　BD12477 號

1.3　護首（大般若波羅蜜多經）

1.4　L2606

2.1　20.7×25.3 厘米；1 紙；1 行。

2.3　卷軸裝。首全尾殘。下邊殘缺。已修整。

3.4　説明：

本遺書為護首。上有"大般若波羅蜜多經卷第三百七十四，卅八，蓮"。經名上有經名號。

錄文中"卅八"為本卷所屬袟次。"蓮"為本經收藏寺院蓮臺寺的簡稱。

8　9~10 世紀。歸義軍時期寫本。

9.1　楷書。

1.1　BD12478 號

1.3　護首（大般若波羅蜜多經）

1.4　L2607

2.1　21.5×25 厘米；1 紙；2 行。

2.3　卷軸裝。首殘尾脫。下邊殘缺。兩面均有古代裱補。卷首有半截竹製天竿。已修整。

3.4　説明：

本遺書為護首。上有"□般若波羅蜜多經卷第六十□，/第四袟/"。

其中"第四袟"為硃筆書寫。袟次與卷次不合，不排除利用《大般若波羅蜜多經》護首改作其他經典袟皮的可能。

8　8~9 世紀。吐蕃統治時期寫本。

9.1　楷書。

1.1　BD12479 號

1.3　護首（經名不詳）

1.4　L2608

2.1　20.2×25 厘米；1 紙；1 行。

2.3　卷軸裝。首尾均殘。卷首地腳有裱補。已修整。

3.4　説明：

本遺書為護首。上有"□…□，界"。

錄文中"界"為本經收藏寺院三界寺的簡稱。

8　9~10 世紀。歸義軍時期寫本。

9.1　楷書。

1.1　BD12480 號

1.3　護首（四分律）

1.4　L2609

2.1　21×25.3 厘米；1 紙；1 行。

2.3　卷軸裝。首殘尾脫。上邊殘缺。中有殘洞。

3.4　説明：

本遺書為護首。上有"四分律□…□"。經名上有經名號。

8　7~8 世紀。唐寫本。

9.1　楷書。

1.1　BD12481 號

1.3　護首（大般若波羅蜜多經）

1.4　L2610

2.1　19.3×25.5 厘米；1 紙；1 行。

2.3　卷軸裝。首全尾斷。兩面均有古代裱補。

3.4　説明：

本遺書為護首。上有"大般若波羅蜜多經卷第二百廿九，廿三，蓮"。經名上有經名號。

錄文中"廿三"為本卷所屬袟次。"蓮"為本經收藏寺院蓮臺寺的簡稱。

8　9~10 世紀。歸義軍時期寫本。

9.1　楷書。

1.1　BD12482 號

1.3　護首（大寶積經）

1.4 L2611

2.1 18.9×26 厘米；1 紙；1 行。

2.3 卷軸裝。首殘尾脫。有古代裱補。已修整。

3.4 説明：

本遺書為護首。上有"大寶積經卷第廿，二，界"。

錄文中"二"為本卷所屬袟次。"界"為本經收藏寺院三界寺的簡稱。

8 9~10 世紀。歸義軍時期寫本。

9.1 楷書。

1.1 BD12483 號

1.3 護首（大般若波羅蜜多經）

1.4 L2612

2.1 5.1×26.4 厘米；1 紙；1 行。

2.3 卷軸裝。首尾均殘。下邊殘缺。有古代裱補。已修整。

3.4 説明：

本遺書為護首。上有"大般若波羅蜜多經卷第二百八十六，界，廿九"。經名上有經名號。"界，廿九"均寫在後來粘貼的紙塊上。

錄文中"廿九"為本卷所屬袟次。"界"為本經收藏寺院三界寺的簡稱。

8 9~10 世紀。歸義軍時期寫本。

9.1 楷書。

1.1 BD12484 號

1.3 護首（大般涅槃經）

1.4 L2613

2.1 5×14 厘米；1 紙；1 行。

2.3 卷軸裝。首尾均殘。上下通殘。已修整。

3.4 説明：

本遺書為護首。上有"□般涅槃經卷第十四"。經名上有經名號。

8 7~8 世紀。唐寫本。

9.1 楷書。

1.1 BD12485 號

1.3 護首（大般若波羅蜜多經）

1.4 L2614

2.1 3.5×11.5 厘米；1 紙；1 行。

2.3 卷軸裝。首尾均殘。通卷下殘。

3.4 説明：

本遺書為護首。上有"□□□波羅蜜多經卷第□…□"。

8 8~9 世紀。吐蕃統治時期寫本。

9.1 楷書。

1.1 BD12486 號

1.3 護首（大般涅槃經）

1.4 L2615

2.1 3.5×13.2 厘米；1 紙；1 行。

2.3 卷軸裝。首尾均殘。上下殘缺。已修整。

3.4 説明：

本遺書為護首。上有"涅槃經卷第二"。

8 8~9 世紀。吐蕃統治時期寫本。

9.1 楷書。

1.1 BD12487 號

1.3 護首（大般若波羅蜜多經）

1.4 L2616

2.1 22×25.2 厘米；1 紙；1 行。

2.3 卷軸裝。首全尾脫。有殘洞。有古代裱補。已修整。

3.4 説明：

本遺書為護首。上有"大般若波羅蜜多經卷第卅九，五，蓮"。經名上有經名號。

錄文中"五"為本卷所屬袟次。"蓮"為本經收藏寺院蓮臺寺的簡稱。

7.2 與後一紙騎縫處殘存半個墨色陽文印章，1.7×6.6 厘米，印文為"蓮藏經"。

8 9~10 世紀。歸義軍時期寫本。

9.1 楷書。

1.1 BD12488 號

1.3 護首（大般若波羅蜜多經）

1.4 L2617

2.1 19.5×24.6 厘米；1 紙；1 行。

2.3 卷軸裝。首全尾脫。下邊被剪缺。有古代裱補。已修整。

3.4 説明：

本遺書為護首。上有"大般若波羅蜜多經卷第五百八十八，五十九，蓮"。經名上有經名號。

錄文中"五十九"為本卷所屬袟次。"蓮"為本經收藏寺院蓮臺寺的簡稱。

8 9~10 世紀。歸義軍時期寫本。

9.1 楷書。

1.1 BD12489 號

1.3 菩薩奉施詣塔作願念經

1.4 L2618

2.1 17.6×26 厘米；2 紙；正面 1 行。背面 1 行。

2.2 01：14.4，01； 02：03.2，素紙。

2.3 卷軸裝。首尾均殘。有護首。已修整。

3.4 説明：

本遺書僅殘留所抄經文首題中"奉施""經"等 3 字的殘痕。因有護首，上有"菩薩奉施詣塔作願念經"。故知所抄為《菩薩奉施詣塔作願念經》。

4.1 ［菩薩奉施詣塔作願念經］（首）。

7.4 有護首，上有經名"菩薩奉施詣塔〔作願〕念經，大莊嚴寺□經"。

8 7～8世紀。唐寫本。

9.1 楷書。

1.1 BD12490號

1.3 護首（大般若波羅蜜多經）

1.4 L2619

2.1 19.8×25.7厘米；1紙；1行。

2.3 卷軸裝。首殘尾脱。下邊殘缺。已修整。

3.4 説明：

本遺書為護首。上有"□□□羅蜜多經卷第一百五十六，十六"。

録文中"十六"為本卷所屬袠次。

8 8～9世紀。吐蕃統治時期寫本。

9.1 楷書。

1.1 BD12491號

1.3 護首（大般若波羅蜜多經）

1.4 L2620

2.1 21.8×25.8厘米；1紙；1行。

2.3 卷軸裝。首全尾脱。卷面有殘洞。已修整。

3.4 説明：

本遺書為護首。上有"大般若波羅蜜多經卷第四百廿一，卅三，蓮"。經名上有經名號。

録文中"卅三"為本卷所屬袠次。"蓮"為本經收藏寺院蓮臺寺的簡稱。

8 9～10世紀。歸義軍時期寫本。

9.1 楷書。

1.1 BD12492號

1.3 護首（大般若波羅蜜多經）

1.4 L2621

2.1 20.5×25厘米；1紙；1行。

2.3 卷軸裝。首殘尾脱。殘留一段竹製天竿。有古代裱補。

3.4 説明：

本遺書為護首。上有"大般若波羅蜜多經卷第六十七，七，界"。經名上有經名號。"七，界"均寫在後來粘貼的紙塊上。

録文中"七"為本卷所屬袠次。"界"為本經收藏寺院三界寺的簡稱。

8 9～10世紀。歸義軍時期寫本。

9.1 楷書。

1.1 BD12493號

1.3 護首（大般若波羅蜜多經）

1.4 L2622

2.1 21.6×25厘米；1紙；1行。

2.3 卷軸裝。首全尾斷。有古代裱補。已修整。

3.4 説明：

本遺書為護首。上有"大般若波羅蜜多經卷第三百五十三，卅六，蓮"。經名上有經名號。"卅六，蓮"均寫在後來粘貼的紙塊上。

録文中"卅六"為本卷所屬袠次。"蓮"為本經收藏寺院蓮臺寺的簡稱。

8 9～10世紀。歸義軍時期寫本。

9.1 楷書。

1.1 BD12494號

1.3 護首（大般若波羅蜜多經）

1.4 L2623

2.1 23.8×25.5厘米；1紙；1行。

2.3 卷軸裝。首全尾脱。下邊殘缺。

3.4 説明：

本遺書為護首。上有"大般若波羅蜜多經卷第三百卅六，卅四，蓮"。

録文中"卅四"為本卷所屬袠次。"蓮"為本經收藏寺院蓮臺寺的簡稱。

8 9～10世紀。歸義軍時期寫本。

9.1 楷書。

1.1 BD12495號

1.3 護首（金光明最勝王經）

1.4 L2624

2.1 24×25.5厘米；1紙；1行。

2.3 卷軸裝。首殘尾脱。已修整。

3.4 説明：

本遺書為護首。上有"金光明最勝王經卷第十，□"。經名上有經名號。

8 8～9世紀。吐蕃統治時期寫本。

9.1 楷書。

1.1 BD12496號

1.3 護首（大寶積經）

1.4 L2625

2.1 22.2×26厘米；1紙；1行。

2.3 卷軸裝。首全尾脱。有古代裱補。已修整。

3.4 説明：

本遺書為護首。上有"大寶積經卷第七十五，八"。經名上有經名號。

録文中"八"為本卷所屬袠次。

8 7～8世紀。唐寫本。

9.1 楷書。

1.1 BD12497號

1.3 護首（大般若波羅蜜多經）

1.4 L2626

2.1 12.7×26 厘米；1 紙；1 行。

2.3 卷軸裝。首全尾脫。有古代裱補。已修整。

3.4 説明：

　　本遺書為護首。上有"大般若波羅蜜多經卷第十一，蓮，二，卷一"。經名上有經名號。

　　錄文中"二"為本卷所屬袟次。"卷一"為袟內卷次。"蓮"為本經收藏寺院蓮臺寺的簡稱。

7.2 與後一紙騎縫處殘存半個墨色陽文印章，0.5×6.6 厘米。印文為"蓮藏經"。

8　9～10 世紀。歸義軍時期寫本。

9.1 楷書。

1.1 BD12498 號

1.3 護首（佛名經）

1.4 L2627

2.1 21.8×27 厘米；1 紙；1 行。

2.3 卷軸裝。首全尾脫。有古代裱補。

3.4 説明：

　　本遺書為護首。上有"佛名經卷第二"。

8　7～8 世紀。唐寫本。

9.1 楷書。

1.1 BD12499 號

1.3 護首（金光明最勝王經）

1.4 L2628

2.1 28.5×25.2 厘米；1 紙；1 行。

2.3 卷軸裝。首全尾脫。繫有土黄色縹帶，長 26 厘米。已修整。

3.4 説明：

　　本遺書為護首。上有"金光明最勝王經卷第一"。經名上有經名號。

7.3 下部有 3 道雜筆痕，似"川"字。

8　8～9 世紀。吐蕃統治時期寫本。

9.1 楷書。

1.1 BD12500 號

1.3 護首（大佛頂經）

1.4 L2629

2.1 15.2×25.5 厘米；1 紙；1 行。

2.3 卷軸裝。首全尾脫。已修整。

3.4 説明：

　　本遺書為護首。上有"大佛頂經卷第十"。經名上有經名號。

8　7～8 世紀。唐寫本。

9.1 楷書。

1.1 BD12501 號

1.3 護首（大般涅槃經）

1.4 L2630

2.1 23.5×26.3 厘米；1 紙；1 行。

2.3 卷軸裝。首殘尾脫。

3.4 説明：

　　本遺書為護首。上有"大般涅槃經卷第三十五，四"。經名上有經名號。

　　錄文中"四"為本卷所屬袟次。

8　7～8 世紀。唐寫本。

9.1 楷書。

1.1 BD12502 號

1.3 護首（大般若波羅蜜多經）

1.4 L2631

2.1 7.5×25.4 厘米；1 紙；1 行。

2.3 卷軸裝。首殘尾脫。上邊殘缺。已修整。

3.4 説明：

　　本遺書為護首。有袟次"五十七"，其上有被墨筆塗去卷次"五百六十八"幾字。

8　8～9 世紀。吐蕃統治時期寫本。

9.1 楷書。

1.1 BD12503 號

1.3 護首（大般若波羅蜜多經）

1.4 L2632

2.1 20.2×25.5 厘米；1 紙；1 行。

2.3 卷軸裝。首殘尾脫。已修整。

3.4 説明：

　　本遺書為護首。上有"大般若波羅蜜多經卷第二百六十三，界，廿七"。經名上有經名號。

　　錄文中"廿七"為本卷所屬袟次。"界"為本經收藏寺院三界寺的簡稱。

8　9～10 世紀。歸義軍時期寫本。

9.1 楷書。

1.1 BD12504 號

1.3 護首（大般若波羅蜜多經）

1.4 L2633

2.1 18.5×25.5 厘米；1 紙；1 行。

2.3 卷軸裝。首殘尾脫。

3.4 説明：

　　本遺書為護首。上有"大般若波羅蜜多□…□"。經名上有經名號。

8　8～9 世紀。吐蕃統治時期寫本。

9.1 楷書。

1.1 BD12505 號

1.3 護首（大般若波羅蜜多經）

1.4 L2634

2.1 21.8×26.2 厘米；1 紙；1 行。

2.3 卷軸裝。首全尾脫。有古代裱補。

3.4 説明：

本遺書為護首。上有"大般若波羅蜜多經卷第三百卌一，卌五，蓮"。經名上有經名號。

錄文中"卌五"為本卷所屬袟次。"蓮"為本經收藏寺院蓮臺寺的簡稱。

8 9～10 世紀。歸義軍時期寫本。

9.1 楷書。

1.1 BD12506 號

1.3 護首（大般若波羅蜜多經）

1.4 L2635

2.1 21.8×26.3 厘米；1 紙；1 行。

2.3 卷軸裝。首殘尾脫。已修整。

3.4 説明：

本遺書為護首。上有"大般若波羅蜜多經卷第四百三十九，卌四，蓮"。經名上有經名號。

錄文中"卌四"為本卷所屬袟次。"蓮"為本經收藏寺院蓮臺寺的簡稱。

7.2 與後一紙騎縫處殘存半個墨色陽文印章，1×6.5 厘米，印文為"蓮藏經"。

8 9～10 世紀。歸義軍時期寫本。

9.1 楷書。

1.1 BD12507 號

1.3 護首（大般若波羅蜜多經）

1.4 L2636

2.1 20.6×25.1 厘米；1 紙；1 行。

2.3 卷軸裝。首殘尾脫。上下邊殘缺。有殘洞

3.4 説明：

本遺書為護首。上有"□…□卷第五百一一，五十一"。

錄文中"五十一"為本卷所屬袟次。

8 8～9 世紀。吐蕃統治時期寫本。

9.1 楷書。

1.1 BD12508 號

1.3 護首（大般若波羅蜜多經）

1.4 L2637

2.1 23.2×26.2 厘米；1 紙，1 行。

2.3 卷軸裝。首全尾脫。已修整。

3.4 説明：

本遺書為護首。上有"大般若波羅蜜多經卷第五百九十九，六十，蓮"。

錄文中"六十"為本卷所屬袟次。"蓮"為本經收藏寺院蓮臺寺的簡稱。

8 9～10 世紀。歸義軍時期寫本。

9.1 楷書。

1.1 BD12509 號

1.3 護首（大般若波羅蜜多經）

1.4 L2638

2.1 23.4×25.7 厘米；1 紙；1 行。

2.3 卷軸裝。首殘尾斷。下邊殘缺。有古代裱補。已修整。

3.4 説明：

本遺書為護首。上有"大般若波羅蜜多經卷第卌四，四"。

錄文中"四"為本卷所屬袟次。

8 8～9 世紀。吐蕃統治時期寫本。

9.1 楷書。

1.1 BD12510 號

1.3 護首（經名不詳）

1.4 L2639

2.1 18.2×24.7 厘米；2 紙；1 行。

2.2 01：02.3，01； 02：15.9，素紙。

2.3 卷軸裝。首尾均殘。已修整。

3.4 説明：

本遺書僅殘留一行，無完整文字。

8 8～9 世紀。吐蕃統治時期寫本。

9.1 楷書。

1.1 BD12511 號

1.3 護首（經名不詳）

1.4 L2640

2.1 21.8×25.3 厘米；1 紙；1 行。

2.3 卷軸裝。首殘尾脫。已修整。

3.4 説明：

本遺書為護首。上有殘經名"□…□，六"。

錄文中"六"應為本卷所屬袟次。

8 8～9 世紀。吐蕃統治時期寫本。

9.1 楷書。

1.1 BD12512 號

1.3 護首（大般若波羅蜜多經）

1.4 L2641

2.1 22.9×25.2 厘米；1 紙；1 行。

2.3 卷軸裝。首尾均殘。有古代裱補。已修整。

3.4 説明：

本遺書為護首。上有經名，已殘缺，無法辨認。但旁邊有"五十袟，四百九十四"，故知應為《大般若波羅蜜多經》。

8 8～9 世紀。吐蕃統治時期寫本。

9.1　楷書。

1.1　BD12513 號
1.3　妙法蓮華經卷七
1.4　L2642
2.1　13.3×24.3 厘米；1 紙；2 行。
2.3　卷軸裝。首尾均殘。卷上下邊殘缺，有殘洞。有燕尾。有烏絲欄。已修整。
3.1　首殘→大正 0262，09/0062A29。
3.2　尾殘→大正 0262，09/0062B01。
4.2　妙法蓮華經卷第七（尾）。
8　7~8 世紀。唐寫本。
9.1　楷書。

1.1　BD12514 號
1.3　護首（大般若波羅蜜多經）
1.4　L2643
2.1　19.8×25.2 厘米；1 紙；1 行。
2.3　卷軸裝。首殘尾斷。有古代裱補。有殘洞。已修整
3.4　説明：
　　　本遺書為護首。上有“大般若經卷第一百五十一，十六，蓮”。經名上有經名號。
　　　錄文中“六十”為本卷所屬袟次。“蓮”為本經收藏寺院蓮臺寺的簡稱。
8　9~10 世紀。歸義軍時期寫本。
9.1　楷書。

1.1　BD12515 號
1.3　護首（大般若波羅蜜多經）
1.4　L2644
2.1　21.7×25.7 厘米；1 紙；1 行。
2.3　卷軸裝。首殘尾脱。已修整。
3.4　説明：
　　　本遺書為護首。上有“大般若波羅蜜多經卷第三百九十三，卅”。經名上有經名號。
　　　錄文中“卅”為本卷所屬袟次。
8　8~9 世紀。吐蕃統治時期寫本。
9.1　楷書。

1.1　BD12516 號
1.3　護首（大般若波羅蜜多經）
1.4　L2645
2.1　21.6×15.1 厘米；1 紙；1 行。
2.3　卷軸裝。首殘尾脱。通卷下殘。文字僅殘留一半。已修整。
3.4　説明：
　　　本遺書為護首。上有“大般若波羅蜜多經卷第一百卅八”。經名上有經名號。

8　8~9 世紀。吐蕃統治時期寫本。
9.1　楷書。

1.1　BD12517 號
1.3　大方廣佛華嚴經（唐譯八十卷本）卷六十
1.4　L2646
2.1　26.6×25.4 厘米；2 紙；正面 1 行，背面 1 行。
2.2　01：23.0，護首；　　　02：03.6，01。
2.3　卷軸裝。首全尾殘。下邊殘缺。護首有殘留芨芨草天竿。有烏絲欄。已修整。
3.1　首全→大正 0279，10/0319A01。
3.2　尾殘→大正 279，10/319A3
4.1　大方廣佛華嚴經入法界品第九□…□（首）。
5　與《大正藏》本對照，“第冊九”可能是“第卅九”之誤。
7.4　護首背有經名“□方廣佛華嚴經卷第六十”。
8　8 世紀。唐寫本。
9.1　楷書。

1.1　BD12518 號
1.3　社司轉帖（兑廢稿）
1.4　L2647
2.1　20×29.5 厘米；1 紙；1 行。
2.3　卷軸裝。首全尾殘。已修整。
3.3　錄文：
　　（首全）
　　社司轉帖/
　　有緣年支十五謂禰氏/
　　（錄文完）
4.1　社司轉帖（首）。
8　8~9 世紀。吐蕃統治時期寫本。
9.1　楷書。

1.1　BD12519 號
1.3　護首（大般若波羅蜜多經）
1.4　L2648
2.1　21.3×25.8 厘米；1 紙；2 行。
2.3　卷軸裝。首尾均殘。下邊殘缺。已修整。
3.4　説明：
　　　本遺書為護首。上有“大般若波羅蜜多經卷第五百五十五，/五十六/”。經名上有經名號。
8　8~9 世紀。吐蕃統治時期寫本。
9.1　楷書。

1.1　BD12520 號
1.3　護首（大般若波羅蜜多經）
1.4　L2649
2.1　22.7×26.4 厘米；1 紙；1 行。

2.3 卷軸裝。首殘尾脱。有古代裱補。。

3.4 説明：

本遺書為護首。上有"大般若波羅蜜多經卷第三百一十八，卅二，蓮"。經名上有經名號。

錄文中"卅二"為本卷所屬袟次。"蓮"為本經收藏寺院蓮臺寺的簡稱。

8　9～10世紀。歸義軍時期寫本。

9.1 楷書。

9.2 有倒乙符號。

1.1 BD12521 號

1.3 護首（大般涅槃經）

1.4 L2650

2.1 23.8×26.5 厘米；1 紙；1 行。

2.3 卷軸裝。首殘尾脱。有縹帶殘根。已修整。

3.4 説明：

本遺書為護首。上有"大般涅槃經卷第十一"。經名上有經名號。

8　7～8世紀。唐寫本。

9.1 楷書。

1.1 BD12522 號

1.3 經袟（擬）

1.4 L2651

2.1 43.3×30.3 厘米；1 紙；1 行。

2.3 卷軸裝。首全尾殘。卷下邊殘缺，有殘洞。已修整。

3.4 説明：

本遺書為經袟。上面書有"廿四袟"。

8　9～10世紀。歸義軍時期寫本。

9.1 楷書。

1.1 BD12523 號

1.3 護首（大般若波羅蜜多經）

1.4 L2652

2.1 20×11.5 厘米；1 紙；1 行。

2.3 卷軸裝。首尾均殘。有古代裱補。已修整。

3.4 説明：

本遺書為護首。上有"□…□，廿四，龍"。

錄文中"廿四"為本卷所屬袟次。"龍"為本經收藏寺院龍興寺的簡稱。

從袟數看，應屬《大般若波羅蜜多經》。

8　9～10世紀。歸義軍時期寫本。

9.1 楷書。

1.1 BD12524 號

1.3 護首（妙法蓮華經）

1.4 L2653

2.1 19.8×25 厘米；1 紙；1 行。

2.3 卷軸裝。首全尾斷。已修整。

3.4 説明：

本遺書為護首。上有"妙法蓮華經卷第三"。經名上有經名號。

8　7～8世紀。唐寫本。

9.1 楷書。

1.1 BD12525 號

1.3 護首（大般若波羅蜜多經）

1.4 L2654

2.1 22.5×25 厘米；1 紙；1 行。

2.3 卷軸裝。首殘尾斷。下邊殘缺。文字僅殘留一少半。已修整。

3.4 説明：

本遺書為護首。上有"大般若波羅蜜多經卷第□五"。

8　8～9世紀。吐蕃統治時期寫本。

9.1 楷書。

1.1 BD12526 號

1.3 護首（經名不詳）

1.4 L2655

2.1 19.5×25.5 厘米；1 紙；1 行。

2.3 卷軸裝。首殘尾脱。已修整。

3.4 説明：

本遺書為護首，但沒有任何可以判定為某經的文字。僅有雜寫"三藏"2 字。

7.3 有雜寫"三藏"2 字。

8　7～8世紀。唐寫本。

9.1 楷書。

1.1 BD12527 號

1.3 護首（大般若波羅蜜多經）

1.4 L2656

2.1 19×24.5 厘米；1 紙；1 行。

2.3 卷軸裝。首殘尾脱。下邊殘缺。有古代裱補。已修整。

3.4 説明：

本遺書為護首。上有"大般若波羅蜜多經卷第四百九十九，五十"。經名上有經名號。

錄文中"五十"為本卷所屬袟次。

8　8～9世紀。吐蕃統治時期寫本。

9.1 楷書。

1.1 BD12528 號

1.3 勘記（擬）

1.4 L2657

2.1 12.5×27 厘米；1 紙；背面 1 行。

2.3　卷軸裝。首斷尾脱。有烏絲欄。

3.4　説明：

　　本遺書正面無文字。背面有勘記"勘了"。

7.1　有勘記"勘了"。

8　8 世紀。唐寫本。

9.1　楷書。

1.1　BD12529 號

1.3　護首（大般若波羅蜜多經）

1.4　L2658

2.1　19.5×25.5 厘米；1 紙；1 行。

2.3　卷軸裝。首殘尾脱。已修整。

3.4　説明：

　　本遺書為護首。上有殘經名"□…□百四十一，界"。

　　録文中"界"為本經收藏寺院三界寺的簡稱。從卷次看，本遺書應為《大般若波羅蜜多經》護首。

8　9~10 世紀。歸義軍時期寫本。

9.1　楷書。

1.1　BD12530 號

1.3　護首（大般若波羅蜜多經）

1.4　L2659

2.1　15.8×25.5 厘米；1 紙；1 行。

2.3　卷軸裝。首全尾剪斷。上邊剪殘。有古代裱補。已修整。

3.4　説明：

　　本遺書為護首。上有"大般若波羅蜜多經卷第一百七十八，十八，蓮"。經名上有經名號。

　　録文中"十八"為本卷所屬袠次。"蓮"為本經收藏寺院蓮臺寺的簡稱。

8　9~10 世紀。歸義軍時期寫本。

9.1　楷書。

1.1　BD12531 號

1.3　護首（大般若波羅蜜多經）

1.4　L2660

2.1　22.5×26.5 厘米；1 紙；1 行。

2.3　卷軸裝。首殘尾脱。上下邊殘缺。有古代裱補。貼有經名題簽，簽上經名字殘多半邊。已修整。

3.4　説明：

　　本遺書為護首。上有殘經名"大般□…□，□□，界"。經名上有經名號。

　　録文中"界"為本經收藏寺院三界寺的簡稱。

8　9~10 世紀。歸義軍時期寫本。

9.1　楷書。

1.1　BD12532 號

1.3　護首（大寶積經）

1.4　L2661

2.1　20.7×25.3 厘米；1 紙；1 行。

2.3　卷軸裝。首全尾脱。兩面均有古代裱補。已修整。

3.4　説明：

　　本遺書為護首。上有"大寶積經卷第十一"。

8　7~8 世紀。唐寫本。

9.1　楷書。

1.1　BD12533 號

1.3　護首（大般若波羅蜜多經）

1.4　L2662

2.1　22.1×25.6 厘米；1 紙；1 行。

2.3　卷軸裝。首殘尾脱。兩面均有古代裱補。已修整。

3.4　説明：

　　本遺書為護首。上有"大般若波羅蜜多經卷第二百卅六，廿四"。經名上有經名號。

　　録文中"廿四"為本卷所屬袠次。

8　8~9 世紀。吐蕃統治時期寫本。

9.1　楷書。

1.1　BD12534 號

1.3　護首（大寶積經）

1.4　L2663

2.1　21.9×26 厘米；1 紙；1 行。

2.3　卷軸裝。首殘尾脱。兩面均有古代裱補。已修整。

3.4　説明：

　　本遺書為護首。上有殘經名"□…□，意，五十一，淨"。

　　録文中"意"為敦煌遺書《大寶積經》特有的袠號。"五十一"為卷次。"淨"為本經收藏寺院淨土寺的簡稱。

8　9~10 世紀。歸義軍時期寫本。

9.1　楷書。

1.1　BD12535 號

1.3　護首（大般涅槃經）

1.4　L2664

2.1　19.2×25 厘米；1 紙；1 行。

2.3　卷軸裝。首尾。

3.4　説明：

　　本遺書為護首。上有"大般涅槃經卷第卅五"。經名上有經名號。

7.1　背有勘記"永本同"。

8　7~8 世紀。唐寫本。

9.1　楷書。

1.1　BD12536 號

1.3　護首（大般若波羅蜜多經）

1.4　L2665

2.1　20×25.4 厘米；1 紙；1 行。

2.3　卷軸裝。首殘尾脫。下邊殘缺。文字僅殘留一半。已修整。

3.4　説明：

　　　本遺書為護首。上有"□般若波羅蜜多經卷第一百六十，十□…□"。

8　8~9 世紀。吐蕃統治時期寫本。

9.1　楷書。

1.1　BD12537 號

1.3　護首（妙法蓮華經）

1.4　L2666

2.1　18.2×14.6 厘米；1 紙；1 行。

2.3　卷軸裝。首尾均殘。通卷下殘。已修整。

3.4　説明：

　　　本遺書為護首。上有"妙法蓮華經卷第□…□"。

8　7~8 世紀。唐寫本。

9.1　楷書。

1.1　BD12538 號

1.3　護首（經名不詳）

1.4　L2667

2.1　21.3×11.5 厘米；1 紙；1 行。

2.3　卷軸裝。首尾均殘。通卷上殘。已修整。

3.4　説明：

　　　本遺書為護首。上有殘經名"□…□，十五"。

　　　錄文中"十五"應為本卷所屬袟次。

8　7~8 世紀。唐寫本。

9.1　楷書。

1.1　BD12539 號

1.3　護首（大般若波羅蜜多經）

1.4　L2668

2.1　21.6×25.2 厘米；1 紙；1 行。

2.3　卷軸裝。首全尾斷。背面有古代裱補。已修整。

3.4　説明：

　　　本遺書為護首。上有"大般若波羅蜜多經卷第五百卅五，五十四，蓮"。經名上有經名號。

　　　錄文中"五十四"為本卷所屬袟次。"蓮"為本經收藏寺院蓮臺寺的簡稱。

8　9~10 世紀。歸義軍時期寫本。

9.1　楷書。

1.1　BD12540 號

1.3　護首（大般若波羅蜜多經）

1.4　L2669

2.1　23×17.4 厘米；1 紙；1 行。

2.3　卷軸裝。首尾均殘。有竹質天竿。通卷下殘。已修整。

3.4　説明：

　　　本遺書為護首。上有"大般若波羅蜜多經卷第□…□"。經名上有經名號。

8　8~9 世紀。吐蕃統治時期寫本。

9.1　楷書。

1.1　BD12541 號

1.3　護首（佛名經）

1.4　L2670

2.1　22.1×26.8 厘米；1 紙；1 行。

2.3　卷軸裝。首殘尾脫。下邊殘缺。兩面均有古代裱補。已修整。

3.4　説明：

　　　本遺書為護首。上有"佛名經卷第三"。

8　7~8 世紀。唐寫本。

9.1　楷書。

1.1　BD12542 號

1.3　占察善惡業報經卷下

1.4　L2671

2.1　26.4×28 厘米；1 紙；1 行。

2.3　卷軸裝。首脫尾殘。卷面有水漬，上下邊殘缺，有殘洞。有燕尾。有烏絲欄。已修整。

3.1　首殘→大正 0839，17/0910C11。

3.2　尾殘→大正 0839，17/0910C12。

4.2　占察善惡業報經卷下（尾）。

8　7~8 世紀。唐寫本。

9.1　楷書。

1.1　BD12543 號

1.3　護首（大般涅槃經）

1.4　L2672

2.1　22×25.4 厘米；1 紙；1 行。

2.3　卷軸裝。首殘尾脫。有紺青紙經名簽，上有銀粉書寫經名。背面有古代裱補。已修整。

3.4　説明：

　　　本遺書為護首。上有"大般涅槃經卷第卅一"。

8　9~10 世紀。歸義軍時期寫本。

9.1　楷書。

1.1　BD12544 號

1.3　護首（大般若波羅蜜多經）

1.4　L2673

2.1　17.5×25 厘米；1 紙；1 行。

2.3　卷軸裝。首殘尾脫。下邊殘缺。兩面均有古代裱補。已修整。

3.4　説明：

本遺書為護首。上有"□般若波羅蜜多經卷第二百八十七，廿九，蓮"。"廿九"寫在後來粘貼的紙塊上。

錄文中"廿九"為本卷所屬袟次。"蓮"為本經收藏寺院蓮臺寺的簡稱。

背面有文字1行，半殘，可確認"十七"二字，從殘痕看，似為本遺書原來的護首經名。而現在的護首經名，似為後代補寫。

8　9～10世紀。歸義軍時期寫本。

9.1　楷書。

1.1　BD12545號

1.3　護首（金光明最勝王經）

1.4　L2674

2.1　23.5×25厘米；1紙；1行。

2.3　卷軸裝。首全尾脫。有縹帶殘根。背面有古代裱補。

3.4　説明：

本遺書為護首。上有"金光明最勝王經卷第三，龍"。經名上有經名號。

錄文中"龍"為本經收藏寺院龍興寺的簡稱。

8　9～10世紀。歸義軍時期寫本。

9.1　楷書。

1.1　BD12546號

1.3　護首（大般若波羅蜜多經）

1.4　L2675

2.1　22.3×26厘米；1紙；1行。

2.3　卷軸裝。首殘尾脫。已修整。

3.4　説明：

本遺書為護首。上有"大般若波羅蜜多經卷第三百八十九，卅九，蓮"。經名上有經名號。

錄文中"卅九"為本卷所屬袟次。"蓮"為本經收藏寺院蓮臺寺的簡稱。

8　9～10世紀。歸義軍時期寫本。

9.1　楷書。

1.1　BD12547號

1.3　護首（大般若波羅蜜多經）

1.4　L2676

2.1　18.4×15.4厘米；1紙；1行。

2.3　卷軸裝。首尾均殘。通卷下殘。文字半殘。已修整。

3.4　説明：

本遺書為護首。上有"大般若波羅蜜多經卷第五百廿（？）六"。經名上有經名號。

8　8～9世紀。吐蕃統治時期寫本。

9.1　楷書。

1.1　BD12548號

1.3　護首（大般若波羅蜜多經）

1.4　L2677

2.1　21.5×25厘米；1紙；1行。

2.3　卷軸裝。首全尾脫。背面有古代裱補。已修整。

3.4　説明：

本遺書為護首。上有"大般若波羅蜜多經卷第一百一十一，蓮，十二"。經名上有經名號。

錄文中"十二"為本卷所屬袟次。"蓮"為本經收藏寺院蓮臺寺的簡稱。

8　9～10世紀。歸義軍時期寫本。

9.1　楷書。

1.1　BD12549號

1.3　大般若波羅蜜多經殘片（擬）

1.4　L2678

2.1　18×25厘米；2紙；1行。

2.2　01：14.0，護首：　　02：04.0，01。

2.3　卷軸裝。首斷尾殘。有護首，已殘。上下邊殘缺。有烏絲欄。已修整。

3.4　説明：

本遺書僅殘留"大般若"3字。

4.1　大般若□…□（首）。

8　8～9世紀。吐蕃統治時期寫本。

9.1　楷書。

1.1　BD12550號

1.3　護首（大般若波羅蜜多經）

1.4　L2679

2.1　21.7×25.6厘米；1紙；1行。

2.3　卷軸裝。首殘尾脫。有古代裱補。經名等文字寫在裱補紙上。

3.4　説明：

本遺書為護首。上有"大般若波羅蜜多經卷第一百廿二，十三，界"。經名上有經名號。全部文字均寫在後來粘貼的紙塊上。

錄文中"十三"為本卷所屬袟次。"界"為本經收藏寺院三界寺的簡稱。

8　9～10世紀。歸義軍時期寫本。

9.1　楷書。

1.1　BD12551號

1.3　護首（大寶積經）

1.4　L2680

2.1　20×25厘米；1紙；1行。

2.3　卷軸裝。首殘尾脫。背面有古代裱補。文字僅殘留一半。已修整。

3.4　説明：

本遺書為護首。上有"大寶積經卷第十三，二"。

錄文中"二"為本卷所屬袟次。

8　8 世紀。唐寫本。

9.1　楷書。

1.1　BD12552 號

1.3　護首（大般若波羅蜜多經）

1.4　L2681

2.1　20.5×26 厘米；1 纸；1 行。

2.3　卷軸裝。首尾均殘。貼有黃色經名簽，上用金粉書寫經名，字跡模糊。已修整。

3.4　説明：

本遺書為護首。經名簽上有"□…□四百七十二"，下寫"卌八"。

錄文中"卌八"為本卷所屬袟次。

8　8~9 世紀。吐蕃統治時期寫本。

9.1　楷書。

1.1　BD12553 號

1.3　護首（大般若波羅蜜多經）

1.4　L2682

2.1　20×25 厘米；1 纸；1 行。

2.3　卷軸裝。首全尾斷。有古代裱補。已修整。

3.4　説明：

本遺書為護首。上有"大般若波羅蜜多經卷第三百卌九，卅五，蓮"。經名上有經名號。"蓮"寫在後來粘貼的紙塊上。

錄文中"卅五"為本卷所屬袟次。"蓮"為本經收藏寺院蓮臺寺的簡稱。

8　9~10 世紀。歸義軍時期寫本。

9.1　楷書。

1.1　BD12554 號

1.3　護首（大寶積經）

1.4　L2683

2.1　22×26 厘米；1 纸；1 行。

2.3　卷軸裝。首全尾脱。卷端原有經名簽，已脱落。有古代裱補。已修整。

3.4　説明：

本遺書為護首。上有殘經名"□…□，法，淨"。

錄文中"法"為敦煌遺書《大般涅槃經》特有的袟號。"淨"為本經收藏寺院淨土寺的簡稱。

8　9~10 世紀。歸義軍時期寫本。

9.1　楷書。

1.1　BD12555 號

1.3　護首（大般若波羅蜜多經）

1.4　L2684

2.1　21×26 厘米；1 纸；1 行。

2.3　卷軸裝。首全尾殘。有古代裱補。已修整。

3.4　説明：

本遺書為護首。上有"大般若波羅蜜多經卷第四百廿三"。經名上有經名號。

8　8~9 世紀。吐蕃統治時期寫本。

9.1　楷書。

1.1　BD12556 號

1.3　護首（大般若波羅蜜多經）

1.4　L2685

2.1　21.7×25.5 厘米；1 纸；1 行。

2.3　卷軸裝。首殘尾脱。文字僅殘留一少半。已修整。

3.4　説明：

本遺書為護首。上有"大般若波羅蜜多經卷第二百一十一"。

7.1　卷面有勘記"大般若經二百一十一"。

7.3　中部有倒寫雜寫"二百一十九"。

8　8~9 世紀。吐蕃統治時期寫本。

9.1　楷書。

1.1　BD12557 號

1.3　護首（大般若波羅蜜多經）

1.4　L2686

2.1　9×26.7 厘米；1 纸；1 行。

2.3　卷軸裝。首殘尾斷。有古代裱補。已修整。

3.4　説明：

本遺書為護首。上有"大般若波羅蜜多經卷第二百卅三，廿四，蓮"。經名上有經名號。

錄文中"廿四"為本卷所屬袟次。"蓮"為本經收藏寺院蓮臺寺的簡稱。

8　9~10 世紀。歸義軍時期寫本。

9.1　楷書。

1.1　BD12558 號

1.3　護首（妙法蓮華經）

1.4　L2687

2.1　22×25.5 厘米；1 纸；1 行。

2.3　卷軸裝。首尾均殘。下邊殘缺。文字僅殘留一半。已修整。

3.4　説明：

本遺書為護首。上有"妙法蓮華經卷第四"。

8　7~8 世紀。唐寫本。

9.1　楷書。

1.1　BD12559 號

1.3　護首（大般涅槃經）

1.4　L2688

2.1 22.8×26.2 厘米；1 紙；1 行。

2.3 卷軸裝。首全尾斷。有殘留縹帶。背有古代裱補。已修整。

3.4 説明：

本遺書為護首。上有"大般涅槃經卷第四"。經名上有經名號。

8 7~8 世紀。唐寫本。

9.1 楷書。

1.1 BD12560 號

1.3 護首（大般若波羅蜜多經）

1.4 L2689

2.1 14×25 厘米；1 紙；1 行。

2.3 卷軸裝。首尾均殘。已修整。

3.4 説明：

本遺書為護首。上有"大般若波羅蜜多經卷第三百九十六，卌，六"。經名上有經名號。

錄文中"卌六"為本卷所屬袠次。"六"為袠內卷次。

7.3 有倒字"廿七"。

8 8~9 世紀。吐蕃統治時期寫本。

9.1 楷書。

1.1 BD12561 號

1.3 護首（大般若波羅蜜多經）

1.4 L2690

2.1 19.8×26 厘米；1 紙；1 行。

2.3 卷軸裝。首殘尾脱。文字僅殘留一半。已修整。

3.4 説明：

本遺書為護首。上有"大般若波羅蜜多經卷第五百八，五十一"。

錄文中"五十一"為本卷所屬袠次。

8 8~9 世紀。吐蕃統治時期寫本。

9.1 楷書。

1.1 BD12562 號

1.3 護首（大般若波羅蜜多經）

1.4 L2691

2.1 19.3×25.7 厘米；1 紙；1 行。

2.3 卷軸裝。首殘尾脱。文字僅殘留一半。已修整。

3.4 説明：

本遺書為護首。上有"大般若波羅蜜多經卷第□…□，五"。

錄文中"五"為本卷所屬袠次。

8 8~9 世紀。吐蕃統治時期寫本。

9.1 楷書。

1.1 BD12563 號

1.3 護首（大般若波羅蜜多經）

1.4 L2692

2.1 20.3×25 厘米；1 紙；1 行。

2.3 卷軸裝。首殘尾斷。有古代裱補。文字僅殘留一半。已修整。

3.4 説明：

本遺書為護首。上有"大般若波羅蜜多經卷第一百五十六，十六，蓮"。"蓮"寫在後來粘貼的紙塊上。

錄文中"十六"為本卷所屬袠次。"蓮"為本經收藏寺院蓮臺寺的簡稱。

8 9~10 世紀。歸義軍時期寫本。

9.1 楷書。

1.1 BD12564 號

1.3 護首（大般若波羅蜜多經）

1.4 L2693

2.1 21.3×25.2 厘米；1 紙；1 行。

2.3 卷軸裝。首殘尾脱。有古代裱補。文字僅殘留一半。已修整。

3.4 説明：

本遺書為護首。上有"大般若波羅蜜多經卷第二百七十八，界，廿八"。經名上有經名號。"界，廿八"均寫在後來粘貼的紙塊上。

錄文中"廿八"為本卷所屬袠次。"界"為本經收藏寺院三界寺的簡稱。

8 9~10 世紀。歸義軍時期寫本。

9.1 楷書。

1.1 BD12565 號

1.3 護首（大般若波羅蜜多經）

1.4 L2694

2.1 5.5×25.5 厘米；1 紙；1 行。

2.3 卷軸裝。首全尾殘。有古代裱補。已修整

3.4 説明：

本遺書為護首。上有"大般若經卷第二十二，三，永"。經名上有經名號。"三，永"均寫在後來粘貼的紙塊上。

錄文中"三"為本卷所屬袠次。"永"為本經收藏寺院永安寺的簡稱。

8 9~10 世紀。歸義軍時期寫本。

9.1 楷書。

1.1 BD12566 號

1.3 護首（大般若波羅蜜多經）

1.4 L2695

2.1 12×16.2 厘米；2 紙；1 行。

2.2 01：08.0，護首； 02：03.0，01。

2.3 卷軸裝。首尾均殘。有護首，已殘。有首題及烏絲欄。

3.4 説明：

本遺書為殘護首。上有"大般若波羅蜜多經卷第□…□"。

8　8～9世紀。吐蕃統治時期寫本。

9.1　楷書。

1.1　BD12567號

1.3　護首（大般若波羅蜜多經）

1.4　L2696

2.1　21.3×25.5厘米；1紙；2行。

2.3　卷軸裝。首尾均殘。卷面多鳥糞污跡。有古代裱補。已修整。

3.4　説明：

本遺書為護首。上有殘經名"□…□六十"。

錄文中"六十"為本卷所屬袟次。故知為《大般若波羅蜜多經》。

7.1　有勘記"六十"。

8　8～9世紀。吐蕃統治時期寫本。

9.1　楷書。

1.1　BD12568號

1.3　護首（大般若波羅蜜多經）

1.4　L2697

2.1　21×27厘米；1紙；1行。

2.3　卷軸裝。首全尾脱。有殘縹帶，長15厘米。已修整。

3.4　説明：

本遺書為護首。上有"大般若波羅蜜多經卷第四百廿六，卌三，永"。經名上有經名號。

錄文中"卌三"為本卷所屬袟次。"永"為本經收藏寺院永安寺的簡稱。

7.2　背有長方形陽文硃印，3.4×4厘米，印文為"永安藏經"。

8　9～10世紀。歸義軍時期寫本。

9.1　楷書。

1.1　BD12569號

1.3　護首（大般若波羅蜜多經）

1.4　L2698

2.1　20×25.7厘米；1紙；1行。

2.3　卷軸裝。首尾均殘。有古代裱補。已修整。

3.4　説明：

本遺書為殘護首。從卷面勘記看，應為《大般若波羅蜜多經》護首。

7.1　護首有勘記"四百九十，四十九袟"。

7.3　背有雜寫"佛説"。

8　8～9世紀。吐蕃統治時期寫本。

9.1　楷書。

1.1　BD12570號

1.3　護首（大般若波羅蜜多經）

1.4　L2699

2.1　21.2×26厘米；1紙；1行。

2.3　卷軸裝。首全尾脱。卷面有污跡。已修整。

3.4　説明：

本遺書為護首。上有"大般若波羅蜜多經□…□，冊六，五"。經名上有經名號。

錄文中"冊六"為本卷所屬袟次。"五"約為袟內卷次。

8　8～9世紀。吐蕃統治時期寫本。

9.1　楷書。

1.1　BD12571號

1.3　護首（大般若波羅蜜多經）

1.4　L2700

2.1　17.5×26厘米；1紙；1行。

2.3　卷軸裝。首殘尾脱。有古代裱補。已修整。

3.4　説明：

本遺書為護首。上有"大般若波羅蜜多經卷第三百九十七，卌袟，卌，七，龍"。其中第二個"卌"為硃筆書寫。經名上有經名號。

錄文中"卌"為本卷所屬袟次。"七"為袟內卷次。"龍"為本經收藏寺院龍興寺的簡稱。

8　9～10世紀。歸義軍時期寫本。

9.1　楷書。

1.1　BD12572號

1.3　護首（佛頂尊勝陀羅尼經）

1.4　L2701

2.1　12.5×25.7厘米；1紙；1行。

2.3　卷軸裝。首全尾脱。卷面多鳥糞，上邊殘缺。

3.4　説明：

本遺書為護首。上有"□頂尊勝陀羅尼經"。

8　7～8世紀。唐寫本。

9.1　楷書。

1.1　BD12573號

1.3　護首（佛頂尊勝陀羅尼經）

1.4　L2702

2.1　19×25.2厘米；1紙；1行。

2.3　卷軸裝。首殘尾脱。通卷下殘，文字殘留一半。已修整。

3.4　説明：

本遺書為護首。上有"佛頂尊勝陀羅尼經"。

8　9～10世紀。歸義軍時期寫本。

9.1　楷書。

1.1　BD12574號

1.3　護首（大般若波羅蜜多經）

1.4　L2703

2.1 20.2×13.3 厘米；1 紙；1 行。

2.3 卷軸裝。首殘尾脫。通卷下殘。文字殘留一半。已修整。

3.4 説明：

本遺書為護首。上有"□…□波羅蜜多經卷第□…□"。

8 8～9 世紀。吐蕃統治時期寫本。

9.1 楷書。

1.1 BD12575 號

1.3 護首（大般若波羅蜜多經）

1.4 L2704

2.1 7.8×2 厘米；1 紙；1 行。

2.3 卷軸裝。首尾均殘。通卷下殘。已修整。

3.4 説明：

本遺書為護首。上有"大般若經卷第三百廿"。

8 8～9 世紀。吐蕃統治時期寫本。

9.1 楷書。

1.1 BD12576 號

1.3 護首（大般涅槃經）

1.4 L2705

2.1 5×11.7 厘米；1 紙；1 行。

2.3 卷軸裝。首尾均殘。通卷下殘。已修整。

3.4 説明：

本遺書為護首。上有"大般涅槃經卷第十"。

8 7～8 世紀。唐寫本。

9.1 楷書。

1.1 BD12577 號

1.3 護首（大般涅槃經）

1.4 L2706

2.1 3×12.6 厘米；1 紙；1 行。

2.3 卷軸裝。首尾均殘。通卷下殘。有古代裱補。

3.4 説明：

本遺書為護首。上有"大般涅槃經卷第二十"。

8 7～8 世紀。唐寫本。

9.1 楷書。

1.1 BD12578 號

1.3 護首（大般若波羅蜜多經）

1.4 L2707

2.1 2.9×25.3 厘米；1 紙；1 行。

2.3 卷軸裝。首殘尾斷。已修整。

3.4 説明：

本遺書為護首。上有"大般若波羅蜜多經卷第二百五十六，廿六，永"。經名上有經名號。

錄文中"廿六"為本卷所屬袟次。"永"為本經收藏寺院永安寺的簡稱。

8 9～10 世紀。歸義軍時期寫本。

9.1 楷書。

1.1 BD12579 號

1.3 護首（大般涅槃經）

1.4 L2708

2.1 23.8×26.4 厘米；1 紙；1 行。

2.3 卷軸裝。首殘尾脫。下邊殘缺。

3.4 説明：

本遺書為護首。二有"大般涅槃經卷第廿九"。經名上有經名號。

8 8 世紀。唐寫本。

9.1 楷書。

1.1 BD12580 號

1.3 雜寫（擬）

1.4 L2709

2.1 25×29 厘米；1 紙；1 行。

2.3 卷軸裝。首尾均殘。天頭地腳均殘破。有古代裱補。

3.4 説明：

本遺書上有雜寫"氾大學書"。

8 9～10 世紀。歸義軍時期寫本。

9.1 楷書。

1.1 BD12581 號

1.3 護首（大般涅槃經）

1.4 L2710

2.1 2.7×11.2 厘米；1 紙；1 行。

2.3 卷軸裝。首尾均殘。通卷下殘。

3.4 説明：

本遺書為護首。上有"大般涅槃經卷十二"。經名上有經名號。

8 8～9 世紀。吐蕃統治時期寫本。

9.1 楷書。

1.1 BD12582 號

1.3 護首（大般涅槃經）

1.4 L2711

2.1 3.8×10 厘米；1 紙；1 行。

2.3 卷軸裝。首尾均殘。通卷下殘。

3.4 説明：

本遺書為護首。上有"大般涅槃經卷第三"。經名上有經名號。

8 7～8 世紀。唐寫本。

9.1 楷書。

1.1 BD12583 號

1.3 護首（大般若波羅蜜多經）

1.4 L2712

2.1 1×16.5 厘米；1 紙；1 行。

2.3 卷軸裝。首尾均殘。通卷下殘。文字殘留一半。繫有 3 根標帶，長 17 厘米。

3.4 説明：

　　本遺書為護首。上有"大般若波羅蜜多經卷第□…□"。

8　8～9 世紀。吐蕃統治時期寫本。

9.1 楷書。

1.1 BD12584 號

1.3 護首（妙法蓮華經）

1.4 L2713

2.1 15×27.7 厘米；1 紙；1 行。

2.3 卷軸裝。首全尾斷。已修整。

3.4 説明：

　　本遺書為護首。上有"妙法蓮花經五百弟子受記品第八，第四"。其中"第四"為硃筆書寫。

8　8 世紀。唐寫本。

9.1 楷書。

1.1 BD12585 號

1.3 護首（大般若波羅蜜多經）

1.4 L2714

2.1 21.5×24.5 厘米；1 紙；1 行。

2.3 卷軸裝。首斷尾脱。有古代裱補。

3.4 説明：

　　本遺書為護首。上有"大般若波羅蜜多經卷第三百卅三，三十七，三，恩"。經名上有經名號。

　　錄文中"三十七"為本卷所屬袠次。"三"為袠內卷次。"恩"為本經收藏寺院報恩寺的簡稱。

8　9～10 世紀。歸義軍時期寫本。

9.1 楷書。

1.1 BD12586 號

1.3 護首（大般若波羅蜜多經）

1.4 L2715

2.1 21.7×25 厘米；1 紙；1 行。

2.3 卷軸裝。首殘尾脱。上部剪殘。字有殘缺。有古代裱補。

3.4 説明：

　　本遺書為護首。上有"大般若波羅蜜多經卷第五百卅七，五十四，蓮"。經名上有經名號。

　　錄文中"五十四"為本卷所屬袠次。"蓮"為本經收藏寺院蓮臺寺的簡稱。

8　9～10 世紀。歸義軍時期寫本。

9.1 楷書。

9.2 有行間校加字。

1.1 BD12587 號

1.3 護首（大般若波羅蜜多經）

1.4 L2716

2.1 16.5×14.8 厘米；1 紙；1 行。

2.3 卷軸裝。首尾均殘。通卷上殘。有朱筆污點。

3.4 説明：

　　本遺書為護首。上有殘經名"□…□，卅"。

　　錄文中"卅"應為本卷所屬袠次。故本遺書應為《大般若波羅蜜多經》護首。

8　8～9 世紀。吐蕃統治時期寫本。

9.1 楷書。

1.1 BD12588 號

1.3 護首（大般若波羅蜜多經）

1.4 L2717

2.1 23.4×25.5 厘米；1 紙；1 行。

2.3 卷軸裝。首殘尾脱。有撕裂。

3.4 説明：

　　本遺書為護首。上有"大般若經卷第五百卅六，五十五"。經名上有經名號。

　　錄文中"五十五"為本卷所屬袠次。

8　8～9 世紀。吐蕃統治時期寫本。

9.1 楷書。

1.1 BD12589 號

1.3 護首（大般若波羅蜜多經）

1.4 L2718

2.1 17.5×25.8 厘米；1 紙；1 行。

2.3 卷軸裝。首殘尾斷。上邊殘缺。

3.4 説明：

　　本遺書為護首。上有"□…□第四百八，卅一，聖"。"聖"寫在後來粘貼的紙塊上。

　　錄文中"卅一"為本卷所屬袠次。"聖"為本經收藏寺院聖光寺的簡稱。

8　9～10 世紀。歸義軍時期寫本。

9.1 楷書。

1.1 BD12590 號

1.3 護首（大般涅槃經）

1.4 L2719

2.1 19.5×25.8 厘米；1 紙；1 行。

2.3 卷軸裝。首殘尾脱。有古代裱補。

3.4 説明：

　　本遺書為護首。上有"大般涅槃經卷第□三，四，界"。經名上有經名號。"四，界"均寫在後來粘貼的紙塊上。

　　錄文中"四"為本卷所屬袠次。"界"為本經收藏寺院三界寺的簡稱。

8　9～10 世紀。歸義軍時期寫本。

9.1　楷書。

1.1　BD12591 號

1.3　護首（大般涅槃經）

1.4　L2720

2.1　5.5×25 厘米；1 紙；1 行。

2.3　卷軸裝。首尾均殘。下邊撕裂。

3.4　説明：

　　本遺書為護首。上有“大般涅槃經卷第九”。經名上有經名號。

8　9～10 世紀。歸義軍時期寫本。

9.1　楷書。

1.1　BD12592 號

1.3　護首（大般涅槃經）

1.4　L2721

2.1　21×26 厘米；1 紙；1 行。

2.3　卷軸裝。首殘尾脫。

3.4　説明：

　　本遺書為護首。上有“大般涅槃經卷第四十，□…□”。經名上有經名號。

8　8 世紀。唐寫本。

9.1　楷書。

1.1　BD12593 號

1.3　護首（大般涅槃經）

1.4　L2722

2.1　3.5×11.5 厘米；1 紙；1 行。

2.3　卷軸裝。首脫尾殘。通卷下殘。

3.4　説明：

　　本遺書為護首。上有“大般涅槃經卷第廿九”。經名上有經名號。

8　8 世紀。唐寫本。

9.1　楷書。

1.1　BD12594 號

1.3　護首（大般涅槃經）

1.4　L2723

2.1　24×25.7 厘米；1 紙；1 行。

2.3　卷軸裝。首全尾脫。背有古代裱補。背有烏絲欄。

3.4　説明：

　　本遺書為護首。上有“大般涅槃經卷第卅一”。

8　7～8 世紀。唐寫本。

9.1　楷書。

1.1　BD12595 號

1.3　護首（大般涅槃經）

1.4　L2724

2.1　21.6×25.8 厘米；1 紙；1 行。

2.3　卷軸裝。首殘尾脫。卷下邊殘缺，有小殘洞。

3.4　説明：

　　本遺書為護首。上有“大般涅槃經卷第二十二，三”。經名上有經名號。

　　錄文中“三”為本卷所屬袟次。

8　8 世紀。唐寫本。

9.1　楷書。

1.1　BD12596 號

1.3　護首（四分律）

1.4　L2725

2.1　21×25.3 厘米；1 紙；1 行。

2.3　卷軸裝。首殘尾斷。上邊殘缺。

3.4　説明：

　　本遺書為護首。上有“四分律藏卷第十五，二”。經名上有經名號。

　　錄文中“二”為本卷所屬袟次。

8　8～9 世紀。吐蕃統治時期寫本。

9.1　楷書。

1.1　BD12597 號

1.3　護首（經名不詳）

1.4　L2726

2.1　15.8×25.3 厘米；1 紙；1 行。

2.3　卷軸裝。首尾均殘。下邊有條狀殘缺。

3.4　説明：

　　本遺書為護首。上有殘經名“□…□，一”。

　　錄文中“一”為本卷所屬袟次。

8　8 世紀。唐寫本。

9.1　楷書。

1.1　BD12598 號

1.3　護首（妙法蓮華經）

1.4　L2727

2.1　23.8×25.4 厘米；1 紙；1 行。

2.3　卷軸裝。首全尾脫。有縹帶殘根。卷面有鳥糞。

3.4　説明：

　　本遺書為護首。上有“妙法蓮華經提婆達多品第十二，五”。

　　錄文中“五”為本卷所屬卷次。故知本《妙法蓮華經》為八卷本。

8　8 世紀。唐寫本。

9.1　楷書。

1.1 BD12599 號

1.3 護首（大般若波羅蜜多經）

1.4 L2728

2.1 21×25.5 厘米；1 紙；1 行。

2.3 卷軸裝。首殘尾脫。有古代裱補。

3.4 說明：

本遺書為護首。上有"大般若波羅蜜多經卷第一百九十四，廿，界"。經名上有經名號。"廿，界"均寫在後來粘貼的紙塊上。

錄文中"廿"為本卷所屬袟次。"界"為本經收藏寺院三界寺的簡稱。

7.3 背有雜寫"八"字。

8　9～10 世紀。歸義軍時期寫本。

9.1 楷書。

1.1 BD12600 號

1.3 護首（大般若波羅蜜多經）

1.4 L2729

2.1 23.8×25.3 厘米；1 紙；1 行。

2.3 卷軸裝。首殘尾脫。上邊殘缺。有古代裱補。

3.4 說明：

本遺書為護首。上有"□般若波羅蜜多□□第一百一十八，十二"。經名上有經名號。

錄文中"十二"為本卷所屬袟次。

8　8～9 世紀。吐蕃統治時期寫本。

9.1 楷書。

1.1 BD12601 號

1.3 護首（大般若波羅蜜多經）

1.4 L2730

2.1 24.4×25.9 厘米；1 紙；1 行。

2.3 卷軸裝。首全尾脫。有古代裱補。

3.4 說明：

本遺書為護首。上有"大般若波羅蜜多經卷第三百九十八，冊"。經名上有經名號。

錄文中"冊"為本卷所屬袟次。卷左下粘貼一紙，遮蓋住原護首上"蓮"字。"蓮"為本經收藏寺院蓮臺寺的簡稱。

8　9～10 世紀。歸義軍時期寫本。

9.1 楷書。

1.1 BD12602 號

1.3 護首（大般若波羅蜜多經）

1.4 L2731

2.1 1.6×18.8 厘米；1 紙；1 行。

2.3 卷軸裝。首全尾斷。文字僅殘留一半。

3.4 說明：

本遺書為護首。上有"大般若波羅蜜多經卷第□…□"。經名上有經名號。

8　8～9 世紀。吐蕃統治時期寫本。

9.1 楷書。

1.1 BD12603 號

1.3 護首（大般若波羅蜜多經）

1.4 L2732

2.1 22.4×25.4 厘米；1 紙；1 行。

2.3 卷軸裝。首全尾脫。

3.4 說明：

本遺書為護首。上有"大般若波羅蜜多經卷第一百卅九，十四，蓮"。經名上有經名號。

錄文中"十四"為本卷所屬袟次。"蓮"為本經收藏寺院蓮臺寺的簡稱。

8　9～10 世紀。歸義軍時期寫本。

9.1 楷書。

1.1 BD12604 號

1.3 護首（大般涅槃經）

1.4 L2733

2.1 25.6×26 厘米；1 紙；1 行。

2.3 卷軸裝。首全尾脫。卷中有殘洞。

3.4 說明：

本遺書為護首。上有"大般涅槃經卷第十六"。經名上有經名號。

7.1 有勘記"第二袟頭尾同，入得"。背有勘記"入得袟"。

8　7～8 世紀。唐寫本。

9.1 楷書。

1.1 BD12605 號

1.3 勘記（擬）

1.4 L2734

2.1 2.2×27 厘米；1 紙；1 行。

2.3 卷軸裝。首脫尾斷。背有上下邊欄。

3.4 說明：

本遺書為勘記。上有"十七了"。

8　8～9 世紀。吐蕃統治時期寫本。

9.1 楷書。

1.1 BD12606 號

1.3 護首（大般若波羅蜜多經）

1.4 L2735

2.1 2.2×25.8 厘米；1 紙；1 行。

2.3 卷軸裝。首脫尾斷。

3.4 說明：

本遺書為護首。上有"大般若波羅蜜多經卷第三百一十九，三十二，永"。經名上有經名號。

錄文中"三十二"為本卷所屬袟次。"永"為本經收藏寺院永安寺的簡稱。

8　9～10 世紀。歸義軍時期寫本。

9.1　楷書。

1.1　BD12607 號

1.3　護首（大般若波羅蜜多經）

1.4　L2736

2.1　19×25.4 厘米；1 紙；1 行。

2.3　卷軸裝。首殘尾脫。卷中間有撕裂。有古代裱補。文字殘留一半。

3.4　說明：

　　本遺書為護首。上有"□…□羅蜜多經□…□，十六"。

8　8～9 世紀。吐蕃統治時期寫本。

9.1　楷書。

1.1　BD12608 號

1.3　護首（大般若波羅蜜多經）

1.4　L2737

2.1　23×25.4 厘米；1 紙；1 行。

2.3　卷軸裝。首全尾脫。上下邊略有殘缺。卷背貼有殘留縹帶。

3.4　說明：

　　本遺書為護首。上有"大般若波羅蜜多經卷第四百廿四，卌三，蓮"。經名上有經名號。

　　錄文中"卌三"為本卷所屬袟次。"蓮"為本經收藏寺院蓮臺寺的簡稱。

8　9～10 世紀。歸義軍時期寫本。

9.1　楷書。

1.1　BD12609 號

1.3　護首（金光明最勝王經）

1.4　L2738

2.1　14×26.3 厘米；1 紙；1 行。

2.3　卷軸裝。首尾均脫。卷首貼有紺青紙題籤，上書銀粉經名。

3.4　說明：

　　本遺書為護首。上有"□□明最勝王經卷第四"。

8　8～9 世紀。吐蕃統治時期寫本。

9.1　楷書。

1.1　BD12610 號

1.3　護首（大般若波羅蜜多經）

1.4　L2739

2.1　4.5×25 厘米；1 紙；1 行。

2.3　卷軸裝。首全尾殘。有古代裱補。

3.4　說明：

　　本遺書為護首。上有"大般若波羅蜜多經卷第七十九，八，永"。經名上有經名號。"八，永"均寫在後來粘貼的紙塊上。

錄文中"八"為本卷所屬袟次。"永"為本經收藏寺院永安寺的簡稱。

8　9～10 世紀。歸義軍時期寫本。

9.1　楷書。

1.1　BD12611 號

1.3　護首（大般若波羅蜜多經）

1.4　L2740

2.1　19.7×26 厘米；1 紙；1 行。

2.3　卷軸裝。首斷尾挽。下邊殘缺，卷中有多個小殘洞。

3.4　說明：

　　本遺書為護首。上有"大般若波羅蜜多經卷第三百卅七，卅四，界"。經名上有經名號。

　　錄文中"卅四"為本卷所屬袟次。"界"為本經收藏寺院三界寺的簡稱。

8　9～10 世紀。歸義軍時期寫本。

9.1　楷書。

1.1　BD12612 號

1.3　護首（三洞道科誡）

1.4　L2741

2.1　18.8×25.5 厘米；1 紙；1 行。

2.3　卷軸裝。首斷尾脫。下邊殘缺。有古代裱補。

3.4　說明：

　　本遺書為護首。上有"三洞道科誡卷第二"。經名上有經名號。

8　7～8 世紀。唐寫本。

9.1　楷書。

1.1　BD12613 號

1.3　護首（妙法蓮華經）

1.4　L2742

2.1　22.5×25 厘米；1 紙；1 行。

2.3　卷軸裝。首全尾脫。有縱橫向撕裂。

3.4　說明：

　　本遺書為護首。上有"妙法蓮華經卷第八"。經名上有經名號。

8　8 世紀。唐寫本。

9.1　楷書。

1.1　BD12614 號

1.3　護首（大寶積經）

1.4　L2743

2.1　21×26 厘米；1 紙；1 行。

2.3　卷軸裝。首尾均脫。護首經名籤已脫落。有古代裱補。

3.4　說明：

　　本遺書為護首。上有"□…□，觸，淨"。

錄文中"觸"為敦煌遺書《大寶積經》特有的袟號。"淨"為本經收藏寺院淨土寺的簡稱。

8　9～10世紀。歸義軍時期寫本。

9.1　楷書。

1.1　BD12615號

1.3　素紙

1.4　L2744

2.1　21.5×27.7厘米；1紙。

2.3　卷軸裝。首尾均斷。卷中有殘洞多個，下邊殘缺。

8　8～9世紀。吐蕃統治時期紙張。

1.1　BD12616號

1.3　墨斑（擬）

1.4　L2745

2.1　23×25.7厘米；1紙。

2.3　卷軸裝。首殘尾斷。已修整。

3.4　説明：

本遺書無文字。卷中有一點墨跡。

8　8～9世紀。吐蕃統治時期寫本。

1.1　BD12617號

1.3　護首（大般若波羅蜜多經）

1.4　L2746

2.1　20×25.6厘米；1紙；1行。

2.3　卷軸裝。首殘尾脱。

3.4　説明：

本遺書為護首。上有"大般若波羅蜜多經卷第一百六十七，十七，界"。經名上有經名號。

錄文中"十七"為本卷所屬袟次。"界"為本經收藏寺院三界寺的簡稱。

8　9～10世紀。歸義軍時期寫本。

9.1　楷書。

1.1　BD12618號

1.3　護首（大般若波羅蜜多經）

1.4　L2747

2.1　15.7×25.5厘米；1紙；1行。

2.3　卷軸裝。首全尾斷。

3.4　説明：

本遺書為護首。上有"大般若波羅蜜多經卷三百卌二，卌五，界"。經名上有經名號。

錄文中"卌五"為本卷所屬袟次。"界"為本經收藏寺院三界寺的簡稱。

8　9～10世紀。歸義軍時期寫本。

9.1　楷書。

1.1　BD12619號

1.3　護首（大般涅槃經）

1.4　L2748

2.1　23.5×26厘米；1紙；1行。

2.3　卷軸裝。首殘尾脱。已修整

3.4　説明：

本遺書為護首。上有"大般涅槃經卷第廿五，三"。經名上有經名號。

"三"為本卷所屬袟次。

8　8世紀。唐寫本。

9.1　楷書。

1.1　BD12620號

1.3　護首（大般若波羅蜜多經）

1.4　L2749

2.1　16×25厘米；1紙；1行。

2.3　卷軸裝。首殘尾脱。已修整。

3.4　説明：

本遺書為護首。上有"大般若波羅□□□卷第一百五十二"。經名上有經名號。

8　9～10世紀。歸義軍時期寫本。

9.1　楷書。

1.1　BD12621號

1.3　金剛般若波羅蜜經

1.4　L2750

2.1　9.7×24.5厘米；1紙；1行。

2.3　卷軸裝。首脱尾全。經黃打紙。有燕尾。

3.1　首殘→大正0235，08/0752C02。

3.2　尾殘→大正0235，08/0752C02。

3.4　説明：

本遺書僅餘尾題。

4.2　金剛般若經（尾）。

8　7～8世紀。唐寫本。

9.1　楷書。

1.1　BD12622號

1.3　護首（大般涅槃經）

1.4　L2751

2.1　20×26厘米；1紙；1行。

2.3　卷軸裝。首殘尾脱。有古代裱補。下邊撕裂。

3.4　説明：

本遺書為護首。上有"大般涅槃經卷第十四，二，界"。經名上有經名號。"二，界"均寫在後來粘貼的紙塊上。

錄文中"二"為本卷所屬袟次。"界"為本經收藏寺院三界寺的簡稱。

8　9～10世紀。歸義軍時期寫本。

9.1 楷書。

1.1 BD12623 號

1.3 護首（大般若波羅蜜多經）

1.4 L2752

2.1 21.5×24.5 厘米；1 紙；1 行。

2.3 卷軸裝。首尾均斷。下邊殘缺。中有殘洞。有古代裱補。

3.4 説明：

本遺書為護首。上有"大般若波羅蜜多經卷第五百六十八，五十七，蓮"。經名上有經名號。"七，蓮"均寫在後來粘貼的紙塊上。

錄文中"五十七"為本卷所屬袠次。"蓮"為本經收藏寺院蓮臺寺的簡稱。

8 9～10 世紀。歸義軍時期寫本。

9.1 楷書。

1.1 BD12624 號

1.3 護首（妙法蓮華經）

1.4 L2753

2.1 22.8×26.3 厘米；1 紙；1 行。

2.3 卷軸裝。首殘尾脱。

3.4 説明：

本遺書為護首。上有"妙法蓮華經卷第五"。經名上有經名號。

8 9～10 世紀。歸義軍時期寫本。

9.1 楷書。

1.1 BD12625 號

1.3 護首（大般若波羅蜜多經）

1.4 L2754

2.1 23.8×25.4 厘米；1 紙；1 行。

2.3 卷軸裝。首殘尾脱。已修整。

3.4 説明：

本遺書為護首。上有"大般若波羅蜜多經卷第十二，二，蓮"。經名上有經名號。

錄文中"二"為本卷所屬袠次。"蓮"為本經收藏寺院蓮臺寺的簡稱。

7.2 與後一紙騎縫處殘存半個墨色陽文印章，1.2×6.6 厘米，印文為"蓮藏經"。

8 9～10 世紀。歸義軍時期寫本。

9.1 楷書。

1.1 BD12626 號

1.3 護首（大寶積經）

1.4 L2755

2.1 19×18 厘米；1 紙；1 行。

2.3 卷軸裝。首尾均殘。通卷下殘。有殘洞。已修整。

3.4 説明：

本遺書為護首。上有"大寶積經卷第十七"。經名上有經名號。

7.3 背有雜寫"我是之"1 行。

8 7～8 世紀。唐寫本。

9.1 楷書。

1.1 BD12627 號

1.3 護首（大般涅槃經）

1.4 L2756

2.1 22.9×26.1 厘米；1 紙；1 行。

2.3 卷軸裝。首全尾殘。有縹帶，長 17 厘米。已修整。

3.4 説明：

本遺書為護首。上有"大般涅槃經卷第三十三，四"。經名上有經名號。

錄文中"四"為本卷所屬袠次。

8 8 世紀。唐寫本。

9.1 楷書。

1.1 BD12628 號

1.3 護首（大般若波羅蜜多經）

1.4 L2757

2.1 20.5×26.2 厘米；1 紙；1 行。

2.3 卷軸裝。首殘尾脱。有古代裱補，上有字。已修整。

3.4 説明：

本遺書為護首。上有"大般若波羅蜜多經卷八十五，九，蓮"。經名上有經名號。"九，蓮"均寫在後來粘貼的紙塊上。

錄文中"九"為本卷所屬袠次。"蓮"為本經收藏寺院蓮臺寺的簡稱。

7.2 與後一紙騎縫處殘存半個墨色陽文印章，1.3×6.6 厘米，印文為"蓮藏經"。

8 9～10 世紀。歸義軍時期寫本。

9.1 楷書。

1.1 BD12629 號

1.3 護首（大般若波羅蜜多經）

1.4 L2758

2.1 17.5×25.7 厘米；1 紙；1 行。

2.3 卷軸裝。首尾均殘。已修整。

3.4 説明：

本遺書為護首。上有殘經名"□…□般□…□"。從形態看，應為《大般若波羅蜜多經》護首。

8 8～9 世紀。吐蕃統治時期寫本。

9.1 楷書。

1.1 BD12630 號

1.3 護首（大般若波羅蜜多經）

1.4 L2759

2.1 22.8×25.7 厘米；1 紙；1 行。

2.3 卷軸裝。首殘尾脫。已修整。

3.4 説明：

本遺書為護首。上有"大般若波羅蜜多經□…□"。經名上有經名號。

7.2 尾下有一殘陽文墨印，存 0.4×6.6 厘米，印文不清。

8 9～10 世紀。歸義軍時期寫本。

9.1 楷書。

1.1 BD12631 號

1.3 護首（大般若波羅蜜多經）

1.4 L2760

2.1 17.2×25.2 厘米；1 紙；1 行。

2.3 卷軸裝。首殘尾脫。有古代裱補，上有字。已修整。

3.4 説明：

本遺書為護首。上有"大般若波羅蜜多經卷第六十六，七，界"。經名上有經名號。"七，界"均寫在後來粘貼的紙塊上。

錄文中"七"為本卷所屬袠次。"界"為本經收藏寺院三界寺的簡稱。

8 9～10 世紀。歸義軍時期寫本。

9.1 楷書。

1.1 BD12632 號

1.3 護首（大般若波羅蜜多經）

1.4 L2761

2.1 24.2×25.5 厘米；1 紙；1 行。

2.3 卷軸裝。首全尾脫。已修整。

3.4 説明：

本遺書為護首。上有"大般若波羅蜜多經卷第十四，二，蓮"。經名上有經名號。

錄文中"二"為本卷所屬袠次。"蓮"為本經收藏寺院蓮臺寺的簡稱。

7.2 與後一紙騎縫處殘存半個墨色陽文印章，1.4×6.6 厘米，印文為"蓮藏經"。

8 9～10 世紀。歸義軍時期寫本。

9.1 楷書。

1.1 BD12633 號

1.3 護首（大般若波羅蜜多經）

1.4 L2762

2.1 19.8×25.4 厘米；1 紙；1 行。

2.3 卷軸裝。首殘尾脫。已修整。

3.4 説明：

本遺書為護首。上有"□□若波羅蜜多經卷第五百七十六，界，五十八"。

錄文中"五十八"為本卷所屬袠次。"界"為本經收藏寺

院三界寺的簡稱。

8 9～10 世紀。歸義軍時期寫本。

9.1 楷書。

1.1 BD12634 號

1.3 護首（大般若波羅蜜多經）

1.4 L2763

2.1 20.9×25.2 厘米；1 紙；1 行。

2.3 卷軸裝。首殘尾脫。已修整。

3.4 説明：

本遺書為護首。上有"大般若波羅蜜多經卷第五百□□□，五十三，蓮"。經名上有經名號。

錄文中"五十三"為本卷所屬袠次。"蓮"為本經收藏寺院蓮臺寺的簡稱。

8 9～10 世紀。歸義軍時期寫本。

9.1 楷書。

1.1 BD12635 號

1.3 護首（大般若波羅蜜多經）

1.4 L2764

2.1 21.2×25.4 厘米；1 紙；1 行。

2.3 卷軸裝。首全尾脫。下邊殘缺。已修整。

3.4 説明：

本遺書為護首。上有"大般若波羅蜜多經卷第二百，廿，蓮"。經名上有經名號。

錄文中"廿"為本卷所屬袠次。"蓮"為本經收藏寺院蓮臺寺的簡稱。

8 9～10 世紀。歸義軍時期寫本。

9.1 楷書。

1.1 BD12636 號

1.3 護首（大般若波羅蜜多經）

1.4 L2765

2.1 20.6×25.8 厘米；1 紙；1 行。

2.3 卷軸裝。首殘尾脫。中有小殘洞。經名字不完整。已修整。

3.4 説明：

本遺書為護首。上有"大般若波羅蜜多經卷第一百八十一，□…□"。經名上有經名號。

8 8～9 世紀。吐蕃統治時期寫本。

9.1 楷書。

1.1 BD12637 號

1.3 護首（大般若波羅蜜多經）

1.4 L2766

2.1 21.6×25.5 厘米；1 紙；1 行。

2.3 卷軸裝。首殘尾脫。有古代裱補，上有字。已修整。

3.4 説明：

本遺書為護首。上有"大般若波羅蜜多經卷第一百廿九，十三，界"。經名上有經名號。"十三，界"均寫在後來粘貼的紙塊上。

　　錄文中"十三"為本卷所屬袟次。"界"為本經收藏寺院三界寺的簡稱。

8　　9～10世紀。歸義軍時期寫本。

9.1　楷書。

1.1　BD12638 號
1.3　護首（大般若波羅蜜多經）
1.4　L2767
2.1　18.5×25.6 厘米；1 紙；1 行。
2.3　卷軸裝。首尾均殘。上下邊殘缺。存字均半殘。已修整。
3.4　説明：

　　本遺書為護首。上有"大般若波羅蜜多經卷第卅一，四"。
　　錄文中"四"為本卷所屬袟次。

8　　8～9世紀。吐蕃統治時期寫本。

9.1　楷書。

1.1　BD12639 號
1.3　護首（大般若波羅蜜多經）
1.4　L2768
2.1　10.9×25.1 厘米；1 紙；1 行。
2.3　卷軸裝。首殘尾斷。已修整。
3.4　説明：

　　本遺書為護首。上有"大般若波羅蜜多經卷第四百六十八，卅七，蓮"。經名上有經名號。

　　錄文中"卅七"為本卷所屬袟次。"蓮"為本經收藏寺院蓮臺寺的簡稱。

8　　9～10世紀。歸義軍時期寫本。

9.1　楷書。

1.1　BD12640 號
1.3　護首（大般若波羅蜜多經）
1.4　L2769
2.1　16.2×25.3 厘米；1 紙；1 行。
2.3　卷軸裝。首全尾殘。下邊殘缺。已修整。
3.4　説明：

　　本遺書為護首。上有"大般若波羅蜜多經卷第四百八十五，卅九"。經名上有經名號。

　　錄文中"卅九"為本卷所屬袟次。

8　　9～10世紀。歸義軍時期寫本。

9.1　楷書。

1.1　BD12641 號
1.3　護首（佛名經）
1.4　L2770

2.1　22.2×26.6 厘米；1 紙；1 行。
2.3　卷軸裝。首殘尾脱。已修整。
3.4　説明：

　　本遺書為護首。二有"佛名經卷第十八"。

8　　8世紀。唐寫本。

9.1　楷書。

1.1　BD12642 號
1.3　護首（金光明最勝王經）
1.4　L2771
2.1　24.1×25.3 厘米；1 紙；1 行。
2.3　卷軸裝。首尾均全。背有多層古代裱補。已修整。
3.4　説明：

　　本遺書為護首。上有"金光明最勝王經卷第四，□"。經名上有經名號。

8　　8～9世紀。吐蕃統治時期寫本。

9.1　楷書。

1.1　BD12643 號
1.3　護首（金光明最勝王經）
1.4　L2772
2.1　24×25.5 厘米；1 紙；1 行。
2.3　卷軸裝。首殘尾脱。兩面均有古代裱補。已修整。
3.4　説明：

　　本遺書為護首。上有"金光明最勝王經卷第六"。經名上有經名號。

8　　8～9世紀。吐蕃統治時期寫本。

9.1　楷書。

1.1　BD12644 號
1.3　護首（大般若波羅蜜多經）
1.4　L2773
2.1　22.5×25.7 厘米；1 紙；1 行。
2.3　卷軸裝。首殘尾脱。有古代裱補。文字均半殘。已修整。
3.4　説明：

　　本遺書為護首。上有"大般若波羅蜜多經卷第八十一，九，蓮"。經名上有經名號。"九，蓮"均寫在後來粘貼的紙塊上。

　　錄文中"九"為本卷所屬袟次。"蓮"為本經收藏寺院蓮臺寺的簡稱。

7.2　與後一紙騎縫處殘存半個墨色陽文印章，1.7×6.6 厘米，印文為"蓮藏經"。

8　　9～10世紀。歸義軍時期寫本。

9.1　楷書。

1.1　BD12645 號
1.3　護首（大般若波羅蜜多經）
1.4　L2774

2.1 23.2×25.7 厘米；1 紙；1 行。

2.3 卷軸裝。首殘尾脫。卷上粘一雜物。已修整。

3.4 説明：

本遺書為護首。上有"大般若經卷第五百六十七，五十七"。經名上有經名號。

録文中"五十七"為本卷所屬袟次。

8 8～9 世紀。吐蕃統治時期寫本。

9.1 楷書。

1.1 BD12646 號

1.3 護首（四分律）

1.4 L2775

2.1 21.7×24.9 厘米；1 紙；1 行。

2.3 卷軸裝。首殘尾脫。卷上邊殘缺，有小殘洞。已修整。

3.4 説明：

本遺書為護首。上有"四分律藏卷第二十三，三"。經名上有經名號。

録文中"三"為本卷所屬袟次。

8 8～9 世紀。吐蕃統治時期寫本。

9.1 楷書。

1.1 BD12647 號

1.3 程定海等人將押牙安再通鎖并鑰匙記（擬）

1.4 L2776

2.1 32.6×30 厘米；1 紙；1 行。

2.3 卷軸裝。首斷尾殘。卷面有殘洞。已修整。

3.3 録文：

（首全）

程定海，兄定進二人手上，將押牙安再通鎖壹箇，并鑰匙。/

（録文完）

8 9～10 世紀。歸義軍時期寫本。

9.1 楷書。

1.1 BD12648 號

1.3 護首（大寶積經）

1.4 L2777

2.1 22×26 厘米；1 紙；1 行。

2.3 卷軸裝。首全尾脫。卷首經名題籤已脫落。下有古代裱補，紙上有字。已修整。

3.4 説明：

本遺書為護首。上有殘經名"□…□，法，淨"。

録文中"法"為敦煌遺書《大寶積經》特有的袟號。"淨"為本經收藏寺院淨土寺的簡稱。

8 9～10 世紀。歸義軍時期寫本。

9.1 楷書。

1.1 BD12649 號

1.3 護首（摩訶般若波羅蜜經）

1.4 L2778

2.1 20×25.1 厘米；1 紙；1 行。

2.3 卷軸裝。首殘尾脫。卷面有鳥糞污跡。多有古代裱補。已修整。

3.4 説明：

本遺書為護首。上有"大品經卷第廿三"。

8 7～8 世紀。唐寫本。

9.1 楷書。

1.1 BD12650 號

1.3 護首（大般若波羅蜜多經）

1.4 L2779

2.1 20.3×25.3 厘米；1 紙；1 行。

2.3 卷軸裝。首全尾脫。已修整。

3.4 説明：

本遺書為護首。上有"大般若波羅蜜多經卷第一百五十二，十六"。經名上有經名號。

録文中"十六"為本卷所屬袟次。

8 8～9 世紀。吐蕃統治時期寫本。

9.1 楷書。

1.1 BD12651 號

1.3 護首（大般若波羅蜜多經）

1.4 L2780

2.1 20.3×25.7 厘米；1 紙；1 行。

2.3 卷軸裝。首殘尾脫。已修整。

3.4 説明：

本遺書為護首。上有"大般若波羅蜜多經卷第三百八十三，卅九，蓮"。經名上有經名號。

録文中"卅九"為本卷所屬袟次。"蓮"為本經收藏寺院蓮臺寺的簡稱。

8 9～10 世紀。歸義軍時期寫本。

9.1 楷書。

1.1 BD12652 號

1.3 某寺佛典流通録（擬）

1.4 L2781

2.1 19.7×27.2 厘米；1 紙；正面 3 行，背面 9 行。

2.3 卷軸裝。首尾均斷。通卷下殘，有多個殘洞。硃筆書寫。有鳥絲欄。已修整。

3.3 録文：

（正面録文，首殘）

又付兩袟來院（？）/

神◇□□□六袟内◇欠一卷/

殷内付◇◇十八卷/

（錄文完）

（背面錄文，首殘）

□…□第十一、第十四、第四十二、一第卅七、第六／
□…□第四十□、第廿五、第五十九、□□六、第廿二／
□、第十六、第廿八、第十五、第五十七、第四、第八／
□…□／
□年十月廿二日智靜請《般若經》部如後：／
□…□三十□…□又付肆經拾□袟。□…□卷／
□…□十二月十二日納卌四袟内五卷／
□…□二日□□請《般若經》卷五十一袟。卻納來日／
□…□是人◇◇／
（錄文完）

8　9～10世紀。歸義軍時期寫本。

9.1　行書。

9.2　有硃筆勾稽。

1.1　BD12653 號

1.3　護首（大般若波羅蜜多經）

1.4　L2782

2.1　21.8×16.7 厘米；1 紙；2 行。

2.3　卷軸裝。首殘尾脫。通卷上剪殘。已修整。

3.4　説明：

本遺書為護首。上有"□…□，廿七"，"□…□百六十八，廿七／"。

錄文中"廿七"為本卷所屬袟次。由此可知應為《大般若波羅蜜多經》護首。

8　8～9世紀。吐蕃統治時期寫本。

9.1　楷書。

1.1　BD12654 號

1.3　護首（大般若波羅蜜多經）

1.4　L2783

2.1　23.5×26.1 厘米；1 紙；1 行。

2.3　卷軸裝。首殘尾脫。下邊殘缺。存字均半殘。已修整。

3.4　説明：

本遺書為護首。上有"大般若波羅蜜多經卷第三百卌八，廿五，蓮"。經名上有經名號。

錄文中"廿五"為本卷所屬袟次。"蓮"為本經收藏寺院蓮臺寺的簡稱。

8　9～10世紀。歸義軍時期寫本。

9.1　楷書。

1.1　BD12655 號

1.3　護首（大般若波羅蜜多經）

1.4　L2784

2.1　16.3×12.9 厘米；1 紙；1 行。

2.3　卷軸裝。首尾均殘。通卷下殘。已修整。

3.4　説明：

本遺書為護首。上有"大般若波羅蜜多經卷第四百冊九"。

8　8～9世紀。吐蕃統治時期寫本。

9.1　楷書。

1.1　BD12656 號

1.3　護首（經名不詳）

1.4　L2785

2.1　11.1×10 厘米；1 紙；1 行。

2.3　卷軸裝。首尾均殘。通卷下殘。有古代裱補。已修整。

3.4　説明：

本遺書為護首。上有殘字，難以辨認。

8　8～9世紀。吐蕃統治時期寫本。

9.1　楷書。

1.1　BD12657 號

1.3　護首（大般涅槃經）

1.4　L2786

2.1　3.4×11 厘米；1 紙；1 行。

2.3　卷軸裝。首尾均殘。通卷下殘。已修整。

3.4　説明：

本遺書為護首。上有"大般涅槃經卷第八"。

8　7～8世紀。唐寫本。

9.1　楷書。

1.1　BD12658 號

1.3　護首（大般涅槃經）

1.4　L2787

2.1　3.1×10.4 厘米；1 紙；1 行。

2.3　卷軸裝。首尾均殘。通卷下殘。已修整。

3.4　説明：

本遺書為護首。上有"大般涅槃經卷第五"。

8　7～8世紀。唐寫本。

9.1　楷書。

1.1　BD12659 號

1.3　護首（妙法蓮華經）

1.4　L2788

2.1　19.1×25.1 厘米；1 紙；1 行。

2.3　卷軸裝。首殘尾脫。卷面有殘洞。已修整。

3.4　説明：

本遺書為護首。上有"妙法蓮華經卷第六"。

8　7～8世紀。唐寫本。

9.1　楷書。

1.1　BD12660 號

1.3 護首（大般若波羅蜜多經）

1.4 L2789

2.1 23.2×25.6 厘米；1 紙；1 行。

2.3 卷軸裝。首全尾脫。有古代裱補，紙上有字。已修整。

3.4 説明：

本遺書為護首。上有"大般若波羅蜜多經卷第二百九十三，卅，蓮"。經名上有經名號。"蓮"寫在後來粘貼的紙塊上。

錄文中"卅"為本卷所屬袟次。"蓮"為本經收藏寺院蓮臺寺的簡稱。

8 9~10 世紀。歸義軍時期寫本。

9.1 楷書。

1.1 BD12661 號

1.3 護首（佛本行集經）

1.4 L2790

2.1 21.2×26.5 厘米；1 紙；1 行。

2.3 卷軸裝。首全尾脫。兩面均有古代裱補。已修整。

3.4 説明：

本遺書為護首。上有"佛本行集經卷第一，□（恩?），榮，◇"。

錄文中"□（恩?）"上部被裱補紙遮壓，露出的半個字被硃筆點去，從字形看似為"恩"。"榮"為千字文袟號。

7.2 卷首下方有一長方形陽文硃印，3.3×4.4 厘米，印文為"瓜沙州大王印"。背面亦有半闕印章，印文與上印前三字同。

8 9~10 世紀。歸義軍時期寫本。

9.1 楷書。

1.1 BD12662 號

1.3 護首（大般若波羅蜜多經）

1.4 L2791

2.1 19.6×25.3 厘米；1 紙；1 行。

2.3 卷軸裝。首尾均殘。存字均半殘。已修整。

3.4 説明：

本遺書為護首。上有"□…□四百一十四，卅二，恩"。

錄文中"卅二"為本卷所屬袟次。"恩"為本經收藏寺院報恩寺的簡稱。

8 9~10 世紀。歸義軍時期寫本。

9.1 楷書。

1.1 BD12663 號

1.3 護首（大般涅槃經）

1.4 L2792

2.1 25×25.8 厘米；1 紙；1 行。

2.3 卷軸裝。首殘尾脫。已修整。

3.4 説明：

本遺書為護首。上有"大般涅槃經卷第卅六，四"。經名上有經名號。

錄文中"四"為本卷所屬袟次。

8 7~8 世紀。唐寫本。

9.1 楷書。

1.1 BD12664 號

1.3 護首（大般若波羅蜜多經）

1.4 L2793

2.1 21.6×25.2 厘米；1 紙；1 行。

2.3 卷軸裝。首殘尾脫。兩面均有古代裱補，紙上或有字。已修整。

3.4 説明：

本遺書為護首。上有"大般若波羅蜜多經卷第□□五十六，卅六，蓮"。經名上有經名號。

錄文中"卅六"為本卷所屬袟次。"蓮"，為本經收藏寺院"蓮臺寺"的簡稱。

8 9~10 世紀。歸義軍時期寫本。

9.1 楷書。

1.1 BD12665 號

1.3 護首（大般若波羅蜜多經）

1.4 L2794

2.1 24.2×25.6 厘米；1 紙；1 行。

2.3 卷軸裝。首尾均殘。已修整。

3.4 説明：

本遺書為護首。上有"□般若波羅蜜多經卷第五十八，六"。

錄文中"六"為本卷所屬袟次。

8 8~9 世紀。吐蕃統治時期寫本。

9.1 楷書。

1.1 BD12666 號

1.3 護首（經名不詳）

1.4 L2795

2.1 17.6×26.7 厘米；1 紙；1 行。

2.3 卷軸裝。首殘尾脫。已修整。

3.4 説明：

本遺書無完整文字。似為《大般若波羅蜜多經》護首。

8 8~9 世紀。吐蕃統治時期寫本。

9.1 楷書。

1.1 BD12667 號

1.3 無住分別法門記經名雜寫（擬）

1.4 L2796

2.1 17.7×26.5 厘米；1 紙；3 行。

2.3 卷軸裝。首殘尾斷。已修整。

3.3 錄文：

（首殘）

無住分別法門記/

無住分別法門記/

無住分別法門記/

（錄文完）

8　9~10世紀。歸義軍時期寫本。

9.1　楷書。

1.1　BD12668號

1.3　護首（大般若波羅蜜多經）

1.4　L2797

2.1　21.4×25.7厘米；1紙；1行。

2.3　卷軸裝。首殘尾脫。有古代裱補。已修整。

3.4　説明：

　　本遺書為護首。上有"□般若波羅蜜多卷第三百一十□"。

8　8~9世紀。吐蕃統治時期寫本。

9.1　楷書。

1.1　BD12669號

1.3　護首（大寶積經）

1.4　L2798

2.1　21.4×26厘米；1紙；1行。

2.3　卷軸裝。首殘尾脫。有古代裱補。有經名簽，已脫落。已修整。

3.4　説明：

　　本遺書為護首。上有殘經名"□…□，眼，十，淨"。

　　錄文中"眼"為敦煌遺書《大寶積經》特有的袟號。"十"為本卷所屬卷次。"淨"為本經收藏寺院淨土寺的簡稱。

8　9~10世紀。歸義軍時期寫本。

9.1　楷書。

1.1　BD12670號

1.3　護首（大般涅槃經）

1.4　L2799

2.1　23.3×26厘米；1紙；1行。

2.3　卷軸裝。首殘尾脫。已修整。

3.4　説明：

　　本遺書為護首。上有"大般涅槃經卷第三十二，四"。經名上有經名號。

　　錄文中"四"為本卷所屬袟次。

8　8世紀。唐寫本。

9.1　楷書。

1.1　BD12671號

1.3　護首（金光明最勝王經）

1.4　L2800

2.1　19.3×25厘米；1紙；1行。

2.3　卷軸裝。首殘尾脫。卷下邊殘缺。有古代裱補。已修整。

3.4　説明：

　　本遺書為護首。上有"金光明最勝王經卷第六"。

8　8~9世紀。吐蕃統治時期寫本。

9.1　楷書。

1.1　BD12672號

1.3　護首（大般若波羅蜜多經）

1.4　L2801

2.1　4.7×24.2厘米；1紙；1行。

2.3　卷軸裝。首尾均殘。通卷下殘。已修整。

3.4　説明：

　　本遺書為護首。上有"大般若波羅蜜多經卷第三百卅五，卅五"。經名上有經名號，

8　8~9世紀。吐蕃統治時期寫本。

9.1　楷書。

1.1　BD12673號

1.3　護首（大般若波羅蜜多經）

1.4　L2802

2.1　21.3×25厘米；1紙；1行。

2.3　卷軸裝。首殘尾脫。

3.4　説明：

　　本遺書為護首。上有"大般若波羅蜜多經卷第三百卅一，卅四，蓮"。經名上有經名號，

　　錄文中"卅四"為本卷所屬袟次。"蓮"為本經收藏寺院蓮臺寺的簡稱。

8　9~10世紀。歸義軍時期寫本。

9.1　楷書。

1.1　BD12674號

1.3　護首（大般若汝羅蜜多經）

1.4　L2803

2.1　19×25.3厘米；1紙；1行。

2.3　卷軸裝。首殘尾脫。首下有古代裱補，紙上有字。

3.4　説明：

　　本遺書為護首。上有"大般若□□□多經卷第七十七，八，界"。經名上有經名號。"八，界"均寫在後來粘貼的紙塊上。

　　錄文中"八"為本卷所屬袟次。"界"為本經收藏寺院三界寺的簡稱。

8　9~10世紀。歸義軍時期寫本。

9.1　楷書。

1.1　BD12675號

1.3　妙法蓮華經卷三

1.4　L2804

2.1　（3+9.5）×26.3厘米；2紙；3行。

2.2　01：03.0，01；　　02：09.5，02。

2.3　卷軸裝。首殘尾全。有燕尾。有烏絲欄。

3.1　首殘→大正 0262，09/0027B07。

3.2　尾全→大正 0262，09/0027B09。

4.2　妙法蓮華經卷第三（尾）。

8　　8～9 世紀。吐蕃統治時期寫本。

9.1　楷書。

1.1　BD12676 號

1.3　護首（大般若波羅蜜多經）

1.4　L2805

2.1　25×26.3 厘米；1 紙；1 行。

2.3　卷軸裝。首殘尾脫。下邊殘缺。

3.4　説明：

　　　本遺書為護首。上有"大□…□"。從形態看，應為《大般若波羅蜜多經》護首。

8　　8～9 世紀。吐蕃統治時期寫本。

9.1　楷書。

1.1　BD12677 號

1.3　護首（大方廣佛華嚴經）

1.4　L2806

2.1　19×25 厘米；1 紙；1 行。

2.3　卷軸裝。首全尾脫。有古代裱補。

3.4　説明：

　　　本遺書為護首。上有"大方廣佛花嚴經卷第八"。

7.3　卷面裱補紙上有字，朝內粘貼，可見 3 字"戒昌粟"。

8　　8～9 世紀。吐蕃統治時期寫本。

9.1　楷書。

1.1　BD12678 號

1.3　護首（金光明最勝王經）

1.4　L2807

2.1　14×25.7 厘米；1 紙；1 行。

2.3　卷軸裝。首殘尾脫。有古代裱補。

3.4　説明：

　　　本遺書為護首。上有"金光明最勝王經卷九"。

8　　8 世紀。唐寫本。

9.1　楷書。

1.1　BD12679 號

1.3　護首（大般若波羅蜜多經）

1.4　L2808

2.1　18×25.5 厘米；1 紙；1 行。

2.3　卷軸裝。首全尾脫。有竹質天竿。

3.4　説明：

　　　本遺書為護首。上有"大般若波羅蜜多經卷第一百七十四，十八"。經名上有經名號。

錄文中"十八"為本卷所屬袟次。

8　　8～9 世紀。吐蕃統治時期寫本。

9.1　楷書。

1.1　BD12680 號

1.3　護首（大般若波羅蜜多經）

1.4　L2809

2.1　23.8×25.7 厘米；1 紙；1 行。

2.3　卷軸裝。首殘尾脫。有古代裱補，紙上有字。

3.4　説明：

　　　本遺書為護首。上有"大般若波羅蜜多經卷第三百卅五，卅五，蓮"。經名上有經名號。"蓮"均寫在後來粘貼的紙塊上。

　　　錄文中"卅五"為本卷所屬袟次。"蓮"為本經收藏寺院蓮臺寺的簡稱。

8　　9～10 世紀。歸義軍時期寫本。

9.1　楷書。

1.1　BD12681 號

1.3　護首（大般若波羅蜜多經）

1.4　L2810

2.1　16.3×24.5 厘米；1 紙；1 行。

2.3　卷軸裝。首全尾脫。已修整。

3.4　説明：

　　　本遺書為護首。上有"大般若波羅蜜多經卷第三百五十三，五十六，蓮"。經名上有經名號。

　　　錄文中"五十六"為本卷所屬袟次。"蓮"為本經收藏寺院蓮臺寺的簡稱。

7.2　與後一紙騎縫處殘存半個墨色陽文印章，存 0.4×6.6 厘米，印文不清，疑為"蓮藏經"。

8　　9～10 世紀。歸義軍時期寫本。

9.1　楷書。

1.1　BD12682 號

1.3　護首（大般涅槃經）

1.4　L2811

2.1　25.5×25.8 厘米；1 紙；1 行。

2.3　卷軸裝。首全尾脫。

3.4　説明：

　　　本遺書為護首。上有"大般涅槃經荼毗品第卅二，界，四"，旁註"奉"字。經名上有經名號。

　　　錄文中"四"為本卷所屬袟次。"界"為本經收藏寺院三界寺的簡稱。"奉"疑為敦煌奉唐寺的簡稱。

8　　9～10 世紀。歸義軍時期寫本。

9.1　楷書。

1.1　BD12683 號

1.3　護首（大般若波羅蜜多經）

61

1.4　L2812

2.1　4.8×25 厘米；1 紙；1 行。

2.3　卷軸裝。首尾均殘。

3.4　説明：

本遺書為護首。上有"大般若波羅蜜多經卷第二□□□八"。經名上有經名號。

8　8~9 世紀。吐蕃統治時期寫本。

9.1　楷書。

1.1　BD12684 號

1.3　護首（經名不詳）

1.4　L2813

2.1　11×12.5 厘米；1 紙；3 行。

2.3　卷軸裝。首尾均殘。通卷上殘。尾有等距離小針孔。

3.4　説明：

本遺書原為某經護首，已經殘破，無從判定原為何經。左下角之"璡"或為收藏者名。

7.1　左下角有勘記"璡"。

7.3　卷面有雜寫"蓮華我/藏/"。

8　7~8 世紀。唐寫本。

9.1　楷書。

1.1　BD12685 號

1.3　護首（大般若波羅蜜多經）

1.4　L2814

2.1　9.3×13.1 厘米；1 紙；1 行。

2.3　卷軸裝。首尾均殘。殘片。護首已殘，裱補紙上粘有原護首殘字。已修整。

3.4　説明：

本遺書為護首。上有殘經名"□…□，卅七，龍"。

錄文中"卅七"為本卷所屬袟次。"龍"為本經收藏寺院龍興寺的簡稱。從袟數看，應為《大般若波羅蜜多經》護首。

8　9~10 世紀。歸義軍時期寫本。

9.1　楷書。

1.1　BD12686 號

1.3　護首（四分律）

1.4　L2815

2.1　21.6×26.2 厘米；1 紙；1 行。

2.3　卷軸裝。首殘尾脱。上邊殘缺。

3.4　説明：

本遺書為護首。上有"四分律藏卷第三十六，四"。

錄文中"四"為本卷所屬袟次。

8　7~8 世紀。唐寫本。

9.1　楷書。

1.1　BD12687 號

1.3　雜經錄（擬）

1.4　L2816

2.1　8.9×29.6 厘米；1 紙；4 行。

2.3　卷軸裝。首尾均殘。已修整。

3.3　錄文：

（首全）

勝鬘師子吼經/

大方等大集日藏分護持正法品第三十二/

佛遺日摩尼寶經。/

（錄文完）

7.3　首行有雜寫"耖"。

8　9~10 世紀。歸義軍時期寫本。

9.1　楷書。

1.1　BD12688 號

1.3　金光明最勝王經卷八

1.4　L2817

2.1　26.1×24.9 厘米；1 紙；5 行，行 17 字。

2.3　卷軸裝。首全尾斷。殘片。卷面污穢。有烏絲欄。

3.1　首殘→大正 0665，16/0437C14。

3.2　尾殘→大正 0665，16/0437C17。

4.1　金光明最勝王經大辯才天女品之餘，卷八，三藏法師義淨奉制譯（首）。

7.3　卷首有與首題相同或近似的經名雜寫 3 行。並有所粘其他典籍碎字"成乞"。背有 2 字雜寫"第□"。

8　9~10 世紀。歸義軍時期寫本。

9.1　楷書。

1.1　BD12689 號

1.3　殘片（擬）

1.4　L2818

2.1　19.4×13.7 厘米；1 紙；1 行。

2.3　卷軸裝。首尾均殘。小殘片。

3.4　説明：

本遺書只殘留一"隊"字。

8　9~10 世紀。歸義軍時期寫本。

9.1　楷書。

1.1　BD12690 號

1.3　簽條（擬）

1.4　L2819

2.1　9.4×31.2 厘米；1 紙；1 行。

2.3　卷軸裝。首殘尾斷。

3.4　説明：

本遺書為簽條。上有文字"十一，淨土"。

8　8~9 世紀。吐蕃統治時期寫本。

9.1　楷書。

1.1 BD12691 號

1.3 護首（大寶積經）

1.4 L2820

2.1 19.7×25.8 厘米；1 紙；1 行。

2.3 卷軸裝。首殘尾脫。背有古代裱補。

3.4 説明：

本遺書為護首。上有"大寶積經卷第十八"。

8 7~8 世紀。唐寫本。

9.1 楷書。

1.1 BD12692 號

1.3 護首（大寶積經）

1.4 L2821

2.1 22.7×26 厘米；1 紙；1 行。

2.3 卷軸裝。首全尾脫。

3.4 説明：

本遺書為護首。上有"大寶積經卷第九十一，十"。經名上有經名號。

錄文中"十"為本卷所屬袟次。

8 7~8 世紀。唐寫本。

9.1 楷書。

1.1 BD12693 號

1.3 護首（大般若波羅蜜多經）

1.4 L2822

2.1 18.5×25.2 厘米；1 紙；1 行。

2.3 卷軸裝。首全尾脫。下有殘損，尾下被剪殘缺。有古代裱補，其上有寺名。

3.4 説明：

本遺書為護首。上有"大般若波羅蜜多經卷第一百卅四，十四，蓮"。經名上有經名號。"蓮"寫在後來粘貼的紙塊上。

錄文中"十四"為本卷所屬袟次。"蓮"為本經收藏寺院蓮臺寺的簡稱。

8 9~10 世紀。歸義軍時期寫本。

9.1 楷書。

1.1 BD12694 號

1.3 護首（大般若波羅蜜多經）

1.4 L2823

2.1 16.5×25.6 厘米；1 紙；1 行。

2.3 卷軸裝。首殘尾脫。

3.4 説明：

本遺書為護首。上有"大般若波羅蜜多經□…□"。經名上有經名號。

8 9~10 世紀。歸義軍時期寫本。

9.1 楷書。

1.1 BD12695 號

1.3 護首（大般若波羅蜜多經）

1.4 L2824

2.1 23.2×25 厘米；1 紙；1 行。

2.3 卷軸裝。首殘尾脫。有殘洞。

3.4 説明：

本遺書為護首。上有"大般若波羅蜜多經卷第五百七，五十一，蓮"。經名上有經名號。

錄文中"五十一"為本卷所屬袟次。"蓮"為本經收藏寺院蓮臺寺的簡稱。

8 9~10 世紀。歸義軍時期寫本。

9.1 楷書。

1.1 BD12696 號

1.3 護首（佛名經）

1.4 L2825

2.1 21.5×26 厘米；1 紙；1 行。

2.3 卷軸裝。首殘尾脫。下邊殘缺。有古代裱補。

3.4 説明：

本遺書為護首。上有"□名經卷第廿"。

8 8 世紀。唐寫本。

9.1 楷書。

1.1 BD12697 號

1.3 護首（大般若波羅蜜多經）

1.4 L2826

2.1 18×25.3 厘米；1 紙；1 行。

2.3 卷軸裝。首全尾脫。已修整。

3.4 説明：

本遺書為護首。上有"大般若波羅蜜多經卷第卅九，四"。經名上有經名號。

錄文中"四"為本卷所屬袟次。"蓮"為本經收藏寺院蓮臺寺的簡稱。

7.2 與後一紙騎縫處殘存半個墨色陽文印章，1.1×6.6 厘米，印文為"蓮藏經"。

8 9~10 世紀。歸義軍時期寫本。

9.1 楷書。

1.1 BD12698 號

1.3 護首（大般若波羅蜜經）

1.4 L2827

2.1 7.4×25.8 厘米；1 紙；1 行。

2.3 卷軸裝。首全尾殘。有古代裱補，其上有字。

3.4 説明：

本遺書為護首。上有"大般若波羅蜜多經卷第二百九十，界，廿九"。經名上有經名號。"界，廿九"均寫在後來粘貼的紙塊上。

錄文中"廿九"為本卷所屬袟次。"界"為本經收藏寺院三界寺的簡稱。

8　　9～10世紀。歸義軍時期寫本。

9.1　楷書。

1.1　BD12699號

1.3　護首（大寶積經）

1.4　L2828

2.1　15.6×26厘米；1紙；1行。

2.3　卷軸裝。首全尾斷。上邊殘缺。

3.4　説明：

本遺書為護首。上有"大寶積經卷第三十六，四"。經名上有經名號

錄文中"四"為本卷所屬袟次。

8　　8世紀。唐寫本。

9.1　楷書。

1.1　BD12700號

1.3　護首（大般若波羅蜜多經）

1.4　L2829

2.1　19.5×25厘米；1紙；1行。

2.3　卷軸裝。首全尾脱。有古代裱補。

3.4　説明：

本遺書為護首。上有"大般若波羅蜜多經卷第一百五十九，十六，界"。經名上有經名號。"界"寫在後來粘貼的紙塊上。

錄文中"十六"為本卷所屬袟次。"界"為本經收藏寺院三界寺的簡稱。

8　　9～10世紀。歸義軍時期寫本。

9.1　楷書。

1.1　BD12701號

1.3　護首（大般涅槃經）

1.4　L2830

2.1　24.8×25.8厘米；1紙；1行。

2.3　卷軸裝。首全尾脱。有殘洞。

3.4　説明：

本遺書為護首。上有"大般涅槃經卷第卅二"。經名上有經名號。

8　　8世紀。唐寫本。

9.1　楷書。

1.1　BD12702號

1.3　佛名經卷一二

1.4　L2831

2.1　4.1×14.9厘米；1紙；1行。

2.3　卷軸裝。首尾均殘。小殘片。

3.4　説明：

本遺書只殘留首題"佛説佛名經卷第十二"。

4.1　佛説佛名經卷第十二（首）。

8　　7～8世紀。唐寫本。

9.1　楷書。

1.1　BD12703號

1.3　護首（大般若波羅蜜多經）

1.4　L2832

2.1　20.1×25.4厘米；1紙；1行。

2.3　卷軸裝。首殘尾挩。有古代裱補。

3.4　説明：

本遺書為護首。上有"大般若波羅蜜多經卷第二百六，界"。經名上有經名號。

錄文中"界"為本經收藏寺院三界寺的簡稱。

8　　9～10世紀。歸義軍時期寫本。

9.1　楷書。

1.1　BD12704號

1.3　大寶積經紙數（擬）

1.4　L2833

2.1　37.6×29.2厘米；1紙；11行，行字不等。

2.3　卷軸裝。首尾均脱。有水漬。

3.3　錄文：

（首全）

第一卷，廿卅張。第二卷，廿張。第三，十八張。第四，十七張。第五，十九張。／

第六，十九張。第七卷，二十張。第八，十九張。第九，二十張。第十卷，十六張。／

計一百九十紙。／

第一卷，十六張。第二卷，十九張。第三，十九張。第四，十九張。／

《大寶積經菩薩藏會》，會第十二之七，卷卌一。／

（錄文完）

7.3　尾有雜寫6行30字。背面有雜寫2字。不錄文。

8　　9～10世紀。歸義軍時期寫本。

9.1　楷書。

13　　參見《敦煌佛教經錄輯校》第1007頁。

1.1　BD12705號

1.3　殘紙條（擬）

1.4　L2834

2.1　1.3×24.5厘米；1紙；1行。

2.3　卷軸裝。首殘尾斷。已修整。

3.4　説明：

本遺書無完整文字。

8　　8～9世紀。吐蕃統治時期寫本。

9.1　楷書。

1.1　BD12706 號

1.3　護首（經名不詳）

1.4　L2835

2.1　1.5×13.5 厘米；1 紙；1 行。

2.3　卷軸裝。首尾均殘。小殘片。

3.4　説明：

　　本遺書為護首。上有殘經名"□…□，蓮"。

　　錄文中"蓮"為本經收藏寺院蓮臺寺的簡稱。

8　　9～10 世紀。歸義軍時期寫本。

9.1　楷書。

1.1　BD12707 號

1.3　護首（大般若波羅蜜多經）

1.4　L2836

2.1　1.8×6 厘米；1 紙；1 行。

2.3　卷軸裝。首尾均殘。小殘片。

3.4　説明：

　　本遺書為護首。上有殘經名"□…□三百一十□…□"。應為《大般若波羅蜜多經》護首。

8　　8～9 世紀。吐蕃統治時期寫本。

9.1　楷書。

1.1　BD12708 號

1.3　護首（大般涅槃經）

1.4　L2837

2.1　13×26 厘米；1 紙；1 行。

2.3　卷軸裝。首全尾斷。上邊殘缺。有彩色編織縹帶殘根。已修整。

3.4　説明：

　　本遺書為護首。上有"大般涅槃經卷第十"。

8　　7～8 世紀。唐寫本。

9.1　楷書。

1.1　BD12709 號

1.3　護首（大般若波羅蜜多經）

1.4　L2838

2.1　13.8×25.6 厘米；1 紙；3 行。

2.3　卷軸裝。首殘尾脱。有殘洞。已修整。

3.4　説明：

　　本遺書為護首。上有"大般若波羅蜜多經卷□…□，五十，蓮"。經名上有經名號。

　　錄文中"五十"為本卷所屬袟次。"蓮"為本經收藏寺院蓮臺寺的簡稱。

7.1　卷面有題記"釋門法律智會一心供養"。

7.3　有雜寫"南無十方諸佛，大般若波羅蜜多"。

8　　9～10 世紀。歸義軍時期寫本。

9.1　楷書。

1.1　BD12710 號

1.3　護首（大般若波羅蜜多經）

1.4　L2839

2.1　22.2×25.8 厘米；1 紙；1 行。

2.3　卷軸裝。首殘尾脱。下邊殘缺。已修整。

3.4　説明：

　　本遺書僅殘存"卅四"2 字。應為《大般若波羅蜜多經》護首。

8　　8～9 世紀。吐蕃統治時期寫本。

9.1　楷書。

1.1　BD12711 號

1.3　護首（大般若波羅蜜多經）

1.4　L2840

2.1　21.1×24.7 厘米；1 紙；1 行。

2.3　卷軸裝。首全尾脱。上邊殘缺。有古代裱補。經名下裱補紙上有字。已修整。

3.4　説明：

　　本遺書為護首。上有"□□若波羅蜜多經卷第五百廿一，五十三，蓮"。經名上有經名號。"五十三，蓮"均寫在後來粘貼的紙塊上。

　　錄文中"五十三"為本卷所屬袟次。"蓮"為本經收藏寺院蓮臺寺的簡稱。

8　　9～10 世紀。歸義軍時期寫本。

9.1　楷書。

1.1　BD12712 號

1.3　護首（大般若波羅蜜多經）

1.4　L2841

2.1　17.3×26 厘米；2 紙；1 行。

2.3　卷軸裝。首全尾斷。本遺書係 2 紙上下拼接而成。已修整。

3.4　説明：

　　本遺書為護首。上有"大般若波羅蜜多經卷第五百五十，五十五，蓮"。經名上有經名號。

　　錄文中"五十五"為本卷所屬袟次。"蓮"為本經收藏寺院蓮臺寺的簡稱。

8　　9～10 世紀。歸義軍時期寫本。

9.1　楷書。

1.1　BD12713 號

1.3　護首（大般若波羅蜜多經）

1.4　L2842

2.1　20.5×26 厘米；1 紙；1 行。

2.3　卷軸裝。首殘尾脱。有古代裱補。已修整。

3.4　説明：

　　本遺書為護首。上有"大般若波羅蜜多經卷第九十六，十，蓮"。經名上有經名號。"蓮"寫在後來粘貼的紙塊上。

錄文中"十"為本卷所屬袟次。"蓮"為本經收藏寺院蓮臺寺的簡稱。

7.2　與後一紙騎縫處殘存半個墨色陽文印章，1.1×6.6 厘米，印文為"蓮藏經"。

8　9～10 世紀。歸義軍時期寫本。

9.1　楷書。

1.1　BD12714 號

1.3　護首（經名不詳）

1.4　L2843

2.1　16.3×25.2 厘米；1 紙；1 行。

2.3　卷軸裝。首殘尾脫。下邊殘缺。已修整。

3.4　説明：

本遺書無完整文字，似為"大□□經卷第二"。

8　8 世紀。唐寫本。

9.1　楷書。

1.1　BD12715 號

1.3　護首（□…□經九靈太妙龜山元錄）

1.4　L2844

2.1　21×26.3 厘米；1 紙；1 行。

2.3　卷軸裝。首殘尾脫。上邊殘缺。卷背有蟲蛀。已修整。

3.4　説明：

本遺書為護首。上有"□…□經九靈太妙龜山元錄上下"。

8　7～8 世紀。唐寫本。

9.1　楷書。

1.1　BD12716 號

1.3　護首（大般若波羅蜜多經）

1.4　L2845

2.1　23.2×25.2 厘米；1 紙；1 行。

2.3　卷軸裝。首殘尾脫。已修整。

3.4　説明：

本遺書為護首。上有"大般若波羅蜜多經卷第三百四，卅一，蓮"。

錄文中"卅一"為本卷所屬袟次。"蓮"為本經收藏寺院蓮臺寺的簡稱。

7.2　與後一紙騎縫處殘存半個墨色陽文印章，存 0.5×6.6 厘米，印文難辨，疑為"蓮藏經"。

8　9～10 世紀。歸義軍時期寫本。

9.1　楷書。

1.1　BD12717 號

1.3　護首（大般若波羅蜜多經）

1.4　L2846

2.1　17.8×25.7 厘米；1 紙；1 行。

2.3　卷軸裝。首全尾脫。已修整。

3.4　説明：

本遺書為護首。上有"大般若波羅蜜多經卷五十四，六，蓮"。經名上有經名號。

錄文中"六"為本卷所屬袟次。"蓮"為本經收藏寺院蓮臺寺的簡稱。

8　9～10 世紀。歸義軍時期寫本。

9.1　楷書。

1.1　BD12718 號

1.3　護首（大般若波羅蜜多經）

1.4　L2847

2.1　22.3×25.6 厘米；1 紙；1 行。

2.3　卷軸裝。首殘尾脫。已修整。

3.4　説明：

本遺書為護首。上有"□□□□羅蜜多經卷第三百卅三，卅四，蓮"。

錄文中"卅四"為本卷所屬袟次。"蓮"為本經收藏寺院蓮臺寺的簡稱。

8　9～10 世紀。歸義軍時期寫本。

9.1　楷書。

1.1　BD12719 號

1.3　護首（大佛頂經）

1.4　L2848

2.1　16.2×25 厘米；1 紙；1 行。

2.3　卷軸裝。首全尾脫。已修整。

3.4　説明：

本遺書為護首。上有"大佛頂經卷第九"。經名上有經名號。

8　7～8 世紀。唐寫本。

9.1　楷書。

1.1　BD12720 號

1.3　護首（大般涅槃經）

1.4　L2849

2.1　20.5×25.5 厘米；1 紙；1 行。

2.3　卷軸裝。首全尾脫。經題下有古代裱補。已修整。

3.4　説明：

本遺書為護首。上有"大般涅槃經卷第十八，夏"。經名上有經名號。

錄文中"夏"為敦煌遺書《大般涅槃經》特有的袟號。

8　9～10 世紀。歸義軍時期寫本。

9.1　楷書。

1.1　BD12721 號

1.3　護首（大般涅槃經）

1.4　L2850

2.1 19×26 厘米；1 紙；1 行。

2.3 卷軸裝。首殘尾脫。背有古代絲絹裱補。已修整。

3.4 説明：

本遺書為護首。上有"大般涅槃經卷第廿四，三，界"。經名上有經名號。"三，界"均寫在後來粘貼的紙塊上。

錄文中"三"為本卷所屬袟次。"界"為敦煌三界寺的簡稱。

8   9～10 世紀。歸義軍時期寫本。

9.1 楷書。

1.1 BD12722 號

1.3 妙法蓮華經卷一

1.4 L2851

2.1 10.5×26.7 厘米；1 紙；1 行。

2.3 卷軸裝。首脫尾全。唐麻紙。有燕尾。有烏絲欄。已修整。

3.1 首殘→大正 0262，09/0001C12。

3.2 尾全→大正 0262，09/0001C12。

3.4 説明：

本遺書僅剩尾題。

4.2 妙法蓮華經卷第一（尾）。

8   7～8 世紀。唐寫本。

9.1 楷書。

1.1 BD12723 號

1.3 護首（大般涅槃經）

1.4 L2852

2.1 21.5×25.5 厘米；1 紙；1 行。

2.3 卷軸裝。首殘尾脫。文字均半殘。已修整。

3.4 説明：

本遺書為護首。上有"大般涅槃經卷第四，春"。經名上有經名號。

錄文中"春"為敦煌遺書《大般涅槃經》特有的袟號。

8   9～10 世紀。歸義軍時期寫本。

9.1 楷書。

1.1 BD12724 號

1.3 護首（大般若波羅蜜多經）

1.4 L2853

2.1 25×25.5 厘米；1 紙；1 行。

2.3 卷軸裝。首尾均殘。有古代裱補。存字多半殘。已修整。

3.4 説明：

本遺書為護首。上有"大般若波羅蜜多經卷第□…□"。

8   8～9 世紀。吐蕃統治時期寫本。

9.1 楷書。

1.1 BD12725 號

1.3 護首（大般若波羅蜜多經）

1.4 L2854

2.1 21.9×26.2 厘米；1 紙；1 行。

2.3 卷軸裝。首殘尾脫。下邊殘缺。存字均半殘。已修整。

3.4 説明：

本遺書為護首。上有"大般若波羅蜜多經卷第一百七十二"。

8   8～9 世紀。吐蕃統治時期寫本。

9.1 楷書。

1.1 BD12726 號

1.3 護首（經名不詳）

1.4 L2855

2.1 21.2×25.7 厘米；1 紙；1 行。

2.3 卷軸裝。首殘尾脫。中間殘破。已修整。

3.4 説明：

本遺書無完整文字。

7.2 與後一紙騎縫處殘存半個墨色陽文印章，存 1.1×6.6 厘米，印文為"蓮藏經"。

8   9～10 世紀。歸義軍時期寫本。

9.1 楷書。

1.1 BD12727 號

1.3 護首（大般若波羅蜜多經）

1.4 L2856

2.1 22×25.3 厘米；1 紙；1 行。

2.3 卷軸裝。首全尾脫。下邊殘缺。有殘洞。已修整。

3.4 説明：

本遺書為護首。上有"大般若波羅蜜多經卷第四百八，卌一，蓮"。經名上有經名號。

錄文中"卌一"為本卷所屬袟次。"蓮"為本經收藏寺院蓮臺寺的簡稱。

8   9～10 世紀。歸義軍時期寫本。

9.1 楷書。

1.1 BD12728 號

1.3 護首（大般若波羅蜜多經）

1.4 L2857

2.1 23.5×26 厘米；1 紙；正面 1 行，背面 4 行。

2.3 卷軸裝。首殘尾脫。有殘洞。有古代裱補。已修整。

3.4 説明：

本遺書為護首。上有"大般若波羅蜜多經卷第一，龍"。經名上有經名號。"龍"寫在後來粘貼的紙塊上。

錄文中"龍"為本經收藏寺院龍興寺的簡稱。

7.3 背面有經文雜寫"天王帝主世尊我若向無礙菩薩即從座起合掌/向白佛言世尊般若波羅蜜多行深無眼界耳/鼻舌身意無色聲向香味觸法無眼界/大般若波羅蜜多經卷第廿一卷第第第第第/"4 行。

8　9~10 世紀。歸義軍時期寫本。

9.1　楷書。

1.1　BD12729 號

1.3　護首（大般若波羅蜜多經）

1.4　L2858

2.1　20.5×25.3 厘米；1 紙；1 行。

2.3　卷軸裝。首殘尾脫。卷面多黴爛，有殘洞。已修整。

3.4　説明：

本遺書為護首。上有殘經名“大般若波羅蜜多經卷第□…□，□，二”。

8　8~9 世紀。吐蕃統治時期寫本。

9.1　楷書。

1.1　BD12730 號

1.3　殘片（擬）

1.4　L2859

2.1　19.5×9.4 厘米；1 紙；1 行。

2.3　卷軸裝。首尾均殘。通卷下殘。小殘片。已修整。

3.4　説明：

本遺書只殘留似“乙”字。

8　9~10 世紀。歸義軍時期寫本。

9.1　楷書。

1.1　BD12731 號

1.3　張家書袟（擬）

1.4　L2860

2.1　9.7×13.8 厘米；1 紙；正面 2 行，背面 2 行。

2.3　卷軸裝。首尾均殘。小殘片。已修整。

3.4　説明：

本遺書為袟皮。正面有“張家書袟/張，張家，張家/”等 2 行。

7.3　卷面有向裏粘貼的字紙。背面有雜寫“周公/無無/”等 2 行。

8　9~10 世紀。歸義軍時期寫本。

9.1　楷書。

1.1　BD12732 號

1.3　護首（大般若波羅蜜多經）

1.4　L2861

2.1　6×24.5 厘米；1 紙；1 行。

2.3　卷軸裝。首尾均殘。下邊殘缺。存字均半殘。已修整。

3.4　説明：

本遺書為護首。上有“大般若波羅蜜多經卷第一百一十二，十二”。經名上有經名號。

錄文中“十二”為本卷所屬袟次。

8　8~9 世紀。吐蕃統治時期寫本。

9.1　楷書。

1.1　BD12733 號

1.3　護首（究竟大悲經）

1.4　L2862

2.1　13×15.5 厘米；1 紙；1 行。

2.3　卷軸裝。首殘尾脫。通卷下殘。存字均半殘。卷背有烏絲欄。已修整。

3.4　説明：

本遺書為護首。上有“究竟大悲經卷第二”。

8　7~8 世紀。唐寫本。

9.1　楷書。

1.1　BD12734 號

1.3　殘筆痕（擬）

1.4　L2863

2.1　3×12 厘米；1 紙。

2.3　卷軸裝。首尾垃殘。小殘片。

3.4　説明：

本遺書為殘片。上有殘筆痕。

8　8~9 世紀。吐蕃統治時期寫本。

1.1　BD12735 號

1.3　護首（佛名經）

1.4　L2864

2.1　21.2×25 厘米；1 紙；1 行。

2.3　卷軸裝。首全尾斷。背面有烏絲欄。已修整。

3.4　説明：

本遺書為護首。上有“佛說佛名經卷第一”。經名上有經名號。

8　8~9 世紀。吐蕃統治時期寫本。

9.1　楷書。

1.1　BD12736 號

1.3　護首（大般若波羅蜜多經）

1.4　L2865

2.1　18.5×25.5 厘米；1 紙；1 行。

2.3　卷軸裝。首殘尾脫。上下邊殘缺。有古代裱補。已修整。

3.4　説明：

本遺書為護首。上有“大般若波羅蜜多經卷第卅四，四，蓮”。經名上有經名號。“四，蓮”均寫在後來粘貼的紙塊上。

錄文中“四”為本卷所屬袟次。“蓮”為本經收藏寺院蓮臺寺的簡稱。

7.2　與後一紙騎縫處殘存半個墨色陽文印章，存 1.5×6.6 厘米，印文為“蓮藏經”。

8　9~10 世紀。歸義軍時期寫本。

9.1　楷書。

1.1 BD12737 號

1.3 護首（大般若波羅蜜多經）

1.4 L2866

2.1 18×25.5 厘米；1 紙；1 行。

2.3 卷軸裝。首殘尾脫。有小殘洞。存字均多半殘。已修整。

3.4 説明：

本遺書為護首。上有"大般若波羅蜜多經卷第□…□"。經名上有經名號。

8 8～9 世紀。吐蕃統治時期寫本。

9.1 楷書。

1.1 BD12738 號

1.3 護首（大般若波羅蜜多經）

1.4 L2867

2.1 19×25.5 厘米；1 紙；1 行。

2.3 卷軸裝。首殘尾脫。有古代裱補。已修整。

3.4 説明：

本遺書為護首。上有"大般若波羅蜜多經卷第一百五十七，十六，界"。經名上有經名號。"界"寫在後來粘貼的紙塊上。

錄文中"十六"為本卷所屬袟次。"界"為本經收藏寺院三界寺的簡稱。

8 9～10 世紀。歸義軍時期寫本。

9.1 楷書。

1.1 BD12739 號

1.3 護首（大寶積經）

1.4 L2868

2.1 18.5×26 厘米；1 紙；1 行。

2.3 卷軸裝。首殘尾脫。已修整。

3.4 説明：

本遺書為護首。上有"大寶積經卷第十四"。

8 7～8 世紀。唐寫本。

9.1 楷書。

1.1 BD12740 號

1.3 護首（大般若波羅蜜多經）

1.4 L2869

2.1 18.2×26 厘米；1 紙；1 行。

2.3 卷軸裝。首殘尾脫。已修整。

3.4 説明：

本遺書為護首。上有"大般若波羅蜜多經卷第一百七十三，十八"。經名上有經名號。

錄文中"十八"為本卷所屬袟次。

8 8～9 世紀。吐蕃統治時期寫本。

9.1 楷書。

1.1 BD12741 號

1.3 護首（大般若波羅蜜多經）

1.4 L2870

2.1 21.6×25 厘米；1 紙；1 行。

2.3 卷軸裝。首全尾脫。有紅色縹帶殘根。已修整。

3.4 説明：

本遺書為護首。上有"大般若波羅蜜多經卷第五百卅六，五十四，蓮"。經名上有經名號。

錄文中"五十四"為本卷所屬袟次。"蓮"為本經收藏寺院蓮臺寺的簡稱。

8 9～10 世紀。歸義軍時期寫本。

9.1 楷書。

1.1 BD12742 號

1.3 護首（大般若波羅蜜多經）

1.4 L2871

2.1 20×26 厘米；1 紙；1 行。

2.3 卷軸裝。首殘尾脫。背有古代裱補。已修整。

3.4 説明：

本遺書為護首。上有"大般若波羅蜜多經卷第二百五十，□"。經名上有經名號。卷面有 2 字不清。

8 9～10 世紀。歸義軍時期寫本。

9.1 楷書。

1.1 BD12743 號 1

1.3 護首（妙法蓮華經）

1.4 L2872

2.1 37.5×26 厘米；2 紙；2 行。

2.2 01：19.0，01； 02：18.5，01。

2.3 卷軸裝。首尾均殘。有殘洞。已修整。

2.4 本遺書包括 2 個文獻：（一）護首（妙法蓮華經），1 行，今編為 BD12743 號 1。（二）袟皮（妙法蓮華經），1 行，今編為 BD12743 號 2。

3.4 説明：

本遺書上有"妙法蓮華經卷第四"。經名上有經名號。原為《妙法蓮華經》護首。

8 7～8 世紀。唐寫本。

9.1 楷書。

1.1 BD12743 號 2

1.3 袟皮（妙法蓮華經）

1.4 L2872

2.4 本遺書由 2 個文獻組成，本文獻為第 2 個，1 行。餘參見 BD12743 號 1 之第 2 項。

3.4 説明：

本遺書為《妙法蓮華經》袟皮。由《妙法蓮華經》殘護首與另外一殘護首粘接而成。上書"法華經一袟"。

8 8～9 世紀。吐蕃統治時期寫本。

9.1　楷書。

1.1　BD12744 號 1

1.3　護首（大般若波羅蜜多經）

1.4　L2873

2.1　20×25.5 厘米；1 紙；1 行。

2.3　卷軸裝。首殘尾脫。下邊殘缺。有古代裱補。已修整。

2.4　本遺書包括 3 個文獻：（一）《大般若波羅蜜多經》護首，1 行，今編為 BD12744 號 1。（二）《揚子法言鈔》（擬），2 行，抄寫在正面裱補紙上，今編為 BD12744 號 2。（三）《前漢書鈔》（擬），3 行，抄寫在背面表補紙上，今編為 BD12744 號背。

3.4　説明：

本遺書為護首。上有“大般若波羅蜜多經卷第五百冊七，五十五，蓮”。經名上有經名號。

錄文中“五十五”為本卷所屬袟次。“蓮”為本經收藏寺院蓮臺寺的簡稱。

8　9～10 世紀。歸義軍時期寫本。

9.1　楷書。

1.1　BD12744 號 2

1.3　揚子法言鈔（擬）

1.4　L2873

2.4　本遺書由 3 個文獻組成，本文獻為第 2 個，2 行，抄寫在正面裱補紙上。餘參見 BD12744 號 1 之第 2 項。

3.3　錄文：

（首殘）

陽（揚）子法言六卷或問金可鑄乎。曰□…□／

天之道不在仲尼□…□／

（錄文完）

8　9～10 世紀。歸義軍時期寫本。

9.1　楷書。

1.1　BD12744 號背

1.3　前漢書鈔（擬）

1.4　L2873

2.4　本遺書由 3 個文獻組成，本文獻為第 3 個，3 行，抄寫在背面裱補紙上。餘參見 BD12744 號 1 之第 2 項。

3.3　錄文：

（首殘）

□…□長七尺三寸六分。此日去極遠近之差，若景長短之制也。去／

□…□立晷景者，所以知日之南北也。陽進為著，陰用事為退。／

□…□短為旱奢為扶扶者，邪臣進而正臣疏。君子不足，姦人有餘。／

（錄文完）

3.4　説明：

這段文字乃節略《前漢書》卷二六有關文字而成。

8　9～10 世紀。歸義軍時期寫本。

9.1　楷書。

1.1　BD12745 號

1.3　護首（優婆塞戒經）

1.4　L2874

2.1　22.8×25.9 厘米；1 紙；1 行。

2.3　卷軸裝。首殘尾脫。卷正背面有鳥糞，下邊殘缺。已修整。

3.4　説明：

本遺書為護首。上有“優婆塞經卷第六”。

8　7～8 世紀。唐寫本。

9.1　楷書。

1.1　BD12746 號

1.3　護首（大寶積經）

1.4　L2875

2.1　23.2×26.1 厘米；1 紙；1 行。

2.3　卷軸裝。首全尾脫。已修整。

3.4　説明：

本遺書為護首。上有“大寶積經卷第冊九，五，界”。經名上有經名號。

錄文中“五”為本卷所屬袟次。“界”為本經收藏寺院三界寺的簡稱。

8　9～10 世紀。歸義軍時期寫本。

9.1　楷書。

1.1　BD12747 號

1.3　護首（大般若波羅蜜多經）

1.4　L2876

2.1　22.5×25.5 厘米；1 紙；1 行。

2.3　卷軸裝。首尾均殘。下邊殘缺。有古代裱補。裱補紙上有字。已修整。

3.4　説明：

本遺書為護首。上有“□□若波羅蜜多經卷第四百五十九，冊六，蓮”。經名上有經名號。“冊六，蓮”均寫在後來粘貼的紙塊上。

錄文中“冊六”為本卷所屬袟次。“蓮”為本經收藏寺院蓮臺寺的簡稱。

8　9～10 世紀。歸義軍時期寫本。

9.1　楷書。

1.1　BD12748 號

1.3　護首（大般若波羅蜜多經）

1.4　L2877

2.1　23.5×25.5 厘米；1 紙；1 行。

2.3　卷軸裝。首殘尾脫。下邊殘缺。已修整。

3.4　説明：

本遺書為護首。上有"大般若波羅蜜多經卷第九十，九，蓮"。經名上有經名號。

錄文中"九"為本卷所屬袟次。"蓮"為本經收藏寺院蓮臺寺的簡稱。

7.2　與後一紙騎縫處殘存半個墨色陽文印章，1.5×6.6厘米，印文為"蓮藏經"。

8　　9～10世紀。歸義軍時期寫本。

9.1　楷書。

1.1　BD12749號

1.3　護首（大般若波羅蜜多經）

1.4　L2878

2.1　23×25.5厘米；1紙；1行。

2.3　卷軸裝。首殘尾脱。已修整。

3.4　説明：

本遺書為護首。上有"□般若波羅蜜多經卷第廿七，三，蓮"。經名上有經名號。

錄文中"三"為本卷所屬袟次。"蓮"為本經收藏寺院蓮臺寺的簡稱。

7.2　與後一紙騎縫處殘存半個墨色陽文印章，1.4×6.6厘米，印文為"蓮藏經"。

8　　9～10世紀。歸義軍時期寫本。

9.1　楷書。

1.1　BD12750號

1.3　護首（大般若波羅蜜多經）

1.4　L2879

2.1　20.5×15厘米；1紙；1行。

2.3　卷軸裝。首尾均殘。上下均殘。背面有古代裱補。已修整。

3.4　説明：

本遺書為護首。上有"□□若波羅蜜多經卷第五百卅五"。

7.1　卷尾裱補紙上有倒寫"第五十七"1行，應屬對另一文獻的勘記。

8　　8～9世紀。吐蕃統治時期寫本。

9.1　楷書。

1.1　BD12751號

1.3　護首（大般若波羅蜜多經）

1.4　L2880

2.1　22.5×26厘米；1紙；1行。

2.3　卷軸裝。首殘尾脱。卷面黴爛，有殘洞。已修整。

3.4　説明：

本遺書為護首。上有"□…□蜜多經卷第五百六十七"。

8　　8～9世紀。吐蕃統治時期寫本。

9.1　楷書。

1.1　BD12752號

1.3　護首（大般若波羅蜜多經）

1.4　L2881

2.1　5.5×25.2厘米；1紙；1行。

2.3　卷軸裝。首全尾斷。已修整。

3.4　説明：

本遺書為護首。上有"大般若波羅蜜多經卷第三百九，卅一"。經名上有經名號。

錄文中"卅一"為本卷所屬袟次。

8　　8～9世紀。吐蕃統治時期寫本。

9.1　楷書。

1.1　BD12753號

1.3　護首（大般若波羅蜜多經）

1.4　L2882

2.1　4.8×25厘米；1紙；1行。

2.3　卷軸裝。首尾均殘。有古代裱補。已修整。

3.4　説明：

本遺書為護首。上有"大般若波羅蜜多經卷第三百七十一，卅八，永"。經名上有經名號。"永"寫在後來粘貼的紙塊上。

錄文中"卅八"為本卷所屬袟次。"永"為本經收藏寺院永安寺的簡稱。

8　　9～10世紀。歸義軍時期寫本。

9.1　楷書。

1.1　BD12754號

1.3　護首（大般涅槃經）

1.4　L2883

2.1　17.5×16厘米；1紙；1行。

2.3　卷軸裝。首尾均殘。通卷下殘。已修整。

3.4　説明：

本遺書為護首。上有"大般涅槃經卷第四十"。

8　　7～8世紀。唐寫本。

9.1　楷書。

1.1　BD12755號

1.3　護首（大般若波羅蜜多經）

1.4　L2884

2.1　15×3厘米；1紙；1行。

2.3　卷軸裝。首尾均殘。通卷下殘。存字均多半殘。已修整。

3.4　説明：

本遺書為護首。上有"大般若波羅蜜多經卷第□…□"。

8　　8～9世紀。吐蕃統治時期寫本。

9.1　楷書。

1.1　BD12756號

1.3　護首（大般若波羅蜜多經）

1.4 L2885

2.1 22.2×25.4 厘米；1 紙；1 行。

2.3 卷軸裝。首全尾脫。已修整。

3.4 説明：

本遺書為護首。上有"大般若波羅蜜多經卷第五百廿六，五十三，蓮"。經名上有經名號。

錄文中"五十三"為本卷所屬袠次。"蓮"為本經收藏寺院蓮臺寺的簡稱。

8 9～10 世紀。歸義軍時期寫本。

9.1 楷書。

1.1 BD12757 號

1.3 護首（大般涅槃經）

1.4 L2886

2.1 21×25.5 厘米；1 紙；1 行。

2.3 卷軸裝。首殘尾脫。有紺青紙經名簽，經名用銀粉書寫。背面有古代裱補。

3.4 説明：

本遺書為護首。上有"大般涅槃經卷第卅二"。經名上有經名號。

8 9～10 世紀。歸義軍時期寫本。

9.1 楷書。

1.1 BD12758 號

1.3 護首（妙法蓮華經）

1.4 L2887

2.1 19×26.5 厘米；1 紙；1 行。

2.3 卷軸裝。首全尾脫。下邊殘缺。有縹帶，長 13 厘米。已修整。

3.4 説明：

本遺書為護首。上有"妙法蓮華經卷第二"。經名上有經名號。

8 7～8 世紀。唐寫本。

9.1 楷書。

1.1 BD12759 號

1.3 護首（大般若波羅蜜多經）

1.4 L2888

2.1 22.2×25.3 厘米；1 紙；1 行。

2.3 卷軸裝。首全尾脫。有小殘洞。有縹帶殘根。已修整。

3.4 説明：

本遺書為護首。上有"大般若波羅蜜多經卷第四百四，卅一，蓮"。經名上有經名號。

錄文中"卅一"為本卷所屬袠次。"蓮"為本經收藏寺院蓮臺寺的簡稱。

8 9～10 世紀。歸義軍時期寫本。

9.1 楷書。

1.1 BD12760 號

1.3 護首（大般若波羅蜜多經）

1.4 L2889

2.1 20.5×25.5 厘米；1 紙；1 行。

2.3 卷軸裝。首殘尾脫。上邊殘缺。有紺青紙經名簽，上有金粉書寫經名。已修整。

3.4 説明：

本遺書為護首。上有"□□□波羅蜜多經卷第四百□…□"。

8 8～9 世紀。吐蕃統治時期寫本。

9.1 楷書。

1.1 BD12761 號

1.3 護首（大般涅槃經）

1.4 L2890

2.1 20.7×25.4 厘米；1 紙；2 行。

2.3 卷軸裝。首尾均殘。已修整。

3.4 説明：

本遺書為護首。上有"大般涅槃經卷第九，九"。

錄文中"九"為本卷所屬卷次。

7.1 經題右側有勘記"第一袠頭尾同□入"。

8 7～8 世紀。唐寫本。

9.1 楷書。

1.1 BD12762 號

1.3 護首（大般若波羅蜜多經）

1.4 L2891

2.1 23.2×25.6 厘米；1 紙；1 行。

2.3 卷軸裝。首尾均殘。中間有 2 個殘洞。有古代裱補。已修整。

3.4 説明：

本遺書為護首。上有"大般若波羅蜜多經卷第七十三"。經名上有經名號。

7.3 裱補紙上有 1 個雜寫"袠"字。

8 9～10 世紀。歸義軍時期寫本。

9.1 楷書。

1.1 BD12763 號

1.3 護首（大般若波羅蜜多經）

1.4 L2892

2.1 23.7×25.8 厘米；1 紙；1 行。

2.3 卷軸裝。首殘尾脫。已修整。

3.4 説明：

本遺書為護首。上有"大般若經卷第四百七十二，卅八"。經名上有經名號。

錄文中"卅八"為本卷所屬袠次。

8 8～9 世紀。吐蕃統治時期寫本。

9.1 楷書。

1.1 BD12764 號

1.3 護首（經名不詳）

1.4 L2893

2.1 20.8×16 厘米；1 紙；1 行。

2.3 卷軸裝。首殘尾脫。通卷下殘。已修整。

3.4 説明：

本遺書無完整文字。

8 8~9 世紀。吐蕃統治時期寫本。

9.1 楷書。

1.1 BD12765 號

1.3 護首（妙法蓮華經）

1.4 L2894

2.1 22.2×25.8 厘米；1 紙；1 行。

2.3 卷軸裝。首全尾脫。下邊殘缺。已修整。

3.4 説明：

本遺書為護首。上有"妙法蓮華經卷第一"。經名上有經名號。

8 9~10 世紀。歸義軍時期寫本。

9.1 楷書。

9.2 有行間校加字。

1.1 BD12766 號

1.3 護首（大般涅槃經）

1.4 L2895

2.1 19.5×25.7 厘米；1 紙；1 行。

2.3 卷軸裝。首殘尾脫。已修整。

3.4 説明：

本遺書為護首。上有"□般涅槃經卷第三十八，魏"。錄文中"魏"應為收藏者之姓氏。

8 7~8 世紀。唐寫本。

9.1 楷書。

1.1 BD12767 號

1.3 護首（大般若波羅蜜多經）

1.4 L2896

2.1 9×11.8 厘米；1 紙；1 行。

2.3 卷軸裝。首尾均殘。通卷上殘。已修整。

3.4 説明：

本遺書為護首。上有殘經名"□…□，五十七"。故知應為《大般若波羅蜜多經》護首。

8 8~9 世紀。吐蕃統治時期寫本。

9.1 楷書。

1.1 BD12768 號

1.3 護首（妙法蓮華經）

1.4 L2897

2.1 21.9×25.2 厘米；1 紙；1 行。

2.3 卷軸裝。首尾均殘。下邊殘缺。已修整。

3.4 説明：

本遺書為護首。上有"妙法蓮華經卷第六"。

8 9~10 世紀。歸義軍時期寫本。

9.1 楷書。

1.1 BD12769 號

1.3 護首（大般若波羅蜜多經）

1.4 L2898

2.1 13×25.5 厘米；1 紙；1 行。

2.3 卷軸裝。首全尾斷。有古代裱補。已修整。

3.4 説明：

本遺書為護首。上有"大般若波羅蜜多經卷第四百一十，卌一，蓮"。經名上有經名號。"蓮"寫在後來粘貼的紙塊上。

錄文中"卌一"為本卷所屬袟次。"蓮"為本經收藏寺院蓮臺寺的簡稱。

8 9~10 世紀。歸義軍時期寫本。

9.1 楷書。

1.1 BD12770 號

1.3 簽條（擬）

1.4 L2899

2.1 2.3×26.3 厘米；1 紙；1 行。

2.3 卷軸裝。首尾均殘。小殘片。已修整。

3.4 説明：

本遺書為簽條。有硃筆書寫"卌九袟"。應為《大般若波羅蜜多經》之簽條。

8 8~9 世紀。吐蕃統治時期寫本。

9.1 楷書。

13 參見《敦煌佛教經錄輯校》第 1069 頁。

1.1 BD12771 號

1.3 護首（大寶積經）

1.4 L2900

2.1 21.5×26.1 厘米；1 紙；1 行。

2.3 卷軸裝。首全尾脫。經名簽已脫落。有古代裱補。已修整。

3.4 説明：

本遺書為護首。上有殘經名"□…□，法"。

"法"為敦煌遺書《大寶積經》特有的袟號。

8 9~10 世紀。歸義軍時期寫本。

9.1 楷書。

1.1 BD12772 號

1.3 護首（大寶積經）

1.4 L2901

2.1 20.8×25.7 厘米；1 紙；1 行。

2.3 卷軸裝。首全尾脫。背面有古代裱補。

3.4 説明：

本遺書為護首。上有"大寶積經卷第十二，二"。經名上有經名號。

錄文中"二"為本卷所屬袟次。

8 7～8 世紀。唐寫本。

9.1 楷書。

1.1 BD12773 號

1.3 護首（大佛頂經）

1.4 L2902

2.1 16.8×25.8 厘米；1 紙；1 行。

2.3 卷軸裝。首全尾脫。卷下部殘缺，中有小殘洞。有竹質天竿，繫有小段縹帶。已修整。

3.4 説明：

本遺書為護首。上有"大佛頂經卷第八"。經名上有經名號。

8 8～9 世紀。吐蕃統治時期寫本。

9.1 楷書。

1.1 BD12774 號

1.3 般若波羅蜜多心經

1.4 L2903

2.1 15×25.1 厘米；1 紙；正面 2 行，背面 1 行。

2.3 卷軸裝。首全尾殘。殘片。有護首，有芨芨草天竿。卷面殘破嚴重。卷面、背多有鳥糞。有烏絲欄。已修整。

3.1 首殘→大正 0251，08/0848C01。

3.2 尾殘→大正 0251，08/0848C03。

4.1 般若波羅蜜多心經（首）。

7.4 護首有經名："般若波羅蜜多心經一卷"。經名上有經名號。

8 9～10 世紀。歸義軍時期寫本。

9.1 楷書。

1.1 BD12775 號

1.3 護首（大般若波羅蜜多經）

1.4 L2904

2.1 19×25.2 厘米；1 紙；1 行。

2.3 卷軸裝。首全尾殘。下邊殘缺。有竹質天竿（上殘），繫有土黃色折疊條縹帶，長 34 厘米。兩面均有古代裱補。已修整。

3.4 説明：

本遺書為護首。上有"大般若波羅蜜多經卷第一百卅七，十四，蓮"。經名上有經名號。"十四，蓮"均寫在後來粘貼的紙塊上。

錄文中"十四"為本卷所屬袟次。"蓮"為本經收藏寺院蓮臺寺的簡稱。

8 9～10 世紀。歸義軍時期寫本。

9.1 楷書。

1.1 BD12776 號

1.3 護首（大般若波羅蜜多經）

1.4 L2905

2.1 20.2×24.6 厘米；1 紙；1 行。

2.3 卷軸裝。首全尾殘。有竹質天竿。有古代裱補。已修整。

3.4 説明：

本遺書為護首。上有"大般若經卷五十七"。經名上有經名號。

8 8～9 世紀。吐蕃統治時期寫本。

9.1 楷書。

1.1 BD12777 號

1.3 護首（金光明最勝王經）

1.4 L2906

2.1 25×25.7 厘米；1 紙；1 行。

2.3 卷軸裝。首尾均殘。有竹質天竿（上殘）。有古代裱補。經名上部字半殘。已修整。

3.4 説明：

本遺書為護首。上有"金光明最勝王經卷第四"。

8 8～9 世紀。吐蕃統治時期寫本。

9.1 楷書。

1.1 BD12778 號

1.3 護首（大般若波羅蜜多經）

1.4 L2907

2.1 21×24.7 厘米；1 紙；1 行。

2.3 卷軸裝。首全尾脫。有竹質天竿。有紺青紙經名簽，上用金粉書寫經名，但已字跡難辨。卷下邊殘缺。卷面有鳥糞。有古代裱補。已修整。

3.4 説明：

本遺書為護首，但紺青紙經名簽金粉字跡模糊，僅名簽下"卅九"可辨。由此可知應為《大般若波羅蜜多經》。

8 8～9 世紀。吐蕃統治時期寫本。

9.1 楷書。

1.1 BD12779 號

1.3 護首（大般若波羅蜜多經）

1.4 L2908

2.1 22.6×24.5 厘米；1 紙；1 行。

2.3 卷軸裝。首全尾脫。有竹質天竿。上下邊殘缺。有古代裱補。已修整。

3.4 説明：

本遺書為護首。上有"□□若波羅蜜多經卷第六"。

7.1 裱補紙有勘記"第四百九十二"，內容與本卷無關。

8　8~9 世紀。吐蕃統治時期寫本。

9.1　楷書。

1.1　BD12780 號

1.3　大般若波羅蜜多經（卷次不清）

1.4　L2909

2.1　23×20.3 厘米；1 紙；1 行。

2.3　卷軸裝。首尾均殘。有護首，有竹質天竿。有紺青紙經名簽，上有金粉書寫經名。有古代裱補。已修整。

3.4　說明：

　　本遺書抄寫《大般若波羅蜜多經》，正文僅殘臘首題"大"字，故卷次不清。

4.1　大□…□（首）。

7.1　卷背殘留經文。

7.3　裱補紙內有字，可見"三千二"。有勘記"了"，倒寫。

7.4　護首紺青紙經名簽上有經名"大般若波羅蜜多經卷第□…□"。

8　8~9 世紀。吐蕃統治時期寫本。

9.1　楷書。

1.1　BD12781 號

1.3　護首（大般若波羅蜜多經）

1.4　L2910

2.1　19×25 厘米；1 紙；1 行。

2.3　卷軸裝。首全尾脫。有竹質天竿，繫有縹帶，長 33 厘米。有殘洞。下邊殘缺。已修整。

3.4　說明：

　　本遺書為護首。上有"大般若波羅蜜多經卷第一百六十八，十七"。經名上有經名號。"十七"寫在後來粘貼的紙塊上。

　　錄文中"十七"為本卷所屬袟次。

8　9~10 世紀。歸義軍時期寫本。

9.1　楷書。

1.1　BD12782 號

1.3　護首（大般若波羅蜜多經）

1.4　L2911

2.1　21.5×25.5 厘米；1 紙；1 行。

2.3　卷軸裝。首殘尾脫。有竹質天竿及殘留縹帶。有紺青紙經名簽，上有金粉書寫經名。有古代裱補。已修整。

3.4　說明：

　　本遺書為護首。紺青紙經名簽上有"大般若波羅蜜多經卷□九十九，十"。

　　錄文中"十"為本卷所屬袟次。

7.3　裱補紙上有雜寫"法意者所"。

8　8~9 世紀。吐蕃統治時期寫本。

9.1　楷書。

1.1　BD12783 號

1.3　護首（經名不詳）

1.4　L2912

2.1　19.6×25.6 厘米；1 紙；1 行。

2.3　卷軸裝。首全尾脫。有竹質天竿。已修整。

3.4　說明：

　　本遺書為護首。上有標註"五十六"，此數字如為袟次，本文獻應為《大般若波羅蜜多經》。

8　8~9 世紀。吐蕃統治時期寫本。

9.1　楷書。

1.1　BD12784 號

1.3　護首（大般若波羅蜜多經）

1.4　L2913

2.1　21.8×25.4 厘米；1 紙；1 行。

2.3　卷軸裝。首全尾脫。有殘洞。有竹質天竿。已修整。

3.4　說明：

　　本遺書為護首。上有"大般若波羅蜜多經卷第一百九十六，廿"。經名上有經名號。

　　錄文中"廿"為本卷所屬袟次。

8　8~9 世紀。吐蕃統治時期寫本。

9.1　楷書。

1.1　BD12785 號

1.3　護首（大般涅槃經）

1.4　L2914

2.1　20.1×25.4 厘米；1 紙；1 行。

2.3　卷軸裝。首全尾脫。有芨芨草天竿。有古代裱補。已修整。

3.4　說明：

　　本遺書為護首。上有"大般涅槃經卷第十五，夏"。均寫在後來粘貼的紙塊上。經名上有經名號。

　　錄文中"夏"為敦煌遺書《大般涅槃經》特有的袟號。

8　9~10 世紀。歸義軍時期寫本。

9.1　楷書。

1.1　BD12786 號

1.3　金剛般若波羅蜜經

1.4　L2915

2.1　(23.2＋2.9)×25.7 厘米；2 紙；正面 1 行，背面 1 行。

2.2　01：23.2，01；　02：02.9，01。

2.3　卷軸裝。首全尾殘。有護首，有竹質天竿。已修整。

3.1　首殘→大正 0235，08/0748C17。

3.2　尾殘→大正 0235，08/0748C17。

4.1　金剛般若波羅□□（首）。

7.4　護首有經名"金剛般若波羅蜜經"。經名上有經名號。

8　8 世紀。唐寫本。

9.1　楷書。

1.1　BD12787 號

1.3　護首（大佛頂經）

1.4　L2916

2.1　3.1×12.3 厘米；1 纸；1 行。

2.3　卷軸裝。首尾均殘。有殘留竹質天竿。通卷上殘。已修整。

3.4　説明：

　　　本遺書為護首。上有“大佛頂經卷第八”。

8　　8～9 世紀。吐蕃統治時期寫本。

9.1　楷書。

1.1　BD12788 號

1.3　護首（大般若波羅蜜多經）

1.4　L2917

2.1　9.9×12.2 厘米；1 纸；1 行。

2.3　卷軸裝。首尾均殘。有殘留芨芨草天竿。通卷上殘，有殘洞。已修整。

3.4　説明：

　　　本遺書為護首。上有“□…□八十，卅八，乾”。本遺書所抄應為《大般若波羅蜜多經》。

　　　錄文中“卅八”為本卷所屬袟次。“乾”為本經收藏寺院乾元寺的簡稱。

8　　9～10 世紀。歸義軍時期寫本。

9.1　楷書。

1.1　BD12789 號

1.3　護首（大般涅槃經）

1.4　L2918

2.1　19.7×26.9 厘米；1 纸；1 行。

2.3　卷軸裝。首全尾殘。有竹質天竿。上邊殘缺。已修整。

3.4　説明：

　　　本遺書為護首。上有“大般涅槃經第七”。經名上有經名號。

8　　7～8 世紀。唐寫本。

9.1　楷書。

1.1　BD12790 號

1.3　護首（佛頂尊勝陀羅尼經）

1.4　L2919

2.1　9.2×25.8 厘米；1 纸；1 行。

2.3　卷軸裝。首全尾殘。有蘆葦片天竿及紅、黑色紗質殘留縹帶，寬 1.4～1.5 厘米。已修整。

3.4　説明：

　　　本遺書為護首。上有“佛頂尊勝經一卷”。

8　　8～9 世紀。吐蕃統治時期寫本。

9.1　楷書。

1.1　BD12791 號

1.3　護首（金光明最勝王經）

1.4　L2920

2.1　27.4×25.4 厘米；1 纸；1 行。

2.3　卷軸裝。首全尾脱。有竹質天竿。卷背有鳥糞。有古代裱補。已修整。

3.4　説明：

　　　本遺書為護首。上有“金光明最勝王經卷第六，郭家經”。

8　　9～10 世紀。歸義軍時期寫本。

9.1　楷書。

1.1　BD12792 號

1.3　護首（妙法蓮華經）

1.4　L2921

2.1　20.9×25.6 厘米；1 纸；1 行。

2.3　卷軸裝。首殘尾脱。有殘留竹質天竿。卷下邊殘缺。已修整。

3.4　説明：

　　　本遺書為護首。上有“妙法蓮華經卷第五”。

8　　8～9 世紀。吐蕃統治時期寫本。

9.1　楷書。

1.1　BD12793 號

1.3　護首（大般若波羅蜜多經）

1.4　L2922

2.1　11.1×25.5 厘米；1 纸；1 行。

2.3　卷軸裝。首全尾殘。有殘留竹質天竿及縹帶結。有古代裱補。已修整。

3.4　説明：

　　　本遺書為護首。上有“□…□卷第三百五十□”。

8　　8～9 世紀。吐蕃統治時期寫本。

9.1　楷書。

1.1　BD12794 號

1.3　護首（經名不詳）

1.4　L2923

2.1　24×25.9 厘米；1 纸；1 行。

2.3　卷軸裝。首全尾脱。上邊殘缺。有殘洞。有竹質天竿，斷為兩截。有殘留縹帶，長 29 厘米。有紺青紙經名簽，上有金粉經名簽，字跡難辨。有古代裱補。已修整。

3.4　説明：

　　　本遺書為護首。上有“□…□，修，三”。

　　　錄文中“三”為本卷所屬袟次。“修”為本經收藏寺院靈修寺的簡稱。

8　　9～10 世紀。歸義軍時期寫本。

9.1　楷書。

1.1　BD12795 號

1.3　護首（大般若波羅蜜多經）

1.4　L2924

2.1　21.6×25.6 厘米；1 紙；1 行。

2.3　卷軸裝。首殘尾脫。有殘竹質天竿。卷面有殘洞。已修整。

3.4　說明：

本遺書為護首。上有"大般若波羅蜜多經卷第五百卅五，五十四"。經名上有經名號。

錄文中"五十四"為本卷所屬袟次。

8　8～9 世紀。吐蕃統治時期寫本。

9.1　楷書。

1.1　BD12796 號

1.3　護首（大般若波羅蜜多經）

1.4　L2925

2.1　13.9×23 厘米；1 紙；1 行。

2.3　卷軸裝。首尾均殘。有殘留竹質天竿，繫有縹帶，長 40 厘米。已修整。

3.4　說明：

本遺書為護首。上有"□般若經卷第三百六十四，卅七"。

錄文中"卅七"為本卷所屬袟次。

7.3　裱補紙上有雜寫"大般若波羅蜜多經"。

8　8～9 世紀。吐蕃統治時期寫本。

9.1　楷書。

1.1　BD12797 號

1.3　護首（金光明經）

1.4　L2926

2.1　22.1×26.4 厘米；1 紙；1 行。

2.3　卷軸裝。首殘尾脫。有殘留竹質天竿及草綠色編織縹帶。卷面有殘洞。已修整。

3.4　說明：

本遺書為護首。上有"金光明經卷第三"。

8　8～9 世紀。吐蕃統治時期寫本。

9.1　楷書。

1.1　BD12798 號

1.3　護首（維摩詰經）

1.4　L2927

2.1　23.6×24.8 厘米；1 紙；1 行。

2.3　卷軸裝。首全尾脫。有殘留竹質天竿及縹帶殘根。已修整。

3.4　說明：

本遺書為護首。上有"維摩詰經卷上"。

8　8～9 世紀。吐蕃統治時期寫本。

9.1　楷書。

1.1　BD12799 號

1.3　護首（佛名經）

1.4　L2928

2.1　37×30.6 厘米；1 紙；1 行。

2.3　卷軸裝。首殘尾脫。有殘留芨芨草天竿，有縹帶，長 16 厘米，下邊殘缺。已修整。

3.4　說明：

本遺書為護首。上有"佛名經卷第九"。經名上有經名號。

8　9～10 世紀。歸義軍時期寫本。

9.1　楷書。

1.1　BD12800 號

1.3　護首（大般若波羅蜜多經）

1.4　L2929

2.1　17.2×24.7 厘米；1 紙；1 行。

2.3　卷軸裝。首全尾脫。有芨芨草天竿。有古代裱補，裱補以後添寫卷次、袟數。已修整。

3.4　說明：

本遺書為護首。上有"大般若波羅蜜多經卷第□百七十九，五十八"。經名上有經名號。

錄文中"五十八"為本卷所屬袟次。

8　8～9 世紀。吐蕃統治時期寫本。

9.1　楷書。

1.1　BD12801 號

1.3　護首（金光明最勝王經）

1.4　L2930

2.1　20.4×25.3 厘米；1 紙；1 行。

2.3　卷軸裝。首全尾脫。有蘆葦片天竿。有古代裱補。已修整。

3.4　說明：

本遺書為護首。上有"金光經卷第十，郭家經"。參見 BD12791 號。

7.3　此號裱補紙原為《金光明最勝王經》護首經名，部分露出，可辨認"最勝"2 字。

8　9～10 世紀。歸義軍時期寫本。

9.1　楷書。

1.1　BD12802 號

1.3　護首（大般若波羅蜜多經）

1.4　L2931

2.1　21.1×25.3 厘米；1 紙；1 行。

2.3　卷軸裝。首全尾脫。有芨芨草天竿。有古代裱補。已修整。

3.4　說明：

本遺書為護首。上有"大般若波羅蜜多經卷第四百五十二，出，卅六"。經名上有經名號。

錄文中"卅二"為本卷所屬袟次。"出"為千字文袟號。

7.2　卷端下部有長方形陽文硃印，3.2×4.4 厘米，印文為"瓜沙州大王印"。

8　9～10 世紀。歸義軍時期寫本。

9.1　楷書。

1.1　BD12803 號
1.3　護首（大般若波羅蜜多經）
1.4　L2932
2.1　19.9×26.4 厘米；1 紙；1 行。
2.3　卷軸裝。首全尾脫。有茇茇草天竿。有古代裱補。已修整。
3.4　説明：
　　　本遺書為護首。上有“大般若波羅蜜多經卷第三百六十一，露，卅七”。經名上有經名號。
　　　錄文中“卅七”為本卷所屬袟次。“露”為千字文袟號。
7.2　卷端下部有長方形陽文硃印，3.2×4.4 厘米，印文為“瓜沙州大王印”。
8　　9～10 世紀。歸義軍時期寫本。
9.1　楷書。

1.1　BD12804 號
1.3　護首（大般涅槃經）
1.4　L2933
2.1　19.6×25.3 厘米；1 紙；1 行。
2.3　卷軸裝。首全尾脫。有茇茇草天竿。已修整。
3.4　説明：
　　　本遺書為護首。上有“大般涅槃經卷第卅一，冬”。經名上有經名號。
　　　錄文中“冬”為敦煌遺書《大般涅槃經》特有的袟號。
8　　9～10 世紀。歸義軍時期寫本。
9.1　楷書。

1.1　BD12805 號
1.3　護首（相好經）
1.4　L2934
2.1　17.7×25.3 厘米；1 紙；1 行。
2.3　卷軸裝。首全尾脫。有茇茇草天竿，殘留黃綠色編織縹帶。已修整。
3.4　説明：
　　　本遺書為護首。上有“佛説相好經”。
8　　7～8 世紀。唐寫本。
9.1　楷書。

1.1　BD12806 號
1.3　護首（大乘密嚴經）
1.4　L2935
2.1　23.8×24.8 厘米；1 紙；1 行。
2.3　卷軸裝。首殘尾脫。有半段竹質天竿及縹帶殘根。已修整。
3.4　説明：
　　　本遺書為護首。上有“大乘密嚴經卷第一”。
8　　8～9 世紀。吐蕃統治時期寫本。

9.1　楷書。

1.1　BD12807 號
1.3　護首（大般若波羅蜜多經）
1.4　L2936
2.1　21.2×25.6 厘米；1 紙；1 行。
2.3　卷軸裝。首全尾脫。上下邊殘缺。有竹質天竿，有縹帶，長 20 厘米。有紺青紙經名簽，已脫落。已修整。
3.4　説明：
　　　本遺書為護首。上有“□…□，三，五十八”。
　　　錄文中“三”應為袟內卷次。“五十八”為本卷所屬袟次。本遺書所抄應為《大般若波羅蜜多經》。
8　　8～9 世紀。吐蕃統治時期寫本。
9.1　楷書。

1.1　BD12808 號
1.3　護首（大般若波羅蜜多經）
1.4　L2937
2.1　19.9×25.9 厘米；1 紙；1 行。
2.3　卷軸裝。首全尾斷。有茇茇草天竿。
3.4　説明：
　　　本遺書為護首。上有“大般若波羅蜜多經卷第二百八，一，界”。經名上有經名號。
　　　錄文中“廿一”為本卷所屬袟次。“界”為本經收藏寺院三界寺的簡稱。
8　　9～10 世紀。歸義軍時期寫本。
9.1　楷書。

1.1　BD12809 號
1.3　護首（大般若波羅蜜多經）
1.4　L2938
2.1　22×25.3 厘米；1 紙；1 行。
2.3　卷軸裝。首全尾脫。首有竹質天竿。
2.4　本遺書包括 2 個文獻：（一）護首（大般若波羅蜜多經），1 行，抄寫在正面，今編為 BD12809 號。（二）《二十卷本佛名經懺悔文行數》（擬），7 行，抄寫在背面，今編為 BD12809 號背。
3.4　説明：
　　　本遺書為護首。上有“大般若波羅蜜多經卷第五十六，六，六，界”。經名上有經名號。
　　　錄文中“六”為本卷所屬袟次。“六”為袟內卷次。“界”為本經收藏寺院三界寺的簡稱。
8　　9～10 世紀。歸義軍時期寫本。
9.1　楷書。

1.1　BD12809 號背
1.3　二十卷本佛名經懺悔文行數（擬）
1.4　L2938

2.4　本遺書由2個文獻組成，本文獻為第2個，7行，抄寫在背面。餘參見BD12809號之第2項。

3.3　錄文：

（首全）

《佛名經》：

第一卷，懺悔，七十行。第二卷，三十九行。／第三卷，二十二行。第四卷。

第五卷，二十三行。／第六卷。第七卷。第八卷，十九行。／

第九卷。第十卷，十八行。第十一卷，十八行。／第十二卷，四十一行。

第十三卷，十四行。第十四卷，二十行。／第十五卷，十七行。第十六卷，十九行。

第十七卷，二十行。／第十八卷，二十一行。第十九卷，十六行。第二十卷，十七行。／

（錄文完）

8　9～10世紀。歸義軍時期寫本。

9.1　楷書。

13　參見《敦煌佛教經錄輯校》第1013頁。

1.1　BD12810號

1.3　護首（大乘入楞伽經）

1.4　L2939

2.1　22.7×25.4厘米；1紙；1行。

2.3　卷軸裝。首全尾殘。下邊殘缺。有芨芨草天竿，有殘留縹帶，長6厘米。有古代裱補。已修整。

3.4　說明：

本遺書為護首。上有"大乘入楞伽經卷第一"。

8　9～10世紀。歸義軍時期寫本。

9.1　楷書。

1.1　BD12811號

1.3　護首（令狐溫子◇身）

1.4　L2940

2.1　21.3×31厘米；1紙；1行。

2.3　卷軸裝。首尾均殘。上下邊殘缺。有半段芨芨草天竿。卷面有鳥糞。已修整。

3.4　說明：

本遺書為護首。經名處粘貼一紙，上書"令狐溫子◇身"。疑或為個人保存的某種文書。

8　9～10世紀。歸義軍時期寫本。

9.1　楷書。

1.1　BD12812號

1.3　護首（大般若波羅蜜多經）

1.4　L2941

2.1　21.6×25.7厘米；1紙；1行。

2.3　卷軸裝。首全尾脫。有竹質天竿及縹帶。有紺青紙經名簽，上有金粉書寫經名。已修整。

3.4　說明：

本遺書為護首。上有"大般若波羅蜜多經□…□，五十三"。

錄文中"五十三"為本卷所屬袟次。

8　8～9世紀。吐蕃統治時期寫本。

9.1　楷書。

1.1　BD12813號

1.3　護首（大般若波羅蜜多經）

1.4　L2942

2.1　20×25.6厘米；1紙；1行。

2.3　卷軸裝。首全尾脫。有芨芨草天竿及殘留縹帶。已修整。

3.4　說明：

本遺書為護首。上有"□般若波羅蜜多經卷第四百三十四，水，界，冊四"。

錄文中"冊四"為本卷所屬袟次。"水"為千字文袟號。"界"為本經收藏寺院三界寺的簡稱。

7.2　卷端下部有長方形陽文硃印，3.2×4.4厘米，印文為"瓜沙州大王印"。

8　9～10世紀。歸義軍時期寫本。

9.1　楷書。

1.1　BD12814號

1.3　護首（大般若波羅蜜多經）

1.4　L2943

2.1　26×25厘米；2紙；1行。

2.2　01：20.3，01；　02：05.7，素紙。

2.3　卷軸裝。首全尾殘。上邊殘缺。有芨芨草天竿。2紙顏色不同。

3.4　說明：

本遺書為護首。上有"大般若經卷第五百十九，界，五十七"。經名上有經名號。

錄文中"五十七"為本卷所屬袟次。"界"為本經收藏寺院三界寺的簡稱。

8　9～10世紀。歸義軍時期寫本。

9.1　楷書。

1.1　BD12815號

1.3　護首（大般若波羅蜜多經）

1.4　L2944

2.1　20.7×25.2厘米；1紙；1行。

2.3　卷軸裝。首尾均殘。下邊殘缺。有殘留竹質天竿及縹帶。有紺青紙經名簽，上有金粉書寫經名。有古代裱補。已修整。

3.4　說明：

本遺書為護首。上有"大般若波□□多經卷□…□，□"。

7.1 卷面有勘記"了"。

8　8～9世紀。吐蕃統治時期寫本。

9.1 楷書。

1.1 BD12816 號

1.3 護首（金光明最勝王經）

1.4 L2945

2.1 7.6×25.6 厘米；1 紙；1 行。

2.3 卷軸裝。首全尾殘。有竹質天竿。卷背有鳥糞。已修整。

3.4 説明：

本遺書為護首。上有"金光明最勝王經卷第七"。

8　8～9世紀。吐蕃統治時期寫本。

9.1 楷書。

1.1 BD12817 號

1.3 護首（經名不詳）

1.4 L2946

2.1 7.7×16 厘米；1 紙；1 行。

2.3 卷軸裝。首尾均殘。通卷上殘。有竹質天竿及縹帶殘根。已修整。

3.4 説明：

本遺書無可識文字，不出圖版。

8　7～8世紀。唐寫本。

9.1 楷書。

1.1 BD12818 號

1.3 護首（大般若波羅蜜多經）

1.4 L2947

2.1 21.4×25.2 厘米；1 紙；正面 1 行，背面 5 行。

2.3 卷軸裝。首全尾脱。下邊殘缺。有竹質天竿及縹帶殘根。有紺青紙經名簽，上有金粉書寫經名。有古代裱補。已修整。

2.4 本遺書包括 2 個文獻：（一）護首（大般若波羅蜜多經），1 行，抄寫在正面，今編為 BD12818 號。（二）《轉經點勘錄》（擬），5 行，抄寫在背面，今編為 BD12818 號背。

3.4 説明：

本遺書為護首。上有"大般若波羅蜜多經□…□，六"。

錄文中"六"為本卷所屬袟次。

8　7～8世紀。唐寫本。

9.1 楷書。

1.1 BD12818 號背

1.3 轉經點勘錄（擬）

1.4 L2947

2.4 本遺書由 2 個文獻組成，本文獻為第 2 個，5 行，抄寫在背面。餘參見 BD12818 號之第 2 項。

3.3 錄文：

（首殘）

廿一：了。廿四：四、六全欠，六卷。第三：轉了。廿三：一、二、十足，二、五、八內計欠五卷。廿八。五十七：足。／

五十八：欠兩卷。八、九。／

第四袟内：一欠頭，全欠二、三。／

五十四袟内：欠第九。五十八袟内：欠八、九。

（錄文完）

7.1 護首折邊處有勘記"七"，意義待考。

8　8～9世紀。吐蕃統治時期寫本。

9.1 楷書。硬筆。

13　參見《敦煌佛教經錄輯校》第 848 頁。

1.1 BD12819 號

1.3 護首（大般若波羅蜜多經）

1.4 L2948

2.1 10.9×25.4 厘米；1 紙；1 行。

2.3 卷軸裝。首全尾殘。有竹質天竿，有縹帶，長 14.5 厘米。卷上邊殘缺。背面有古代裱補。已修整。

3.4 説明：

本遺書為護首。上有"□…□，卅八"。

錄文中"卅八"為本卷所屬袟次。應為《大般若波羅蜜多經》。

8　8～9世紀。吐蕃統治時期寫本。

9.1 楷書。

1.1 BD12820 號

1.3 護首（大般若波羅蜜多經）

1.4 L2949

2.1 21.2×25.4 厘米；1 紙；1 行。

2.3 卷軸裝。首全尾脱。有竹質天竿。

3.4 説明：

本遺書為護首。上有"大般若波羅蜜多經卷第二百六十六，廿七，界"。經名上有經名號。

錄文中"廿七"為本卷所屬袟次。"界"為本經收藏寺院三界寺的簡稱。

8　9～10世紀。歸義軍時期寫本。

9.1 楷書。

1.1 BD12821 號

1.3 護首（大般涅槃經）

1.4 L2950

2.1 3.1×13.9 厘米；1 紙；1 行。

2.3 卷軸裝。首尾均殘。下邊殘缺。有殘留竹質天竿。

3.4 説明：

本遺書為護首。上有"大般涅槃經卷第十九"。經名上有經名號。

8　8～9世紀。吐蕃統治時期寫本。

9.1　楷書。

1.1　BD12822 號

1.3　護首（大佛頂經）

1.4　L2951

2.1　22.8×25.6 厘米；1 紙；1 行。

2.3　卷軸裝。首全尾脫。有竹質天竿。上下邊略有殘缺，有殘洞。有古代裱補。

3.4　説明：

　　本遺書為護首。上有"大佛頂經卷第一"。經名上有經名號。

8　8～9 世紀。吐蕃統治時期寫本。

9.1　楷書。

1.1　BD12823 號

1.3　護首（妙法蓮華經）

1.4　L2952

2.1　19.8×26 厘米；1 紙；1 行。

2.3　卷軸裝。首尾均殘。上下均殘。有芨芨草天竿。卷中有針孔，穿有麻（棉?）線。卷背有鳥糞。

3.4　説明：

　　本遺書為護首。上有"妙法蓮華經卷第二"。經名上有經名號。

8　8 世紀。唐寫本。

9.1　楷書。

1.1　BD12824 號

1.3　護首（大般若波羅蜜多經）

1.4　L2953

2.1　22.5×25.8 厘米；1 紙；1 行。

2.3　卷軸裝。首全尾殘。有芨芨草天竿。

3.4　説明：

　　本遺書為護首。上有"大般若波羅蜜多經卷第三百八十五，卅九，蓮"。經名上有經名號。

　　錄文中"卅九"為本卷所屬袟次。"蓮"為本經收藏寺院蓮臺寺的簡稱。

8　9～10 世紀。歸義軍時期寫本。

9.1　楷書。

1.1　BD12825 號

1.3　護首（大般若波羅蜜多經）

1.4　L2954

2.1　20.4×26 厘米；1 紙；1 行。

2.3　卷軸裝。首全尾殘。有芨芨草天竿。

3.4　説明：

　　本遺書為護首。上有"大般若波羅蜜多經卷第二百五，界，廿一"。經名上有經名號。

錄文中"廿"為本卷所屬袟次。"界"為本經收藏寺院三界寺的簡稱。

8　9～10 世紀。歸義軍時期寫本。

9.1　楷書。

1.1　BD12826 號

1.3　護首（大般若波羅蜜多經）

1.4　L2955

2.1　23.7×25.8 厘米；1 紙；1 行。

2.3　卷軸裝。首全尾脫。上下殘缺。有竹質天竿，有縹帶殘根。卷面有鳥糞。有古代裱補。

3.4　説明：

　　本遺書為護首。上有"大般若經卷第五百廿，五十二"。經名上有經名號。

　　錄文中"五十二"為本卷所屬袟次。

8　8～9 世紀。吐蕃統治時期寫本。

9.1　楷書。

1.1　BD12827 號

1.3　護首（妙法蓮華經）

1.4　L2956

2.1　13.5×25.2 厘米；1 紙；1 行。

2.3　卷軸裝。首全尾斷。上下邊殘缺。有竹質天竿。

3.4　説明：

　　本遺書為護首。上有"妙法蓮華經卷第七"。經名上有經名號。

8　7～8 世紀。唐寫本。

9.1　楷書。

1.1　BD12828 號

1.3　護首（大般涅槃經）

1.4　L2957

2.1　21.7×26 厘米；1 紙；1 行。

2.3　卷軸裝。首全尾脫。有竹質天竿，有縹帶，長29.5 厘米。

3.4　説明：

　　本遺書為護首。上有"大般涅槃經卷第二十八，三"。經名上有經名號。

　　錄文中"三"為本卷所屬袟次。

8　8～9 世紀。吐蕃統治時期寫本。

9.1　楷書。

1.1　BD12829 號

1.3　護首（大般若波羅蜜經）

1.4　L2958

2.1　7.5×24.5 厘米；1 紙；1 行。

2.3　卷軸裝。首全尾殘。上邊殘缺。有竹質天竿。有古代裱補。

3.4　説明：

本遺書為護首。上有"大般若波羅蜜多經卷第一百九十九，廿，龍"。經名上有經名號。

錄文中"廿"為本卷所屬袠次。"龍"為本經收藏寺院龍興寺的簡稱。

8　9～10 世紀。歸義軍時期寫本。

9.1　楷書。

1.1　BD12830 號

1.3　護首（大般若波羅蜜多經）

1.4　L2959

2.1　0.9×25.2 厘米；1 紙；1 行。

2.3　卷軸裝。首全尾殘。有竹質天竿。存字均多半殘。

3.4　說明：

本遺書為護首。上有"大般若波羅蜜多經卷第一百一十三，十二"。經名皆殘。經名上有經名號。

"十二"為本卷所屬袠次。

8　8～9 世紀。吐蕃統治時期寫本。

9.1　楷書。

1.1　BD12831 號

1.3　護首（大般若波羅蜜多經）

1.4　L2960

2.1　23×25.5 厘米；1 紙；1 行。

2.3　卷軸裝。首殘尾脫。殘留半段竹質天竿。有古代裱補。有殘洞。

3.4　說明：

本遺書為護首。上有"大般若波羅蜜多經卷第二百廿九，廿三"。經名上有經名號。

錄文中"廿三"為本卷所屬袠次。

8　8～9 世紀。吐蕃統治時期寫本。

9.1　楷書。

1.1　BD12832 號

1.3　護首（妙法蓮華經）

1.4　L2961

2.1　20×25.7 厘米；1 紙；1 行。

2.3　卷軸裝。首全尾脫。有竹質天竿。

3.4　說明：

本遺書為護首。上有"妙法蓮華經卷第七"。經名上有經名號。

8　9～10 世紀。歸義軍時期寫本。

9.1　楷書。

1.1　BD12833 號

1.3　護首（大般若波羅蜜多經）

1.4　L2962

2.1　20.3×25.5 厘米；1 紙；1 行。

2.3　卷軸裝。首全尾脫。首有芨芨草天竿。道真修補護首。

3.4　說明：

本遺書為護首。上有"大般若經卷第一百五十五，十六，界"。經名上有經名號。

錄文中"十六"為本卷所屬袠次。"界"為本經收藏寺院三界寺的簡稱。

8　9～10 世紀。歸義軍時期寫本。

9.1　楷書。

1.1　BD12834 號

1.3　護首（大般若波羅蜜多經）

1.4　L2963

2.1　22.7×25.6 厘米；1 紙；1 行。

2.3　卷軸裝。首全尾殘。下邊殘缺。首有竹質天竿，有縹帶，長 14 厘米。有古代裱補。

3.4　說明：

本遺書為護首。上有"大般若波羅蜜多經卷第卅三，四，蓮"。經名上有經名號。

錄文中"四"為本卷所屬袠次。"蓮"為本經收藏寺院蓮臺寺的簡稱。

7.2　與後一紙騎縫處殘存半個墨色陽文印章，存 0.3×6.6 厘米。印文不可識，疑為"蓮藏經"。

8　9～10 世紀。歸義軍時期寫本。

9.1　楷書。

1.1　BD12835 號

1.3　護首（大般涅槃經）

1.4　L2964

2.1　20×26 厘米；1 紙；1 行。

2.3　卷軸裝。首全尾脫。下邊殘缺。有竹質天竿，有紫色縹帶殘根。卷面有殘洞。

3.4　說明：

本遺書為護首。上有"大般涅槃經卷第廿一，三"。經名上有經名號。

錄文中"三"為本卷所屬袠次。

8　7～8 世紀。唐寫本。

9.1　楷書。

1.1　BD12836 號

1.3　護首（大般若波羅蜜多經）

1.4　L2965

2.1　20.5×25.8 厘米；1 紙；1 行。

2.3　卷軸裝。首全尾脫。首有芨芨草天竿。

3.4　說明：

本遺書為護首。上有"大般若波羅蜜多經卷第二百一，廿一，界"。經名上有經名號。

錄文中"廿一"為本卷所屬袠次。"界"為本經收藏寺院

三界寺的簡稱。

8　9～10 世紀。歸義軍時期寫本。

9.1　楷書。

1.1　BD12837 號

1.3　護首（大般若波羅蜜多經）

1.4　L2966

2.1　23.2×25.2 厘米；1 紙；1 行。

2.3　卷軸裝。首殘尾脫。有殘留竹質天竿。有紺青紙經名簽，上有金粉書寫經名，字跡模糊。卷面有鳥糞。

3.4　説明：

本遺書為護首。上有殘經名“□…□若□…□第□…□，□”。

8　8～9 世紀。吐蕃統治時期寫本。

9.1　楷書。

1.1　BD12838 號

1.3　護首（解百生怨家陀羅尼經）

1.4　L2967

2.1　5×25.6 厘米；1 紙；1 行。

2.3　卷軸裝。首全尾殘。首有蘆葦天竿，有黃色縹帶，長 25 厘米。

3.4　説明：

本遺書為護首。上有“佛說解百生怨家經”。經名上有經名號。

8　9～10 世紀。歸義軍時期寫本。

9.1　楷書。

1.1　BD12839 號

1.3　護首（大般若波羅蜜多經）

1.4　L2968

2.1　2×19.5 厘米；1 紙；1 行。

2.3　卷軸裝。首全尾殘。小殘片。首有竹質天竿，有縹帶，長 26 厘米。有紺青紙經名簽，上有金粉書寫經名，存字均半殘。

3.4　説明：

本遺書為護首。上有“大般若波羅蜜多經卷第四”。

8　8～9 世紀。吐蕃統治時期寫本。

9.1　楷書。

1.1　BD12840 號

1.3　護首（妙法蓮華經）

1.4　L2969

2.1　21×27.2 厘米；1 紙；1 行。

2.3　卷軸裝。首全尾脫。首有竹質天竿。

3.4　説明：

本遺書為護首。上有“妙法蓮華經卷第六”。經名上有經名號。

8　7～8 世紀。唐寫本。

9.1　楷書。

1.1　BD12841 號

1.3　護首（大般若波羅蜜多經）

1.4　L2970

2.1　23.5×26 厘米；1 紙；1 行。

2.3　卷軸裝。首全尾殘。有竹質天竿及縹帶殘根。有紺青紙經名簽，上有金粉書寫經名。有古代裱補。

3.4　説明：

本遺書為護首。上有“大般若波羅蜜多經卷第五百一十二，五十二”。

錄文中“五十二”為本卷所屬袟次。

8　8～9 世紀。吐蕃統治時期寫本。

9.1　楷書。

1.1　BD12842 號

1.3　護首（大般若波羅蜜多經）

1.4　L2971

2.1　22.3×26 厘米；1 紙；1 行。

2.3　卷軸裝。首全尾脫。有竹質天竿。有紺青紙經名簽，上有金粉書寫經名。

3.4　説明：

本遺書為護首。上有“大般若波羅蜜多經卷第五百廿一，五十三”。經名上有經名號。

錄文中“五十三”為本卷所屬袟次。

8　8～9 世紀。吐蕃統治時期寫本。

9.1　楷書。

1.1　BD12843 號

1.3　護首（大般若波羅蜜多經）

1.4　L2972

2.1　21×25.7 厘米；1 紙；1 行。

2.3　卷軸裝。首全尾脫。下邊殘缺。有竹質天竿及縹帶殘根。有紺青紙經名簽，上有金粉書寫經名。有古代裱補。

3.4　説明：

本遺書為護首。上有“□□若波羅蜜多□□第四，修，一”。

錄文中“一”為本卷所屬袟次。“修”為本經收藏寺院靈修寺的簡稱。

8　9～10 世紀。歸義軍時期寫本。

9.1　楷書。

1.1　BD12844 號

1.3　護首（大般涅槃經）

1.4　L2973

2.1　22.5×26.2 厘米；1 紙；1 行。

2.3 卷軸裝。首殘尾脱。有半段竹質天竿，有縹帶，長 28 厘米。

3.4 説明：

本遺書爲護首。上有"大般涅槃經卷第三十八，四"。

錄文中"四"爲本卷所屬袟次。

8　8 ~ 9 世紀。吐蕃統治時期寫本。

9.1 楷書。

1.1 BD12845 號

1.3 護首（金光明最勝王經）

1.4 L2974

2.1 19.8 × 26 厘米；1 紙；1 行。

2.3 卷軸裝。首全尾脱。有蘆葦天竿。上下邊略有殘缺。

3.4 説明：

本遺書爲護首。上有"金光明最勝王經卷第六"。

8　8 ~ 9 世紀。吐蕃統治時期寫本。

9.1 楷書。

1.1 BD12846 號

1.3 護首（大般若波羅蜜多經）

1.4 L2975

2.1 1 × 22.7 厘米；1 紙；1 行。

2.3 卷軸裝。首全尾殘。有竹質天竿，有縹帶，長 8.5 厘米。

3.4 説明：

本遺書爲護首。上有"大般若波羅蜜□…□。□□"。

8　8 ~ 9 世紀。吐蕃統治時期寫本。

9.1 楷書。

1.1 BD12847 號

1.3 護首（大般涅槃經）

1.4 L2976

2.1 22.5 × 26.2 厘米；1 紙；1 行。

2.3 卷軸裝。首全尾脱。有竹質天竿及縹帶殘根。卷面有撕裂。

3.4 説明：

本遺書爲護首。上有"大般涅槃經卷第三十，三"。經名上有經名號。

錄文中"三"爲本卷所屬袟次。

8　7 ~ 8 世紀。唐寫本。

9.1 楷書。

1.1 BD12848 號

1.3 護首（大般涅槃經）

1.4 L2977

2.1 19.8 × 24.8 厘米；1 紙；1 行。

2.3 卷軸裝。首全尾脱。首有芨芨草天竿。卷面有鳥糞。

3.4 説明：

本遺書爲護首。上有"大般涅槃經卷第十七，夏"。經名上有經名號。

錄文中"夏"爲敦煌遺書《大般涅槃經》特有的袟號。

8　9 ~ 10 世紀。歸義軍時期寫本。

9.1 楷書。

1.1 BD12849 號

1.3 護首（大般若波羅蜜多經）

1.4 L2978

2.1 22 × 25.5 厘米；1 紙；1 行。

2.3 卷軸裝。首全尾脱。有芨芨草天竿。經名"大"字上被剪殘。

3.4 説明：

本遺書爲護首。上有"□般若波羅蜜多經卷第廿二，界，三"。經名上有經名號。

錄文中"三"爲本卷所屬袟次。"界"爲本經收藏寺院三界寺的簡稱。

8　9 ~ 10 世紀。歸義軍時期寫本。

9.1 楷書。

1.1 BD12850 號

1.3 護首（大般若波汲羅蜜多經）

1.4 L2979

2.1 10.5 × 25 厘米；1 紙；1 行。

2.3 卷軸裝。首殘尾斷。下邊殘缺。有竹質天竿。

3.4 説明：

本遺書爲護首。上有"大般若經卷第一百卅一，十五"。經名上有經名號。

錄文中"十五"爲本卷所屬袟次。

8　8 ~ 9 世紀。吐蕃統治時期寫本。

9.1 楷書。

1.1 BD12851 號

1.3 護首（大般若波羅蜜多經）

1.4 L2980

2.1 21.4 × 25.5 厘米；1 紙；1 行。

2.3 卷軸裝。首全尾脱。有芨芨草天竿。卷中有殘洞。有古代裱補，其上有"崗"字。已修整。

3.4 説明：

本遺書爲護首。上有"大般若波羅蜜多經卷第四百七十七，崗，卌八、圖"。經名上有經名號。其中"崗"字寫在後來粘貼的紙塊上。

錄文中"卌八"爲本卷所屬袟次。"崗"爲千字文袟號。"圖"爲本經收藏寺院靈圖寺的簡稱。

7.2 卷端下部有長方形陽文硃印，3.2 × 4.4 厘米，印文爲"瓜沙州大王印"。

8　9 ~ 10 世紀。歸義軍時期寫本。

9.1 楷書。

1.1 BD12852 號

1.3 護首（摩訶般若波羅蜜經）

1.4 L2981

2.1 15.7×25.6 厘米；1 紙；1 行。

2.3 卷軸裝。首全尾脫。有竹質天竿，有縹帶，長 27 厘米。

3.4 説明：

本遺書為護首。上有"摩訶般若經卷第卅一，若"。經名上有經名號。

錄文中"若"應為本卷的經名袟號。

8 7～8 世紀。唐寫本。

9.1 楷書。

1.1 BD12853 號

1.3 護首（大般若波羅蜜多經）

1.4 L2982

2.1 3.5×26 厘米；1 紙；1 行。

2.3 卷軸裝。首全尾殘。有芨芨草天竿及縹帶。

3.4 説明：

本遺書為護首。上有"大般若波羅蜜多經卷第五百九十六，六十，永"。經名上有經名號。

錄文中"六十"為本卷所屬袟次。"永"為本經收藏寺院永安寺的簡稱。

8 9～10 世紀。歸義軍時期寫本。

9.1 楷書。

9.2 有行間校加字。

1.1 BD12854 號

1.3 護首（大般若波羅蜜多經）

1.4 L2983

2.1 23×25.5 厘米；1 紙；1 行。

2.3 卷軸裝。首全尾脫。有竹質天竿，有縹帶，長 14 厘米。卷下邊殘缺。已修整。

3.4 説明：

本遺書為護首。上有"大般若波羅蜜多經卷第卅四，界，四"。經名上有經名號。

錄文中"四"為本卷所屬袟次。"界"為本經收藏寺院三界寺的簡稱。

8 9～10 世紀。歸義軍時期寫本。

9.1 楷書。

1.1 BD12855 號

1.3 護首（大般若波羅蜜多經）

1.4 L2984

2.1 21×25.8 厘米；1 紙；1 行。

2.3 卷軸裝。首殘尾脫。已修整。

3.4 説明：

本遺書為護首。上有"大般若波羅蜜□…□，□□"。經名

上有經名號。

8 8～9 世紀。吐蕃統治時期寫本。

9.1 楷書。

1.1 BD12856 號

1.3 護首（大般若波羅蜜多經）

1.4 L2985

2.1 22×26 厘米；1 紙；1 行。

2.3 卷軸裝。首全尾脫。上下邊略有殘缺。已修整。

3.4 説明：

本遺書為護首。上有"大般若波羅蜜多經卷第三百六十五，三十七"。經名上有經名號。

錄文中"三十七"為本卷所屬袟次。

8 8～9 世紀。吐蕃統治時期寫本。

9.1 楷書。

1.1 BD12857 號

1.3 護首（大般涅槃經）

1.4 L2986

2.1 24×26.5 厘米；1 紙；1 行。

2.3 卷軸裝。首全尾脫。下邊有殘缺。已修整。

3.4 説明：

本遺書為護首。上有"大般涅槃經卷第十八，二"。經名上有經名號。

錄文中"二"為本卷所屬袟次。

8 7～8 世紀。唐寫本。

9.1 楷書。

1.1 BD12858 號

1.3 護首（大般若波羅蜜多經）

1.4 L2987

2.1 19.7×25.5 厘米；1 紙；1 行。

2.3 卷軸裝。首全尾脫。有芨芨草天竿。

3.4 説明：

本遺書為護首。上有"大般若波羅蜜多經卷第一百廿五，十三"。經名上有經名號。

錄文中"十三"為本卷所屬袟次。

8 8～9 世紀。吐蕃統治時期寫本。

9.1 楷書。

1.1 BD12859 號

1.3 護首（金剛般若波羅蜜經繪圖本）

1.4 L2988

2.1 7.5×14.7 厘米；1 紙；1 行。

2.3 卷軸裝。首全尾殘。袖珍本。通卷下殘。有芨芨草天竿。

3.4 説明：

本遺書為護首。上有"金剛經并繪八金剛司善/"。

7.1 背面有題記"奉上司善使者"。

8 9~10世紀。歸義軍時期寫本。

9.1 楷書。

1.1 BD12860號

1.3 妙法蓮華經卷三

1.4 L2989

2.1 (11.7+1.8)×25.5厘米;2紙;2行。

2.2 01:11.7,01; 02:01.8,01。

2.3 卷軸裝。首全尾殘。有芨芨草天竿。卷上邊殘缺。已修整。

3.4 説明:

本遺書所抄為《妙法蓮華經》,經文僅殘膲首題1行。

4.1 妙法蓮華經藥草喻品(首)。

7.4 護首有經名"妙法蓮華經卷第三"。

8 7~8世紀。唐寫本。

9.1 楷書。

1.1 BD12861號

1.3 護首(大般若波羅蜜多經)

1.4 L2990

2.1 20.3×26.5厘米;1紙;1行。

2.3 卷軸裝。首全尾脱。有竹質天竿。已修整。

3.4 説明:

本遺書為護首。上有"大般若波羅蜜多經卷第二百五,廿一"。經名上有經名號。

錄文中"廿一"為本卷所屬袟次。

8 8~9世紀。吐蕃統治時期寫本。

9.1 楷書。

1.1 BD12862號

1.3 護首(大般若波羅蜜多經)

1.4 L2991

2.1 20.4×25.9厘米;1紙;1行。

2.3 卷軸裝。首全尾殘。有竹質天竿,已殘。卷上下殘損。卷面有鳥糞。

3.4 説明:

本遺書為護首。上有"大般若波羅蜜多經卷第六十七,七"。經名上有經名號。

"七"為本卷所屬袟次。

8 8~9世紀。吐蕃統治時期寫本。

9.1 楷書。

1.1 BD12863號

1.3 護首(大般涅槃經)

1.4 L2992

2.1 20.4×26.5厘米;1紙;1行。

2.3 卷軸裝。首全尾脱。有芨芨草天竿。

3.4 説明:

本遺書為護首。上有"大般涅槃經卷第六"。經名上有經名號。

7.1 經題下有勘記"第一袟頭尾同好,人"。

8 8~9世紀。吐蕃統治時期寫本。

9.1 楷書。

1.1 BD12864號

1.3 護首(大般若波羅蜜多經)

1.4 L2993

2.1 22.8×25.3厘米;1紙;1行。

2.3 卷軸裝。首全尾脱。有芨芨草天竿。

3.4 説明:

本遺書為護首。上有"大般若波羅蜜多經卷第四百卌二,卌五,界"。經名上有經名號。

錄文中"卌五"為本卷所屬袟次。"界"為本經收藏寺院三界寺的簡稱。

8 9~10世紀。歸義軍時期寫本。

9.1 楷書。

1.1 BD12865號

1.3 護首(大般若波羅蜜多經)

1.4 L2994

2.1 23×25厘米;1紙;1行。

2.3 卷軸裝。首全尾脱。有竹質天竿。

3.4 説明:

本遺書為護首。上有"大般若波羅蜜多經卷第一百九十八,廿"。經名上有經名號。

錄文中"廿"為本卷所屬袟次。

8 8~9世紀。吐蕃統治時期寫本。

9.1 楷書。

1.1 BD12866號

1.3 護首(大般若波羅蜜多經)

1.4 L2995

2.1 22.4×24.9厘米;1紙;1行。

2.3 卷軸裝。首全尾脱。有竹質天竿,有縹帶,長11厘米。有紺青紙經名簽,上有金粉書寫經名。上下邊殘缺。有古代裱補。

3.4 説明:

本遺書為護首。上有"大般若波羅蜜多經卷□…□,一"。

錄文中"一"為本卷所屬袟次。

8 7~8世紀。唐寫本。

9.1 楷書。

1.1 BD12867號

1.3 護首(大般若波羅蜜多經)

1.4 L2996

2.1　21.1×25.5 厘米；1 紙；1 行。

2.3　卷軸裝。首全尾脫。有竹質天竿。有紺青紙經名簽，上有金粉書寫經名。已修整。

3.4　説明：

本遺書為護首。上有"大般若波羅蜜多經卷第五百六十□，五十七"。

錄文中"五十七"為本卷所屬袟次。

8　8~9 世紀。吐蕃統治時期寫本。

9.1　楷書。

1.1　BD12868 號

1.3　護首（大般若波羅蜜多經）

1.4　L2997

2.1　22×22.3 厘米；1 紙；1 行。

2.3　卷軸裝。首全尾脫。通卷下殘。有竹質天竿，已殘。已修整。

3.4　説明：

本遺書為護首。上有"大般若波羅蜜多經卷第十三，二"。經名上有經名號。

錄文中"二"為本卷所屬袟次。

8　8~9 世紀。吐蕃統治時期寫本。

9.1　楷書。

1.1　BD12869 號

1.3　護首（大般若波羅蜜多經）

1.4　L2998

2.1　16×25.9 厘米；1 紙；1 行。

2.3　卷軸裝。首全尾斷。有芨芨草天竿，有縹帶，長 29 厘米。

3.4　説明：

本遺書為護首。上有"大般若波羅蜜多經第三百八十八，卅九，蓮"。經名上有經名號。

錄文中"卅九"為本卷所屬袟次。"蓮"為本經收藏寺院蓮臺寺的簡稱。

8　9~10 世紀。歸義軍時期寫本。

9.1　楷書。

1.1　BD12870 號

1.3　護首（金光明最勝王經）

1.4　L2999

2.1　22.8×25.5 厘米；1 紙；1 行。

2.3　卷軸裝。首全尾脫。有竹質天竿及縹帶殘根。已修整。

3.4　説明：

本遺書為護首。上有"金光明最勝王經卷第一，張"。

錄文中"張"為本卷所屬家庭的姓氏。

8　9~10 世紀。歸義軍時期寫本。

9.1　楷書。

1.1　BD12871 號

1.3　護首（教戒經）

1.4　L3000

2.1　21.1×23.1 厘米；1 紙；1 行。

2.3　卷軸裝。首全尾脫。護首經名一半折到背面。有蘆葦天竿。卷面有殘洞。背面有烏絲欄。已修整。

3.4　説明：

本遺書為護首。上有"教戒經一卷，界"。

錄文中"界"為本經收藏寺院三界寺的簡稱。

8　9~10 世紀。歸義軍時期寫本。

9.1　楷書。

1.1　BD12872 號

1.3　護首（太上說濟苦經）

1.4　L3001

2.1　13.3×25 厘米；1 紙；1 行。

2.3　卷軸裝。首全尾脫。有竹質天竿，有黃綠色縹帶，長 16 厘米。已修整。

3.4　説明：

本遺書為護首。上有"太上說濟苦經一卷，宮（?），一"。經名上有經名號。

8　7~8 世紀。唐寫本。

9.1　楷書。

1.1　BD12873 號

1.3　護首（大般若波羅蜜多經）

1.4　L3002

2.1　18.9×26 厘米；1 紙；1 行。

2.3　卷軸裝。首全尾脫。有竹質天竿。已修整。

3.4　説明：

本遺書為護首。上有"大般若波羅蜜多經卷第五十一，六，蓮"。經名上有經名號。

文中"六"為本卷所屬袟次。"蓮"為本經收藏寺院蓮臺寺的簡稱。

7.2　與後一紙騎縫處殘存半個墨色陽文印章，0.8×6.6 厘米，印文為"蓮藏經"。

8　9~10 世紀。歸義軍時期寫本。

9.1　楷書。

1.1　BD12874 號

1.3　護首（妙法蓮華經）

1.4　L3003

2.1　16.8×25.8 厘米；1 紙；1 行。

2.3　卷軸裝。首全尾脫。有竹質天竿及編織縹帶。上邊殘缺。已修整。

3.4　説明：

本遺書為護首。上有"妙法蓮華經卷第三"。經名上有經名

號。

8　　7～8 世紀。唐寫本。

9.1　楷書。

1.1　BD12875 號

1.3　護首（大般若波羅蜜多經）

1.4　L3004

2.1　19.5×25.7 厘米；1 紙；1 行。

2.3　卷軸裝。首全尾脱。有蘆葦天竿。尾上方有剪缺。已修整。

3.4　説明：

　　　本遺書為護首。上有"大般若波羅蜜多經卷第三百廿，卅二，恩"。經名上有經名號。

　　　文中"卅二"為本卷所屬袟次。"恩"為本經收藏寺院報恩寺的簡稱。

8　　9～10 世紀。歸義軍時期寫本。

9.1　楷書。

1.1　BD12876 號

1.3　護首（大般若波羅蜜多經）

1.4　L3005

2.1　22.8×25 厘米；1 紙；1 行。

2.3　卷軸裝。首殘尾脱。首有殘竹質天竿。有古代裱補。已修整。

3.4　説明：

　　　本遺書為護首。上有"大般若波羅蜜多經卷第二百六十八，廿七，界"。經名上有經名號。"廿七，界"均寫在後來粘貼的紙塊上。

　　　文中"廿七"為本卷所屬袟次。"界"為本經收藏寺院三界寺的簡稱。

8　　9～10 世紀。歸義軍時期寫本。

9.1　楷書。

1.1　BD12877 號

1.3　護首（大般若波羅蜜多經）

1.4　L3006

2.1　19.8×25.7 厘米；1 紙；1 行。

2.3　卷軸裝。首全尾脱。有竹質天竿。已修整。

3.4　説明：

　　　本遺書為護首。上有"大般若波羅蜜多經卷第二百廿六，廿七，界"。經名上有經名號。"廿七，界"均寫在後來粘貼的紙塊上。

　　　文中"廿七"為本卷所屬袟次。"界"為本經收藏寺院三界寺的簡稱。

8　　9～10 世紀。歸義軍時期寫本。

9.1　楷書。

1.1　　BD12878 號

1.3　護首（大般若波羅蜜多經）

1.4　L3007

2.1　20.5×25.3 厘米；1 紙；1 行。

2.3　卷軸裝。首全尾脱。有竹質天竿。

3.4　説明：

　　　本遺書為護首。上有"大般若波羅蜜多經卷第五百七十三，五十八"。經名上有經名號。

　　　文中"五十八"為本卷所屬袟次。

8　　7～8 世紀。唐寫本。

9.1　楷書。

1.1　BD12879 號

1.3　護首（大般若波羅蜜多經）

1.4　L3008

2.1　19×25.6 厘米；1 紙；1 行。

2.3　卷軸裝。首全尾斷。有竹質天竿，有縹帶，長 16 厘米。有古代裱補。已修整。

3.4　説明：

　　　本遺書為護首。上有"大般若波羅蜜多經卷第五百五十五，五十六，蓮"。經名上有經名號。

　　　文中"五十六"為本卷所屬袟次。"蓮"為本經收藏寺院蓮臺寺的簡稱。

8　　9～10 世紀。歸義軍時期寫本。

9.1　楷書。

1.1　BD12880 號

1.3　護首（大般若波羅蜜多經）

1.4　L3009

2.1　20.5×25.5 厘米；1 紙；1 行。

2.3　卷軸裝。首全尾脱。有蘆葦天竿。卷面有殘洞。已修整。

3.4　説明：

　　　本遺書為護首。上有"大般若經卷第一百卌一，十五，恩"。經名上有經名號。

　　　文中"十五"為本卷所屬袟次。"恩"為本經收藏寺院報恩寺的簡稱。

8　　9～10 世紀。歸義軍時期寫本。

9.1　楷書。

1.1　BD12881 號

1.3　護首（大般若波羅蜜多經）

1.4　L3010

2.1　22.4×25.5 厘米；1 紙；1 行。

2.3　卷軸裝。首全尾脱。首有竹質天竿。已修整。

3.4　説明：

　　　本遺書為護首。上有"大般若波羅蜜多經卷第一百八十九，界，十九"。經名上有經名號。

　　　文中"十九"為本卷所屬袟次。"界"為本經收藏寺院三

界寺的簡稱。

8　9～10 世紀。歸義軍時期寫本。

9.1　楷書。

1.1　BD12882 號

1.3　護首（大般涅槃經）

1.4　L3011

2.1　22×26 厘米；1 紙；1 行。

2.3　卷軸裝。首全尾脫。有竹質天竿，有縹帶，長 21 厘米。

3.4　説明：

本遺書為護首。上有"大般涅槃經卷第二十四，三"。經名上有經名號。

文中"三"為本卷所屬袟次。

8　8 世紀。唐寫本。

9.1　楷書。

1.1　BD12883 號

1.3　護首（大般若波羅蜜多經）

1.4　L3012

2.1　21.5×25.5 厘米；1 紙；1 行。

2.3　卷軸裝。首全尾脫。有竹質天竿。有古代裱補，其上有"界"字。已修整。

3.4　説明：

本遺書為護首。上有"大般若波羅蜜多經卷第二百六十五，廿七，界"。經名上有經名號。"廿七，界"均寫在後來粘貼的紙塊上。

文中"廿七"為本卷所屬袟次。"界"為本經收藏寺院三界寺的簡稱。

8　9～10 世紀。歸義軍時期寫本。

9.1　楷書。

1.1　BD12884 號

1.3　護首（大般若波羅蜜多經）

1.4　L3013

2.1　20.5×25.5 厘米；1 紙；1 行。

2.3　卷軸裝。首全尾脫。有芨芨草天竿。已修整。

3.4　説明：

本遺書為護首。上有"大般若波羅蜜多經卷第一百六十一，十七，界"。經名上有經名號。

文中"十七"為本卷所屬袟次。"界"為本經收藏寺院三界寺的簡稱。

8　9～10 世紀。歸義軍時期寫本。

9.1　楷書。

1.1　BD12885 號

1.3　大般若波羅蜜多經卷四二一

1.4　L3014

2.1　22.5×25.5 厘米；1 紙；正面 1 行。背面 2 行。

2.3　卷軸裝。首全尾脫。有竹質天竿。兩面均有古代裱補。已修整。

3.4　説明：

本遺書所抄為《大般若波羅蜜多經》卷四二一，僅殘膊首題、品題與譯者名。

4.1　大般若波羅蜜多經卷第四百廿一，/第二分無邊際品第廿三之二，三藏法師玄奘奉 詔譯/（首）。

7.4　護首有經名"大般若波羅蜜多經卷第四百廿一，冊三，聖"，經名上有經名號。

文中"冊三"為本卷所屬袟數。"聖"為本經收藏寺院"聖光寺"的簡稱。

8　9～10 世紀。歸義軍時期寫本。

9.1　楷書。

1.1　BD12886 號

1.3　護首（大般若波羅蜜多經）

1.4　L3015

2.1　21.2×26.5 厘米；1 紙；1 行。

2.3　卷軸裝。首全尾脫。首有竹質天竿。有古代裱補。已修整。

3.4　説明：

本遺書為護首。上有"大般若波羅蜜多經卷第五百六十二，界，五十七"。經名上有經名號。"五十七"寫在後來粘貼的紙塊上。

錄文中"五十七"為本卷所屬袟次。"界"為本經收藏寺院三界寺的簡稱。

8　9～10 世紀。歸義軍時期寫本。

9.1　楷書。

1.1　BD12887 號

1.3　護首（大般涅槃經）

1.4　L3016

2.1　20.5×25.7 厘米；1 紙；1 行。

2.3　卷軸裝。首全尾脫。有芨芨草天竿。

3.4　説明：

本遺書為護首。上有"大般涅槃經卷第二十三，秋"。

文中"秋"為敦煌遺書《大般涅槃經》特有的袟號。

8　9～10 世紀。歸義軍時期寫本。

9.1　楷書。

1.1　BD12888 號

1.3　護首（四分律）

1.4　L3017

2.1　9×26 厘米；1 紙；1 行。

2.3　卷軸裝。首全尾斷。有竹質天竿，有紫紅色縹帶殘根。有古代裱補。已修整。

3.4　説明：

本遺書為護首。上有"四分律藏卷第五，後"。

文中"後"字意義待考。

8 7～8世紀。唐寫本。

9.1 楷書。

1.1 BD12889號

1.3 護首（大般若波羅蜜多經）

1.4 L3018

2.1 6×25.5厘米；1紙；1行。

2.3 卷軸裝。首全尾殘。有芨芨草天竿。已修整。

3.4 説明：

本遺書為護首。上有"大般若波羅蜜多經卷第二百八十八，界，廿九"。經名上有經名號。

文中"廿九"為本卷所屬袟次。"界"為本經收藏寺院三界寺的簡稱。

8 9～10世紀。歸義軍時期寫本。

9.1 楷書。

1.1 BD12890號

1.3 護首（大般若波羅蜜多經）

1.4 L3019

2.1 4.5×26厘米；1紙；1行。

2.3 卷軸裝。首全尾殘。有芨芨草天竿。有古代裱補，上有"永"字。

3.4 説明：

本遺書為護首。上有"大般若波羅蜜多經卷第三百卅一，卅五，永"。經名上有經名號。"永"寫在後來粘貼的紙塊上。

文中"卅五"為本卷所屬袟次。"永"為本經收藏寺院永安寺的簡稱。

8 9～10世紀。歸義軍時期寫本。

9.1 楷書。

1.1 BD12891號

1.3 護首（大般涅槃經）

1.4 L3020

2.1 20.2×25.5厘米；1紙；1行。

2.3 卷軸裝。首全尾殘。有芨芨草天竿。有古代裱補。已修整。

3.4 説明：

本遺書為護首。上有"大般涅槃經卷第廿四，秋"。經名上有經名號。

文中"秋"爲敦煌遺書《大般涅槃經》特有的袟號。

8 9～10世紀。歸義軍時期寫本。

9.1 楷書。

1.1 BD12892號

1.3 護首（大般若波羅蜜多經）

1.4 L3021

2.1 20×25.5厘米；1紙；1行。

2.3 卷軸裝。首全尾殘。有竹質天竿，有縹帶，長30厘米。有古代裱補。已修整。

3.4 説明：

本遺書為護首。上有"大般若波羅蜜多經卷第四百七十四，卌八"。經名上有經名號。

文中"卌八"為本卷所屬袟次。

8 8～9世紀。吐蕃統治時期寫本。

9.1 楷書。

1.1 BD12893號

1.3 護首（大般若汲羅蜜多經）

1.4 L3022

2.1 3×26厘米；1紙；1行。

2.3 卷軸裝。首全尾殘。有竹質天竿。有古代裱補，字在其上。已修整。

3.4 説明：

本遺書為護首。上有"大般若波羅蜜多經卷第一百六十八，十七，界"。經名上有經名號。"十七，界"均寫在後來粘貼的紙塊上。

文中"十七"為本卷所屬袟次。"界"為本經收藏寺院三界寺的簡稱。

8 9～10世紀。歸義軍時期寫本。

9.1 楷書。

1.1 BD12894號

1.3 護首（大寶積經）

1.4 L3023

2.1 6×12.5厘米；1紙；1行。

2.3 卷軸裝。首尾均殘。通卷上殘。有竹片天竿。有古代裱補。已修整。

3.4 説明：

本遺書為護首。上有殘經名"□…□，鼻，廿七"。

文中"鼻"爲敦煌遺書《大寶積經》特有的袟號。"廿七"為本卷所屬袟次。

8 9～10世紀。歸義軍時期寫本。

9.1 楷書。

1.1 BD12895號

1.3 護首（大般若波羅蜜多經）

1.4 L3024

2.1 15.2×12.5厘米；1紙；1行。

2.3 卷軸裝。首尾均殘。通卷下殘。有竹質天竿。有古代裱補。已修整。

3.4 説明：

本遺書為護首。上有"大般若經卷第二百六十二，□…□"。經名上有經名號。

8　　7～8世紀。唐寫本。

9.1　楷書。

1.1　BD12896號

1.3　護首（大般若波羅蜜多經）

1.4　L3025

2.1　2.5×25.7厘米；1紙；1行。

2.3　卷軸裝。首全尾斷。有芨芨草天竿及縹帶。已修整。

3.4　説明：

　　　　本遺書為護首。上有"大般若波羅蜜多經卷第六十二，七，永"。經名上有經名號。

　　　　文中"七"為本卷所屬袟次。"永"為本經收藏寺院永安寺的簡稱。

8　　9～10世紀。歸義軍時期寫本。

9.1　楷書。

1.1　BD12897號

1.3　護首（大般若波羅蜜多經）

1.4　L3026

2.1　2×22厘米；1紙；1行。

2.3　卷軸裝。首全尾殘。有芨芨草天竿，有土黃色縹帶，長23厘米。

3.4　説明：

　　　　本遺書為護首。上有"□□□□羅蜜多經第三百八十六，□…□"。

8　　8～9世紀。吐蕃統治時期寫本。

9.1　楷書。

1.1　BD12898號

1.3　護首（妙法蓮華經）

1.4　L3027

2.1　8.5×25厘米；1紙；1行。

2.3　卷軸裝。首全尾殘。有芨芨草天竿及縹帶。卷面有小殘洞。已修整。

3.4　説明：

　　　　本遺書為護首。上有"妙法蓮華經卷第六"。

8　　7～8世紀。唐寫本。

9.1　楷書。

1.1　BD12899號

1.3　護首（大般若波羅蜜多經）

1.4　L3028

2.1　2×25.5厘米；1紙；1行。

2.3　卷軸裝。首全尾殘。有芨芨草天竿。已修整。

3.4　説明：

　　　　本遺書為護首。上有"大般□…□"。經名上有經名號。

8　　8～9世紀。吐蕃統治時期寫本。

9.1　楷書。

1.1　BD12900號

1.3　護首（大般若波羅蜜多經）

1.4　L3029

2.1　2×21厘米；1紙；1行。

2.3　卷軸裝。首全尾殘。有竹質天竿。存字除"冊三"外均多半殘。已修整。

3.4　説明：

　　　　本遺書為護首。上有"大般若波羅蜜多經卷第五百冊三"。經名上有經名號。

8　　8～9世紀。吐蕃統治時期寫本。

9.1　楷書。

1.1　BD12901號

1.3　護首（大般若波羅蜜多經）

1.4　L3030

2.1　36×26厘米；2紙；3行。

2.2　01：18.0，02；　　02：18.0，01。

2.3　卷軸裝。首全尾殘。有芨芨草天竿。已修整。

3.4　説明：

　　　　本遺書為護首。上有"大般若波羅蜜經二百七十三，廿八，界"。

　　　　"廿八"為本卷所屬袟次。"界"為本經收藏寺院三界寺的簡稱。

7.1　護首另接1紙，上寫勘記"二百七十三，廿八，界"。

8　　9～10世紀。歸義軍時期寫本。

9.1　楷書。

1.1　BD12902號

1.3　護首（大般若波羅蜜多經）

1.4　L3031

2.1　33×25.7厘米；2紙；1行。

2.2　01：12.6，護首；　　02：20.4，01。

2.3　卷軸裝。首全尾脫。有芨芨草天竿。已修整。

3.4　説明：

　　　　本遺書為護首。上有"大般若波羅蜜多經七十六，界，八"。經名上有經名號。

　　　　"八"為本卷所屬袟次。"界"為本經收藏寺院三界寺的簡稱。

8　　9～10世紀。歸義軍時期寫本。

9.1　楷書。

1.1　BD12903號

1.3　金剛般若波羅蜜經

1.4　L3032

2.1　34.3×24.5厘米；2紙；12行，行17字。

2.2 　01：14.8，護首；　　　02：19.5，12。

2.3 　卷軸裝。首全尾殘。有竹質天竿。有烏絲欄。已修整。

3.1 　首全→大正0235，08/0748C17。

3.2 　尾殘→大正0235，08/0748C29。

4.1 　金剛般若波羅蜜經（首）。

7.4 　護首有經名"金剛般若波羅蜜經"。經名上有經名號。

8 　　7～8世紀。唐寫本。

9.1 　楷書。

1.1 　BD12904號

1.3 　護首（大般若波羅蜜多經）

1.4 　L3033

2.1 　21×25.5厘米；1紙；1行。

2.3 　卷軸裝。首全尾脱。有竹質天竿。已修整。

3.4 　說明：

　　　本遺書為護首。上有"大般若波羅蜜多經卷第二百六十，廿六"。經名上有經名號。

　　　"廿六"為本卷所屬袟次。

8 　　8～9世紀。吐蕃統治時期寫本。

9.1 　楷書。

1.1 　BD12905號

1.3 　護首（大寶積經）

1.4 　L3034

2.1 　20×26.2厘米；1紙；1行。

2.3 　卷軸裝。首全尾脱。有竹質天竿。卷面有水漬、污穢及殘洞。已修整。

3.4 　說明：

　　　本遺書為護首。上有"大寶積經卷第七十五，聲"。經名上有經名號。

　　　"聲"爲敦煌遺書《大寶積經》特有的袟號。

8 　　9～10世紀。歸義軍時期寫本。

9.1 　楷書。

1.1 　BD12906號

1.3 　護首（佛名經）

1.4 　L3035

2.1 　23×27.2厘米；1紙；1行。

2.3 　卷軸裝。首全尾脱。有竹質天竿。卷面有水漬及殘洞。已修整。

3.4 　說明：

　　　本遺書為護首。上有"佛說佛名經卷第十二"。經名上有經名號。

8 　　9～10世紀。歸義軍時期寫本。

9.1 　楷書。

1.1 　BD12907號

1.3 　護首（大般若波羅蜜多經）

1.4 　L3036

2.1 　21.8×25.5厘米；1紙；1行。

2.3 　卷軸裝。首全尾脱。有古代裱補。已修整。

3.4 　說明：

　　　本遺書為護首。上有"大般若波羅蜜多經卷第五百冊八，夜，五十五"。經名上有經名號。

　　　"夜"為本卷所屬千字文袟號。"五十五"為本卷所屬袟次。

7.2 　左下有一長方形陽文硃印，3.3×4.35厘米，印文為"瓜沙州大王印"。

8 　　9～10世紀。歸義軍時期寫本。

9.1 　楷書。

1.1 　BD12908號

1.3 　護首（大般若波羅蜜多經）

1.4 　L3037

2.1 　14×25.5厘米；1紙；1行。

2.3 　卷軸裝。首全尾脱。卷面有殘洞。已修整。

3.4 　說明：

　　　本遺書為護首。上有"大般若經卷第五百六十七，界，五十七"。經名上有經名號。

　　　"界"為本經收藏寺院三界寺的簡稱。"五十七"為本卷所屬袟次。

8 　　9～10世紀。歸義軍時期寫本。

9.1 　楷書。

1.1 　BD12909號

1.3 　護首（大般若波羅蜜多經）

1.4 　L3038

2.1 　21×26厘米；1紙；1行。

2.3 　卷軸裝。首全尾斷。有芨芨草天竿。卷上下有殘缺。已修整。

3.4 　說明：

　　　本遺書為護首。上有"大般若波羅蜜多經卷第一百冊五，十五，乘，明妙"。經名上有經名號。

　　　"十五"為本卷所屬袟次。"乘"為本經收藏寺院大乘寺的簡稱。"明妙"為收藏該經典的僧人。

8 　　9～10世紀。歸義軍時期寫本。

9.1 　楷書。

1.1 　BD12910號

1.3 　護首（大般若波羅蜜多經）

1.4 　L3039

2.1 　21×25.5厘米；1紙；1行。

2.3 　卷軸裝。首全尾脱。有竹質天竿。已修整。

3.4 　說明：

本遺書為護首。上有"大般若波羅蜜多經卷第卅八，四"。經名上有經名號。

"四"為本卷所屬袟次。

8　7～8世紀。唐寫本。

9.1　楷書。

1.1　BD12911號

1.3　護首（妙法蓮華經）

1.4　L3040

2.1　24.5×25.8厘米；1紙；1行。

2.3　卷軸裝。首全尾脱。有竹質天竿，有縹帶，長13厘米。卷下邊殘缺。已修整。

3.4　説明：

本遺書為護首。上有"妙法蓮華經卷第六"。經名上有經名號。

8　8～9世紀。吐蕃統治時期寫本。

9.1　楷書。

1.1　BD12912號

1.3　護首（大般若波羅蜜多經）

1.4　L3041

2.1　23.9×25.1厘米；1紙；1行。

2.3　卷軸裝。首全尾脱。有竹質天竿。有古代裱補。已修整。

3.4　説明：

本遺書為護首。上有"大般若波羅蜜多經卷第一百廿一，十三，界"。經名上有經名號。"十三，界"均寫在後來粘貼的紙塊上。

文中"十三"為本卷所屬袟次。"界"為本經收藏寺院三界寺的簡稱。

8　9～10世紀。歸義軍時期寫本。

9.1　楷書。

1.1　BD12913號

1.3　護首（經名不詳）

1.4　L3042

2.1　15.7×26.5厘米；1紙；1行。

2.3　卷軸裝。首全尾殘。有竹質天竿，有土黄色縹帶，長14厘米。卷下部殘缺。有烏絲欄。已修整。

3.4　説明：

本遺書為護首，但無文字。無從辨別屬於什麽經典。不出圖版。

8　7～8世紀。唐寫本。

1.1　BD12914號

1.3　妙法蓮華經卷七

1.4　L3043

2.1　（24.2＋9.3）×25.2厘米；2紙；4行。

2.2　01：24.2，護首；　　02：09.3，04。

2.3　卷軸裝。首全尾殘。護首有竹質天竿及殘留編織縹帶殘根。卷面有殘洞。有烏絲欄。已修整。

3.1　首殘→大正0262，09/0055A13。

3.2　尾殘→大正0262，09/0055A16。

4.1　妙法蓮華經妙音菩薩品□…□（首）。

8　9～10世紀。歸義軍時期寫本。

9.1　楷書。

1.1　BD12915號

1.3　護首（妙法蓮華經）

1.4　L3044

2.1　12.4×11.8厘米；1紙；1行。

2.3　卷軸裝。首尾均殘。通卷下殘。有殘芨芨草天竿。已修整。

3.4　説明：

本遺書為護首。上有殘經名"妙法蓮華經卷第六，□…□"。經名上有經名號。

8　8～9世紀。吐蕃統治時期寫本。

9.1　楷書。

1.1　BD12916號

1.3　護首（大般若波羅蜜多經）

1.4　L3045

2.1　2.6×25.6厘米；1紙；1行。

2.3　卷軸裝。首全尾殘。有殘留竹質天竿及縹帶殘根。已修整。

3.4　説明：

本遺書為護首。上有殘經名"大般若波羅蜜多經□…□"。經名上有經名號。

8　8～9世紀。吐蕃統治時期寫本。

9.1　楷書。

1.1　BD12917號

1.3　護首（大般若波羅蜜多經）

1.4　L3046

2.1　19.8×25厘米；1紙；1行。

2.3　卷軸裝。首尾均殘。有竹質天竿。卷上部殘破，下部殘缺，卷面多殘洞。已修整。

3.4　説明：

本遺書為護首。上有"大般若□經卷第一百九十九"。經名上有經名號。

8　8～9世紀。吐蕃統治時期寫本。

9.1　楷書。

1.1　BD12918號

1.3　袟皮（擬）

1.4　L3047

2.1　18.4×27厘米；3紙；3行。

2.3 卷軸裝。首尾均殘。本遺書為 3 個護首疊摞粘貼而成。有殘留竹質天竿及縹帶殘根。有古代裱補。

3.4 説明：

本遺書的 3 個護首中 2 個護首有文字，情況如下：

上層："〔大般若波〕羅蜜多經卷第三百六，卅一／五十三／卅二"。其中"五十三"為倒字，被塗抹。

中層：無殘留文字。

下層：可見"□…□經卷第一百九十八"。

表層的"卅二"應為袟號。

8　9 ~ 10 世紀。歸義軍時期寫本。

9.1　楷書。

1.1　BD12919 號

1.3　護首（經名不詳）

1.4　L3048

2.1　18.4 × 27 厘米；1 紙；1 行。

2.3　卷軸裝。首尾均殘。有殘留芨芨草天竿。卷面有殘洞。已修整。

3.4　説明：

本件爲遺書護首，無文字，不出圖版。

8　8 ~ 9 世紀。吐蕃統治時期寫本。

1.1　BD12920 號

1.3　護首（經名不詳）

1.4　L3049

2.1　21.7 × 25.7 厘米；1 紙；2 行。

2.3　卷軸裝。首全尾脱。有竹質天竿及縹帶殘根。有紺青紙經名簽，已基本脱落，難以辨識文字。卷面多有殘洞。已修整。

3.4　説明：

本遺書為護首。上有殘經名"□…□，十／第九十三／"。

文中"十"為本卷所屬袟次。

8　8 ~ 9 世紀。吐蕃統治時期寫本。

9.1　楷書。

1.1　BD12921 號

1.3　護首（大般若波羅蜜多經）

1.4　L3050

2.1　22.2 × 25 厘米；1 紙；1 行。

2.3　卷軸裝。首尾均殘。殘留竹質天竿及縹帶殘根。卷面有殘洞。有古代裱補。已修整。

3.4　説明：

本遺書為護首。上有"大般若波羅蜜多經卷第一百卅六"。經名上有經名號。

8　8 ~ 9 世紀。吐蕃統治時期寫本。

9.1　楷書。

1.1　BD12922 號

1.3　護首（妙法蓮華經）

1.4　L3051

2.1　11.6 × 25.5 厘米；1 紙；1 行。

2.3　卷軸裝。首尾均殘。殘留芨芨草天竿及縹帶殘根。卷下邊殘缺。已修整。

3.4　説明：

本遺書為護首。上有"妙法蓮華經卷第五"。經名上有經名號。

8　8 ~ 9 世紀。吐蕃統治時期寫本。

9.1　楷書。

1.1　BD12923 號

1.3　護首（大般若波羅蜜多經）

1.4　L3052

2.1　19.7 × 25.4 厘米；1 紙；1 行。

2.3　卷軸裝。首全尾脱。有芨芨草天竿。有古代裱補。已修整。

3.4　説明：

本遺書為護首。上有"大般若波羅蜜多經第四百九十二，號，五十"。經名上有經名號。

文中"五十"為本卷所屬袟次。"號"為本經的千字文袟號。

7.2　左下有一長方形陽文硃印，3.3 × 4.35 厘米，印文為"瓜沙州大王印"。

8　9 ~ 10 世紀。歸義軍時期寫本。

9.1　楷書。

1.1　BD12924 號

1.3　護首（大般若波羅蜜多經）

1.4　L3053

2.1　17.5 × 26.2 厘米；1 紙；1 行。

2.3　卷軸裝。首全尾殘。有竹質天竿。卷面有鳥糞。已修整。

3.4　説明：

本遺書為護首。上有"大般若波羅蜜多經卷第五百一十，五十一"。經名上有經名號。

文中"五十一"為本卷所屬袟次。

8　8 ~ 9 世紀。吐蕃統治時期寫本。

9.1　楷書。

1.1　BD12925 號

1.3　護首（大般若波羅蜜多經）

1.4　L3054

2.1　13.5 × 22.9 厘米；1 紙；1 行。

2.3　卷軸裝。首尾均殘。下邊殘缺。有竹質天竿，有縹帶，長 12 厘米。已修整。

3.4　説明：

本遺書為護首。上有"大般若波羅蜜多經卷第四百卅二，卅四"。經名上有經名號。

"冊四"為本卷所屬袟次。

8　8～9世紀。吐蕃統治時期寫本。

9.1　楷書。

1.1　BD12926號

1.3　護首（妙法蓮華經）

1.4　L3055

2.1　23.7×25.6厘米；1紙；1行。

2.3　卷軸裝。首全尾脫。有竹質天竿。已修整。

3.4　説明：

本遺書為護首。上有"妙法蓮華經卷第三"。經名上有經名號。

8　8～9世紀。吐蕃統治時期寫本。

9.1　楷書。

1.1　BD12927號

1.3　護首（證明經）

1.4　L3056

2.1　16.8×25.9厘米；1紙；1行。

2.3　卷軸裝。首全尾殘。有竹質天竿。有古代裱補。

3.4　説明：

本遺書為護首。上有"佛説證明經"。經名上有經名號。

8　7～8世紀。唐寫本。

9.1　楷書。

1.1　BD12928號

1.3　護首（閻羅王受記經）

1.4　L3057

2.1　19.2×20.6厘米；1紙；1行。

2.3　卷軸裝。首全尾脫。有竹質天竿，有麻繩縹帶，繩頭打結，長6厘米。已修整。

3.4　説明：

本遺書為護首。上有"閻羅王受記經"。

7.3　背有雜寫"佛説閻羅王""社""授"等字。

8　9～10世紀。歸義軍時期寫本。

9.1　楷書。

1.1　BD12929號

1.3　護首（金光明最勝王經）

1.4　L3058

2.1　19.6×25.3厘米；1紙；1行。

2.3　卷軸裝。首全尾殘。有茇茇草天竿。已修整。

3.4　説明：

本遺書為護首。上有"金光明最勝王經卷第五"。經名上有經名號。

8　8～9世紀。吐蕃統治時期寫本。

9.1　楷書。

1.1　BD12930號

1.3　護首（大般若波羅蜜多經）

1.4　L3059

2.1　22.8×24.8厘米；1紙；1行。

2.3　卷軸裝。首殘尾脫。下邊殘缺。有竹質天竿。已修整。

3.4　説明：

本遺書為護首。上有"□□□□蜜多經卷第五百卅九，五十四"。

文中"五十四"為本卷所屬袟次。

8　9～10世紀。歸義軍時期寫本。

9.1　楷書。

1.1　BD12931號

1.3　護首（妙法蓮華經）

1.4　L3060

2.1　19.5×26.5厘米；1紙；1行。

2.3　卷軸裝。首全尾脫。有竹質天竿。已修整。

3.4　説明：

本遺書為護首。上有"妙法蓮華經卷第三"。經名上有經名號。

8　7～8世紀。唐寫本。

9.1　楷書。

1.1　BD12932號

1.3　護首（大般涅槃經）

1.4　L3061

2.1　19.2×26.7厘米；1紙；1行。

2.3　卷軸裝。首全尾脫。有竹質天竿及縹帶殘根。有歸義軍時期古代裱補，紙上寫"一，界"字。已修整。

3.4　説明：

本遺書為護首。上有"大般涅槃經卷第二，一，界"。經名上有經名號。"一，界"均寫在後來粘貼的紙塊上。

文中"一"為本卷所屬袟次。"界"為本經收藏寺院三界寺的簡稱。

8　9～10世紀。歸義軍時期寫本。

9.1　楷書。

1.1　BD12933號

1.3　護首（維摩詰經）

1.4　L3062

2.1　23.8×24.8厘米；1紙；1行。

2.3　卷軸裝。首全尾殘。有竹質天竿。已修整。

3.4　説明：

本遺書為護首。上有"維摩詰經卷上"。

8　8～9世紀。吐蕃統治時期寫本。

9.1　楷書。

1.1　BD12934 號

1.3　護首（大般若波羅蜜多經）

1.4　L3063

2.1　22.9×25.7 厘米；1 纸；1 行。

2.3　卷軸裝。首殘尾脫。下邊殘缺。殘留竹質天竿，有縹帶，長 11 厘米。有紺青紙經名簽，上有金粉書寫經名，字已磨滅。已修整。

3.4　説明：

本遺書為護首。上有殘經名“□…□，冊三”。

文中“冊三”為本卷所屬袟次。

8　7～8 世紀。唐寫本。

9.1　楷書。

1.1　BD12935 號

1.3　護首（大般若波羅蜜多經）

1.4　L3064

2.1　8.8×23.8 厘米；1 纸；1 行。

2.3　卷軸裝。首尾均殘。殘留竹質天竿及縹帶。有紺青紙經名簽，上有金粉書寫經名，字已磨滅。卷面有殘洞。已修整。

3.4　説明：

本遺書為護首。上有“□…□，修，卅五”。

文中“卅五”為本卷所屬袟次。“修”為本經收藏寺院靈修寺的簡稱。

8　9～10 世紀。歸義軍時期寫本。

9.1　楷書。

1.1　BD12936 號

1.3　護首（大般若波羅蜜多經）

1.4　L3065

2.1　22.5×25.2 厘米；1 纸；1 行。

2.3　卷軸裝。首殘尾脫。殘留竹質天竿及縹帶。有紺青紙經名簽，上有金粉書寫經名，字跡難辨。已修整。

3.4　説明：

本遺書為護首。上有“大般若波羅蜜多經□…□，廿二”。

文中“廿二”為本卷所屬袟次。

8　7～8 世紀。唐寫本。

9.1　楷書。

1.1　BD12937 號

1.3　護首（大般若波羅蜜多經）

1.4　L3066

2.1　3.5×25 厘米；1 纸；1 行。

2.3　卷軸裝。首全尾殘。有竹質天竿。存字均半殘。已修整。

3.4　説明：

本遺書為護首。上有“大般若波羅蜜多經卷第一百廿四，修，十三”。經名上有經名號。

文中“十三”為本卷所屬袟次。“修”為本經收藏寺院靈

修寺的簡稱。

8　9～10 世紀。歸義軍時期寫本。

9.1　楷書。

1.1　BD12938 號

1.3　護首（大般若波羅蜜多經）

1.4　L3067

2.1　19.2×25.1 厘米；1 纸；1 行。

2.3　卷軸裝。首全尾脫。有竹質天竿，有土黃色縹帶，長 33.5 厘米。卷上邊殘缺，有蟲蛀小洞。卷面有鳥糞。已修整。

3.4　説明：

本遺書為護首。上有“大般若波羅卷第五十二，修二，六”。經名上有經名號。

文中“六”為本卷所屬袟次。“修”為本經收藏寺院靈修寺的簡稱。“二”字意義待考。

8　9～10 世紀。歸義軍時期寫本。

9.1　楷書。

1.1　BD12939 號

1.3　護首（大般若波羅蜜多經）

1.4　L3068

2.1　23×25.2 厘米；1 纸；1 行。

2.3　卷軸裝。首殘尾脫。有竹質天竿。已修整。

3.4　説明：

本遺書為護首。上有“大般若波羅蜜多經卷第五百廿八，五十三，界”。經名上有經名號。

文中“五十三”為本卷所屬袟次。“界”為本經收藏寺院三界寺的簡稱。

8　9～10 世紀。歸義軍時期寫本。

9.1　楷書。

1.1　BD12940 號

1.3　護首（金光明經）

1.4　L3069

2.1　21.3×26.3 厘米；1 纸；1 行。

2.3　卷軸裝。首全尾脫。上邊殘缺。有芨芨草天竿及殘留縹帶。已修整。

3.4　説明：

本遺書為護首。上有“金光明經卷第六”。

8　7～8 世紀。唐寫本。

9.1　楷書。

1.1　BD12941 號

1.3　護首（大般若波羅蜜多經）

1.4　L3070

2.1　22.9×25.9 厘米；1 纸；1 行。

2.3　卷軸裝。首殘尾脫。有竹質天竿。卷面多黴斑，下邊殘缺

已修整。

3.4　説明：

　　本遺書為護首。上有“大般若波羅蜜多經卷第一百九，十一”。經名上有經名號。

　　文中“十一”為本卷所屬袟次。

8　8~9 世紀。吐蕃統治時期寫本。

9.1　楷書。

1.1　BD12942 號

1.3　護首（大般若波羅蜜多經）

1.4　L3071

2.1　22×26.2 厘米；1 紙；1 行。

2.3　卷軸裝。首全尾脱。有芨芨草天竿。已修整。

3.4　説明：

　　本遺書為護首。上有“大般若波羅蜜多經卷第五百六十八，界，五十七”。經名上有經名號。

　　文中“五十七”為本卷所屬袟次。“界”為本經收藏寺院三界寺的簡稱。

8　9~10 世紀。歸義軍時期寫本。

9.1　楷書。

1.1　BD12943 號

1.3　護首（大般若波羅蜜多經）

1.4　L3072

2.1　21×25 厘米；1 紙；1 行。

2.3　卷軸裝。首全尾殘。有竹質天竿。卷面有殘洞。背有古代裱補。已修整。

3.4　説明：

　　本遺書為護首。上有“大般若波羅蜜多經卷第一百□□□，十八”。經名上有經名號。

　　文中“十八”為本卷所屬袟次。

8　8~9 世紀。吐蕃統治時期寫本。

9.1　楷書。

1.1　BD12944 號

1.3　護首（經名不詳）

1.4　L3073

2.1　4.1×25.6 厘米；1 紙；1 行。

2.3　卷軸裝。首全尾殘。有竹質天竿。卷面有殘洞。已修整。

3.4　説明：

　　本件爲遺書護首，無文字，不出圖版。

8　8~9 世紀。吐蕃統治時期寫本。

9.1　楷書。

新舊編號對照表

臨字頭號與北敦號對照表

臨字頭號	北敦號	臨字頭號	北敦號	臨字頭號	北敦號
L2389	BD12260 號	L2417	BD12288 號	L2445	BD12316 號背
L2390	BD12261 號	L2418	BD12289 號	L2446	BD12317 號
L2391	BD12262 號	L2419	BD12290 號	L2447	BD12318 號
L2392	BD12263 號	L2420	BD12291 號	L2448	BD12319 號
L2393	BD12264 號	L2421	BD12292 號	L2449	BD12320 號
L2394	BD12265 號	L2422	BD12293 號	L2450	BD12321 號
L2395	BD12266 號	L2423	BD12294 號	L2451	BD12322 號
L2396	BD12267 號	L2424	BD12295 號	L2452	BD12323 號
L2397	BD12268 號	L2425	BD12296 號	L2453	BD12324 號
L2398	BD12269 號	L2426	BD12297 號	L2454	BD12325 號
L2399	BD12270 號	L2427	BD12298 號	L2455	BD12326 號
L2400	BD12271 號	L2428	BD12299 號	L2456	BD12327 號
L2401	BD12272 號	L2429	BD12300 號	L2457	BD12328 號
L2402	BD12273 號	L2430	BD12301 號 1	L2458	BD12329 號
L2403	BD12274 號	L2430	BD12301 號 2	L2459	BD12330 號
L2404	BD12275 號	L2431	BD12302 號	L2460	BD12331 號
L2405	BD12276 號	L2432	BD12303 號	L2461	BD12332 號
L2406	BD12277 號	L2433	BD12304 號	L2462	BD12333 號
L2407	BD12278 號	L2434	BD12305 號	L2463	BD12334 號
L2407	BD12278 號背	L2435	BD12306 號	L2464	BD12335 號
L2408	BD12279 號	L2436	BD12307 號	L2465	BD12336 號
L2409	BD12280 號	L2437	BD12308 號	L2466	BD12337 號
L2409	BD12280 號背	L2438	BD12309 號	L2467	BD12338 號
L2410	BD12281 號	L2439	BD12310 號	L2468	BD12339 號
L2411	BD12282 號	L2440	BD12311 號	L2469	BD12340 號
L2412	BD12283 號	L2441	BD12312 號	L2470	BD12341 號
L2413	BD12284 號	L2442	BD12313 號	L2471	BD12342 號
L2414	BD12285 號	L2443	BD12314 號 1	L2472	BD12343 號
L2415	BD12286 號	L2443	BD12314 號 2	L2473	BD12344 號
L2416	BD12287 號	L2444	BD12315 號	L2474	BD12345 號
L2416	BD12287 號背	L2445	BD12316 號	L2475	BD12346 號

L2476	BD12347 號	L2523	BD12394 號	L2570	BD12441 號
L2477	BD12348 號	L2524	BD12395 號	L2571	BD12442 號
L2478	BD12349 號	L2525	BD12396 號	L2572	BD12443 號
L2479	BD12350 號	L2526	BD12397 號	L2573	BD12444 號
L2480	BD12351 號	L2527	BD12398 號	L2574	BD12445 號
L2481	BD12352 號	L2528	BD12399 號	L2575	BD12446 號
L2482	BD12353 號	L2529	BD12400 號	L2576	BD12447 號
L2483	BD12354 號	L2530	BD12401 號	L2577	BD12448 號
L2484	BD12355 號	L2531	BD12402 號	L2578	BD12449 號
L2485	BD12356 號	L2532	BD12403 號	L2579	BD12450 號
L2486	BD12357 號	L2533	BD12404 號	L2580	BD12451 號
L2487	BD12358 號	L2534	BD12405 號	L2581	BD12452 號
L2488	BD12359 號	L2535	BD12406 號	L2582	BD12453 號
L2489	BD12360 號	L2536	BD12407 號	L2583	BD12454 號
L2490	BD12361 號	L2537	BD12408 號	L2584	BD12455 號
L2491	BD12362 號	L2538	BD12409 號	L2585	BD12456 號
L2492	BD12363 號	L2539	BD12410 號	L2586	BD12457 號
L2493	BD12364 號	L2540	BD12411 號	L2587	BD12458 號
L2494	BD12365 號	L2541	BD12412 號	L2588	BD12459 號
L2495	BD12366 號	L2542	BD12413 號	L2589	BD12460 號
L2496	BD12367 號	L2543	BD12414 號	L2590	BD12461 號
L2497	BD12368 號	L2544	BD12415 號	L2591	BD12462 號
L2498	BD12369 號	L2545	BD12416 號	L2592	BD12463 號
L2499	BD12370 號	L2546	BD12417 號	L2593	BD12464 號
L2500	BD12371 號	L2547	BD12418 號	L2594	BD12465 號
L2501	BD12372 號	L2548	BD12419 號	L2595	BD12466 號
L2502	BD12373 號	L2549	BD12420 號	L2596	BD12467 號
L2503	BD12374 號	L2550	BD12421 號	L2597	BD12468 號
L2504	BD12375 號	L2551	BD12422 號	L2598	BD12469 號
L2505	BD12376 號	L2552	BD12423 號	L2599	BD12470 號
L2506	BD12377 號	L2553	BD12424 號	L2600	BD12471 號
L2507	BD12378 號	L2554	BD12425 號	L2601	BD12472 號
L2508	BD12379 號	L2555	BD12426 號	L2602	BD12473 號
L2509	BD12380 號	L2556	BD12427 號	L2603	BD12474 號
L2510	BD12381 號	L2557	BD12428 號	L2604	BD12475 號
L2511	BD12382 號	L2558	BD12429 號	L2605	BD12476 號
L2512	BD12383 號	L2559	BD12430 號	L2606	BD12477 號
L2513	BD12384 號	L2560	BD12431 號	L2607	BD12478 號
L2514	BD12385 號	L2561	BD12432 號	L2608	BD12479 號
L2515	BD12386 號	L2562	BD12433 號	L2609	BD12480 號
L2516	BD12387 號	L2563	BD12434 號	L2610	BD12481 號
L2517	BD12388 號	L2564	BD12435 號	L2611	BD12482 號
L2518	BD12389 號	L2565	BD12436 號	L2612	BD12483 號
L2519	BD12390 號	L2566	BD12437 號	L2613	BD12484 號
L2520	BD12391 號	L2567	BD12438 號	L2614	BD12485 號
L2521	BD12392 號	L2568	BD12439 號	L2615	BD12486 號
L2522	BD12393 號	L2569	BD12440 號	L2616	BD12487 號

L2617	BD12488 號	L2664	BD12535 號	L2711	BD12582 號
L2618	BD12489 號	L2665	BD12536 號	L2712	BD12583 號
L2619	BD12490 號	L2666	BD12537 號	L2713	BD12584 號
L2620	BD12491 號	L2667	BD12538 號	L2714	BD12585 號
L2621	BD12492 號	L2668	BD12539 號	L2715	BD12586 號
L2622	BD12493 號	L2669	BD12540 號	L2716	BD12587 號
L2623	BD12494 號	L2670	BD12541 號	L2717	BD12588 號
L2624	BD12495 號	L2671	BD12542 號	L2718	BD12589 號
L2625	BD12496 號	L2672	BD12543 號	L2719	BD12590 號
L2626	BD12497 號	L2673	BD12544 號	L2720	BD12591 號
L2627	BD12498 號	L2674	BD12545 號	L2721	BD12592 號
L2628	BD12499 號	L2675	BD12546 號	L2722	BD12593 號
L2629	BD12500 號	L2676	BD12547 號	L2723	BD12594 號
L2630	BD12501 號	L2677	BD12548 號	L2724	BD12595 號
L2631	BD12502 號	L2678	BD12549 號	L2725	BD12596 號
L2632	BD12503 號	L2679	BD12550 號	L2726	BD12597 號
L2633	BD12504 號	L2680	BD12551 號	L2727	BD12598 號
L2634	BD12505 號	L2681	BD12552 號	L2728	BD12599 號
L2635	BD12506 號	L2682	BD12553 號	L2729	BD12600 號
L2636	BD12507 號	L2683	BD12554 號	L2730	BD12601 號
L2637	BD12508 號	L2684	BD12555 號	L2731	BD12602 號
L2638	BD12509 號	L2685	BD12556 號	L2732	BD12603 號
L2639	BD12510 號	L2686	BD12557 號	L2733	BD12604 號
L2640	BD12511 號	L2687	BD12558 號	L2734	BD12605 號
L2641	BD12512 號	L2688	BD12559 號	L2735	BD12606 號
L2642	BD12513 號	L2689	BD12560 號	L2736	BD12607 號
L2643	BD12514 號	L2690	BD12561 號	L2737	BD12608 號
L2644	BD12515 號	L2691	BD12562 號	L2738	BD12609 號
L2645	BD12516 號	L2692	BD12563 號	L2739	BD12610 號
L2646	BD12517 號	L2693	BD12564 號	L2740	BD12611 號
L2647	BD12518 號	L2694	BD12565 號	L2741	BD12612 號
L2648	BD12519 號	L2695	BD12566 號	L2742	BD12613 號
L2649	BD12520 號	L2696	BD12567 號	L2743	BD12614 號
L2650	BD12521 號	L2697	BD12568 號	L2744	BD12615 號
L2651	BD12522 號	L2698	BD12569 號	L2745	BD12616 號
L2652	BD12523 號	L2699	BD12570 號	L2746	BD12617 號
L2653	BD12524 號	L2700	BD12571 號	L2747	BD12618 號
L2654	BD12525 號	L2701	BD12572 號	L2748	BD12619 號
L2655	BD12526 號	L2702	BD12573 號	L2749	BD12620 號
L2656	BD12527 號	L2703	BD12574 號	L2750	BD12621 號
L2657	BD12528 號	L2704	BD12575 號	L2751	BD12622 號
L2658	BD12529 號	L2705	BD12576 號	L2752	BD12623 號
L2659	BD12530 號	L2706	BD12577 號	L2753	BD12624 號
L2660	BD12531 號	L2707	BD12578 號	L2754	BD12625 號
L2661	BD12532 號	L2708	BD12579 號	L2755	BD12626 號
L2662	BD12533 號	L2709	BD12580 號	L2756	BD12627 號
L2663	BD12534 號	L2710	BD12581 號	L2757	BD12628 號

L2758	BD12629 號	L2805	BD12676 號	L2852	BD12723 號
L2759	BD12630 號	L2806	BD12677 號	L2853	BD12724 號
L2760	BD12631 號	L2807	BD12678 號	L2854	BD12725 號
L2761	BD12632 號	L2808	BD12679 號	L2855	BD12726 號
L2762	BD12633 號	L2809	BD12680 號	L2856	BD12727 號
L2763	BD12634 號	L2810	BD12681 號	L2857	BD12728 號
L2764	BD12635 號	L2811	BD12682 號	L2858	BD12729 號
L2765	BD12636 號	L2812	BD12683 號	L2859	BD12730 號
L2766	BD12637 號	L2813	BD12684 號	L2860	BD12731 號
L2767	BD12638 號	L2814	BD12685 號	L2861	BD12732 號
L2768	BD12639 號	L2815	BD12686 號	L2862	BD12733 號
L2769	BD12640 號	L2816	BD12687 號	L2863	BD12734 號
L2770	BD12641 號	L2817	BD12688 號	L2864	BD12735 號
L2771	BD12642 號	L2818	BD12689 號	L2865	BD12736 號
L2772	BD12643 號	L2819	BD12690 號	L2866	BD12737 號
L2773	BD12644 號	L2820	BD12691 號	L2867	BD12738 號
L2774	BD12645 號	L2821	BD12692 號	L2868	BD12739 號
L2775	BD12646 號	L2822	BD12693 號	L2869	BD12740 號
L2776	BD12647 號	L2823	BD12694 號	L2870	BD12741 號
L2777	BD12648 號	L2824	BD12695 號	L2871	BD12742 號
L2778	BD12649 號	L2825	BD12696 號	L2872	BD12743 號 1
L2779	BD12650 號	L2826	BD12697 號	L2872	BD12743 號 2
L2780	BD12651 號	L2827	BD12698 號	L2873	BD12744 號 1
L2781	BD12652 號	L2828	BD12699 號	L2873	BD12744 號 2
L2782	BD12653 號	L2829	BD12700 號	L2873	BD12744 號背
L2783	BD12654 號	L2830	BD12701 號	L2874	BD12745 號
L2784	BD12655 號	L2831	BD12702 號	L2875	BD12746 號
L2785	BD12656 號	L2832	BD12703 號	L2876	BD12747 號
L2786	BD12657 號	L2833	BD12704 號	L2877	BD12748 號
L2787	BD12658 號	L2834	BD12705 號	L2878	BD12749 號
L2788	BD12659 號	L2835	BD12706 號	L2879	BD12750 號
L2789	BD12660 號	L2836	BD12707 號	L2880	BD12751 號
L2790	BD12661 號	L2837	BD12708 號	L2881	BD12752 號
L2791	BD12662 號	L2838	BD12709 號	L2882	BD12753 號
L2792	BD12663 號	L2839	BD12710 號	L2883	BD12754 號
L2793	BD12664 號	L2840	BD12711 號	L2884	BD12755 號
L2794	BD12665 號	L2841	BD12712 號	L2885	BD12756 號
L2795	BD12666 號	L2842	BD12713 號	L2886	BD12757 號
L2796	BD12667 號	L2843	BD12714 號	L2887	BD12758 號
L2797	BD12668 號	L2844	BD12715 號	L2888	BD12759 號
L2798	BD12669 號	L2845	BD12716 號	L2889	BD12760 號
L2799	BD12670 號	L2846	BD12717 號	L2890	BD12761 號
L2800	BD12671 號	L2847	BD12718 號	L2891	BD12762 號
L2801	BD12672 號	L2848	BD12719 號	L2892	BD12763 號
L2802	BD12673 號	L2849	BD12720 號	L2893	BD12764 號
L2803	BD12674 號	L2850	BD12721 號	L2894	BD12765 號
L2804	BD12675 號	L2851	BD12722 號	L2895	BD12766 號

L2896	BD12767 號	L2942	BD12813 號	L2988	BD12859 號
L2897	BD12768 號	L2943	BD12814 號	L2989	BD12860 號
L2898	BD12769 號	L2944	BD12815 號	L2990	BD12861 號
L2899	BD12770 號	L2945	BD12816 號	L2991	BD12862 號
L2900	BD12771 號	L2946	BD12817 號	L2992	BD12863 號
L2901	BD12772 號	L2947	BD12818 號	L2993	BD12864 號
L2902	BD12773 號	L2947	BD12818 號背	L2994	BD12865 號
L2903	BD12774 號	L2948	BD12819 號	L2995	BD12866 號
L2904	BD12775 號	L2949	BD12820 號	L2996	BD12867 號
L2905	BD12776 號	L2950	BD12821 號	L2997	BD12868 號
L2906	BD12777 號	L2951	BD12822 號	L2998	BD12869 號
L2907	BD12778 號	L2952	BD12823 號	L2999	BD12870 號
L2908	BD12779 號	L2953	BD12824 號	L3000	BD12871 號
L2909	BD12780 號	L2954	BD12825 號	L3001	BD12872 號
L2910	BD12781 號	L2955	BD12826 號	L3002	BD12873 號
L2911	BD12782 號	L2956	BD12827 號	L3003	BD12874 號
L2912	BD12783 號	L2957	BD12828 號	L3004	BD12875 號
L2913	BD12784 號	L2958	BD12829 號	L3005	BD12876 號
L2914	BD12785 號	L2959	BD12830 號	L3006	BD12877 號
L2915	BD12786 號	L2960	BD12831 號	L3007	BD12878 號
L2916	BD12787 號	L2961	BD12832 號	L3008	BD12879 號
L2917	BD12788 號	L2962	BD12833 號	L3009	BD12880 號
L2918	BD12789 號	L2963	BD12834 號	L3010	BD12881 號
L2919	BD12790 號	L2964	BD12835 號	L3011	BD12882 號
L2920	BD12791 號	L2965	BD12836 號	L3012	BD12883 號
L2921	BD12792 號	L2966	BD12837 號	L3013	BD12884 號
L2922	BD12793 號	L2967	BD12838 號	L3014	BD12885 號
L2923	BD12794 號	L2968	BD12839 號	L3015	BD12886 號
L2924	BD12795 號	L2969	BD12840 號	L3016	BD12887 號
L2925	BD12796 號	L2970	BD12841 號	L3017	BD12888 號
L2926	BD12797 號	L2971	BD12842 號	L3018	BD12889 號
L2927	BD12798 號	L2972	BD12843 號	L3019	BD12890 號
L2928	BD12799 號	L2973	BD12844 號	L3020	BD12891 號
L2929	BD12800 號	L2974	BD12845 號	L3021	BD12892 號
L2930	BD12801 號	L2975	BD12846 號	L3022	BD12893 號
L2931	BD12802 號	L2976	BD12847 號	L3023	BD12894 號
L2932	BD12803 號	L2977	BD12848 號	L3024	BD12895 號
L2933	BD12804 號	L2978	BD12849 號	L3025	BD12896 號
L2934	BD12805 號	L2979	BD12850 號	L3026	BD12897 號
L2935	BD12806 號	L2980	BD12851 號	L3027	BD12898 號
L2936	BD12807 號	L2981	BD12852 號	L3028	BD12899 號
L2937	BD12808 號	L2982	BD12853 號	L3029	BD12900 號
L2938	BD12809 號	L2983	BD12854 號	L3030	BD12901 號
L2938	BD12809 號背	L2984	BD12855 號	L3031	BD12902 號
L2939	BD12810 號	L2985	BD12856 號	L3032	BD12903 號
L2940	BD12811 號	L2986	BD12857 號	L3033	BD12904 號
L2941	BD12812 號	L2987	BD12858 號	L3034	BD12905 號

L3035	BD12906 號	L3048	BD12919 號	L3061	BD12932 號
L3036	BD12907 號	L3049	BD12920 號	L3062	BD12933 號
L3037	BD12908 號	L3050	BD12921 號	L3063	BD12934 號
L3038	BD12909 號	L3051	BD12922 號	L3064	BD12935 號
L3039	BD12910 號	L3052	BD12923 號	L3065	BD12936 號
L3040	BD12911 號	L3053	BD12924 號	L3066	BD12937 號
L3041	BD12912 號	L3054	BD12925 號	L3067	BD12938 號
L3042	BD12913 號	L3055	BD12926 號	L3068	BD12939 號
L3043	BD12914 號	L3056	BD12927 號	L3069	BD12940 號
L3044	BD12915 號	L3057	BD12928 號	L3070	BD12941 號
L3045	BD12916 號	L3058	BD12929 號	L3071	BD12942 號
L3046	BD12917 號	L3059	BD12930 號	L3072	BD12943 號
L3047	BD12918 號	L3060	BD12931 號	L3073	BD12944 號